La Vita Solitaria De Francesco Petrarca...

Anonymous

2744 e. $\dfrac{3}{170-2}$

LA VITA SOLITARIA

DI

FRANCESCO PETRARCA

VOLGARIZZAMENTO INEDITO

DEL SECOLO XV

TRATTO DA UN CODICE DELL'AMBROSIANA

PEL

DOTT. ANTONIO CERUTI

LIBRO PRIMO

BOLOGNA
PRESSO GAETANO ROMAGNOLI
1879.

Pubblicazione recentissima

MEMORIE

DEI PIÙ INSIGNI

PITTORI, SCULTORI E ARCHITETTI

DOMENICANI

DEL P. VINCENZO MARCHESE

DELLO STESSO ISTITUTO

QUARTA EDIZIONE ACCRESCIUTA E MIGLIORATA

Il Vol. I è di pag. XII-588 — Il Vol. II e di pag. IV-708

Il prezzo di entrambi i volumi resta fissato in ital. L. 11, 60, più la spesa di affrancazione in Cent. 62.

SCELTA

DI

CURIOSITÀ LETTERARIE

INEDITE O RARE

DAL SECOLO XIII AL XVII

in Appendice alla Collezione di Opere inedite o rare

~~~~~~

DISPENSA CLXX
Prezzo L. 7

~~~~~~

Di questa SCELTA usciranno otto o dieci volumetti all'anno; la tiratura di essi verrà eseguita in numero non maggiore di esemplari 202: il prezzo sarà uniformato al numero dei fogli di ciascheduna dispensa, e alla quantità degli esemplari tirati: sesto, carta e caratteri, uguali al presente fascicolo.

Gaetano Romagnoli,

Stabilimento Tipografico Successori Monti

Leonardo Bruni nella vita di Francesco Petrarca, istituendo un parallelo fra lui e Dante Allighieri, scrisse che il divino poeta « nella vita attiva e civile fu di maggior pregio che il cantore di Laura, perocchè nell'armi e nel governo della Republica lodevolmente s'adoperò, e da esiglio e povertà incalzato, non abbandonò i suoi preclari studj, ma in tante difficoltà scrisse la sua bell'opera; mentre Petrarca nè in città libera stette, nè in armi fu mai per la patria, e in vita tranquilla e soave e onorata e in grandissima bonaccia l'opere sue compose. » Quattro secoli più tardi, un celebre scrittore non differiva guari dalla sentenza dell'Aretino, e asseriva che quei due fondatori dell'italiana letteratura furono largiti di genio disparatissimo, proseguirono differenti disegni, stabili-

rono due diverse lingue e scuole di poesia, ed esercitarono fino
a'tempi nostri differentissima in-
fluenza (1). Ciò in letteratura; ma
v'ha ben di più. Quasi coetanei,
assai poco simpatizzarono tra loro,
indizio e prova di genio diverso;
ebbero i tempi e le vicende non
dissimili, ma ben furon essi dissimili in tutto; la fortuna cospirava
colla natura a disgiungere l'uno
dall'altro per un'irreconciliabile di-
screpanza, e solo rassomigliarli nel
mettere ogni loro sforzo, la parola e l'azione, a sottomettere la
discorde patria al governo di un
principe, e a liberarla dal potere
temporale dei pontefici. Il fiero Ghibellino si segnalò per profondità di
sentire, sentimento altissimo della
propria dignità, orgoglio di sè, al-
terezza verso quegli stessi principi,
da'quali pure sollecitava il patrocinio, forza ne'suoi patimenti, fermezza d'animo; ne'suoi concetti e
nell'opere del suo ingegno va dritto
alla meta, senza arrestarsi mai;
nell'opera, partigiano e ramingo
per le gare e le leggi della sua

---

(1) Ugo Foscolo, *Parall. fra Dante e Petr.*, XII.

città. Ma ser Petracco, nato nell'esiglio e nutrito nell'indigenza, ebbe destino di servire in corte, e venne cumulando i favori dei grandi. I disinganni che incontrò sul sentiero della vita gli amareggiarono l'animo; irrequieto e perplesso, iracondo e facile a dimenticare l'offesa, sentì tanta stanchezza, sfiducia e fastidio d'ogni cosa come tenacemente abbarbicati nell'animo suo, da strappargli quell'amara confessione: « Giovane, spregiai gli uomini, fuor di me; maturo, me stesso; vecchio, disprezzo gli uomini e me stesso, » e finisce coll'invocar la morte, come la migliore avventura (1). La sua vita è continuo pellegrinaggio: Roma, Avignone, Valchiusa, Milano, Padova, Venezia, Verona, Parma, Vicenza, e altre città d'Italia e di Francia, persin Germania, lo ebbero ospite, ciascuna alla lor volta, dove lo attiravano i principi, la passione o l'amor di patria;

---

(1) *Senil.* XIII, ep. 7.

Irrequietus homo perque omnes anxius annos
Ad mortem festinat iter. Mors optima rerum.
Africa, lib. VI.

Vita pene omnis in peregrinatione transacta est.
Praefat. in Epist. Famil.

ma rifuggì dal riveder la città sua,
che pure l'avea solennemente chiamato, per l'interposizione d'un dilettissimo amico suo, come tarda
riparazione dell'esiglio e della con-
fisca inflitta a' suoi genitori.

La fatale Avignone eragli famigliare fin da' giovani suoi anni; là
erano cominciate le sue pene, e s'era
acceso d'inestinguibile fiamma per
quella ch'aveagli rapito il cuore; là
avea inorridito sulla profonda cor-
ruzione di quella corte. Amareggia-
to da queste traversie, che gli av-
velenavano la vita nella sua stessa
primavera, erasi rifugiato nella vicina Valchiusa, alle pendici del monte Ventoso, adiacente agli ubertosi
piani del contado Venosino, ove
tra' suoi libri volea formarsi un
solingo santuario, vivere di scienza
e di sentimento. Ve l'aveano atti-
rato la solitudine e la quiete del
luogo, le bellezze campestri, la lim-
pidezza e la copia del Sorga, le sublimità singolari d'una ricca e fortu-
nata natura. Una valle, dei monti,
un fiume, un'antro, una fonte doveano, secondo Seneca, rendergli
la pace, ed ei ben lo ricordava: in
un'antro naturale l'anima sentesi

penetrata da sentimento di religione; la sorgente d'un fiume ispira venerazione, e lo sgorgare improvviso d'una fonte merita un'altare;
e Petrarca non trovava nulla di
più religioso che l'antro di Valchiusa, nessuna fonte più copiosa di
quella che ne sgorgava, nessun altare a miglior ragione dovuto di
quello, che infatti ei voleva innal-
zarvi. Là i suoi occhi non veggono
oro, nè pietre, nè porpora, ma cielo,
acqua e scogli; il suo silenzio non
rompesi che co'pochi e rozzi, ma buoni suoi famigliari, s'accontenta del
loro pane e de'cibi agresti; neglette le sue vestimenta, la sua casa
par quella di Catone. Altri maestri
di lettere, lo afferma egli stesso,
non ebbe che le querce e i faggi,
le selve e i campi (1). Quivi sente
un'ineffabile dolcezza e tranquillità, e vi passerebbe intera la vita,
se non fosse troppo vicino ad Avignone e troppo lontano d'Italia;
l'odore pestilenziale di quella città corrompe l'aere puro de'suoi
campi, e perciò teme che la vici-

.

(1) *Vita Solit.*, lib. II, cap. 22.

nanza di quella Babilonia lo costrin-
ga ad abbandonarli.

In quel romitaggio Francesco
ha la ventura di avere amico Filippo di Cabassoles, « sommo pastore di scarso ovile, » vescovo
della vicina Cavaillon, antica ma
tranquilla e modesta città, che ac-
colse e ospitò sovente il ramingo
cantore nel suo castello, e tennegli
costante e ossequiosa affezione, ria-
mato a sua volta con fratellevoli
modi (1). Con questo fiore, la sua
solitudine gli appare più bella; se
ne diparte bensì più volte, per
incoronarsi poeta a Roma, per cat-
tivarsi la benevolenza e i favori
dei principi, porre il suo ingegno,
il suo cuore, la sua parola in pro
dell' amata sua patria, attingere
ovunque sapienza e virtù, ma ovunque egli sia, sogna, sospira la sua
Valchiusa pel bisogno che senti-
va di solitudine: « Nella mia patria, scrive, sono troppo conosciuto, troppo corteggiato, troppo al-
tamente vantato. Son rifinito sotto queste adulazioni, e quel luogo
mi si fa più caro, dove posso vive-

_____

(1) *Epist. ad posteros.*

re a me solo, lungi dal volgo, non
intronato dalla tromba della fama:

> Cercato ho sempre solitaria vita;
> Le rive il sanno, e le campagne e i boschi.

L'abito, nostra seconda natura, ha
fatto di Valchiusa la vera mia patria (1). » Lasciatala, vi torna per
riaversi dalla stanchezza, per discacciar dall'animo l'inquietudine,
ristorarlo delle sue amarezze, ri-
prender nuove forze:

> E certo ogni mio studio in quel tempo era
> Pur di sfogare il doloroso core,

oppure

> Sol di lei ragionando o viva o morta.

Quel piacere gli si appresentava
tanto più vivo e vago, quanto più
rumorosa era la corte in cui vivea,
più amaro il disgusto provatone,
più lusinghieri erano gli onori che
gli venivano largiti, poichè egli
trova le camere dei signori e le
corti dei papi essere odiose prigioni
e rincrescevoli lacci (2). Natura contemplativa e incostante, ingegno dotato più di destrezza che di forza (3),

(1) *Famil.*, lib. II, ep. 12.
(2) *Vita Solit.*, lib. II, cap. 51.
(3) *Epist. ad poster.*

la vita esterna fu a lui non occupazione, ma diversione; la sua vera vita fu tutta dentro di sè; ridottosi solitario, fu il poeta di sè stesso, e come Dante avea innalzato Beatrice nell'universo, del quale si fece la coscienza e la voce, egli celò tutto l'universo in Laura, e fece di lei e di sè il suo mondo.

Del suo romitaggio scrivea a Boccaccio da Padova nel 1351: « Tu ben sai ch'io avea deliberato di non ritornar più a Valchiusa. All'improvviso divenni vago di rivederla, e non mi fu possibile dominare questo nuovo affetto. Nessuna speranza mi vi attira, nessun piacere, giacchè il luogo è sì selvaggio, non l'amicizia, che è il più onesto di tutti i motivi che possono determinare gli uomini. E quali amici potrei avere in un deserto, da cui sconosciuto è il nome stesso dell'amicizia, in cui gli abitatori, unicamente occupati dei loro ami o della coltivazione dei loro oliveti e delle loro vigne, non conoscono la dolcezza della società e del conversare? Eccovi i motivi più ragionevoli per iscusare questa varietà dell'animo

mio: è l'amore della solitudine e
del riposo, che mi fece abbracciare
il partito che repentinamente ho
preso. Troppo conosciuto, troppo
ricercato nella mia patria, lodato,
adulato anche fino alla nausea, vo
in traccia di un asilo, in cui viver possa solingo, ignoto, inglorioso;
nulla mi sembra doversi preferire
ad una vita solitaria e tranquilla.
L'aspetto del mio deserto di Valchiusa appresentossi a me con tutte
le sue lusinghe; nel dipingermi alla mente quei colli, quelle fontane,
quei boschi sì propizj a' miei studj,
ho sentito nel fondo dell'anima
una dolcezza inesprimibile. Non mi
maraviglio più che Camillo, quel
celebre personaggio esigliato da
Roma, sospirasse dietro la sua patria, quando penso che un uomo
nato sulla riva dell'Arno sospira
un soggiorno posto al di là delle
Alpi. L'abitudine è una seconda
natura; quell'eremo a forza di
abitarlo è divenuto come la mia
patria. Ciò che mi muove di più
si è, che ho deliberato di dar ivi
l'ultima mano ad alcune opere già
incominciate. Son curioso di rivedere i miei libri, di trarli dai for-

zieri nei quali sono chiusi, per far
loro mirar la luce e riporli sotto gli
occhi del loro padrone (1). E in
vero ei vivea colà nella più dotta
compagnia, ch'ei desiderar potesse,
fra i prediletti classici della romana letteratura, de'quali ad ogni
passo cita le sentenze ne'proprj
scritti, e in ispece col favorito o-
ratore d'Arpino. Avendo un di
ricevuto in dono un buon manoscritto di Cicerone (2) da Lapo

(1) *Famil.* lib. XI, ep. 12. Leonardo Aretino
nella *Vita di F. Petrarca*, scrive: « Era solito dire,
che solo il tempo della sua vita solitaria poteva chiamar vita; perchè l'altro non gli era stato vita, ma
pena ed affanno. »

(2) Gli erano famigliari i libri *de Republica* del
grande oratore, che li cita sovente ne' suoi scritti.
Il card. Maj, che ne pubblico i frammenti rimastine,
scrive nella sua dedica a papa Pio VII, che quel-
l'opera ,, elapsam manibus hominum Silvester papa II, in apostolico quamquam fastigio nondum positus, ad se olim deferendam curabat; Clemens
autem papa VI viro illustri Petrarchae summis o-
pibus conquirendam mandavit » e nella prefazione:
« Ciceronis *de republica* nominatim libros cum aliis
ejusdem operibus, jussu praesertim Clementis VI
papae litteratissimi, a Francisco Petrarca fuisse
diu. acriter, magnis impensis curisque vestigatos,
testem ipsum habemus virum incomparabilem pro-
lixa epistola *Senil.* XV, 1, quae tota est de Ciceronis libris. ,, Veggasi su cio anche l'altra lettera
di Petrarca *Famil.* VII, 4, e *ad Vir. illustr.* 1 et
2. Gli fu persino attribuito il merito del rinveni-
mento delle lettere ciceroniane, e d'averne curata
la trascrizione; ma ora un tedesco. Antonio Viertel, si
accinse a provare che tale copia fu procurata da

di Castiglionchio, ecco come festivamente ne lo ringrazia: « Il tuo Cicerone, che meco ho condotto nella mia solitudine di Valchiusa, stupì per la singolarità del luogo, che certamente non avea veduto quando fece il viaggio di Narbona (1). Egli confessò che la sua casa d'Arpino, di cui fa una descrizione sì piacevole, non è circondata da acque più fresche e più limpide di quelle della Sorga. In verità questa fontana non la cede nè alla Ninfa della Campania, nè all'Aretusa della Sicilia. Ma è disgiunta da una lunga strada, ciò che senza dubbio fu causa che Cicerone non l'abbia veduta; fa d'uopo cercarla espressamente per curiosità o per gustare le dolcezze del riposo in questo eremo. Quanto a me, quando son fuori d'Italia, non respiro che in Valchiusa » (2).

Altra volta Valchiusa, luogo amicissimo, ei dice, alla libertà, al riposo, all'ozio, alla scienza e alla

Pier Coluccio Salutati per mezzo di Pasquino Capelli, cancelliere ducale a Milano. Veggasi sull'argomento di queste lettere un libro di Roberto Yelverton Tyrrel (Londra, Longmans and C.).
(1) Allorchè vi si recò Petrarca verso il 1323.
(2) *Famil.*, lib XII, ep. 8.

virtù, ove pur ritrovava Atene,
Roma e Firenze, gli riesce a noja per la vicinanza della corrotta
Avignone; scrive infatti ancora
a Boccaccio da Verona il 1 giugno 1351: « Tu il sai, mio diletto amico, e nessuno lo ignora,
tutto ben ponderato, s'io fossi
padrone di me stesso, stabilirei
il mio soggiorno nella solitudine
di Valchiusa (1), e vi passerei
il restante della mia vita, benchè
ivi manchi di quelle superfluità,
delle quali abbondano le città; pure vi trovo la libertà, i comodi,
il riposo, la solitudine, quattro cose necessarie alla mia vita beata.
Ma quel romitaggio ha due grandi
difetti per me: è troppo lontano
d'Italia, ove son tratto dall'incli-
nazione della natura, ed è troppo
vicino a quella Babilonia occiden-
tale, da cui quest'istessa natura
mi respinge sempre con forza.» Nei
giorni di supremo disgusto del vivere sociale correva a seppellirsi nella
solitudine, e confidando solo in sè,

---

(1) Con tutto il suo anelare alla solitudine, egli
era „ solus ibi, totus omnibus, omnium locorum,
omnium horarum, omnium fortunarum, omnium
mortalium homo. »

trovava coraggio a vivere nel
carezzare ed accrescere le proprie illusioni; unica sua voluttà
era raccontare i fatti proprj, i pensieri, i sospiri a quegli uomini,
ch' ei sembrava abborrire, ma che
pure amava. Colla mente assorta
nell' ammirazione dell' antichità,
nella quale era il suo regno, studiava gli uomini non già nella vita
reale e nelle vicissitudini de' suoi
tempi, ma nelle pitture retoriche
degli scrittori.

Ma quella tranquillità e quella
pace della solitudine non era dis-
occupazione o mollezza di Campania, nè tale voleva che fosse
anche per altri il vivere solingo.
Ei cerca l' ozio senza pigrizia e
non disutile, ma tale che colla solitudine giovi a molti; denunzia le
ferie al corpo e non all' animo;
vieta all' ingegno di riposarsi nell'o-
zio, se non in quanto può rilevarsi
in alto e divenire più copioso, poichè l'intermissione così agli ingegni,
come ai campi suol giovare. Invoca
i pensieri generosi, compagnia più
che altra mai graziosa, dolce e
piacevole; intende una solitudine
fra libri di diverse materie, che

siano cari e continui compagni,
pronti a venire in pubblico o a ritornare nella cassetta ad ogni suo
comando, apparecchiati sempre o
a tacere, o a parlare, o stare a casa
e a far compagnia fra i boschi,
a venire in pellegrinaggio e in
villa, a ragionare e motteggiare;
atti a confortare e consolare, ammonire e riprendere, a dar consiglio ed insegnare le cose secrete
della natura, le storie del passato
e la dritta regola della vita, il
saper dispregiare la morte e il
dolore, serbar la modestia nella
prosperità, la fortezza nella fortuna contraria, e la costanza in
ogni atto; compagni dotti e lieti,
utili ed eloquenti, senza fastidio,
senza lagni e mormorazioni, paghi
di piccola casetta, larghi a' loro
albergatori di ricchezze inestimabili, di copiosi e soavi conviti (1).
Nell' antichità per lui sì venerabile
fa ogni giorno ricerche e conqui-
ste, che gli procacciano la gioja
ineffabile del trionfo.

Non languiva quindi inerte Petrarca nella solitudine fra i sospiri

_____

(1) *Vit. solit.*, cap 39, lib II.

e le lagrime, ma Valchiusa, costante e forse unico porto nelle procelle della vita, fu per lui ciò
che un benefico suolo è al ger-
me di rigogliosa pianta. Lungi
dalle dissipazioni, che nelle popolose città fiaccano e disperdono le
forze dell' ingegno, nella quiete e
nel raccoglimento, nell' indipenden-
za d' amica solitudine trovò agio
e vigore per rendersi più utile e
più degno di onorata fama, e colà
meditò e scrisse molte delle sue
opere: « Mai non fui meno ozioso,
attesta di sè stesso, che quando
sono stato ozioso, e mai non fui
meno solo, che quando sono stato
solo. »

Un' altro asilo di pace erasi scelto Petrarca presso Milano. Grato
ed onorato alla corte dei Visconti,
che gli affidarono scabrose incum-
benze, avea casa solitaria presso
la basilica ambrosiana (com'egli scrive (1) a Guido di Settimo), stimato
e riverito da principe e popolo
più che la sua modestia e quiete
gliel permettessero; e divideva il suo
tempo tra lo studio e i suoi libri,

(1) *Famil.*, lib. X, epist. 15, 16.

2

di rado tra gli amici, scarsamente concedendo alla natura ciò ch'essa imperiosamente esigeva. La città eragli divenuta carissima per la purezza dell' aria, l' indole buona de' cittadini, l' affezione degli amici (1). Ma talvolta appartavasene per ritirarsi presso la vicina Certosa di Carignano, contigua a Linterno, i cui monaci avrebbero voluto accoglierlo fra loro come ospite desideratissimo, per vivervi modestamente e in maggior soli-

(1) Veggasi quanto scrive sul monastero di S. Ambrogio *ad nemus* nel capo 10, lib. II. Il nome di Linterno fu dato alla sua villa forse da lui medesimo, amantissimo dell' antichità, memore delle ville, da lui ricordate nella *Vita Solitaria* al cap. 46, lib. II, di Formia, Gaeta, Linterno, appartenenti agli Scipioni.

Furono creduti del Petrarca alcuni antichi codici, esistenti ora in parte nell' Ambrosiana, parte altrove, come fossero stati nella sua villa a Linterno; ma una commissione governativa, istituita per l' esame d' alcuni di essi, non ammise quella credenza. A quelli conservati nell' Ambrosiana fu aggiunto, forse nel secolo scorso, in principio un foglio in pergamena, rappresentante in incisione calcografica uno scudo araldico sormontato da una mitra; nel centro furono scritti alcuni titoli, che non hanno relazione coi codici, in uno de' quali leggesi « SEGETES SOLITUDINIS: nel margine inferiore: FRAGMENTUM BIBLIOTHECAE PETRARCHAE, e sotto la mitra: NEUTRO SED AD INTERNA LINTERNI ORNAMENTA. Questi due motti son ripetuti in tutti i codici attribuiti a Petrarca.

tudine, attingervi più pace con
que' cenobiti, e dar più largo tempo alle lettere e alla vita dello spirito anche nell' ore notturne, giacchè protesta essere assai migliori o
meno deformi quelle cose che imagi-
nava di notte, di quelle che scri-
veva di giorno, « di tanti colpi,
soggiunge, rimbomba la mia soglia,
tante schiere di brighe diurne, tante
preci degli amici, tanti lamenti dei
servi le strepitano intorno » (1).

Trionfava in quell' età lo studio
dell'ascetismo, ma la scienza che
dà norma ai costumi, ed è base
della società virtuosa e tranquilla,
era quasi ignota e negletta. Gia-
cevano dimenticate le opere degli
Etici antichi, ed i moderni nella
morale filosofia altra guida non
aveano, che il naturale istinto del
cuore umano, ove l' impulso alla
virtù e la spinta al vizio si celano
confusamente. Di virtuoso cuore,
d' indole atta ad esaminare i proprj e gli altrui doveri, Petrarca
volle rendere vita novella all' antica e quasi spenta morale nella quie-
ta Valchiusa, senza le fredde e so-

(3) *Famil.* lib. X. ep. 7

vente insulse frivolezze della forma
scolastica, allora in fiore. Onde sospeso il fuoco dell'imaginosa sua
fantasia, non tanto però che di
quando in quando erompesse improvviso e gettasse folgori e lampi
a dar luce e vita a' suoi scritti più
tranquilli, Petrarca con freddo e
maturo senno scrisse sulla scienza morale varj trattati, quali i *Rimedj
dell' una e dell' altra fortuna*, de-
dicati ad Azzone di Correggio, caduto di alto stato, il *Trattato della
quiete monastica*, che indirizzò ai
monaci della Certosa di Monterivo,
ov'erasi da tempo rifugiato suo fratello Gerardo, cui andò a visitar-
vi (1). Egli stesso ripromettesi l'immortalità non dalle sue rime, che

(1) L' ab. de Sade, parlando del libro dei *Rimedj*,
dice che da questa principalmente fra le opere latine di Petrarca se ne potrebbe trarre il compen-
dio e la quintessenza di quanto v' ha di migliore e di
più importante nei libri di filosofia e di morale.
Mercè di questo, l' uomo oppresso dall' avversità o
lusingato dalla prospera, può ricorrere ai mezzi,
coi quali opporre un rimedio alla sventura, tem-
perar la gioia e mantenere l' equanimità. Al contrario Matteo Villani nella *Cronaca*, lib. V, c. 26,
parlando di Zanobi da Strata e di Petrarca, dice
bensì questo di maggiore eccellenza di quello, ma che
« le loro cose, vivendo essi, a pochi erano note, e
quanto ch' esse fossero dilettevoli a udire, le virtù
teologhe a' dì nostri le fanno riputare a vili nel
cospetto de' saggi. »

formarono la meraviglia dei posteri, mentre per lui, pentendo-
sene e vergognandosene, erano can-
tici volgari delle sue pene giovanili, nè dall' *Africa* (1), da lui ri-
pudiata ne' tardi suoi anni, mentre
pure ne andò celebrato presso i
contemporanei e n' ebbe l' alloro
in Campidoglio, bensì dalle sue
opere latine, ora neglette e a pochi dotti note.

Il suo modo di vivere eragli sì
caro, che pensò di far l' apologia
della *Vita solitaria* in due libri,
cui diè mano nel 1346, ma non ter-
minò che molti anni più tardi. È
un' opera che crebbegli assai tra
mano, poichè « mio pensiero, dice
egli, fu prima di scrivere un' epistola, ed ora ho scritto un libro. »
Messo per base che l' uomo dee tendere alla perfezione, mostra quanto
a tale sublime scopo sieno contrarie le corrotte città, ove dalle passioni e dai molteplici oggetti tra-

(2) A Petrarca l' *Africa* parve la vera Eneide,
la grande epopea nazionale, rappresentata in quel-
l' ultima lotta, nella quale Roma vincendo Cartagine,
si apriva la via alla dominazione universale. In-
vecchiato, il poeta dun antico e volle dimenticato
quel poema

sportato, l'uomo è quasi suo malgrado distolto dai doveri civili e religiosi. Anche al filosofo ei crede perniciosa la città, predominando l'ignoranza e il falso sapere, nemici crudeli della verità (1). Dopo un attento esame, veggendo l'Europa lacerata e afflitta, o inquieta e selvaggia, crede che solo la solitudine al saggio offra amichevole ospizio. Fa poscia il parallelo della vita del solitario e del cittadino, e vede quello possedere la libertà e la quiete, questo essere servo delle passioni proprie e d'altrui; vede abitar la noia ne' dorati palagi, ne' sontuosi banchetti, ma la letizia starsene in parca mensa e in umile tugurio; il sonno fuggire i profumati lini, gli orientali tappeti, i molli letti, e riapparir fedele sulle cadute foglie o all'ombra d'antico faggio. Vago, poetico, eloquente è il primo libro, ricco di poetiche descrizioni e di vive imagini, di commoventi de-

(3) Del suo trasporto per la solitudine è testimonianza l'altro suo libro *de Otio religiosorum*. Chiama la Certosa di Monterivo, paradiso, angeli i frati, vestiti di spoglia mortale; e dice a quei monaci: « Vacate ergo; nunc vacando utique quiescitis, quiescendoque videbitis, videndoque gaudebitis, gaudendo autem de veritate felices eritis. »

scrizioni delle virtù e dei costumi degli antichi solitarj; non meno erudito il secondo, e dettato da una profonda filosofia ignota al volgo:

Povera e nuda vai filosofia,
Dice la turba al vil guadagno intesa.

In esso pone in rassegna gli esempj di quanti hanno amato la solitudine, dai primi patriarchi biblici sino ai Padri della Chiesa, in ispecie di s. Agostino, col quale avea assai consonanza di sentimenti (1), e ai filosofi dell'antichità greca e romana, dei quali ci fa conoscere i sentimenti; Seneca (2), Demostene, Anassagora, Zenocrate, Solone, Carneade, Diogene, Platone sono suoi maestri e consiglieri; Seneca sopratutto, e quell'istesso Cicerone, il cui ingegno solo era pari all'imperio del popolo romano, e che sbattuto dalle procelle della vita e afflitto da sventure domestiche, ane-

(1) A imitazione delle di lui *Confessioni* compose il libro in forma di dialogo « *de Conflictu miseriarum suarum*, che s'intitolo anche *Secretum* e *Augustinus*.

(2) Trova pero questo filosofo eccessivo nella lode e nel consiglio della solitudine, e ne prova dispiacere egli, che tanto amore vi portava.

lava a quella solitudine, che prima
avea detestata, come nemica della
sua fama (1).

Il Ginguené asserisce che la
Vita Solitaria contiene la dottrina
d' una filosofia misantropica, ch'era
pur aliena dal carattere gaio ed a-
perto del Petrarca (2), forse favorita
dal grande suo amore allo studio;
tuttavia vi scorge un' animo nu-

(1) Persino ne' costumi e nelle sette filosofiche
orientali va cercando gli esempj di vita solitaria, e
narra le usanze e le dottrine de' Bragmani, degl' Iperborei, de' Druidi e de' Ginnosofisti, fra' quali
ricorda Clano e Dardano, quantunque ei ne ri-
provi la soverchia rusticità della vita, ripetendo
con Cicerone, ch' ei si conviene aver la mondezza
e la politezza che non s'a odiosa e neanche troppo
squisita, ma che fugga la rustica e immana negligenza. *Vit. Solit.*, lib. II, cap. 34. Cicerone non tol-
lero la solitudine con animo paziente, non tanto
perchè l' odiasse in sè, quanto perchè gli spiaceva
la cagione, a che quasi ve l'obbligava, cioè lo
sprezzo e il vilipendio, in cui generalmente erano
tenute le leggi e la giustizia; avea pero finito col-
l' invaghirsene per l' utilità che ne provava, e scrivendo ad Attico, dice: « Ora rifiuto tutte le cose, e
niente sostengo con maggior pazienza, che la solitudine; il viver remoto a me è in luogo di provincia,
e per infinite cagioni fuggo la città. Io non posso
s'are fra la moltitudine; niuna cosa è più gioconda
della solitudine, dove non parlo con alcun uomo; e
quando il mattino mi sono ascoso nella selva spessa e aspra, non esco di là innanzi che la sera
venga. »

(2) « Erat mirae jucunditatis comitatisque singularis, ut nullus esse cum eo moestus posset, nullus
cum vel semel convenisset, posset non amare.
P. P. Vergerius, *Vit. Petrarcae.*

trito di massime della filosofia antica, e spesso un' eloquenza ornata e
persuasiva (1). « Io non mi tengo
savio, scrive, nè molto vicino al
savio, ma usando la parola di Cicerone, dico ch'io sono grandissimo
pensatore (2). » Quella tinta melanconica, che pur talvolta appare in
questo trattato, e che informò il
carattere dell' autore, si deve alla
persuasione in lui fondata, che gli
uomini cospirassero non tanto contro di lui, quanto contro alla sa-
viezza e alla virtù, e coloro che
lo conosceano più d'appresso, ravvi-
savano com' egli avesse più timore
e pietà dell' uomo, che odio e di-
spetto (3).

Della sua foggia di scrivere latino non furono concordi i giudizj.

<hr/>

(1) *Hist. littèr. d'Italie.* cap. 13, part. I. E il
Tomasini nel *Petrarcha redivivus:* « Opus pulcherrimum ad Philippum Cavallicensem episcopum de
Vita solitaria, in quo adeo quae mundi sunt con-
temnit, adeo v rum rectumque tuetur, ut dubit s
utrum hominem agnoscas an hominem majorem. Tanta constantia at, tantus ardor, copia tanta, ut interim praetereamus argumentorum et rationum
fidem. »

(2) *Vita Solit.,* lib. II, cap ult.

(3) Il Foscolo osserva che Petrarca argomento le
fatiche e i contendimenti nostri in pro degli uomini
eccedere a gran pezza qualunque beneficio ne possa a quelli tornare. *Parall. tra Dante e Petr.*

Sperone Speroni nel *Dialogo sulla lingua*, ne pronunciava un reciso biasimo (1); altri meno severi dicono ch'egli scrisse non con purgatissima latinità, ma certo con tal garbo, che superò gli altri suoi coetanei, e servì di principale incentivo ai posteri per rimettere, siccome avvenne poi, lo splendore di quel nobile linguaggio (2). E veramente essendosi egli proposto a modello i classici, cui di continuo studiava, la sua penna scorre libera e facile, talvolta elegante, tal altra i suoi pensieri sembrano rivestiti de' colori di Cicerone e di Virgilio; in ogni modo egli rese grande servigio alle lettere, mostrando la via più atta a ritornare alla buona latinità. Anche Gioberti (3), trovando che lo stile è l'elemento spirituale delle parole e come l'anima della favella, negli scritti

---

(1) « Vedete le cose latine del Petrarca ed agguagliatele alle volgari; di quelle nulla peggiore, di queste niuna migliore giudicherete. » È il Tomasini all'opposto: « Is reflorescentis literaturae latinaeque linguae horrenda nescio qua barbarie obsitae ac pene sepultae assertor et instaurator fuisse dicitur viris doctis. » *Petrarcha redir.*, cap. IV, e altrove.

(2) Muratori, *Vita di Fr. Petr.*

(3) *Introd. allo studio della filosof.*, vol. I. p. 359.

latini petrarcheschi ravvisa lim-
pidezza e pacatezza di pensiero,
schietta e robusta virilità, quel
genio e quella sagacia, quella
moderazione, quell' aggiustatezza,
che mostrano un' animo ben con-
formato, un' evidenza e scoltura di
concetti inimitabili. Saba da Casti-
glione assicura che Francesco Petrarca, se trovato si fosse agli antichi tempi, quando le buone lettere fiorirono, forse sarebbe con-
numerato tra i Ciceroni, i Sallustii,
i Livii, gli Ovidii, i Tibulli, i Pro-
perzii, i Silii Italici ed altri simili (1). Infatti viveva con questi
nella sua volontaria solitudine, ne
avea tuttodì fra mano gli scritti;
chiamava i suoi amici Socrate e
Lelio, per essere poi da loro ap-
pellato Cicerone, cui tentò emulare
nelle legazioni che sostenne per
commissione di principi, e nel recitare pubbliche orazioni; e chiuse
la sua vita scrivendo epistole al-
l'Arpinate, a Seneca, a Quintiliano,

---

(1) *Ricordi.* CXIII. G. V. Gravina, nella *Ragione
poetica*, lib. II. cap. 27, dice Petrarca « ristauratore
della lingua latina ». Pur lodando in qualche parte
Ovidio, Petrarca dice opera da pazzo e degna cagione del suo esiglio l'*Arte amatoria* di quel
poeta.

a Tito Livio, Orazio, Virgilio, O-
mero, Varrone, quasi eguaglian-
dosi a loro, come poco innanzi la
sua fine, alla stessa posterità, alla
quale raccomanda la sua memoria;
ma ad onta di questa veemente
predilezione per gli scrittori antichi, in tutti i suoi libri fu vivo
specchio e la parola del suo tempo,
l'espressione del pensiero italiano.

Al fedele compagno del suo ri-
tiro, al più grande amatore, dopo
lui, di Valchiusa, al vescovo di Cavaillon (1), dotto e studioso prelato,
è dedicato il libro della *Vita Solitaria;* e nella lettera in cui glielo
indirizza da Venezia, si scusa del
ritardo decenne frapposto nel con-
durlo a fine, in causa della lentezza
e pigrizia dei copisti (2) delle molte-

(1) « La tua sorte ti ha dato tal patria che se
bene è nobilitata dal nome di cittade per lo tuo vescovado, essa nientedimeno, eccetto la sua vecchiezza e il suo nome, non ritiene in sè alcuna
similitudine di cittade » *Vita Solitaria*, lib. II, cap.
49. Valchiusa era nella diocesi di Cavaillon.
(2) Accennando al Boccaccio l'impazienza del
vescovo Cabassoles di avere il libro della *Vita Solitaria*, gli dice: « Ha ben ragione di chiederlo,
poichè esso è compiuto... Pare incredibile: bastarono a me pochissimi mesi per iscriverlo, e tanti
anni non bastarono a farlo copiare. » *Senil.*, lib. V.
ep. 1. Allora però (15 dicembre 1365) era compito
e l'aspettava. È certo che, anche compita l'opera,

plici sue occupazioni, e della naturale
lentezza nell' operare, che sovente
ha bisogno dell' eccitamento degli
amici. Quest' esemplare era infine
stato compito da un buon chierico,
in caratteri « non tanto di bella
forma, quanto convenienti agli anni
nostri, e secondo il mio parere, a
qualunque età. » Abborriva l'autore
« i caratteri minutissimi che offen-
don la vista, in cui la mancanza
degli spazj e le lettere piccolissi-
me, poste a cavalcione l'una sul-
l'altra, presentano lo scritto sì com-
patto, affastellato, confuso, che a
mala pena possa leggerlo colui stesso
che l'ha scritto. »

Intanto Filippo era salito ad alto
grado, nuovi titoli eransigli aggiun-

innanzi la trascrizione, Petrarca vi fece aggiunte
e correzioni, e in lettera a Donato Albanzani vie-
tagli di copiarla, poichè non vi ha dato ancora
l'ultima mano (*Senil.*, lib. V, ep. 4), e nella 3. del
lib. XVI delle stesse *Senili* mostrasi malcontento
che un Francesco da Siena ricopiasse quei libri,
prima ch'egli potesse farvi altre aggiunte. Di tali
correzioni fa cenno anche a Modio di Parma (*Va-
riar.*, ep. 12). A Luca sacerdote piacentino insegna
che « del mio libro sulla Vita Solitaria, che a raf-
fermarti nel tuo proposito mi chiedi, era inutile che
tu facessi sì lungo discorso. Qualunque frutto del
mio ingegno è sempre a tua disposizione, sebbene
ancora io non lo abbia mandato in pubblico. » *Senil.*, lib. IX, ep. 14.

ti (1), e a Petrarca sembrava perciò
conveniente mutare in quella de-
dicatoria molte cose; che avea egli
in fatti a che fare Valchiusa colla
valle di Giosafat, il fiume Sorga (2)
col Giordano? Ma a suo credere,
ciò nulla toglieva all'amore dell'a-
mico, « parvi episcopi sed ingentis
viri. » A lui era donato quel libro,
perchè per ragione di dignità e di
origine gli spettava a preferenza

(1) Quando ricevette il libro della *Vita Solitaria*, era divenuto patriarca di Gerusalemme,
cardinale e legato pontificio in Germania ed in Italia.
Nell'edizione Petri 1554 di Basilea delle opere di
Fr. Petrarca, la *Vita Solitaria* è dedicata « ad
virum summae reverentiae dignum Philippum Pa-
tham eo tempore cavallicensem episcopum, mox
patriarcham hierosolymitanum, deinde S. R. E.
tituli S. Sabinae cardinalem atque legatum, litteris
ornatum ac litteratorum patronum. »

(2) « Il Sorga, re delle fontane, allo strepito
delle onde dal quale io scrivo queste cose, ti sarà
presente » *Vita Solit.*, lib. II, cap. 50. Petrarca
comunicò anche all'amico Socrate quest'opera sua,
a condizione però che non avesse a comunicarla
a chicchessia fin ch'egli vivea, perchè in qualche
passo dell'opera avea stuzzicato colla penna persone
di alta condizione. Anche a lui spiega le ragioni,
che l'aveano indotto a mandare assai tardi il libro al vescovo Filippo, « uomo eccellente, ospite e
padre amorosissimo, » ch'era stato largo di amorevoli accoglienze anche a Gio. Boccaccio. Eppure
l'effetto della pubblicazione della *Vita Solitaria* fu
assai diverso da quello temuto dal suo autore, poichè il papa e molti cardinali e prelati gli tributa-
rono lodi senza fine, e il Cabassoles se la faceva
leggere a mensa, mentre non vi si leggeva che la
Bibbia. V. *Senil.*, lib. VI, ep. 9.

d'ogni altro, e perchè vi era un pe-
renne ricordo di quegli anni, « cum
olim solitarius et tu ruri in silentio
otiosus et tranquillus agerem pro-
pe felicem vitam, si diuturnior fuis-
set; » e infine onde fosse testimonianza che a Valchiusa non v' era
« incomitata solitudo, aut iners o-
tium; » io prega oltrecciò di aggra-
dirlo tanto più, quanto più ritardato,
solendo le cose riescire più grate,
quanto più diuturna ne fu l'aspettazione ; gli ricorda infine la dolce
famigliarità in cui visse » in tua illa
parva quidem, sed honesta civitate,
inque illo tuo rure inopi sed quieto, »
e dove passò tanti giorni lieti e
tranquilli (1).

Al venerando prelato era riescito carissimo quel trattato, e alle
lodi di che avealo trovato merite-
vole, Petrarca rispondeva modestamente da Pavia (2), che i pregi

(1) Veggasi al cap. 49, lib. II, una tenera ed affettuosa apostrofe al vescovo Cabassoles, in cui ricorda le affettuose carezze ch'egli prodigavagli, e
dipingendo co'più soavi colori la solitudine e le
serene occupazioni di Valchiusa.
(2) « Tu Vitae solitariae libellum. ubi, quod saepe
dixi, nihil me judice memorandum, nihil est nobile
praeter tuum nomen, quem praeterea etsi nobilis-
simus in se esset, et dilatio immodica et petendi
taedium ac fastidium expectandi invisum facere po-

di quel libro non consistevano che
nel nome postovi in fronte del vescovo, che gli attestava in modo
sì gentile la sua benevolenza antica
e costante, nell'aggradire un libro,
che dovea essergli riescito inviso
per la soverchia aspettazione. E
quanto fossero care a Filippo le
cose di Petrarca, glielo ricorda questi medesimo laddove riferendosi
ad una delle frequenti visite fattegli
dal prelato, « essendo tu entrato nel
mio studio, dice, il che tu spesso
fai non come vescovo, ma come
amico, comprendendo io la tua cupidità di leggere, la quale in te
mai non manca, subito ti porsi le
divine opere di que' celesti ingegni;
ma tu colla mano renitente, rivolgendo il capo indietro, chiedesti
solamente la mia; » però non lascia
di rammentargli che il favore troppo
amorevole nuoce molte volte al
giudicare degli uomini. Altra volta
inviavagli da Arquà una sua breve
elegia sulla grotta della Maddale-

tuissent, his praeconiis laudum hisque actionibus
gratiarum excipis, ut mirari cogar notissimam licet
humanitatem tuam et amoris antiqui perpetuam ac
recentem semper et quotidie novam vim etc. » *Senil.*,
lib. VI, epist. 9.

na, composta molti anni innanzi (1), quand'egli vi s'era rifugiato per tre giorni, per consiglio dell'amico, e da lui di nuovo richiestigli.

Nella *Vita Solitaria*, forse meglio che in altro suo libro, Petrarca dipinse tutto sè stesso, e in quella ricca varietà di argomenti e di prove del suo assunto, noi attingiamo una messe ubertosissima di idee, di principj, di dottrine, che informavano tutto il suo pensiero con tutta la integrità della persuasione. « Io ti ho scritto queste cose, assicura il vescovo, con tanta affezione d'animo, mi sento tocco da tanto ardore di questa materia, che avendone parlato lungamente, più cose tuttavia nell'animo mi sorgono; ma ci si debbe avere avvertenza di non venire in fastidio. E' m'è parso che ogni strepito delle fronde, percosse dal vento, e ogni suono delle acque,

---

(1) « Quartus et vigesimus annus est, ex quo acta sunt haec; vide si interim possumus meminisse toto ante decennio, quam in rure tuo positus Solitariae tibi Vitae libros inscriberem. Ceterum tunc reversus, hos sibi versiculos incorrectos legi, qui tuo et meo nomine scripti erant, ut quos te imaginario teste atque hortatore dictaveram, dehinc eos inter scripturarum mearum cumulos abieci, nec eorum amplius recordatus sum, tu nunc illos petis. » *Senil.* lib. XIV, epist 15.

che qui d'intorno nascono, abbiano detto: Tu persuadi bene, tu consigli direttamente, tu dici il vero. » Eppure innanzi di por mano a quell'aureo libro, il timore d'essere impari alla dimostrazione della sua tesi gli suggeriva queste parole, improntate di grande modestia, nello scrivere da Valchiusa a Stefano Colonna il giovane, che quell'argomento «aveanlo trattato in diverse opere eloquenti scrittori, ma per quanto a me sembra, non fu da loro la vita solitaria abbastanza lodata; intorno alla quale ti dirò, che spesso fui tentato io di scrivere qualche cosa, e nol feci, perchè del mio ingegno, del mio stile e delle raccolte notizie non mi tenni sicuro. » (1) Poeta essenzialmente solitario, esule, studioso, amante, tende a ritirarsi in sè stesso; piacque bensì ai principi, fu amico ai signori, ma non fu molto onorato dalle repubbliche, e si sdegnò contro i giovani veneziani, che colla libertà repubblicana misero in canzone la sua saccenteria; visse in corte dei Colonna, dei Visconti, dei Correggio,

(1) *Famil.* lib. III, ep. 5.

de' Carrara, degli Scaligeri, ma ripete sdegnoso col poeta venosino:

Odi profanum vulgus, et arceo (1).

Il solitario di Valchiusa e di Linterno non può stare ove rimane ancora il popolo, vita e contrasto; non ne intende e ne sprezza il linguaggio, e se non fosse stato amore, che gli fè parlare l'idioma che la donna intende, il suo nome sarebbe dimenticato nell'*Africa* e negli altri suoi scritti latini. Si direbbe che l'odio del popolo nella *Vita Solitaria* è il pensiero predominante; lo chiama con nomi dispregiativi; con esso ha nulla di comune; lo dice bugiardo e cieco, fontana di tutti gli errori, al quale la solitudine non affida alcuna cosa di sè; instabile e inquieto, padre d'ogni fastidio, ingrato e mal conoscente verso gli uomini da bene; e tal fiata scrive: « Siccome noi siamo differenti dal proposito, dall'opinione e dagli studi del popolo (2) ,così è conveniente che noi

(1) *Od.* I., lib. III
(2) « I popoli o veramente servi piangono, o veramente impazziscono ; poichè i nostri signori cri-

siamo da esso separati e divisi per
la distanza e per la dissomiglianza
dei luoghi; tanto poco, anzi tanto
nulla v'è di fede, nulla di vero,
nulla di sicuro; e benchè essi siano
chiamati uomini, nulladimeno in sè
non hanno alcuna specie d'umanità,
eccetto che l'umana effigie; onde
se anche altra cagione a ciò non
m'inducesse, certamente questa è
massima e giustissima, di fare ch'io
ami la solitudine, e quanto possa,
io fugga lungi dalle cittade (1).
Qualunque tu sii, che seguiti la
virtù e fuggi il vizio, credimi che
il dimorar tra i popoli ti terrà in
dubbio, se tu debbi abbracciar quella,
o se tu debbi esser posseduto da
questo. Che vedrai tu nella moltitudine, se non discordie, adulterj,
inganni, ingiurie. furti, rapine ed
omicidj? Queste arti ti riceveranno
nella prima entrata di quella, queste così fatte imagini ti voleranno
intorno al capo; questi esempj ti si

stiani non cercano se non le delicatezze, e i nostri pontefici non amano se non le ricchezze » *Vita
Solit.*, lib II, cap. 27.

(1) Lib. II, cap. 8. Altrove scrisse: « Non pluris fa-
cio quid de me vulgus aestimet, quam qui brutorum
greges animantium; si quid forte mihi visus sum,
potuit hoc interdum alienae ruditatis contingere. *De
contemptu mundi.*

mostreranno ad ogni lato con gran
strepito. Grandissima difficoltà sarà,
benchè tu sii nato un altro, a non
divenire tale, quali son coloro, che
tu avrai trovati. Democrito s'è cavati gli occhi per poter ben vedere
il vero e per non vedere il popolo,
a lui nimico e contrario a'suoi onesti propositi. Intende bene che il
popolo con grande strepito si farà
incontro al suo proposito, ma la
verità è senza paura e invincibile,
e non teme i vani strepiti. (1).

Riprende severamente il suici-
dio, e censura lo scopo vizioso
degli studj, comune a' suoi giorni,
« dandosi gli uomini allo studio delle
lettere pur con qualche danno del
suo peculio, ma con non piccola
speranza di guadagno; i fanciulli
son destinati alle scuole non come ad imparare arti liberali, ma
opere servili; onde niuno meraviglisi, se di poi ch'essi sanno le lettere, le vendono e le usano avaramente, le quali solo hanno cercato
di avere per poterle rivendere, e
di quelle con abominevole e cattiva
speranza si hanno costituito non

(1) Lib. II, cap. 21, 35, 53.

cento ma mille usure. Noi non dobbiamo vendere alcuna cosa che proceda dal nostro ingegno, nè farne
superflua ostentazione (1). »

Altrove discorre di storia e geo-
grafia, di avvenimenti contemporanei e lontani, d'uomini e di cose
disparate; e toccando di papa Celestino, vissuto pochi anni innanzi
a lui, di quello,

Che fece per viltate il gran rifiuto, (2)

come splendido esempio di vita solitaria, non consente coll'Allighieri,
poeta ghibellino, verso il quale nu-
triva affettata noncuranza, perchè,
secondo lui, non avea ammiratori
che presso il volgo: «Attribuisca chi
si voglia questo fatto (l'abdicazione)
alla viltà dell'animo del solitario e
santo padre, conciossia che in una

---

(1) Rassegnato persino a privarsi del consorzio
soavissimo degli amici, se potesse per questa via
sottrarsi al livido sguardo dell'invidia, prega il
vescovo Cabassoles d'accoglierlo e tenerlo nascosto
all'ombra sua agli occhi di chicchessia. *Famil*.
lib. XV, ep. 11. Altrove dichiara che « più bella
suonerà la fama del nome nostro da un solitario ri-
tiro, che non dalle popolose città, ed uscirà da ogni
luogo a tormentare gli invidiosi... Noi per natura
nascemmo amici della solitudine. » *Famil* lib. IX,
ep. 14.
(2) *Inf*, c. III., v. 60.

medesima cosa per la varietà degli ingegni non solamente si può aver diversa opinione, ma eziandio sentire il contrario; egli deposto il gran pontificato come mortifero peso, con tanta cupidità ritornò all' antica solitudine, che tu crederesti lui essersi liberato dalla prigione del nimico; cotale pusillanimità, se così debba essere chiamata, sarà senz' alcun esempio. »

Affetta d' ignorar la causa dell' assenza dei papi da Roma, « l' ultima Babilonia, che così merita pei proprj vizj esser chiamata, » e dichiara di non volerla dire, s' anche la sapesse, e « tacendo me, soggiugne, la cosa parla, che chi toglie l' abitatore alla città, volontieri vi indurria l' aratro, e quella in tutto disfarebbe se potesse. » Parlando di Pietro l' Eremita, deplora con calde e amare parole l' insuccesso delle crociate, e la neghittosità di chi dovrebbe accingersi ad una nuova guerra; si augura a ciò redivivo un Giulio Cesare, che meglio farebbe che i principi cristiani, cozzanti fra loro per gare e cupidigie colpevoli. Costretto dagli acuti stimoli del dolore, mediante la rovente e affocata punta delle lettere, con perpetuo segno d'infamia volle aver marchiato i popoli e i principi, che inviluppati in pensieri inutili e dannosi dispregiano quell'onesta, doverosa e special cura della patria. La Germania, secondo Petrarca, non si studia che d'assoldare e armare ladroni a distruzione del suo stato, e da' suoi nuvoli manda continua pioggia di ferro (1) sulle nostre terre, mentre l'Italia si consuma e disfassi colle sue proprie forze (2); e se avviene che alcuna volta ella respiri, la cupidità dell'oro occupa gli animi, traendoli per tutte le terre e i mari. All'Italia pensava di continuo in Valchiusa, ed ai mezzi di tornarla al primiero splendore, al quale, secondo l'opinione di quei tempi, non poteva richiamarla che l'impero; e scorreva le patrie contrade per

(1) Ben provvide natura al nostro stato,
  Quando dell'Alpi schermo
    Pose fra noi e la tedesca rabbia.

(2) Che s'aspetti non so, nè che s'agogni
  Italia, che suoi guai non par che senta,
  Vecchia, oziosa e lenta.
    Dormirà sempre e non fia chi la svegli!

estinguere il fuoco della discordia

A magnanimi pochi, a chi il ben piace,

ed eloquente oratore, esortava il
capo di esso impero a scender dal-
l'Alpi per sedersi sul trono dei
Cesari e abbattere i tiranni, da cui
quelle erano infestate, e scongiura-
va i pontefici a lasciar le sponde del
Rodano per ristabilirsi su quelle del
Tevere, e ridonare a Roma la gloria antica (1). Preferisce l'alloro
italiano a quello di Parigi, e vorrebbe vedere la patria sua non invi-
diare a nessuna regione i pregi della
grandezza; ma « già specchio ed
esempio di tutte le virtù, or la vede
corrotta per la mutazione degli antichi e proprj costumi, e non altrimenti copiosa e sovrabbondante degli errori delle genti da lei soggiogate e vinte, come già era adorna
delle spoglie virtuosamente acqui-
state nei fatti d'arme. Ond'è nato

---

(1) Al Boccaccio che lo rimprovera perchè fosse
l'idolo dei papi, de' monarchi e delle repubbliche e
cortigiano, risponde: « A quel che pare, io vissi coi
principi, ma in realtà furono essi che vissero meco
Di rado nelle loro mense, di rarissimo intervenni
ai consigli loro. Mai avrei potuto acconciarmi ad un
sistema di vita. che sebbene per poco, mi togliesse
alla mia libertà » *De reb. senil.*, ep 11, lib 17.

lo indegno e disonesto fastidio delle
cose nostre? Onde procede l'ammirazione più disonesta, e la riverenza
e l'onore più indegno delle cose
strane? » È qui con viva e calda
eloquenza condanna ne'suoi concittadini la smania delle nuove foggie
di vestire apprese presso i forastieri,
i costumi disonesti dei barbari e le
furiose pazzie recate in patria d'ol-
tralpe (1), contro l'esempio de'maggiori, che v'andavano per vigorosamente dilatare ed accrescere l'imperio e acquistare eterna gloria,
non così però che tanto si dilettas-
sero delle cose proprie, che universalmente dispregiassero le altrui.

Il libro della *Vita Solitaria* è
uno specchio fedelissimo delle virtù
e del pensiero di chi, agitato da
tante passioni e da infinite cure, lo
scrivea; il suo sapere, disseminato
ne'suoi libri di varia erudizione, le

(1) A questi pensieri facea eco Carlo Botta in una
lettera a Gius. Grassi, a proposito del servilismo
nella lingua: « Anche nel fiore degli Italiani s'alli-
gna l'adulazione verso i forestieri, il disprezzo delle
cose nostre!.... Nissuna cosa è più dannosa, nessuna più mortale alle opere d'ingegno d'una nazione,
che rinunciare al proprio giudizio e pensare dal
pensare degli esteri..... Col tentar novità se ne vanno alla barbarie; la sterilità degli ingegni produce
i mostri. »

sue lettere medesime ce lo mostrano in•tutta la candidezza dell'animo suo; nè i doni straordinarj, di
cui andò fornito, potevano tentarlo
alla vanagloria e all'ambizione degli onori (1) e all'aura popolare, della quale sprezzava gli applausi. Per
la lettura di questo libro, come di
molti altri che uscirono da quella
saggia penna, impariamo a ben misurare l'ingegno e la dottrina di
Francesco Petrarca. e cessiamo di
meravigliarci che un'autore di poesie amorose fosse adoperato dai
principi in cose di somma importanza.

Un illustre scrittore moderno (2),
discorrendo dei pregi della *Vita Solitaria*, dei *Rimedj* e della *Quiete
Monastica*, che appella i migliori
di lui libri, lamenta ch'essi siano
stati scritti nella lingua che il popolo
non intende. Per sorappiù il testo
delle antiche edizioni latine del secolo XVI, assai tardi rinnovate e
corrette dappoi (3), è assai scor-

---

(1) « Nec egere, nec abundare, nec praeesse, nec
subesse aliis finis est meus » *De contemptu mundi.*
(2) De Sanctis, *Letterat. Ital.*, cap. VIII.
(3) La prima edizione è quella di Milano del 1498,
dedicata a Ludovico M. Sforza duca di Milano da

retto; e ben fece Tito Vespasiano
Strozzi a travagliarsi per procurare
alle lettere Italiane una versione
fedelissima e corretta di quell'aureo trattato. Questi, il più giovane
de'suoi fratelli, fu discepolo di Gua-
rino Veronese; e caro a Lionello e
Borso Estensi, ebbe il governo di
Rovigo e del Polesine; ma in seguito alla guerra mossa dai Veneziani
a quei duchi, che per essa perdet-
tero parte del loro stato, fu tra-
mutato al regime della Romagna
ferrarese, tranquillizzando quella regione assai agitata dalle fazioni. Il
duca Ercole nel 1497, dovendo re-
carsi a Venezia, lo nominò suo luo-
gotenente col principe Alfonso suo
figlio e con Sigismondo d'Este, e fe-
celo altresì giudice de' Savj di Ferrara; ma in tal carica che rappre-
sentava lo stato, essendo il paese
vessato da sventure assai gravi e
da imposte levate per porre ad

Francesco Caimo, assai scorretta anch'essa. Non
migliore è quella del 1495 di Giovanni Amerbach, di
Basilea, nella quale sono comprese tutte le opere
petrarchesche. Un'edizione moderna è quella di
Lemonnier di Firenze; v'ha eziandio la raccolta
delle lettere petrarchesche tradotte in italiano e
annotate da G. Fracassetti. ediz. Firenze, Lemonnier, 1839.

esse riparo, egli **ebbe** ad inimicarsi
i suoi concittadini.

Di gran lunga superiore alla sua
fama di ministro fu quella di uomo
di lettere, ed ebbe rinomanza fra i
migliori poeti latini de' suoi giorni.
Aldo Manuzio pubblicò nel 1513 in
un volume le sue poesie e quelle di
suo figlio Ercole, dedicandolo a Lu-
crezia Borgia; ed una orazione reci-
tata in concistoro, in occasione
dell'ambasceria commessagli dagli
Estensi per congratularsi dell'esaltazione di Innocenzo VIII al pontificato, fu varie volte stampata,
poi riprodotta nel 1779 nella *Raccolta ferrarese d'Opuscoli.* Lasciò
imperfetta e inedita la *Borseide*,
poema in lode del suo benefatto-
re Borso d'Este, e il *Lupo Malvagio*, pittura dell'amministrazione
di Bonvicino dalla Corte, fattor
generale del duca Ercole, che per
peculato perdè la grazia del principe. Le sue poesie, di vario gene-
re, hanno pregio di purezza di
lingua ed eleganza di stile, ma son
digiune di forza e d'imaginazione.
L'abate Vicini pubblicò una pastorale di Tito Vespasiano, e il p. Mittarelli nel 1779, nella sua illustra-

zione dei codici camaldolesi di s. Michele di Murano, enumerando le opere dello Strozzi, pubblicò la poesia *de silu Turris Pelosellae* e l'Epitalamio per Taddeo Manfredi, signore d'Imola, e Marsibilla Pia, non che un poema in esametri su Lucia ninfa del Po, mutata in fonte, poi in palude da Febo.

Nessuno scrittore però, tranne esso Mattarelli, parla di questo volgarizzamento, che se non va ricco dei pregi d'una versione del trecento, ha però quelli che abbelliscono le sue poesie. Indirizzandola egli al fratello Lorenzo, che gli avea con preghiere affidata quest'impresa letteraria, l'assicura d'essersi adoperato, con quanta chiarezza potè, ad esprimere il vero sentimento dell'autore, affinchè coloro che nella lingua latina son meno dotti, possano almeno in parte gustare e pigliar frutto del copioso e grave parlare di Petrarca. Non fu restio ad assecondare il desiderio di Lorenzo, nè lo dissimula, poichè « oltre il rispetto della comune patria, della quale la nostra famiglia anticamente ha tratto origine, il peregrino ingegno, la profonda scienza, l'innumerabili virtù di quell'uomo tanto singolare fanno ch'io amo ed ho in somma riverenza tutte le cose scritte da quello; e fra le altre sue composizioni. che veramente sono infinite e in diversi stili, la lezione di questa presente operetta nuovamente ha tratto a sè con tanta dolcezza l'animo mio, che senza dubbio e' mi pare dover essere posto nel numero di coloro. che contro ogni ragione dispregiano e biasimano il vivere lontano dal volgo. »

In qual anno lo Strozzi, lodato da Flavio Blondo nell'*Italia illustrata* e da Bartolomeo Faccio nel libro degli *Uomini illustri* , da Gaddi, G. B. Giraldi Cinzio nel *Commentario delle Cose Estensi,* G. B. Vigna nella *Storia dei principi d'Este,* Agostino Superbi nell'*Apparato degli Uomini illustri di Ferrara,* e Borsetti nella *Storia del ginnasio di Ferrara*, abbia fatto questo volgarizzamento. non appare punto; tuttavia esso è anteriore al 1471, epoca della morte del duca Borso I, del quale il volgarizzatore nella sua affettuosa dedica rammenta le chiare virtù e

l'amore al sapere, come favoreg-
giatore degli studj e de'colti ingegni in mezzo alle innumerevoli cure del saggio suo governo, e pro-
ponevasi di esporre in altro libro
le gesta gloriose; sicchè questo la-
voro dee collocarsi tra il 1450 e il
1471, nel qual tempo quel principe
tenne il ducato, lasciatogli dal fratello Leonello (1).

È a deplorarsi che lo Strozzi,
che modificò la divisione dei capi-
toli, non avesse innanzi a sè per la
sua versione un testo latino migliore di quelli pubblicati (2); scor-
gesi in fatti qua e là qualche inesattezza, che tuttavia non oscura
nè deturpa soverchio il senso e il
pensiero dell'autore.

Non altro mi rimane ad accen-
nare, se non che il codice cartaceo, scritto, a quanto sembra, sul

---

(1) Morì assai vecchio presso Ferrara ai 30 agosto 1505. Ebbe in moglie Domitilla di Guido Ran-
goni, signor di Spilamberto, donna di molto senno
e coraggio.

(2) P. es. chiama *Caseato* il luogo dove ritirossi
s Agostino dopo la sua conversione Invece questi
nel lib. IX delle sue *Confessioni*, parlando della villa
dell'amico Verecondo, scrive: « Pro rure illo ejus
Cassiciaco... in monte incaseato, monte suo, monte
uberi. » Quel villaggio credesi Casciago, ameno sito
presso Varese.

principiare del secolo XVI, dal quale fu tolta la presente versione, appartiene all'Ambrosiana; ma non mi fu dato di poterne rintracciare un'altro, più antico, certamente assai prezioso, onde servirmene di sussidio e di confronto nell'accertare il testo più corretto nei passi dubbj o meno esatti. Era esso in pergamena (1), scritto o posseduto da Andrea Nigrisolo ferrarese nel 1482, ed ornato nella prima pagina d'una elegante miniatura, rappresentante l'effigie dello Strozzi colle sue insegne gentilizie. Esisteva nella biblioteca dei Camaldolesi di s. Michele di Murano al tempo dell'abate Mittarelli, che lo descrive nella sua Bibliografia di quel monastero, e ne riproduce per intero la prefazione del volgarizzatore. Sembra che dai cardinali Zurla e Cappellari (2), monaci di quell'Ordine,

(1) *Biblioth. Cxdd. Mss. ec.*, col. 1075 e segg. A col. 873 di quell'opera pero lo stesso Mittarelli, che sembra parlare dello stesso codice num. 152, lo dice cartaceo.

(2) L'Ab. Valentinelli nella sua *Biblioth. manuscripta S. Marci Venet.*, tom. I, pag 128, parlando degli acquisti fatti dalla Marciana per la soppressione de'monasteri sotto Napoleone, dice che essa ebbe da s Michele di Murano 80 codici, ma soggiunge: « Utinam conspicui hujus thesauri partem

sia stato trasferito quel bel codice, insieme con moltissimi altri di quel cenobio, in quello di s. Gregorio in Monte Celio a Roma; ma colà non mi fu dato in alcun modo di poterne, nel gennaio scorso, avere notizia, nè tampoco scovarlo, per quante ricerche vi abbia fatte, coadiuvato da amorevoli e attivi esploratori di codici e monumenti letterarj. La diligenza però, con cui fu scritto il codice ambrosiano, può dare affi-damento della bontà del dettato, e non farà troppo desiderare lo smar-rito camaldolese.

La benevola indulgenza del let-tore vorrà, del resto, condonare le inesattezze, che nella presente pub-blicazione possono essere trascorse.

Milano, il 1. dicembre 1879.

---

potiss'quam minima subtraxisseut monachi domestici Maurus Cappellari (Gregorius papa XVI) et Placidus Zurla cardinalis, ac secum Romam dedu issent ; pars enim orentissima bibliothecae s. Gregorii in monte Coelio, quam spolia s. Michaelis ditarunt, nostrae incremento cessisset. »

PETRARCA

DELLA VITA SOLITARIA

PREFAZIONE

COMPOSTA PER TITO DEGLI STROZZI

sopra il libro della Vita Solitaria di misser Francesco Petrarca, tradutto da latino in vulgare ad instanzia e nome del magnifico conte Lorenzo suo fratello.

Li tuoi continui ricordi me hanno indutto, o Lorenzo, conte magnifico ed onorevole fratello, che fuori della mia consuetudine io abia preso nuova fatica di tradurre in stilo vulgare il libro intitulato *della Vita solitaria,* composto in parlare latino dal nobile poeta e grave filosofo Francesco Petrarca manifestamente cognosciuto; chè al vulgarizzatore di opera tanto sentenziosa e tanto degna sarebbe necessario d'essere dotato di più erudita e assai più suttile intelligenzia, che

in me essere non sento. Ma per
satisfare al tuo ardente e commen-
dabile desiderio, non potendo, senza
mio grande incarico, darti alcuna
repulsa in ciò che io da te fusse
richiesto, non ho recusato di ricevere sopra di me questo peso, e
con quanta più chiarezza ho potuto,
mi son sforzato di accostarmi al
vero sentimento del prenominato
autore, a ciò che coloro, li quali
nella lingua latina meno dotti sono,
e che la presente traduzione leggeranno, possino, se non in tutto,
almeno in parte gustare e pigliare
frutto del copioso e grave parlare
di quello omo tanto singulare.
Certamente io confesso, che assai
mi piace d'essermi posto a questa
impresa, però che oltre il rispetto
della comune patria, della quale la
nostra famiglia anticamente ha tratta origine, il peregrino ingegno, la
profunda scienzia, le innumerabile
virtù sue fanno, che io amo ed ho
in summa reverenzia tutte le cose
scritte da quello; e fra le altre sue
composizione, che veramente sono
infinite e in diversi stili, la lezione
di questa presente operetta nuovamente ha tratto a sè con tanta

dolcezza l'animo mio, che senza dubio e'non mi pare dovere essere posto nel numero di coloro, che contro ogni ragione dispregiano e biasimano il vivere lontano dal vulgo.

Parmi eziandio vedere, in quanto posso comprendere per la generosità dell'animo tuo e per lo studio, che essendoti concesso, l'ozio tu poni di continuo nel volere intendere e cognoscere le antiche e le moderne istorie, ottime maestre della nostra vita, e investigare le opinioni degli uomini reputati famosi, che questo libretto, pieno di vere e notabile sentenzie, ti debia essere molto grato. Giudichino gli altri ciò che ad essi piace. Io stimo questo tuo pensiero procedere da una magnanima altezza di mente, e se gli altri degni esercizj, negli quali da la tua prima puerizia, non senza tua propria laude e della tua casa, tu sei dimostrato, te hanno distenuto e distratto in tante e così varie occupazioni, che per alcuno modo non ti è stato possibile di dare opera (tanto quanto tu aresti desiderato) a questi, che comunemente sono chiamati studj di uma-

nitade, grandemente debbe essere
lodato il tuo nobile proposito di
cercare con tanta assiduità di fare
tradurre alla comune cognizione le
cose dagli eloquenti e savj uomini mandate degnamente alla eterna
memoria , parte per dilettare e
amaestrare coloro che meno sanno,
e parte per confirmare li dotti e li
savj nelle loro laudabile sentenzie,
e per accenderli con magiore stimulo alle alte e buone operazioni.

E certo, se io non erro, se bene
l'uomo meno litterato e privo di
intendere a pieno la gentilezza e
la suavità del stilo terso e limato,
il che a non negare il vero, pur
è cosa delettevole molto e molto
graziosa, non resta però che la
lezione delli libri vulgari, con chiaro
e con ornato parlare tradutti, non
porgia consolazione insieme e frutto
a qualunche vorrà attendere ad
essa : onde spesse volte fra me
pensando nell' animo mio, grandemente lodo ed esalto questo tuo
e nostro justissimo e magnanimo
duca Borso, il quale non ostante
che le private e le publiche faccende e il governo dello imperio continuamente da ogni lato lo premano

e tengano occupato, nondimeno in meggio di tanto strepito e di tanta frequenzia e varietà di cose, egli per la sua prudenzia in sapere commodamente dividere il tempo, trova onesto ozio per legere e per intendere ciò che li passati scrittori hanno detto, e ciò che scriveno quelli che al presente sono; e così meschiando la sua celsitudine il perfetto naturale con esso il fruttifero accidentale, vediamo in quella essere una quasi divina composizione, che meritamente fa che lui sia amato e con grandissima ammirazione reverito da tutti coloro, alle orecchie de' quali la fama delle sue singulari virtù sia pervenuta.

Ma il tempo brieve e anche questo luoco me ammonisce, che io molto non mi dilunghi col dire, in volere narrare le parte del suo gran valore, però che questa sola materia richiederia speciale volume; e anche, se Idio qualche spazio di vita mi presta, io son forsi per dirne altrove più copiosamente in modo assai differente da questo, e con magiore laude e gloria del suo nome.

Persuadendomi adunque, che la sua Eccellenzia amatrice delle litte-

re, come di sopra è detto. e favoreg-
giatrice degli studj e degl' ingegni,
fatta da te participe di questa
nostra nuova traduzione, sii forse
qualche fiata per trascorrere il presente libro, insino ad ora assai me
ne raliegro, quando io intenda
d'essermi affaticato per la tua dimanda in cosa, che pur mediocremente sia piaciuta alla sua sublimitade, mi parrà essere debitore
di rendere infinite grazie alla tua
magnificenzia e fraterna dilezione,
al nome e instanzia della quale io
mi son mosso a fare quello, che tu
ora qui di sotto intenderai, tuttavia
pregandoti, che insieme con queste
poche parole tu accetti con lieta
fronte, come io spero, il mio buono
animo e la mia voluntade, a tutti
li tuoi piaceri sempre disposta
e pronta.

DELLA VITA SOLITARIA

PROEMIO

Io cognosco pochi uomini, che tanto onore alle mie operette attribuiscano, e che tanto siano affezionati a quelle, quanto tu; al quale non solamente voglio dire che le parano esser cosa degna, ma confidentemente colle tue parole così esser le affermi, e senza alcun dubio così nell'animo tuo le reputi. Però ch'io non ho suspizione, che della sincera e immaculata purità del tuo petto esca alcuna cosa finta o vero artificiosamente colorita; e se pur ciò fusse, non credo che si lungamente l'avesse potuto starmi nascosta. La veritade è immortale, la fizione e le cose che sono fuori di sua natura, non durano, le simulate subito si manifestano e fannosi palese. Li capelli pettinati con gran studio da piccol vento son turbati; li artifiziosi colori, con maestrevol mano sopra la faccia imposti, per ogni poco sudore per quella discorrendo, facilmente si dileguano, e lo astuto mentire eziandio è vinto dal vero; e chi vorrà suttilmente e con diligenzia bene esaminare quello, il comprenderà esser corpo transparente, cioè tale, quale seria alcuna cosa molto negra, rinchiusa in un purissimo cristallo. Ogni cosa coperta qualche volta si discopre, le ombre dispareno, e il natural colore alle cose fermo rimane, e il star occulto e nascosto lungo tempo è grandissima fatica. Niuno vive per lungo spazio sotto l'acqua, ma è necessario che egli sorgia di sopra, e dimostri la fronte che si nascondea.

Questi argumenti me' inducono ch'io creda quello che grandemente desidero, massimamente credendo noi facilmente ciò che ne diletta, cioè le mie cose, o patre ottimo, poterti piacere, le quali certo io me affatico che piaccino a pochi; però che, come tu vedi, spesse volte tratto cose nuove e sentenzie dure e aspere ed estranee, e che sono aliene da l'opinione e dalle orecchie del disordinato populazzo. Non mi lamenterò adunque, se io non satisfaccio nè piaccio alli uomini indotti, e conseguendo il mio desio, piglierò buona speranza del mio ingegno, e se forsi eziandio non son lodato dagli uomini dotti, confesso ch'io ho da dolermi e non da maravegliarmi chi sono io; o veramente che cason è, per la quale io debia allusingar me stesso o vero esser arrogante, massimamente in tanta varietà di giudicj. Marco Tullio, di famosa e di celeste eloquenzia dotato, nelle sue epistole con disdegno monstra il suo libro intitulato *del perfetto modo del dire*, opera singulare e pigliata da alto principio, non essere stato lodato da Marco Bruto, uomo erudito, benchè egli fusse suo amico, al quale lui aveva scritto il ditto libro, indutto eziandio dalle preghiere di quello; e a ciò ch'io passi le cose più ponderose, che sono opposte a quel tanto uomo da oratori, se non pari a lui, certamente illustri e famosi, quello ornato e sentenzioso dire, del quale tutti gli altri uomini si maravigliano e hannolo in summa riverenzia, è biasimato da l'uno e da l'altro Asinio e da Calvo, che con troppa libertà di parole saltano in su la cresta al principe della eloquenzia.

Se adunque Tullio nel suo scrivere è biasimato, niuno si debba gravare d'esser riputato in quella medesima colpa insieme con esso lui, benchè certamente appresso di te io non ho simil paura; con ciò sia che se bene io son da te lodato, e se il mio dir te piace, questo non avviene per alcuno mio merito, ma forsi qualche similitudine delli nostri ingegni, o quel che più tosto credo e che è più appresso al vero, il tuo singular amore inverso di me, non piccol inimico del dritto giudicio, a questo te induce. Chi è colui, che amando grandemente, abia perfetto giudizio? Perchè avrebbono finto gli antichi l'amore esser cieco, se egli sapesse ben drittamente vedere e discernere e cognoscere il vero? Ma egli non è pero così muto come cieco, anzi essendo attissimo persuasore, mostra ad altri molte volte quel che non è. La grandissima affezione e tenerezza del padre ogni cosa concede al caro figliuolo, perdona alli mancamenti di quello, e spesse fiate ne piglia diletto. Sia come si voglia, io mi rallegro se tu se' in errore di lodar tanto le mie cose, il quale non **vorrei** *che* mai ti potesse cader **dalla mente**, glorioso a me, a te piacevole e a niuno dannoso. Se forsi **tu non** erri, la qual cosa io più **tosto desidero** che spero, perchè **non mi** debbo io rallegrare sommamente, e perchè non debbo io esser **più** caro e parer più **laudabile a me** medesimo per questo tuo **giudicio?** Non sarò io ingiusto **distributore** dell'ozio mio, se nelle **cose dubiose** non averò rispetto, nè darò fede a colui, che io tengo **per principale** ammiratore del mio **stilo e del mio ingegno?** Certamente il vecchio Catone, testimonio degno di fede, nel principio del suo libro **chiamato** *Origine* scrisse, che gli nobili e grandi ingegni non meno **debbono** avere avvertenzia al suo ozio che a le sue faccende. Io **veggio questo** detto esser piaciuto a **molti uomini** dotti, e massimamente il **nostro** Cicerone lo abbraccia, e **nella** orazione, ove lui difende Planco, chiaramente dimostra quello **sempre** essergli parso magnifico e **notabile**. Se io eziandio debbo **avere questa** avvertenzia per la **mediocrità** del mio ingegno o per la **gran cupidità** di gloria,

se forsi quella col freno dell'animo
mio e colla rasone per ancor non
è domata, che mi sforzerò io primamente di voler fare, se non che così
come io son lontano dalle faccende,
non altrimenti la inerzia e la pigrizia
dal mio ozio siano lontane? E se io
scriverò qualche cosa, che sia forse
per durar longo tempo, più tosto
lo debbo intitulare a coloro, colla
gloria de' quali participando, io
possi esser famoso e contrastare
a le tenebre, le quali la oscura
profundità di tempi e la lunga e-
tade che dopo noi verrà, consuma-
trice degli grandissimi nomi, me
apparecchiano; il che spesse fiate
nell'animo mio pensando, il tuo
nome tanto in sè splendido, e al
quale tanto sono obligato per li
tuoi innumerabili benefizj inverso
di me, per tal modo nella mente
mi viene, che o volendo io seguire
cose eccellenti o vero a me care,
senza ingiuriarti non lo posso pensare.

Al presente avviene, che secondo il mio antico costume, essendo nella tua villa, mi pare esser
debitore di renderti le decime del
mio ozio e le primizie delle mie vi-

gilie, come fanno gli altri delle biade
o delli frutti che in essa nascono;
e però mio pensiero è di pagarti
ogni anno qualche cosa più o meno,
secondo l'abundanzia o vero secondo la sterilità del mio ingegno,
acciò che, come uno delli tuoi lavoratori, almeno per questi tali frutti
che il mio campicello produce, io
para esserti fidele. E se io intendo
bene, certo non cognosco alcuna cosa
più sicura di tacere a quelli, che
hanno pensiero di fugire le lingue
delli maldicenti; la qual cosa fra
me stesso pensando, spesse volte
raffreno l'animo mio e il calamo
da scrivere, e spesse volte temendo molte cose, amonisco l'uno e
l'altro, e prego ch'elli non mi ma-
nifestino, e che essi non cavino
fuori contra di noi con propria voluntade la testimonianza del nostro
stilo e delli nostri costumi, cosa
che assai mi pesa, forsi atta a pervenire alla notizia di quelli che
sono al presente, e di quelli che
dopo noi verranno. Con ciò sia che
la nostra vita sarà giudicata essere stata tale, qual sarà il nostro
parlare, remanendo solamente gli
argumenti delle nostre parole; e

tolti via gli indizj delle cose per
la nostra assenzia, che bisogna dir
molto? Forsi ch'io seria rimasto
in opinione di persuaderli, che essi
perdonassino a sè e a me e alla
nostra fama? Se non che, come si
dice, oramai la cosa non è intera,
nè mi è concesso, tacendo, star
nascosto. Noi siamo già conosciuti,
e le nostre cose sono lette, e tuttavia se ne fa giudicio; onde oramai non potemo sperare di fugire
le voce degli uomini e di nascondere il nostro ingegno; e se noi o
veramente vegniamo in publico o
pur sedemo in casa, necessario è
per le antedette cagioni, che noi
siamo veduti e cognosciuti.

Che debbi tu sperare al presente
da me, più tosto che quella cosa,
che sempre ho auta in bocca e
nel cuore (e il luogo dove ora mi
ritrovo, a questo medesimo mi conforta), cioè di esaltare con laude la
solitaria e oziosa vita? La quale,
essendo tu spesse fiate solo per'lo
passato, e ora nuovamente ritro-
vandoti con esso me per spazio di
quindici giorni, hai gustata: con
esso me dico, benchè al continovo
io fussi con esso ti, però che tu

hai fatto professione e dimostrato, così nell'effetto come nel parlare. di non esser qua venuto, nè eziandio di farli dimora, se non per mia propria cagione, manifestando quanta sia la forza d'amore in agguagliare le cose che non son pari, come sempre è tuo costume di fare verso di me; e per tanto molto facile mi saria a persuaderti quello, che eziandio tacendo me, per la esperienzia da te è cognosciuto. Se io volessi lodare questo medesimo al populazzo, indarno me affaticheria, e non solamente quelli che non sanno, ma molti eziandio, che se estimano esser litteratissimi e che forsi non si ingannano, seriano di quel medesimo proposito degli altri. La copia delle lettere non abita sempre nel petto delli uomini modesti, e spesse volte fra la lingua e l'animo, fra la dottrina e la vita è grandissima contenzione e differenzia.

Io parlo di quegli, che più tosto impacciati e caricati di lettere che ornati, hanno meschiata la scienzia, cosa bellissima, con li costumi sozzi e disonesti con tanta leggierezza d'animo, che molto me-

glio serìa stato a loro di mai non
aver veduto le scole, li quali solamente hanno imparato d'esser
superbi e d'esser più leggieri che
tutti gli altri uomini per la confidenzia delle lor lettere, e con vane
parole gittando al vento Aristotile,
che forse più volontieri si ripose-
ria, passano colle brigate dinanzi
agli occhi del popolo, che di ciò
si maraviglia; e spargendosi per
gli trebbi e per li portici, nume-
rano le torre e gli cavalli e le
carrette, misurando le piazze e le
mura della città, e in tutto dati a
diligentemente riguardare gli ornamenti delle donne, di che niuna
cosa è più fugace e più vana, ne
rimangono stupefatti; e non solamente delle imagine vive, ma e-
ziandio di quelle di marmo prendono singular piacere, e rimangono
attoniti e smarriti, vedendo le
statue come volessino parlar con
quelle, delettandosi del strepito di
molti compagni, la qual cosa è
l'ultima parte della soprana pazzia. Questi sono coloro, che portano
intorno a tutta la città la sua litterata pazzia, come ella fusse una
masserizia notoria e vendereccia,

nimici della solitudine e della lor propria casa, dalla quale partendosi loro la matina per tempo, con gran fatica e mal volentieri la sera a quella ritornano. Questi sono coloro, che hanno in proverbio e in uso di dire: bella cosa è veder molta gente e conversar cogli uomini; certo molto meglio è veder li scogli e li boschi, e conversar cogli orsi e con le tigre, perochè l'uomo è animale non solamente vile e immondo, ma eziandio pernicioso e vario e infidele e dubioso e feroce e sanguinoso; il che io dico mal volontieri, e volesse Iddio che la esperienzia non l'avesse fatto, nè facesse di continuo così largamente nota e manifesta.

Vero è che esser umano e diponere la feritade, e finalmente ricordarsi d'esser uomo, questo è un raro dono dato da Dio. Se tu adimandassi questi tali, perchè così cupidamente stanno insieme cogli altri uomini, se vorranno dirti il vero, non risponderanno altro, se non che essi non possono essere con sè medesimi, della qual cosa forsi ch'io dirò più copiosamente in altro luoco; questo so-

2

lamente voglio dire al presente,
non esser facil cosa di estirpare
e di levar via in tutto con parole
li errori, che hanno le radice molto profunde, e invano si cerca di
dare ad intendere alcuna cosa a
coloro, a chi ella non si po persuadere, massimamente gravandosi
coloro, che desiderano di tacere,
di perdere le sue parole; e per
tanto machinano di voler contra-
riare col suo parlare a le vere
opinioni, e di calunniarmi ch' io
parli a questo modo. Non mi curo
molto, che essi siano per dover
legere queste cose con occhio adirato, le quali certamente non sono
scritte ad essi, ma ad altri ingegni
molto differenti dalli suoi, e questo
a loro basti.

Ma tu, o padre degno d' esser
amato, non arai bisogno di avere in
ciò sollicito persuasore, come di sopra ho detto, essendo tu tale, che
alcuno non ti potria persuadere il
contrario, a cui le sentenzie diritte
e vere sono scolpite nelle midolle e
nel cuore già molto tempo fa, scar-
piti e tratti via tutti gli cattivi errori. Nondimeno a ciò che col mio
parlare io ti faccia questa cosa, la

quale è certa, non più certa, ma
più chiara, invocando Cristo amatore di questa vita, e dimandando
termine e spazio di pochi giorni,
mentre ch'io esplico e narro lo intento mio, darò principio all'opera
nella mente concetta, lassati da
parte gli altri mia e i maggiori
e più antichi pensieri che me as-
sediano, e che di continuo mi risuonano nella mente. Tu eziandio,
fatta simile e pari triegua colli tuoi
pensieri, al mio dire adestra e apparecchia l'animo tuo, in questo
mezzo libero e sciolto dalle grandissime faccende. Le cose molto
elegante e molto dilicate non piacciono sempre ; ma si come alcuna
fiata gli potenti e ricchi uomini si
dilettano di mutar cibi, così eziandio la varietà degli studj a li savj è gratissima. Sii adunque qui
presente con l'animo, e udirai quale
suol essere il mio parere di tutta
questa materia della vita solitaria,
quando penso a quella; puoche cose
di molte seranno da me dette, ma
per le quali, come in un piccolo
specchio, tu vedrai tutto l'abito
dell'animo mio, e tutta la fronte
della serena e riposata mente.

CAPITOLO I.

Io credo che l'animo generoso non si riposa nè si contenta se non in Dio, nel quale è il nostro fine, o veramente in sè stesso con gli suoi secreti pensieri, o veramente in alcuno altro animo molto simile a lui, perochè sebene il diletto mundano è impaniato di tenacissimo vischio, e pieno di lusinghevoli e dolci lacci, nientedimeno egli non è potente a tenere lungamente in terra le ale che sono forti, cioè la mente dell'uomo magnanimo, disposta e intenta a cose grandi e alte. Certo se noi cerchiamo di contemplare Iddio, cognoscere noi medesimi e darsi agli studj onesti, mediantì li quali noi conseguiamo l'uno e l'altro; o veramente se vogliamo ritrovare animo conforme e simile a noi, egli è necessario che noi andiamo molto lungi dalla multitu-

dine degli uomini e dalla frequenzia
delle cittadi. Quelli medesimi che
si dilettano del concorso e del gri-
dare del popolo, forsi non nega-
ranno quello ch'io dico, pur chè
essi non siano così demersi e affo-
cati nelle false opinioni, che alcuna
fiata non possino tornare a sè stessi,
o vero dirizzarsi all'alta via della
veritade. La qual cosa volesse Iddio
che non avvenisse a tanti, e che
gli uomini avessino almeno così
cura di ben adornare e di ben pulire l'animo loro, come gli campi
e molte altre cose vili; però che
come la terra grassa produce molte
spine, così eziandio l'animo umano
abunda di varj errori, e se l'uno
e l'altro con buona diligenzia non
serà purgato e netto, il suo frutto
parimente mancherà nel primo fiorire. Ma noi cantemo a' sordi:
facciano gli altri che giudicio gli
piace del nostro dire, bene ci con-
fidemo, che gli animi e il parlare
degli uomini dotti facilmente con-
sentirà al vero, e se tutti gli altri
questo negheranno, son certo che
almeno tu non lo negherai, che
senza dubio saresti il principale a
volere arguire contra a qualunque

lo negasse. Così avverrà, che tu nelle mie parole cognoscerai la mia opinione, e a me parerà di aver tocco l'ultimo termine e fine di ciascuno eloquentissimo uomo, e di avere mosso e tirato senza alcuna fatica l'animo dello auditore dove averò voluto, con ciò sia che allora è gran fatica al persuasore, quando e' si sforza di redurre al suo proposito l'animo al tutto renitente e contrastante. Dall'altra parte che difficultà è nel parlare, che abia a pervenire nelle orecchie di colui, che conferendo con sè stesso ciò ch'egli à udito da altri, non cerca alcuna qualità di esemplo, nè fermezza di autoritade, nè sottigliezza di ragione, acciò ch'ei creda, e finalmente altro non desidera che la testimonianza di sè stesso; e tacendo con la lingua, fra sè medesimo dice: Così è!

CAPITOLO 'II.

Certamente io so alcuni santi uomini avere scritto di questa materia, ma nominatamente il gran Basilio compuose un picciolo libretto delle lode della vita solitaria, del

del qual non **ho cosa** alcuna, eccettà
la intitulazione; e in alcuni anti-
chissimi libri, e alcuna fiata nel-
l'opere di **Pietro Damiano**, ne ho
trovato alcune parole così inserte
e meschiate, **che** spesse fiate ho
dubitato se il detto libro fusse o
di Basilio o del nominato Pietro.
In questo **trattato** per gran parte
ho avuto **la guida** della sola esperienzia, e non cercando altro gui-
datore; ed **essendo di** proposito di
non riceverlo, **quando** bene e' mi
fusse offerto, seguirò l'animo mio
più tosto che le altrui vestigie con
passo certamente più libero, benchè
forsi più incauto e men prudente.

Tu udirai adunque molto più da
quelli che hanno provato più cose,
o che le hanno intese da chi ne
ha fatto longa pruova; da me al
presente tu intenderai ciò che di
improviso mi occorre; con ciò sia
che a questo non ho dato opera
con grande studio, nè ho stimato
ciò esser necessario, nè ho temuto
la materia in cosa copiosissima
dovermi mancare nel scrivere, almeno in quanto s'appartiene a non
molto profunda notizia di quello,
che molte fiate e in molti modi

fin qui da me è stato pensato, e
che famigliarmente mi è notissimo.
Pertanto io non ho molto rivolto
li libri, nè ho molto pulito lo mio
stile, sapiendo ch'io parlo a colui,
a cui io piaccio, benchè io non sia
pettinato; ma contento di sentenzie
vere e comune e del parlar domestico, ho tratto quel che tu leggi,
parte del mezzo di questa vita
presente, e parte della fresca memoria dell'altra vita del tempo
passato. Delle qual cose innanzi
tutti gli altri io chiamo te per testimonio, non negando fra le molte
cose, per le quali tu mi costringi
a doverti amare, essendo a ciò la
mia voluntà molto pronta, questa
non esser l'ultima, che per amor
della solitudine e per lo desiderio
della libertade a questa congiunto,
tu fuggi quella che è chiamata
Corte Romana, vicina a te al presente e quasi contigua, dove la tua
sorte forse ti averia apparecchiata
non mediocre condizione, se quello
infernal tumulto e confusione ti
fusse sempre tanto piaciuto, quanto
l'angelica solitudine.

CAPITOLO III.

E mi è parso poterti facilmente
mostrare il felice stato della solitudine, se insieme ti mostro le noje
e le miserie di quelli, che fra la moltitudine vivono, e questo farò tran-
scorrendo li esercizj e le faccende
degli uomini, che in l'una e l'altra
vita compiscono li loro giorni, quegli in pace e in tranquillità, quest' altri in affanno e in solicitudine.
Egli è noto e manifesto a ciascuno
questo fondamento e principio del
nostro trattato, che la vita solitaria si estende ad uno ozio lieto e
consolato, e l'altra a faccende triste e rincrescevoli; e se forse caso
alcuno o forza di natura e di fortuna mostrasse il contrario, benchè
cosa molto rara e quasi monstruosa
fusse, tuttavia se accadesse questo,
non mi vergognerò di mutar opinione, nè averò paura di preponere
la jocunda e oziosa frequenzia alla
trista e affannosa solitudine, però
ch'io non lodo solamente lo nome
della solitudine, ma li beni che in
essa sono; nè tanto mi dilettano li
secreti e remoti luochi e taciturni,

quanto le cose che in essi abitano,
cioè rìposó, ozio e libertàde.

Nè anche son tanto inumano,
ch' io abia in odio gli ucmini, li
quali per comandamento di Dio io
sono obligato di amare come me
stesso, ma ben ho in odio li peccati
loro e prima li miei, e gli affannosi
pensieri e le solicitudini, che abitano fra li popoli; delle quali cose,
se io non me inganno, più chiaramente tratteremo, tenendo questo
modo, che non si tratti da per sè
tutto quello si puo dire o di l' una
o di l' altra vita, ma meschinsi
ambedue, ora toccando dell' una,
ora dell' altra, acciò che l' animo,
volgendo ora a questa, ora a l' altra, e quasi guardando con un
voltar d' occhi a man destra e a
sinistra, facilmente giudichi qual
differenzia sia fra due cose diver-
sissime, poste l' una appresso l' altra. E non senza consiglio ho posto prima le cose più amare, acciò
che subjungendo le più dolci, lo ultimo gusto fusse più suave, e a-
maestrasse la mente nostra dove
l' avesse a riposare; ma senza più
multiplicare in parole, vegniamo
alli fatti, e attendiamo quel che

noi promettemo di voler dire. Fa
adunque che tu ti ponga dinanzi
agli occhi della tua mente dui uomini di contrarj costumi, e quel
che tu vedrai in questi, dàti ad intendere che sia in tutti gli altri.

CAPITOLO IV.

Lievasi nella mezza notte lo infelice e sventurato uomo, occupato
abitatore delle cittadi, rottogli il
sonno o dagli proprj pensieri, o dalle grida delli suoi clienti, e ancora
spesse volte smarrito dalla paura
del giorno, o dalle visioni della
notte. Levato ch'egli è, subitamente si pone a sedere sopra la infelice sedia, e adatta l'animo alle
bugie, e in quelle è tutto dato, pensando in che modo egli possi far
pregio delle sue mercanzie, cioè o
di ingannare il compagno o qualche pupillo, o vero di combatter
con lusinghe la moglie del vicino,
armata di onestade e di pudicizia, o come egli cuopra la justizia
con qualche piato ingiusto, o cor-
rumpa e guasti qualche cosa o
publica o privata, ora per ira stra-
boccato, ora ardente e affocato

per cupidità, ora per sdegno e per disperazione aggielato e freddo. In questo modo il pessimo artifice ordisce inanti il giorno la tela di quel che lui debbe fare da poi, con la quale egli sè stesso e gli altri possi inviluppare.

CAPITOLO V.

Lievasi l'uomo solitario e ozioso felice, recreato da temperato riposo e da brieve sonno, non interrotto ma compiuto, e anche alle fiate desto dal canto dell'usignuolo; e appena uscito del letto, piacevolmente scacciata la pigrizia, incomincia a dir salmi nell'ore quiete, dimandando al portinaro delle sue labra, cioè Idio, che le apra alle matutine laude, che di esse hanno ad uscire, e chiama in suo ajuto il Signore del suo cuore; e niente fidandosi nelle proprie forze, e sapendo e temendo gli pericoli a che noi siamo suggetti, priegalo ch'egli se affretti. Costui niuno pensiero ha di ingannar persona, ma tuttavia non solamente di giorno in giorno, ma di ora in ora, con la lingua non stracca e con la mente pietosa,

ritorna a magnificare la gloria di
Dio e le laude delli suoi santi, a
ciò che la memoria delli doni e
delli benefizj ricevuti da Dio non
li esca dell'animo per lo vizio della ingratitudine; e spesse volte, che
a dire è cosa maravigliosa, pieno
di sicuro timore e di timida speranza, recordandosi del passato, e
pensando di quello che debbe venire, abonda di un lieto dolore e
di felice e beate lacrime, il qual
stato niuno piacere di uomini occupati in faccende, niuna dilicatezza
di cittadi, niuno onore di reami po-
tranno mai agguagliare. Dopo queste cose guardando il cielo e le stelle, e suspirando con tutta la mente
al Signor suo Idio quivi abitante,
e dal luoco del suo terreno esilio
pensando alla beata patria, subito
si mette allo studio di qualche onesta e dolce lezione; e per questo modo pasciuto di cibi suavissimi, con
molta pace d'animo aspetta il principio del giorno che debbe venire.

CAPITOLO VI.

Ecco che il giorno aspettato con
diversi desiderj già è presente; la

porta della casa di colui, cioè del-
l'uomo occupato, è assediata dagli
nimici e dagli amici; egli è salutato, dimandato, tirato, ripreso e
stracciato. La porta di quest'altro
non è occupata da persona, e lo
star fermo e lo andare in qualunque
luoco li piace a lui è libero. Colui
va melenconico alla piazza, pieno di
lamenti e pieno di faccende, e dalle
questioni e piati comincia il dispiatato giorno. Costui tutto alliegro,
pieno d'ozio e pieno di silenzio va
nella vicina selva, e con summa
tranquillità d'animo entra nel felice
principio della serena luce. Colui,
gionto che egli è alli superbi palazzi
degli uomini potenti, o vero agli
orribili tribunali degli giudici, meschiando le cose false insieme con
le vere, calca la justizia dello innocente, o vero pasce l'audacia del
colpevole reo, o vero fabrica alcuna
cosa in suo proprio disonore, o vero
a destruzione di altrui, mancando-
gli molte fiate l'animo e le parole o
per paura di morte o per compun-
zione di conscienzia, e riportando
spesse fiate la verità in cambio della sua bugia, e bastonate per parole. Così vergognoso o pallido, e ri-

prendendo sè stesso ch'egli non abia
più tosto desiderata la fama del diserto, e ch'egli non abia più tosto voluto essere aratore che o-
ratore, subito se ne va a casa, lasciate le faccende imperfette; e oc-
cultandosi disonestamente, si fura
non meno dallo aspetto delli clienti, che dalli avversarj suoi. Costui poi che egli ha trovato luoco
da sedere ornato di fiori in qualche salutifero colle, levato già il
sole, quivi si ferma, e colla piatosa
bocca tutto lieto si dà alle diurne
laude di Dio, e tanto più suavemente, se forse li sua devoti suspiri sono accompagnati dal dilettoso
suono di qualche fiumicello corren-
te li vicino, e dalli dolci canti di
varj uccelli, dimandando a Dio sopra tutte le altre cose la innocenzia e il freno della lingua, alieno
dalle questioni, e che gli occhi suoi
non possin vedere alcuna vanitade,
tuttavia desiderando purità di cuore e sapienzia e astinenzia doma-
trice della carne.

Non molto da poi nelle terze
laude adora la terza persona nella
Trinitade, e chiede lo avvenimento del Santo Spirito, e lingua e-

ziandio e mente risonante nella salutifera confessione, e caritade ardente di celeste fuoco, atta ad infiammare il prossimo, le qual cose
egli ha, se divotamente le richiede,
molto più beato per questo ardore
di mente, che di ogni altro splendore d'oro o di priete preziose. Poi
tornandosene indietro passo passo,
montando già in alto il raggio del
sole per accendere il mezzo giorno,
il quale avea dato la chiara luce
alla nuova mattina, niuna altra
cosa con prieghi dimanda più tosto
a Dio, che le fiamme e 'li furori
delli piati e delle discordie essere
estinti e tolti via, li quali quell'altro col fiato e con li nutrimenti si
sforza di eccitare e di favorire.
Costui cacciando da sè il colpevole
e nocivo fuoco delli cattivi desiderj, delli quali l'altro senza misura tutto arde, finalmente chiede
esserli concessa da Dio mente sana
nel corpo sano; il che Juvenale
poeta satirico insegna potere esser
adimandato senza prejudizio e senza incarico di onore e di conscienzia. Dimmi adunque, qual di costoro
ti pare che abia dispensate le sue
ore più onestamente.

CAPITOLO VII.

Venuta è l'ora del disinare. Colui, summerso e seppellito nelli dilicati cuscini, si pone a sedere nella gran corte, che per la sua altezza tuttavia pare che debia ruinare; le case rintuonano di diversi gridi; li cani abitatori della corte e gli topi domestici gli stanno intorno; la schiera degli adulatori, da ogni parte sparsa, con parole si sforza di compiacerlo, e la brigata delli famigliari mangiatori con disordinato strepito apparecchia la tavola; spazzasi la casa, ogni cosa si riempie di fastidiosa polvere per lo molto sfregheggiare (1) di piedi della multitudine delli servi. Lo argento e lo oro, le tazze e le confettiere adornate di preziose gemme volano per le sale; la sua sedia è vestita di panno di seta, le mura di razzo e di porpora sono adornate, e la terra è coperta di tappeti, essendo però in questo mezzo mal vestita e come nuda la brigata delli servi. Ordinate che sono

(1) *Manca questa voce ne' dizionarj.*

le squadre, finalmente con la tromba è dato il segno della battaglia:
li capitani della cucina vengono
alle mani con li capitani della corte, e con grandissima confusione
si comincia la desiderata battaglia.
Le vivande cercate con gran'studio
per mare e per terra, e li vini vecchi e li nuovi sono portati insieme;
li vini di Toscana e li grechi nelle
dorate tazze risplendono, le malva-
sie e li maroati (1) son posti in un
medesimo bicchiero, e li vini che
nascono nel monte Vesuvio, e li
moscadelli da Monte Fiascone sono
meschiati insieme, e quelli che nascono nelli colli da Surrento si meschiano con quelli di Calabria. E
questo non basta, se il vino d'Italia
artificiato o col mele d'Ibla o col
perfetto zuccaro, e fatto odorifico
con diverse spezie, mediante l'arte
non muta la propria natura.

Dell'altra parte si vede la pompa e il grande apparato di diverse
maniere di cose, cioè bestie salvatiche molto orribile, pesci non
conosciuti, uccelli mai più non ve-

_____

(1) *Il testo lat.:* « uno in scypho Gnosos et Ma-
roe, Vesuvius Phalernusque miscentur. »

duti nè uditi nominare, avviluppati
in preziosissime polvere, e conditi
e incorporati pel tal modo in diversi sapori, che della antica patria
non hanno più memoria alcuna; e
fra questi ne sono alcuni, che ritenendo ora in sè il nome, derivato
da l'isola di Faside, rendono testimonianza della sua origine, essendo
chiamati fasiani. Fumano le vivande miracolose a quelli che le mangiano, le quali hanno patito ogni
generazione di ludibrio dalli cuochi per la molta varietà delli sapori, onde sono composte da quelli;
le quali cose se uno affamato vede
con quanta spurcizia, e con quanto
imbrattamento di mani, e con quan-
lascivia e ghiottornia di gola le sono impastate, si partirà sazio solamente dell' aspetto di quelle, con
ciò sii che quivi si vedrà le cose
di estranei paesi combatter colle
nostre, e le marine meschiate con
le terrestre, le negre con le bianche, le brusche con le dolce, le pi-
lose con quelle che hanno le penne, le mansuete con le feroci, e
quasi che il caos, cioè la confusione antica, di che parla Ovidio,
parerà che sia rinnovata e adunata

molto strettamente non solo in uno
corpo, ma in una scutella. Le cose
fredde contrarieranno alle calde,
le umide alle secche, le tenere alle
dure, le leggieri alle ponderose.
Sotto questa tanta mistura di cose
tanto diverse e tanto contrarie,
sotto questi tanti sapori, gialli,
oscuri, lividi e mortiferi, meritamente il solicito pergustatore con
diligenzia cerca se il veneno vi
fusse nascosto secondo usanza, facendo la credenza. Egli è trovata
eziandio un'altra generazione di
rimedio contra le occulte insidie del
veneno: le corne e le lingue delli
serpenti legate con grande ingegno
in arborselli dorati, stanno sopra
la tavola fra il vino e le vivande;
e quel che certo è cosa miracolosa,
la morte posta quasi nella rocca
delli piaceri, sta vigile e attenta
contra la morte dello infelice uomo.
Colui siede a tavola colla fronte
trista e melanconica, cogli occhi
gravati e colle ciglia umbrose, con
il naso crespo, pallido nella faccia,
disjungendo con gran fatica le
vischiose labra, e a pena possendo
alzare il capo, e tutto stupefatto
per li varj splendori e per li molti

odori, non sa dove egli si sia, ed ancora gravato e ripieno per la passata cena superfluamente presa, confuso per lo avvenimento delle faccende della mattina, e già intento agli inganni che per lui si debbon fare, non sa dove egli si volti, o quello che lui si faccia; egli suda, puzza, vomita, sbadacchia, e gustando tutte le vivande, niuna ne gli aggradisce, avendole in fastidio tutte universalmente.

CAPITOLO VIII.

Quest'altro nostro, contento di pochi o di uno o di niuno famiglio, sobrio e svegliato per lo digiuno del passato giorno, sotto la modesta casa di niun'altra cosa adorna più la sua munda e netta tavola, che della propria presenzia; e qui ha riposo in cambio di tumulto, silenzio in luoco di strepito, sè stesso in luoco di moltitudine; ed è compagno e parlatore e conviva a sè medesimo, e mentre ch'egli è con sè stesso, non teme d'esser solo. Le mura della sua casa, nude di razzi, son coperte di simplice calcina, e la sua sedia, in luoco di quella di avorio, è di quercia o di faggio o di puro abete. Egli non guarda lo oro, ma il cielo; ama di calcar la terra e non la porpora; la benedizione e il ringraziare Idio delli benefizj recevuti da quello, sedendo egli e levandosi dalla mensa, gli sono graziosi citaristi e sonatori e dolci canti, e se il bisogno ciò richiede, il suo castaldo a lui è siniscalco e cuoco e servidore alla mensa; e ciò che innanzi gli è posto da quello, costui con animo benigno e con modestia il fa esser prezioso, per modo che tu dirai tutto il suo cibo essere stato portato da selve e da liti estranei e molto longinqui, e crederai le sue bevande essere amostate (1) nelle montagne di Genova o della Marea.

Tale è la fronte e l'animo di colui che le usa, e tanto è egli grato inverso Idio e gli uomini del mondo; così adunque lieto e contento delle comuni e non composte vivande, non solamente aguaglia con l'a-

---

(1) Spremuta; *il testo lat.:* « omnem potum Ligurum atque Picentium collibus expressum dicas. » *Se non v'è errore, è questo un vocabolo nuovo ai dizionarj.*

nimo le ricchezze delli grandissimi
principi, il che facea quel simalo (1),
del quale parla Virgilio, ma senza
dubio avanza quelle di gran longa.
Costui al tutto a niuno porta invidia, nè ha in odio persona alcuna,
contento della sua sorte, e a cui la
fortuna non può fare ingiuria, niente teme, niente desidera. Sa il veneno non essere nascosto nelli catini
di terra, sa poche cose bastare alla
vita dell'uomo, e le grandi e vere
ricchezze essere il non desiderare
cosa alcuna, e il non aver paura
di alcuna occurrenzia esser grandissima signoria. Egli mena la sua
vita lieta e tranquilla, passa le notte
piacevoli e senza affanno, gli giorni
oziosi e senza sollecitudine, e fa li
suo'conviti senza pensieri tristi e
rincrescevoli. Egli va libero, siede
senza paura, non pone insidie ad
altri, nè a lui è necessario guardarsi da quelle; sa che lui proprio
è amato e non le cose sue, sa la
morte sua a niuno esser utile, e
la sua vita a niuno esser dannosa,
nè molto si cura di vivere assai o
poco, purchè egli viva bene, nè

(1) *V Mor., v. 3. 53 ecc.*

molto stima dove o quando egli
abia a morire, ma come; e a questa
sola cosa cerca con gran studio e
con laudabil fine di dare ottima
conclusione.

CAPITOLO IX.

A poco a poco se ne va il giorno
e le ore fugono, e già il desinare
è finito. Lo esercito degli famigliari,
che veramente si può dire che per
la loro importunitade siano nimici,
e il strepito delle tavole che si le-
vano, e lo accozzamento di molte e varie cose, che senza alcuno
ordine vanno sotto sopra, subito
turbano quello. Le case risuonano
per li lascivi e disonesti giuochi
delli ebriachi e per li lamenti degli affamati, però che la casa degli
uomini ricchi ha in sè questo male,
che certo non è ultimo degli altri,
cioè che la è molto iniqua; qui è
la fame e lì è il vomito per lo su-
perchio mangiare, e in niuna parte è temperata. Certamente la corte ha in sè odore non molto grazioso, il suo colore non è dilettevole, e lo andar per quella è incerto

e dubioso; il suo saligato (1) è tutto immondo, e rende cattivo odore per li molti sapori che da ogni canto son gittati, e nell' andare mal si può sopra quello fermar gli piedi, però che egli è tutto molle per lo vino largamente sparto. La cucina è nubilosa e oscura per lo fumo, e quasi ti rende paura, vedendola mal netta, e tepida per le schiume degli laveggi, e tutta unta d'olio e di grasso, e bianca per le ossa degli animali, che in essa cotti sono; e a ciò che io usi la parola di Ambrogio, tu dirai quella non esser cucina, ma carnificina, cioè luoco dove gli uomini sogliono essere occisi.

Piacque alli nostri antichi, che il mangiar della mattina fusse chiamato prandio, che quasi è a dire cosa, la quale dovesse presto essere apparecchiata, e questo solo si facea, a ciò che gli combattitori potessin prendere subitamente qualche poco di cibo, per esser più vigorosi nella battaglia; ma se tu considererai bene le preditte cose,

(1) Suolo, selciato: manca questa voce nei dizionarj.

senza dubio tu potrai giudicare in
quel luoco non essere stato fatto
disinare, ma più tosto una terribile
battaglia. E così se ne va ferito il
capitano, che per soperchio bere
tutto trema; così tutti gli altri suoi
seguaci, percossi dal vino e vacil-
lanti si partono. La mensa è in
luoco di squadra, il diletto della
abondanzia degli molti e varj ap-
parecchiamenti nel convito sta per
lusinghevole e fraudolente nimico;
li letti sono per sepulture, la conscienzia per lo inferno.

CAPITOLO X.

Ma a questo nostro tutte le cose
sono differenti da quelle. La sua
casa è più tosto atta al convito
degli Angioli che degli uomini; l'o-
dore e il colore d'essa è perfetto
giudice degli suoi costumi, e vero
testimonio della sua modestia. La
mensa è pacifica senza superflua
sontuositade e senza gridi, doma-
trice della gola e privata di immundizie; quivi abitano le vere allegrezze, da quel luoco son banditi
gli disonesti piaceri, e la pura sobrietà li regna; il suo letto è casto

e quieto, e la sua conscienzia spiera il paradiso. Lievasi adunque quello o carico di superfluo vino o pieno di disdegno, questo piacevole e sobrio, quello dubioso e timido di cadere in infirmitade, questo a sè medesimo conscio della sua fragilitade e senza pensiero di tutti gli mali, alli quali è suggetto il corpo umano; quello o se adira o gioca, questo fuggendo l'una e l'altra di queste duo cose, rende grazie a Dio. Ultimamente tutto il giorno è dispensato da quello in lussuria e in sonno e in pensieri molesti e in triste faccende e dure e rincrescevole; a costui occupato nelle laude di Dio, negli studj delle arte liberali, e nella invenzione di cose nuove, e nella memoria delle passate, e nelli riposi necessarj e negli onesti piaceri, niente del giorno o vero poco si perde.

CAPITOLO XI.

Già il sole è a mezzo il cielo; colui drento arde, tormentasi, affrettasi, raddoppia tutti gli instrumenti degli inganni, a ciò che per negligenzia egli non perda alcuna

cosa in quel giorno, e anche perchè l'anima sua copiosa e piena
di cattivo consiglio, per la sua
pigrizia non sia ingannata delli
desiderati effetti, e acciò che gli
inganni nascosti apparano innanzi
che la sera venga, conciosia che
le male voluntadi hanno in sè questo aggiunto, che le sono strabocchevole; la sua mente è iniqua,
e non può patire indugio, e mal
volentieri in piccol momento di
tempo patisce che sia prolungato
il suo cattivo disiderio. E non solamente il detto di Juvenale si conviene alla avarizia, dove ei dice:
Chi vuol esser ricco, vuole esser
presto ricco; ma eziandio è comune ad ogni altra cupiditade, e par-
ticipa con l'ira e con la libidine
sue sorelle, le quali nate di padre
infernale e di concezione diabolica,
ritengono in sè scandalosa confusione e disordinata e furiosa stra-
curagine e orribile terrore, e non
si smenticano della perversa natura e degli dispiatati costumi della
loro maledetta origine. Però che
queste sono le furie, le quali non
senza cagione li poeti hanno detto
esser figliuole di Acheronte, fiume

infernale e della **notte**, però che
le portano con seco le tenebre della ignoranzia e **materia** di peniten-
zia. Queste dello **inferno**, dove nate
sono, e delle **cittadi abitatrice**, e continue compagne **degli** occupati, con
pungenti stimoli **commuovono** gravemente e **tormentano** gli animi
loro ciechi e alieni dalla dritta via
della veritade, **facendoli** principalmente mandare subito ad effetto il
loro pessimo proposito, acciò che
indugiando non si ricognoscano, e
qualche particella di sana mente
e di buon consiglio a quelli non
ritorni. Certamente a niuno vizio
piace il freno, e come la gravitade
e la sapienzia sono amiche del-
l'onestade, così eziandio la strabocchevole prestezza è amica delli
disonesti e **cattivi** consigli.

CAPITOLO XII.

Dall'altra parte questo nostro
niente fa inconsultamente; ma vedendo il corso del tempo che fugge
esser brieve, e desiderando d'esser
lì, dove in eterna beatitudine senza
paura di morte si vive, di nuovo
rivolto alli prieghi, non di un solo

giorno, ma di tutto il tempo della
sua vita dimanda il chiaro e sereno vespro, e la gloria che mai non
viene a meno; e questo non per
suo merito, ma in premio della
passione di Cristo, sapiendo che la
sua dimanda se estende più oltre
che ad uomo mortale non si conviene, se quella temporal morte di
Colui che non ebbe in sè peccato,
non fusse di tanta efficacia, che la
potesse fare eterni gli uomini già
morti per lo suo natural corso e
per li loro peccati. E non molto
dopo questo, pensando che il giorno
passa, e che lui tuttavia cade più
alla terra, mancandoli la vita, e
antivedendo sopravenire le tenebre
della notte, divotamente chiede lo
ajuto del supremo lume, e con lacrime priega che la mente sua non
essendo oppressa dal peso degli
suoi peccati, aspiri al cielo e in
quello si rallegri, o vero con ardentissima volontà dimanda pura luce
di fede, refrigerio di mente, adùsta
e affogata purgazione delle sue
immundizie, sostegno alla mente
percossa e sbattuta, pace all'animo
pieno di litigi; e così al canto delle
laude matutine soggiunge nel tem-

po della sera li **prieghi** e le laude
della fontana **di pietà,** che mai non
cessa.

CAPITOLO XIII.

Quell' altro, inclinando già il
sole, è constretto la seconda volta
a uscir di casa, cercare la cittade,
li piedi infangarsi, urtare con quelli
che gli vengono allo incontro, persuadere, affaticarsi, riscaldarsi, af-
fannarsi; e quando egli è ben mutato in tutte le forme degli inganni, e ha sciolto tutti gli lacci e li
nodi del suo ingegno, finalmente
lasso e stracco se ne ritorna, la-
mentandosi molto del suo artificio,
e a casa riporta forsi qualche poco d'oro, accompagnato da molte
sceleritadi e da molti odj, ma niente di buona fama nè di pura conscienzia.

CAPITOLO XIV.

Quest' altro in quella ora a piè
di qualche chiara fontana si riduce, o in qualche erbosa ripa, o vero
al lito del mare, rallegrandosi
d' aver passato quel giorno senza

vergogna; ed innanti che il giorno
finisca, divotamente lacrimando
priega la benignità del suo Creatore usata di custodirlo, che gli
presti vigilante sobrietà e il perfetto studio delle orazioni e della
fede contra gli pericoli della seguente notte, e contra le insidie e
gl'inganni e la rabbia del nimico,
che rugge a modo di ferocissimo
leone, e contro a li sogni e la pol-
luzione carnale, e contra le orribile
visioni della notte; e raccomandato
il spirito suo nelle mani di quello,
e chiamati li Angioli alla custodia
del suo proprio abitacolo, a casa
si riduce; e così come egli non si
lamenta nè si duole di aver commesso alcuna cosa ingiustamente,
nè di reportare alcuna particella
di cattivo desiderio, non altrimenti
si rallegra di reportar sieco molte
onorevole e belle laude, cognoscendo il suo animo mutarsi ogni giorno di bene in meglio. In somma
colui tutto il dì spoglia li vivi, costui priega per li morti; colui cerca di vergognare le maritate e le
donzelle, costui con animo tutto
officioso e cortese onora le matri
e le figliuole; finalmente colui fa

martiri, costui gli **ha in reverenzia**;
colui perseguita **gli santi**, costui
gli adora.

CAPITOLO XV.

Ecco che la **notte ritorna**. Colui
sopra il passato cibo si apparecchia di riponere il nuovo; la pompa è grande, infinita multitudine di
sergenti dinanzi e di dietro lo ac-
compagna; tu penseresti di vedere
l'esequio d'uno uomo vivo. Li doppieri e li pifferi vanno innanti, acciò che non gli manchi cosa alcuna, e il sontuosissimo corpo, come
morto tutto odorifico, nella dilicata
sedia di nuovo è riposto ancora
tepido e ancora ritenendo il spirito; così sopragiungéndo la grave
cena allo indigesto desinare, apparecchia vomito al seguente giorno,
e chiude la via all'altro desinare.
Questo nostro si dà ad intendere
o di aver cenato, o vero cena per
così fatto modo, che con lo effetto
egli loda e conferma il detto di
Platone, il qual dice: « Per niuno
modo mi piace duo fiate il giorno
saziarmi di cibo. »

CAPITOLO XVI.

Dopo queste cose a dormire si vanno con abito di corpo e d'animo molto differente. Colui pieno di pensieri. pieno di cibo, pieno di vino, pieno di paura, pieno di invidia, rimesso per le cose non ottenute secondo lo intento suo, altiero per superbia, ristretto per melanconia, gonfiato per ira. discordante a sè medesimo, povero d'animo, assediato dagli servitori e curiosamente osservato dalli suoi emuli con intenzione di nocerli, battuto dalle grida, sollecitato da lettere, dimandato dalli messi, suspeso per la fama, impaurito per le novelle incerte, stupefatto per li augurj, beffato da bugie, stracco da lamenti. e nella notte certamente, nel qual tempo vanno li demonj, non sta senza rissa e senza questione. Oltra di questo egli è odioso alli vicini, male accetto agli contadini, o temuto o schernito dalli suoi, suspetto ad ogni uomo, fidele a niuno, lungamente senza dormire si va volgendo per lo letto adornato di porpora, ed avendo provato ogni

generazione di **libidine**, sollicita lo
infelice corpicello **a pigliar** frutto
delle presenti; **ed essendo vagabon-**
do l'animo **circa la concupiscenzia**
di quelle che **sono lontane**, finalmente vinto **con gran fatica** negli
occhi riceve il **sonno**, ma li pensieri vegghiano, **l'affannata** mente
non ha riposo, la quale tutta di
inestinguibile **fooco** arde, e lo im-
mortal vermine della conscienzia
la rode; e così in quello instante
vede con l'animo le faccende del
passato **giorno**, li clienti ingannati
da lui, li **poveri oppressi**, li antichi
lavoratori **cacciati** dalli loro confini, le **vergognate** donzelle, li frau-
dati pupilli, le **spogliate** vedove,
li **innocenti afflitti** e uccisi, ed insieme con **tutte** queste cose vede
le furie vendicatrice delle sceleritade; e però spesse fiate dormendo
grida, spesse fiate si lamenta, e
spesse fiate da subita paura gli è
interrotto il non riposato sonno.

Ma costui pieno di onesta allegrezza, pieno di santa speranza, pieno di pietoso amore, non come **Niso**
inverso **Eurialo**, dell'amore di quali
Virgilio ne tocca, ma come **Pietro**
inverso di **Cristo**, pieno di integri-

tà e di conscienzia, senza timore
degli uomini, con paura di Dio,
voto di cibi che gli possino nuocere, e di pensieri disutili, solo, tacito,
jocundo, molto simile a l'angelo,
caro a Dio, temuto da niuno, amato da tuttti, entrando nella sua camera atta al sonno e non alle di-
sonestadi, piglia il dolce e non tur-
bato riposo; e se dormendo gli appare alcuna visione, il più delle
volte tali sono i suoi sogni, quali
sono le sue operazioni, mentre che
lui veglia. Ed in questa parte di
vita essendo eziandio più felice,
vede cose più graziose, e non solamente vive con animo più lieto,
ma egli è di corpo eziandio più
sano e di migliore convalescenzia
di membri, ed è più pronto allo
esercizio; però che senza dubio le
virtù dell'animo, e massimamente
la continenzia e la modestia, giovano molto alla sanità del corpo,
e spesse fiate coloro che più cercano di compiacere al corpo, più gli
noceno.

CAPITOLO XVII.

Ecco, patre, io te ho posto innanti a gli occhi un giorno di uno occupato e di uno ozioso, una medesima regula e di tutti gli altri uomini e di tutti gli altri giorni, eccetto che ogni dì la fatica di quello è tanto più amara, ed il riposo di questo è tanto più dolce, quanto l'abito degli animi per lunghezza di tempo più si conferma, e quanto che per li momenti e discorsi temporali si va al stato della eternitade, e vivendo tuttavia, più se gl'avvicina. Colui certamente starà in perpetuo affanno, costui in grazioso riposo. Potrebbe forse essere che la condizione di quelli fusse più felice, che vivono occupati nell'altrui faccende, e che per l'arbitrio del cenno d'altri sono retti, e che nella fronte d'altri imparano ciò che gli bisogna fare; essi non hanno cosa alcuna propria; stanno nell'altrui case, dormono a piacere d'altri, mangiano il cibo d'altri e non per sua voglia, ma per l'altrui appetito; e quel ch'è molto maggior cosa, secondo la

mente e lo appetito d'altri si go-
vernano. Essi non piangono nè ridono a suo giudizio, nè secondo il
suo volere, ma gittati da parte gli
proprj affetti e voglie passionate,
si vestono di quelle d'altri; ultimamente maneggiano la roba d'altri,
pensano per altri, vivono di quel
d'altri.

Di questi parlava Seneca poeta nobilissimo, dove egli così dice: « Costoro entrano nella corte e
nelle secrete camere di loro signori. » Un altro, cioè Juvenale, più
mordacemente e più liberamente
nota e vitupera questi medesimi in
quella satira, nella quale lui riprende la vita cortigianesca, e colui
che credeva che a vivere al quadro d'altrui fusse somma felicitade. Certamente io non so che differenzia sia fra questi tali, e quelli
che sono condennati a perpetua
carcere per comandamento delli signori e delli regi, se non che quelli
sono ligati con catene di ferro, e
questi con catene d'oro, le quali
veramente sono più nobili e più
degne; ma la servitù è pari, la colpa è maggiore, però che essi fanno
di sua voluntade quello a che gli

altri per forza sono constretti. Ma
a ciò che brievemente io dica il
mio parere, io chiamo questi più
infimi di tutti gli altri occupati, e
senza dubio molto più miseri, a li
quali non è lecito di usare nè di
convertire in sua propria utilitade
almeno pure un minimo premio
delle loro cative operazioni, però
che essi hanno peccato a sè medesimi, affaticandosi per altri, e son
vivuti sotto l'altrui signoria per
dover morire con suo pericolo. Seriano felici e senza colpa, se senza speranza d'alcuno premio si fussino affaticati ; ma ora solamente
il peccato è suo, il piacere che viene per il loro peccato, benchè sia
fallace e fuggitivo, non è suo. Certo noi dicemo il lavoratore aver
dura condizione, che con fatica
pianta l'arbore, del quale egli non
sia mai per vederne il frutto ; e lo
apostolo dice : « Chi è colui che pianta la vigna, non sperando di mangiare del frutto di quella? » Nondimeno costui, bench'egli sia molto
vecchio, può pigliare consolazione
della sua sorte, perochè almeno
egli sii per giovare alla età seguente ; onde non solamente non dubi-

tando ciò che lui fa, non apparte-
nere al fatto suo proprio, ma eziandio sapiendolo di certo, non lo lascia di fare, pronto a rispondere a
qualunque lo dimandasse, lui pian-
tare quelle oose a li immortali Dei
o vero allo immortale Iddio, la qual
sentenzia è appresso di Cicerone.

Quanto sono più miseri coloro,
che piantano d' onde essi ricogliono
solamente gravissime pene e acerbissimo tormento d' animo e di corpo, e altri, cioè li loro signori, ricogliono piaceri nella fine penosi e
pieni di grave rimordimento di conscienzia. Quelli tali servitori ciò
che fanno disutilmente, fanno a sè
stessi, nè possono imputarlo ad altri: non alla sua etade, alla quale
spesse volte affaticandosi togliono
la libertade; non alla etade seguente, alla quale apparecchiano servitù
perpetua; non a Dio, il quale essi
offendono per piacere agli uomini;
ultimamente non a quelli medesimi
signori, alli quali compiacendo hanno fatto nocimento, e con la propria morte e dannazione sua gli hanno partorita brieve licenzia di peccare, dando a loro cagione di cadere in subiti mali e in eterni sup-

plizj; ciechi **senza dubio** e pazzi,
venuti in luce, **anzi gittati** nelle
tenebre sotto **contrarj** pianeti, perochè quando **essi hanno** favorito e
levato alcuno in **alto,** subitamente
cadeno, forse **eziandio** da quel medesimo oppressi **e sbattuti,** il che
spesse fiate noi **abiamo** già veduto.
In questo **mezzo quando** essi hanno
acquistato **molte cose** ad altri, ed
hanno apparecchiato molti instrumenti di pessimi **desiderj,** sempre
rimangono **privati dalla** commodità
di tante e di **così** gran faccende,
riportandosene **questa** sola gloria
della loro bestiale industria, di aver
pasciute le **avarizie** e le libidini
delli loro principi con la prosperità
de' suoi consigli.

Che vuoi tu ch' io dica più?
Certamente la maledizione delli no-
strí uomini **non** mi suol parere
manco mordace, che sii quella delli Candioti. Nè l' una nè l' altra è
molto terribile, secondo il suono
delle parole, ma sotto a ciascuna
è nascosto il mortifero veneno.
Quelli di Candia desiderano, che
li suoi nimici si dilettino di ca-
tiva compagnia, e li nostri desiderano che a li loro nemici non

manchi mai occupazione nè fatica
d'animo e di corpo; onde se tu
considererai profundamente non le
parole ma lo effetto, con gran fatica troverai che cosa più affannosa e più detestabile dire si possa.
Io parlo di quelli occupati che noi
vediamo, delli quali è piena la vita
vulgare; degli altri o niuno o sì
pochi se ne truova, che in alcuno
luoco non appareno. Certamente
dove si cerca la veritade, mi rincresce a dire cose finte e non vere;
e pertanto a ciò che oramai una
fiata io concluda, dico che senza
dubio a mio giudizio poco manca
che ciascuno occupato non sia misero, e uno occupato sotto altrui
è doppiamente misero, perochè egli
ha la sua miseria senza aver frutto di quella.

CAPITOLO XVIII.

E questo non dico perchè non
mi sia noto essere stato e forse
essere al presente alcuni occupa-
tissimi e santi uomini, che hanno
condotto sè stessi e le anime dis-
viate con esso loro a Cristo, la qual
cosa quando avviene, io confesso

essere grande e inestimabil bene
e doppia felicitade, contraria alla
doppia miseria, di che al presente
abiamo detto. Qual cosa è più beata
o più degna d' uomo o più simile
a Idio, che conservare e aiutare
molti? Colui che può fare questo e
non lo fa, a mio parere certamente
si getta drieto alle spalle l' offizio
della umanitade, perdendo insieme
il nome e la natura dell' uomo; e
pertanto ogni volta che questo sia
concesso, io sottometterò spontaneamente il proprio desiderio alla
publica utilitade, e abandonata la
solitudine, dove io piaceva a me
solo, senza renitenzia tornerò dove
io sia utile al mondo, seguendo il
giudizio del nostro Cicerone, che
dice: « Più natural cosa è ricevere
grandissime fatiche e molestie per
ajutare e per conservare tutte le
gente del mondo, se possibile fusse,
togliendo per esemplo quello Ercule, il quale la fama degli uomini,
raccordevole degli beneficj ricevuti
da quello, ha posto nel numero degli
Dei, che vivere nella solitudine non
solamente senza alcuni affanni, ma
eziandio in grandissimo piacere, co-
piosissimo di tutti gli beni, essendo

eziandio bello e gagliardo sopra
tutti gli altri. » Pertanto ciascuno
dotato di perfetto e di nobilissimo
ingegno di gran lunga pone innanti quella vita a questa; questo è
il dire di Cicerone, al quale non
sforzatamente consento, essendo le
cose in questi termini. Ma prendi
il mio giudizio del tutto: la universale e la vera dottrina per minima contrarietade non si commove nè si debilita.

Molti sono che dicono le occupazioni generalmente esser più utile e
più sante di ciascuna solitudine; io
il so; ma dimmi quanti ne abiamo
noi veduti, che abiano adempito
quello di che facevano professione?
Sono forse alcuni, o forse sono molti; mostramene uno e io tacerò. Non
nego essere alcuni uomini dotti ed
eloquenti, che copiosamente disputano in contrario; ma la nostra questione non è dello ingegno, ma delli
costumi. Costoro vanno intorno cercando le cittadi, gridano per li po-
puli, parlano molto copiosamente
delli vizj e delle virtù; con gran
fatica mi ho potuto ritenere, che io
non abia interposto un morso di
dente satirico, cioè di uno poeta,

grave repreensore delli vizj, molto
convenientemente a questo luogo,
se io non mi inganno; ma pensando
a cui io parlo, ho creduto esser più
tosto necessario e più onesto togliere qualche cosa al mio stile e
mancare nel dire, che disonestamente parlare. Tu dirai: « Io ho
udito che essi dicono molte cose
utilmente, e spesse fiate giovano
ad altri. » Io lo credo, ma il medico
che è ammalato, non si risana però
subitamente, quantunqne e'dia buono consiglio allo infermo, anzi spesse volte è morto di quella medesima infermità, di che lui avea li-
berati molti. Io non rifiuto nè dispregio le parole con gran studio
ornate e composte artificiosamente
per la salute di molti uomini, e sia
chi si voglia che faccia questo, io
abbraccio e commendo l'opera utile e degna; ma noi non parliamo
della scola della retorica, anzi della
vita, nè eziandio intendiamo della
vanagloria della lingua, ma del
sodo riposo della mente.

Non mi è uscito della memoria,
che avendo Seneca detto: « Lassa
tutti gli altri impedimenti, e dà
opera alla buona mente, » subito

ebbe soggiunto: « Niuno occupato perviene a quella, la quale certamente non voglio ottenere, che la solitudine a noi la attribuisca, ma bene la conserva e molto l'ajuta; » nè anche ho posto in oblivione il parlare di quel medesimo autore, dove egli dice: « Il luoco non giova molto alla tranquillità dell' animo, ma senza dubio conferisce pure alcuna cosa; » e se così non fusse, perchè averebbe detto quelio medesimo autore in altro luoco: « Noi non dovemo solamente eleggere luoco salutifero al nostro corpo, ma eziandio alli costumi? » Ed in un' altra parte dice: « Io fuggirò eziandio da lungi dal conspetto e dalla vicinanza della piazza, perochè come li luochi di cattivo aiere sono eziandio contrarj alla sincera e ferma sanità del corpo, così alcune cose sono poco salutifere alla buona mente non ancora in tutto perfetta, ma che comincia di nuovo a risanarsi. »

D' onde procede adunque questa sanità di costumi e di mente e la loro differenzia, se li luochi non conferiscono qualche cosa di bene o di male? Io dirò con la pace di Seneca il mio parere: li luoghi conferiscono

alcuna cosa, anzi molto, ma non il
tutto, però che io confesso questa
parte esser posta nell' animo come
a Seneca piace. Egli dice: « L'animo
è quello, che a sè stesso commenda
tutte le cose. » Certamente a suo
modo questo è ben detto; ma d'onde può avere l' animo il lume della
verità, e per lo simile la equità di
sapere bene dirittamente giudicare?
Senza dubio questo procede d' altrove che da l' animo, e pertanto
quello che io ho detto delli luochi,
dirò eziandio dell' animo, cioè essere in quello qualche cosa e anche assai, ma non tutto, il qual
tutto solamente è posto in colui,
che dà la opportunità e la destrezza alli luochi per la utilità degli
uomini e la dritta ragione all' animo, però che la jocunda serenità
dell' animo è una cosa grande e
divina, donata a noi dal solo Idio,
la quale il più delle volte lui suol
donare a quegli, che sono posti nella solitudine.

Sia questo da noi dimostrato
come si voglia, per la brevità del
tempo o per ragione o per comparazione di contrarietade, con chiari
e veri esempli subito il conchiude-

remo; onde se forse accaderà, che alcuno capace del vero presti in tutto gli orecchi del cuore non alla bugìa, ma allo intimo sentimento d'alcuno di costoro, delli quali il troppo credulo populazzo stupefatto si maraviglia, certo io penso che senza contradizione egli confesserà di avere udito colui non negare la conscienzia esser nuda, e la felicità non consistere nelle parole risonante, ma nelli effetti taciti e nella intrinseca veritade, e non nelli estranei e ventosi applaudimenti e favori degli uomini, o nella molto fallace opinione di quegli. Certamente egli udirà allora molte cose differenti e contrastanti a quelle, delle quali essendo quel tale in pulpito, lui insieme col populo prendeva prima non piccola ammirazione, ed intenderà che differenzia sia fra la pelle e la radice del cuore.

Questa è la natura dell'animo, che essendo intento e occupato circa ad una sola cosa, ne dispregia molte; di qui procede che li studiosi del bello e ornato parlare spesse fiate vengono più tardi ai fatti, e quelli che fanno gran cose, sono men

puliti e meno limati nelle loro parole; e così li amatori della modestia
fugono li disonesti piaceri, e coloro
alli quali è grato oltre a misura il
diletto carnale, hanno in minor pregio la modestia, e quelli che molto
studiano di augumentare e di accrescere le loro private cose, spesse
fiate fanno poco conto della republica e delle amicizie, e più rusti-
camente vivono. Ma coloro che
adattano l'animo suo alla liberali-
tade, e che hanno cura della republica, spesse fiate sono negligenti
alle cose domestiche e private, però
che uno medesimo vento parimente non può compiacere a quelli, che
navigano in diversi e contrarj luochi l'uno dall'altro. Queste cose
voglio aver dette, acciochè tu non
ti maravigli, se tu vederai quel medesimo in questo nostro trattato;
e se la vita sollecita e data alle
faccende ama il strepito e di molte
parole si diletta, e se ogni contemplazione è amica del silenzio, e nelli suoi confini e termini si ritiene
e rimane, e così per il contrario
quella ha in odio il tacere, e questa il strepito, quale adunque di
queste vie ti pare esser più sicura?

Questo è quello che noi cerchiamo, o venerabil padre, nel parlare di questo giorno.

CAPITOLO XIX.

Dimmi adunque per queste tali cose, di che noi abiamo fatto menzione, quante fiate credi tu il pastore esser perito per satisfare allo offizio suo, e quante volte essere giunto nel laccio, domentre ch'egli lega la pecora vagabonda, ed esser caduto domentre che egli seguita quella che fugge? Quante fiate pensi tu il medico ben sano avere contratto infirmitade, domentre che egli visita gli infermi? O il seppellitore delli morti aver trovato cagione di morte per contagione? Non si inganni alcuno, credendo le contagione degli animi esser minori che quelle de' corpi; però ch'elle sono maggiori, offendono più gravemente, descendono più profondamente, e più occultamente si apprendono. Essi dicono: « Assai si merita giovare a molti, ed è landabil cosa sovvenire a molti. » Chi lo niega? Ma ben sapiamo quale è il principio della inordinata carità: credimi

che non è poca fiducia di sè medesimo promettere ajuto alli combat-
tenti, consiglio alli dubiosi, luce agli
ciechi, allegrezza agli melanconici,
securtà agli paurosi, speranza agli
disperati, salute agli infermi, riposo agli stracchi, consolazione agli
afflitti, mostrare la via agli erranti, sottomettere le proprie spalle a
chi è per cadere, porgere la mano
a chi in terra giace.

Queste cose quanto allo effetto
sono grande, e piccole quanto alla
promissione, perochè la promissione
della cosa grande non è maggiore
che sia quella della cosa piccola, ma
bene è lo effetto magiore. Io non
pono tanto legge agli altri, quanto
io ti manifesto ed espongo la legge
della mia mente; chi la loda la tenga, a cui la non piace rifiutila, e
lasciata a noi la solitudine, abiasi
la sua solicitudine e le sue faccende, e dispregiatore della nostra
villa, viva contento nelle cittadi.

CAPITOLO XX.

Confesso che io desidererei esser
tale, che io potessi giovare a molti,
o vero, come dice Ovidio, esser sa-

lutifero a tutto il mondo; ma la prima parte se appartiene a pochi uomini, la seconda è propria di Cristo solo; e acciò ch'io condescenda nella opinione di coloro, che sentono il contrario da me, certamente chi è in luogo sicuro e può assai, se egli non soccorre agli bisognosi, pecca nella legge della natura. A me ancora, che mi affatico in grandi e pericolosi naufragj, basta con prieghi addimandare la grazia di colui, che può satisfare ad ogni dimanda. Desidererei cose grande, ma di piccole mi contento; vorrei esser salvo con tutti, se non, almeno con molti. Ultimamente che aspetti tu ch'io dica? Io ho assai se io non perisco; questo a me basta e parmi esser felice.

CAPITOLO XXI.

Oh quanto io temo, che forse alcuno di costoro, che vogliono esser nominati guardiani delle inferme pecorelle, non siano rapaci lupi e che non le straccino crudelmente senza remissione? Ma a ciò ch'io non mi impacci lungamente nella considerazione che a me non si appartiene, essi abino pensiero del loro fatto, e noi del nostro; ciascuno pensi molto bene e consideri diligentemente con la ragione, a ciò che il porti dinanzi a sè, perch'egli è impossibile che ad ogni uomo sia utile a seguire una medesima via, se bene tutti intendiamo di andare ad uno ultimo fine, nella qual cosa a ciascuno sarà debito e necessario pensare suttilmente, quale egli sia fatto dalla natura, e quale egli medesimo da poi si abia fatto. Con ciò sia che alcuni sono, alli quali la solitudine è più odiosa che la morte. e a loro pare ch'ella li debia privare della vita; il che in spezialità suole avvenire agli ignoranti, che se non hanno con chi ragionare, non hanno modo di parlare con sè stessi nè con li libri, e però sono muti.

Certamente la solitudine senza lettere è una prigione, ed è uno gravissimo supplizio; ma dàgli le lettere, e li è la patria, li è la libertade, li è il piacere. Egli è noto il parlare di Cicerone sopra dell'ozio, il quale dice: « Che cosa è più dolce dell'ozio all'uomo litterato? » Da l'altra parte non meno

è divulgato il detto di Seneca,
cioè: « Lo ozio senza lettere è
una morte ed è sepultura dell' uomo vivo; » e benchè io cognosca
questi dui refrigerj delli filosofi
tanto dolci, cioè la solitudine e lo
ozio, come di sopra ho detto, essere eziandio alcuna fiata molesti agli
uomini litterati, nientedimeno la ragione è in pronto, però che questo
avviene a quelli, che ligati di qualche piacere mondano, amano la sua
prigione, overo col commercio e
conversazione del popolo e con le
faccende vulgare cercano di vivere:
o vero ajutati dal ventoso favore
degli uomini, aspirano e goleggiano
agli fuggitivi gradi degli onori, a
li quali le lettere non sono luce
dell' animo, nè delettazione della
vita, ma instrumento ad acquistare
ricchezze, e di questi tali a' nostri
tempi ne vediamo grandissima copia. Oggidì si dà l' uomo allo studio
delle lettere pur con qualche danno delle sue rendite, ma con non
piccola speranza di guadagno; li
fanciulli sono destinati alle scuole
dalli loro padri, non come ad imparare arte liberali, ma opere ser-
vile; onde niuno si debbe maravi-

gliare, se di poi che sanno le lettere, le vendono e usano avaramente, le quali solamente hanno cercato di avere per poterle rivendere, e di quelle con abominevole e cattiva speranza si hanno constituito non cento ma mille usure.

Di queste cose noi tratteremo diligentemente nella elezione della vita, conciosia ch' io non chiamo così fatti uomini alla solitudine, e se pur li vengono, non li recevo volontieri: e così tu vedi quanti io ne escludo da questo proposito. Che doverebbe fare il pesce lungi da l' aqua? E questi come potrebbono stare lungi dalle cittadi? La qual cosa io già dissi a quel dilicato e lascivo procuratore, che avea cominciato a frequentare questi luochi, non per amore del riposo da lui non cognosciuto, non per appetito di ciò odiato da lui, ma solo per non so che studio o volontà di imitare altri. Io non so se lui era più molesto a sè medesimo o a me: ma subito vinto dal fastidio degli luochi e dal desiderio de' piaceri della cittade, affrettò la sua partita; il che se io con l' animo non avessi antiveduto così dovere essere, di propria volontà di questi luochi mi sarei partito. Tanto lo vidi io vivere senza alcuna proporzione e misura d'opinione e di fatti, benchè egli dicesse essermi amico, essendo noi conversati dalla nostra puerizia in medesimi e simili studj; ma lo effetto ha dimostrato noi essere divisi di gran lunga l'uno dal fine del studio dell'altro. Ora torniamo al nostro proposito.

CAPITOLO XXII

Certamente e'seria perfetta cosa, che ciascuno di noi dal principio della età pensasse diligentemente di prendere qualche modo di vivere, se la gioventù accompagnata da carestia di consiglio il permettesse, acciò che non si facesse dipartimento da la via una fiata eletta, se non per gran cagione e per grave necessitade; la qual cosa quello Senofonte discipulo di Socrate narra aver fatto Ercole nel principio della sua puerizia, segnando la via difficile e aspera, che conduce alle virtù, e lascia l'altra delettevole, che mena l'uomini alli vizi. Cicerone ancora di ciò ne rende ottima testimonianza. Ma perchè noi non facciamo questo, non vivendo per la più parte al nostro giudicio, ma del popolo, ed essendo tanto tirati per vie indirette e quasi per le tenebre, firmandosi noi nelle altrui vestigie, spesse fiate intramo in vie pericolose e difficile da uscirne, ed intanto siamo menati oltre, che noi divenimo non so che, innanti che ci sia permesso di considerare e di bene esaminare quello che noi vogliamo essere. Pertanto colui che essendo giovine, non ha potuto considerare che qualitade e che condizione gli abia dato o diagli o la natura o la fortuna, o quale errore gli abia imposto, facciagli pensiero almeno nel tempo della sua vecchiezza; e come fa colui che si mette in peregrinaggio, incerto e dubioso del suo camino, proveda alla sua salute quanto si può, innanzi che la sera venga, tenendo per fermo non esser cosa facile a mutare in tutto la propria natura. Colui che non avea prima alcuna scintilla del nostro consiglio, e nello entrare di questa vita solitaria qualche lume celeste è cominciato a risplendere innanzi agli occhi suoi,

mediante il quale egli prendesse
camino o sicuro o di minore pericolo e non difficile allo andare.
costui veramente ha sempre da ringraziare Idio; ma chi averà sorte
più sinistra e contraria, averà più
da fare. Nientedimeno da poi che
lui averà cominciato ad aprire gli
occhi, e cognoscerà quanto sii dubiosa la via che gli resta a fare. sforzisi
con ogni sua diligenza di correggere almeno nella vecchiezza lo errore e il mancamento della gioventù.
e ricordisi di quel vecchio, che dice e scrive Terenzio nella comedia
intitulata *Adelphos*, il quale posto
per atto consigliero di mutare la
vita almeno nel tempo estremo a
coloro, che prima nella buona via
non l'avesse dirizzata, diletterà e
gioverà parimente. Questa è faccenda sopra tutte le altre cose difficile. ma così eziandio utile e possibile. però che non si debbe pensare
essere o venire tardo ciò che si
cognosce essere salutifero di questa
sentenzia. e di questo parere sono
molti autori da non disprezzare.
Cesare Augusto, sapientissimo di
tutti gli principi e principe degli
filosofi, dice ciascuna cosa che sia

ben fatta, esser fatta assai presto.
Platone disse: « Beato colui, a chi e-
ziandio nella sua vecchiezza accaderà di potere avere la sapienzia,
e di cognoscere le vere opinioni. »
Certamente in ogni deliberazione
di principiare e di mutare la vita
serà necessario sopra tutte le altre
cose considerare e provedere, che
noi non pigliamo confidenzia nelle
vane e leggiere concupiscenzie, ma
seguendo la natura per nostra guida, teniamo quella via, che parerà
essere non più bella, ma a noi più
atta e più salutifera. Ed in questa
cosa io chiedo e voglio un omo ben
diritto e severo estimatore e cen-
sore di sè medesimo, a ciò che ingannato del piacere degli occhi e
delle orecchie, egli non cada in errore; la qual cosa io so essere in-
tervenuta ad alcuni, che domentre
che essi si maravigliano d'altri fatti,
sono smemorati di lor medesimi, e
parlando delle altrui faccende, hanno dato materia di ridere al popolo. Io tengo per consiglio questa
cosa già presa e lodata dagli filosofi, che o secondo la vita solitaria
o secondo il vivere della città, qualunque uomo vuole fare compara-

zione d'alcuno alla sua natura e alli suoi costumi, cognosca molto bene quello che sii suo, e quello che vaglia. Se a coloro che incominciano a prendere il camino e a fare elezione della loro vita questo consiglio è utile, quanto gioverà egli più a quelli, che sono già più avanti? Alli quali oltra la fatica della elezione della vita, è necessario eziandio di estirpare e di cavare le antiche radice della cattiva opinione.

CAPITOLO XXIII

A me certamente, al quale, in quanto cognosco, niente è comune col popolo, e a cui è accaduto sapere tante lettere, ch'elle non gonfiano l'animo mio nè mi fanno insuperbire, ma bene mi danno diletto, e fanno che io sii amico della solitudine, dove ho imparato quelle senza maestro molto loquace, ma senza tenace pigrizia, e così voglia Idio che senza invidia, il quale, dico, non da amica, non da mogliere, uon da sicurtà fatta per alcuno, non per usura, non per deposito dell'altrui roba ch'io abia, non per

guadagno, non da palazzo, non da
stufe, non da bottega, non da feste,
non da giuochi, non da logge sono
retenuto legato nella città; a me,
dico, al quale a ciò ch'io confessi
il vero, non tanto per propria volontade o per raccordi d'altri, quanto per persuasione d'essa natura, è
dato per consiglio ch'io abia questa
opinione, la vita solitaria senza
dubio pare essere non solamente
più tranquilla e più riposata, ma
eziandio più alta e più sicura di
tutte le altre. E come io comando
che gli altri uomini considerino bene i loro fatti, e come io cognosco
bene gli miei, abbracciando e tenendo la solitudine e l'ozio, delle
quali cose oggi ho ragionato molto
con esso te, quasi come di alcune
scale, che si addrizzano a quello, che
la nostra mente suspirando desidera; così temo di conversare fra la
moltitudine degli uomini, e fuggio
le sollecitudine e li pensieri affannosi e le faccende mondane, come
cose contrarie al nostro proposito;
ma con questo, che se alcuna necessità mi sforza di andare alla
cittade, ho imparato di farmi solitudine nel popolo, e sicuro porto in

mezzo della tempestade con artificio non cognosciuto da ogni uomo,
facendo li miei sentimenti essermi
obedienti, e che sentendo, essi non
sentano; il che avendo io redut-
tomi in usanza per longa esperienzia, da poi longo tempo la conobbi
essere opinione di u:o eccellentis-
simo dottore, e a memoria lo mandai tanto più attentamente e tanto
più volontieri, quanto mi rallegrava il fatto mio essere confirmato
per la autorità delli nostri antichi.

Certamente Quintiliano in quel libro, dove lui ha molto curiosamente
pulito di vari ornamenti lo oratore
armato prima da Cicerone, parlando
di questo dice:» Il vegghiare della
notte circa il studio delle lettere
è ottima generazione di secreto,
quando noi vegniamo a quello con
la mente intiera e ben confirmati
di sentimento; ma il tacere e il
stare solitario, e l'avere l'animo
libero da ogni parte, sì come sono
cose da essere desiderate grandemente, così non sempre possono
avvenire; e però se alcuno strepito
si sentirà, li libri non si debbono
subito gittare da parte, nè per questo si debbe piangere e lamentarsi

l'uomo per quel tale giorno, anzi
più tosto è da repugnare alle in-
comoditade e fare questo abito, che
la intenzione vinca gli impedimenti;
e se con tutta la mente tu la di-
rizzerai all'opera destinata, niuna
di quelle cose, che occorrono agli
occhi e agli orecchi, potrà pertur-
bare l'animo tuo. Se molte fiate
avviene, che lo andare pensando fa
eziandio che noi non vedemo coloro che ci vengono a l'incontro, e
niente di meno nel nostro andare
noi non ci dipartimo dalla diritta
via, non credemo noi di fare molto
meglio questo medesimo, quando
vorremo circa ciò usare buono studio e curiosa diligenzia? E' non si
vuol dar opera alle cose, che sono
cagione di fare l'uomo disutile e
pigro, però che se a noi non parerà di dovere studiare, se non quando saremo dal cibo restaurati e
lieti e privati di tutti gli pensieri,
sempre ci sarà cagione, per la quale
noi perdoniamo a noi stessi. »

Pertanto è necessario, che fra la
moltitudine degli uomini, e nello andare ed eziandio negli conviti il nostro pensiero si faccia un secreto
dentro dal nostro petto. Queste so-

no le parole di Quintiliano, che più
'volentieri ho inserte e posto in
questo luogo, perch' elle non sono
molto note alla brigata. La epistola di Seneca, che tratta di questo
medesimo, è più vulgata, ed impe-
rò non ho qui posto se non il solo
fine di quella, con ciò sia che avendo lui scritto molte cose, in che
forma l'animo di colui, che è dato
al studio, si dovesse confirmare contra il strepito, ultimamente rivolto
a sè medesimo dice: « Che è adunque?
Non è alcuna volta più utile trarsi
dal vivere insieme con gli uomini ?»
E a sè medesimo rispondendo dice: « Io il confesso, e per tanto mi
partirò di questo luogo; » quasi come egli volesse, che quelle cose che
erano da lui prima dette, fussero per
ricreazione dette a chi fusse necessario di stare in qualche luoco, dove
sia molta frequenzia di gente, e
per questo suo ultimo detto lui con-
sigliasse coloro, che liberamente si
poteano partire, che cercassino luochi solitari. E certo così è, però
che io medesimo ho trovato questo
solo rimedio nella necessità, che
nel mezzo degli strepiti delle cittadi io mi finga col pensiero una

imaginaria solitudine a qualche luoco rimoto quanto posso, vincendo
la fortuna collo ingegno. La qual
maniera di rimedio certamente fin
qui spesse fiate ho usato; e perchè
la condizione del tempo che ha a
venire, sempre è incerta e dubia,
non so se da qui indrieto io la sii
per usare, essendo certamente in
proposito di cercare la vera solitudine, dove ella dimora, se libera
elezione circa a ciò data mi fosse;
il che sempre ho fatto, mentre ch'io
ho potuto, e così tu vedi, quanto
volentieri al presente io lo faccio.

Senza dubio la solitudine è cosa
santa, semplice e incorrotta, e molto
più pura di tutte le altre cose u-
mane. A cui si dimosterrà ella nelle
selve? A cui si debbe ella pulire
nella spine? Chi serà ingannato da
lei, se non gli pesci con l'amo? Se
non le fiere e gli uccelli col vischio
e con li lacci? Chi serà allusingato
da quella con canto e con lascive
maniere e con atti disonesti? Chi
cercherà ella di dilettare con varj
e artificiosi colori? A cui serà per
lei spiegata la porpora, venduto
l'olio e tessute le fiorite ghirlande
di parole? A cui finalmente si lo-

derà ella ? A cui cercherà ella di
piacere, so non a quelli, alli quali
essendo entrati nella intima solitudine, alcuna cosa non può esser solitaria? Questa non vuole ingannare alcuno, nè fa del negro bianco,
nè del bianco negro; essa non adorna,
non cuopre, non finge alcuna cosa;
essa è al tutto nuda e mal pulita,
però ch'ella non si cura degli spettacoli nè degli adulatori pestiferi alle
anime. Essa per testimonio ha solo Idio della vita e di tutti li fatti
suoi, e non crede alcuna cosa di
sè medesima al populazzo bugiardo
e cieco, e più tosto della sua propria conscienzia che di quello si con-
fida, raccordandosi che la Scrittura
dice: « Chi è colui che intende e cognosce gli peccati? » E in un altro
luogo dice: « Se io serò semplice,
l'anima mia non saperà questo, la
quale niente di manco non si smen-
ticherà che il Signore Idio è suave e piacevole a tutti, e che le sue
misericordie sono sopra tutte le
altre opere di quello, e che lui alleg-
gierisce tutti quegli che corrono,
e dirizza in piedi tutti gli caduti,
e che il Signore è appresso a tutti
quelli che il chiamano con devozio-

ne, e ch'ei non fa a noi secondo
li nostri peccati, nè ci retribuisce
e rende secondo le nostre iniquitade; però che da l'altezza del cielo
alla terra lui ha fortificata la sua
misericordia sopra quelli che lo te-
mono, e ha lontanato da noi le nostre iniquitade tanto quanto è dallo
oriente allo occidente. Ultimamente
guardandoti non con aspero judicio
ma con paterno amore, lui ha avuto
misericordia di coloro che l'hanno
in reverenzia, come ha misericordia
il padre degli propri figliuoli; con-
ciò sia che lui ha conosciuta la nostra composizione, e raccordasi che
noi siamo polvere, e che l'uomo
esce di terra come fieno e fiore di
campo, e viene a meno e come
ombra fugge, ma la misericordia
di Dio sempre fu e sempre sarà,
però che lui ci ha fatti, e niuna
di quelle cose ha in odio, che lui
ha create. » E così da una parte
minacciando le Scritture, e da l'altra
parte dando quelle medesime non piccola speranza, la solitudine incerta,
e non sapiendo se ella merita amore o
veramente odio, sta in paura e spiera bene, consolando e confortando
sè medesima nella misericordia del

suo re, a lei certa e perfettamente
conosciuta. Così occupata solamente circa questo. con animo intento
e vigile considera le diaboliche insidie, e fortificata dal divino ajuto
dispregia quelle, da ogni canto felice e tranquilla; e acciò ch'io parli
propriamente, essa é una rocca
molto forte, ed è salutifero e sicuro
porto in tutte le tempestade, il quale chi fugge, che pregherò io contra di lui, se non ch'ei sia privato
di porto, e sia gettato per lo tem-
pestoso mare delle faccende, e ch'ei
viva negli scogli, e muora nelle affannose e dure fatiche?

CAPITOLO XXIV.

Niente di meno io non sono tanto malvagio di proposito, nè tanto
pertinace d'opinione, ch'io pensi
gli altri uomini essere pazzi, o ch'io
voglia sforzarli di giurare nelle mie
mani e dar fede alle mie parole.
Molti sono constretti a confessare
quello ch'io dico, niuno a creder-
lo; niuna libertà è maggiore che
quella del giudicare; io mi attri-
buisco questa, intanto che ad altri
però non la deniego, poi che così

può essere sia certamente onesta,
sia santa la intenzione di ogni uomo. Ma io non voglio essere giudice di cosa occultissima e profun-
dissima, cioè della conscienzia degli uomini; mediante la grazia di
Dio, ciascuno può vivere bene in
ogni qualità di vita; la infinita cle-
menzia non rifiuta alcuno, ma essa
è rifiutata da molti. La instituzione
dell' umana filosofia non ha uno
solo grado; tutti gli uomini non
possono pigliare il sommo luoco,
altrimenti le parte infime sariano
vacue e superchie, purchè si schifi
la disonestade e le immundizie, che
sogliono essere di sotto, e sono proprio
degli uomini infimi e di bassa
condizione; però che questo è necessario
a tutti quegli, che hanno
deliberato di vivere longi dalla infamia
in ciascuna generazione di
vita, così è debito fuggire le cose
disoneste e sozze, ed è virtù di
sforzarsi andare con la mente in
alto, e a pervenirvi è somma felicità.

E' non mi è uscita della memoria
quella distinzione della virtù
divisa in quattro parti, indutta da
Plotino, grande imitatore di Plato-

ne, e confirmata e lodata da Macrobio; ma in essa distinzione le virtù politiche, cioè necessarie al vivere civile, tengono il più basso grado, le quali possono essere degli occupati e non di tutti, ma di quegli che hanno posto il fine delle loro occupazioni nella propria virtù, e molto maggiormente nella salute della republica. Vedi tu come tutta la innumerabile schiera degli occupati sia ridotta a pochi in una sola parola; le virtù purgatorie montando di sopra, possedono il prossimo grado; queste senza dubio sono li ornamenti di coloro, che abandonano le cittadi, e che sono oziosi e veramente filosofi, e queste virtù certamente in tutto estirpano le passioni dell'animo, le quali sono temperate dalle prime, dette politiche.

Il terzo grado più alto è di quelle, le quali si chiamano virtù dell'animo purgato; il proprio uffizio di queste è di fare smenticare le passioni, che le virtù politiche hanno mollificato, e le purgatórie le hanno tolte via. Queste sono solo delli perfetti, li quali non so dove siano, e se alcuni ne sono

stati, hanno amata la solitudine, e
se alcuno ancora ne vive, benchè
egli sicuro navichi nell' alto mare
con questo timone di virtute, nondimeno penso ch' ell' ami il porto
della solitudine.

Il quarto e ultimo grado è il
luoco delle virtude chiamate esem-
plarie, che sono sopra lo intelletto
umano, e come si dice, abitano nella mente del solo Idio; onde vogliono li Platonici quelle altre tre
spezie di virtudi umane sopra-
dette avere tratto origine da queste quarte, quasi come da uno eterno esemplo, come il loro nome manifesta, o vogli dire che elle siano
derivate dalle idee, come chiama
Platone, le quale idee lui volse essere nella mente di Dio, esemplo
delle virtù sì come delle altre cose.
In queste ultime virtù contro alle
passioni dicono non solamente non
essere quelli medesimi affetti, che
sono nelle altre virtù, ma essere
cosa abbominevole e al tutto sa-
crilega pure essere udito il nome
di passione. Io non arei detto di
queste, però che il nostro Trattato
nol richiedeva; se non che avendo
ora fatto menzione delle virtù po-

litiche e purgatorie, non mi piacque
col mio stilo sciogliere e discompagnare la quadrata catena di Plotino, legata con molta arte.

CAPITOLO XXV.

Vedi tu con quanta circuizione
di parole io abia per ogni modo
voluto tornare in grazia colli occupati? Egli è oramai tempo di partirsi da queste digressioni; ritorno
adunque a me e alla solitudine,
della quale volesse Idio ch'io avessi gustato più profundamente la
vera e intima dolcezza, acciò ch'io
dimorassi in questo parlare con esso teco più confidentemente, con
ciò sia che il mio ingegno secolare
e male atto alla intelligenzia della
divinitade, si vergogna parlare di
cosa santissima. Chi è colui che con
parole possi aggnagliare quella cosa, che con gran fatica pensando
egli può comprendere? Questa via
è celeste e al tutto angelica, della
quale l'omiciattolo terreno, acciò
ch'io non dica di terra, vuol parlare, indutto dal splendore e dal
nome e dalla fama di tanta perfezione, e acciò ch'io dica il vero,

dilettato più dallo odore che dal sapore di quella. Non altrimenti il pastore nato e nutrito nelle selve, usato di cavarsi la sete con l'aqua del fiume, e la fame con le erbe salvatiche, e di prendere il cibo in terra e il sonno nella spinosa spilonca, se per avventura egli capita alle mura di qualche grandissima e ricchissima cittade, mentre che lui siede alla porta stracco, desiderosamente voltando intorno gli occhi e guardando su essa città, vede le case di coloro, che sono deputati alla guardia di quella, o verò qualche stratella vicina alla porta; di quivi tornando alle sue selve, narra alli compagni ciò che lui ha veduto in quella cittade, e ciò che si fa nelle logge, nelle vie, nella corte, nella piazza, nelle botteche degli artesani, nelle camere delli gentiluomini, e ciò che si dice nelli publici e privati consigli, come se ad ogni cosa lui fusse stato presente; e perchè forse lui ha tocco il medale della porta di qualche devotissima chiesa, per questo lui pensa di aver veduto e cognosciuto tutti li apparamenti e tutti li calici e vasi, che sono servati nella

sacrestia, e crede similmente d'intendere ad uno ad uno li offizj del
sacerdozio e tutte le cerimonie delle cose sacre.

In veritade io non so quanta
differenzia sia fra questo tal pastore e me, se non che costui una
sola fiata è andato alla città o al
tempio, e io spesse volte alla solitudine; costui si è firmato di fuori, e io sono intrato dentro; costui
subito si è partito, ed io sono rimasto lungamente. Ma che certezza ho io più di lui, qual sia il stato
più interiore della vita solitaria?
Le spilonche, li colli e li boschi
ugualmente sono aperti ad ogni
uomo; niuno vieta lo adito a chi li
vole entrare; niuno caccia via quelli che sono intrati; il deserto non
ha portinaro nè guardiano. Ma che
giova il solo intrare degli luochi?
Che conferiscono le fontane e li
fiumi? Che utilitade danno le selve,
passeggiando per quelle? Che giova
sedere sopra li monti, se in ciascuno luoco ch'io mi ritruoverò,
l'animo mio mi segue tale nella
solitudine, quale egli era nella cittade? Sopra tutto io doveva diponere quello animo, quello, dico,

dovevo io lasciare a casa, e divotamente pregare Idio, che in me
creasse puro e mondò cuore, e rin-
novasse buono e dritto spirito in
questo corpo; allora finalmente sarei intrato nelli secreti della vita
solitaria.

Ma che mi voglio io gloriare
dell'altrui cose? Questa, certo, questa solitudine non è quella vita
solitaria che io desidero, benchè
di fuori la para essere molto simile, allontanata ugualmente dalla
moltitudine degli uomini, ma non
così sviluppata dalle passioni. Io
aria veduto quale è quella dolcezza
ineffabile delle anime sante, che
esse prendono per la memoria delli
passati pericoli e per la aspettazione della allegrezza che debbe a
loro venire, o a quelle che hanno
trionfato del nimico, o vero a quelle che spesse fiate certamente lo
hanno vinto, e ancora cercano di
vincerlo, stando nella battaglia con
certissima speranza di vittoria, e
combattendo non da per sè sole,
ma ajutate da il soccorso della compagnia degli Angioli; le quali acciò che usi le parole dello apostolo,
sono per combattere vestite della

armadura di Dio, cioè armate con panciera di justizia, col scudo della fede, con la spada del Spirito Santo, e con l'elmo di salute contra li principi e contra le potenzie, contra li rettori del mondo e di queste tenebre, non una sola fiata, ma più e più, non vedendo certamente alcuno uomo mortale questa pugna, ma facendosi in grandissimo circulo degli abitatori del cielo, e con singular favore di tutti, ed essendo Cristo Jesu presente a questo spettacolo.

Che riposo è quello degli sospiri che procedono dal profondo cuore, e vanno fino all'altezza del cielo, cosa gratissima a l'animo affaticato? Che suavitate è quella delle lacrime, che cadeno dal purissimo fondo del cuore? Quale è il vegghiare e la guardia delli cavalieri di Cristo nelle torre di Ierusalem e nelle difese di Sion contro lo esercito di Babilonia, cantando tutta la notte salmi, e guardando con bona custodia il steccato e il campo posto in luoco alto e forte, dove nè il strame nè l'acqua gli manca, dove essi credono potere essere assaltati, ma non in tutto

oppressi dalle insidie delli inimici,
e dove sanno sè avere tanta grazia, che la tentazione dello ferocissimo inimico ad essi molto giovi
e a lui sia grave supplicio, come
quello che più non può nuocere
alla salute, e che spesse fiate possa giovare alla gloria? E così la
milizia delli cavalieri di Cristo, che
combattono nella battaglia di questa vita, per lo esercizio si fa più
cauta e la vittoria più forte e il
trionfo più nobile. Quanta consolazione, quanto piacere e rallegrarsi delle cose presenti, sperare di
meglio per lo avvenire, e per la
brieve solitudine e separazione lungi dagli uomini acquistare perpetua
frequenzia degli Angioli e lo aspetto del volto divino, nel quale è il
fine di tutta la sacra concupiscenzia
e di ciascuno altro buono desiderio,
sperando eziandio di ricevere per
poche lacrime infinito riso, per
temporali digiuni eterni convivj,
per voluntaria povertade inestimabile e verissime ricchezze, per lo
abitare delle selve la giurisdizione
della città di sopra, per la casuzza
piena di fumo li palazzi di Cristo
adornati di stelle, per lo rusticale

silenzio li canti degli Angioli e la dolcezza della celestiale armonia e quella voce di Dio, che avanza ogni altra suavitade, la quale dopo tante fatiche ne chiama allo eterno riposo, e per tutte queste cose avere promettitore veracissimo e ricchissimo! Pensare eziandio ogni giorno fra sè, così dicendo: Che ho io lassato? Che ho io seguito? Qual cosa è quella ch'io patisco? Quale è quella ch'io aspetto? Quanto ho io seminato? Quanto è quello ch'io sono per mietere? Oltra di questo estimare come per brieve perdita di tempo, anzi non perdita, ma guadagno e fuga di innumerabili tedj, si aquisti la felicitade eterna, e lassati gli fastidj degli uomini e li pericoli delle cittadi, dove veramente è quello inferno degli viventi, di che fa menzione il Salmista, affrettandosi l'andare alla superna patria, già si cominci a essere beato.

Certamente il fine della miseria è principio della beatitudine, richiedendo la natura della contrarietade, che quando questo manca, quell'altro comincia. Ultimamente quanta è la delettazione di avere li pen-

sieri altissimi e li boni spiriti, che
parlino con esso teco; e le buone visione, e spesse fiate avere presente
Cristo, e con esso lui parlare domesticamente? Egli è sempre presente,
però che lui è sempre in ogni luoco. Chi è egli, se non quello del
quale è scritto: « Se io ascenderò al
cielo, se io discenderò allo inferno,
e se io prenderò le mie penne nel
matino, e abiterò nella estrema parte del mare, tu sarai continuamente
presente in ciascuno di questi luochi? » Se a lui è stata cosa facile
darne occhi e orecchie e donarne
il razionale intelletto, senza dubio
molto più facilmente ne può egli
vedere, udire e intendere. Egli
adunque ci vede e ode prima che
noi parliamo, però che lui è quello
che disse a Moise che tacea: « Che
gridi tu a me? » Egli prima di noi
sa gli nostri desiderj e le nostre
passioni, e da lunge intende gli nostri pensieri, cioè molto innanzi che
gli siano fatti; esaudisce li nostri
prieghi innanti il suono delle nostre parole; vede le nostre necessità prima ch'elle venghino, e il
nostro fine prima che siamo nati.
Ma benchè riguardandoci lui ne

truovi non degni della sua misericordia, pur nientedimeno usa quella
verso di noi, se forse con pertinace
contumacia noi non la scacciamo,
la qual cosa sia lungi da noi.

Avendo noi adunque tale testimonio alle nostre preparazioni e tal
padre e tale giudice, non avemo
bisogno di quel testimonio imaginario, di che io scrissi altrove, il quale alcuni filosofi hanno detto dovere
essere cercato da noi. Certamente,
benchè lo Epicuro sia diffamato per
alcune sue opinioni, e niente di
meno molto reputato per lo giudizio degli uomini dotti, scrivendo ad
uno suo amico, dice: « Fa tutte le
tue cose, come se lo Epicuro ti
vedesse. » Marco Cicerone nell' epistole che lui scrive a Quinto suo
fratello, dopo gli magnifici conforti
alla virtù, concludendo dice: « Tu
farai molto facilmente questa cosa,
se tu penserai me sempre essere
con esso teco, ed essere presente a
ciò che tu dirai e farai, come quello a cui tu hai sempre più tosto
voluto compiacere che a tutti gli
altri. » Senza dubio egli si confidava
molto la sua vera presenzia dovere giovare al fratello, stimando la

sola memoria degli fatti suoi esser
tanto efficace e di tanta importan-
zia ad eccitare e accendere quello
allo studio della virtù. Seneca seguendo costoro, ma non ardito di
attribuire tanto a sè stesso, ammae-
stra il suo Lucilio, che finga di avere dinanzi agli occhi la presenzia
di qualche notabile e valoroso uomo. Egli dice: « Senza dubio molto
giova avere posto guardiano a sè
stesso, e avere alcuno a cui tu abbi
respetto, giudicandolo essere presente alli tuoi pensieri; » e non molto dopo a questo soggiunge; « Tutte
le cose che tu farai, falle come se
alcuno ti stesse a vedere; » e poi
dice: « Governati sotto l'autoritade
d'alcuno, e quello sia o Catone o
Scipione o Lelio o alcuno altro,
nella venuta del quale eziandio li
malvagi uomini occultassino li loro
vizii. E acciò che tu sappia questa
essere stata dottrina dello Epicuro,
quello medesimo Seneca in altro
luogo dice: « Noi dovemo eleggere
un buono uomo, e sempre col pensiero averlo dinanti da noi, acciò
che noi viviamo e facciamo le nostre operazioni non altrimenti che
se lui ci vedesse. Lo Epicuro c'in-

segna e comanda questo, o Lucilio
mio; egli ci ha dato guardiano e
maestro; eleggiti adunque Catone;
se costui ti pare essere troppo a-
spero, fa elezione di Lelio, uomo di
animo più mansueto, o vero un'altro, la vita e il parlare del quale e
il volto dimostrativo dell'animo
suo ti piaccia. »

Vedi in che modo essendo numerati alcuni di qua e di là, a
noi è licito di fare libera elezione di quello che vogliamo, purchè
noi eleggiamo alcuno, che non ci
piaccia per nobilità di sangue, nè
per potenzia, nè per grandissime
ricchezze, ma per propria virtù e
per laudabile conversazione, e per
lo aspetto indicativo del suo diritto animo, e per parole atte a mo-
vere le nostre mente e adirizzar-
le a buone operazioni. E certo questo consiglio filosofico dello imaginario testimonio fra li suoi non disutile, a noi non necessario, otten-
ga questo luoco in questo libretto,
che appara l'uomo cristiano non
aver bisogno di tal testimonio, al
quale non lo Epicuro, non Cicerone,
non Catone, non Scipione, non Lelio, ma l'Angiolo, buono guardiano

della vita e dato per compagno
all'uomo, con la imaginazione si
debbe tenere innanzi agli occhi, alla
presenzia del quale se l'uomo ha
in sè vergogna, non debbe ardire
di fare quello ch'ei non faria, essendo l'altro uomo presente; e quello ch'io stimo esser cosa grandissima e terribile, esso Cristo in tutti
li luochi e in tutti li tempi sempre
è presente, non solamente guarda-
tore delli nostri fatti, ma eziandio
delli nostri pensieri vero testimonio, li quali senza dubio lo Epicuro, stando lì presente, non potria
vedere.

E mi giova fermare qui l'animo, e pensare chi mai sia stato
tanto furioso e tanto senza vergogna e di tanta licenzia, di commettere sceleritade, che vedendo alla
presenzia sua non dico Cristo, ma
alcuno degli amici di Cristo, subito
non restringesse gli freni alla disordinata e straboccata libidine, e
che non credesse il spirito eziandio star presente nelli secreti del-
l'anima, e vedere molto bene ciò
che lì dentro si facesse, e ogni cosa esserli aperta e manifesta. Certo
alcuno cristiano di ciò non dubita,

nè però per paura o almeno per
riverenzia di tanto testimonio si
manca da ogni disonestade. Che
maledizione è questa, se non che
noi con gli occhi non vedemo quello, che col core crediamo esser presente? E per tanto noi stracorremo
nelli errori delli antichi. Cicerone
che non cognoscette Cristo, riprende alcuni così dicendo: « Essi non
potevano vedere alcuna cosa con
l'animo, ma il tutto referivano agli
occhi, » il che se avviene a noi, e se
desideriamo di avere consiglio, vediamo quel medesimo Cicerone, non
perchè a questo proposito li altri e
li nostri ci manchino, parendomi
che Augustino abia composto il
libro della Vera Religione massimamente circa questa materia; ma
nel fatto nostro mi giova udire
uno uomo estraneo, cioè alieno dalla
nostra fede, essendo specialmente
uno medesimo luoco, nel quale lui
ha discoperta la piaga e composte
le medicine. Egli dice così: « Indicio
di grande ingegno è revocare la
mente degli propri sentimenti, e ridurre il pensiero dalla antica consuetudine; » sforziamoci adunque
con tutta la nostra possa, che domati

li sentimenti e vinta la consuetudine, noi vediamo qualche cosa con l'animo. Apremo adonca e purghemo ora mai quelli occhi intrinsechi, con li quali si vedono le cose invisibili, e così vederemo Cristo dinanti a noi; e se di Marco Catone è scritto, che lui si vergognò morire con lamenti, essendoli quello testimonio, quanto più si vergognerà l'uomo di vivere malvagiamente alla presenzia di Cristo e di morire male, o di commettere in tutto alcuna cosa scelerata e disonesta.

Ma acciò che il mio parlare torni a proposito, benchè questo nostro testimonio infallibile ed eterno sempre sia presente, nondimeno egli non si degna in alcuno altro luoco essere più presente, e udirne più famigliarmente, e parlare con più domestichezza con esso noi che nella solitudine. E di ciò non è meraviglia alcuna, perchè qui niuno fa strepito, e niente si vede che sia cagione di tirare indrieto, e di disviarne dalla bona intenzione. Per questo modo l'animo umano si adatta alla contemplazione delle cose celeste, e spesse fiate parlando con esso Dio, prende fiducia salutare, e di estraneo forestiero diviene famigliare e domestico di quello, con ciò sia che per lo grande amore e per la continova e fidele orazione e reverenzia si fa tanta domestichezza fra Dio e l'uomo, quanta certamente non è fra l'uomo e l'uomo. Pertanto così come io credo, gli uomini pieni di fatica e sempre intrigati nelle cose moderne, e con tutta la loro intenzione sommersi nelle terrene occupazioni, avere ormai le primizie delle occupazioni mortali e della pena infernale. Non altrimenti penso esser verisimile che li solitarj amici di Dio, usati alli piatosi pensieri, siano per sentire le delicatezze e la beatitudine della eterna vita. Nè dirò essere incredibile, che alcuno di quelli, che hanno li piedi nel fango seculare, non si possa sollevare a quello grado mediante la misericordia divina, che essendo ancora rinchiuso in terra, egli non oda le compagnie delli Angioli che cantano in cielo, e levato in spirito, veda cosa, che ritornando a sè, non la possa esprimere.

CAPITOLO XXVI.

Ma che posso io, misero peccatore, sapere di queste cose o parlare d'esse, che porto il peso e il legame del mio peccato? Il quale o per amore delle lettere amo il luoco amico a quelle e all' ozio, o ver forse per qualche odio nasciuto per dissimilitudine di costumi, fugo il popolo, e forse per conscienzia della mia vita schifo chi può molto parlare di quella. Lassate adunque queste cose, benchè noi siamo creati da te, o bono Jesu, a questo fine, e nati acciò che alcuna fiata ci riposiamo, e senza questo siamo nati disutilmente e miseramente, quanta stima fai tu, o padre, di poter vivere come tu vuoi? Andare dove ti piace? Stare dove più ti diletta? Riposarti al tempo della primavera fra molti e varj fiori? E nello autunno sedere sopra le caduche foglie? Ingannare lo inverno, ricovrandosi a luochi riscaldati dalli raggi del sole, e passare il caldo della estate, sedendo sotto suave e graziose ombre? Nè sentire alcuna di queste cose, se non quando tu vuoi, e in l'una e in l'altra essere tuo proprio? E dovunque tu serai, essere sempre con te medesimo di lungi da li mali, di lungi dalli esempli delle sceleritate? Non essere spinto con violenzia, non essere sbattuto dalla calca degli uomini, non esser passionato, non essere sforzato, non essere tirato nel convivio, non avendo fame; non esser constretto a parlare, avendo desiderio di tacere; non essere salutato e maneggiato importunamente e ritenuto per li trebbi, e con civilità assai villana e pazza tutto il giorno stare come appiccato nello eculeo, nuova e terribile generazione di tormento, e tener mente a coloro che passano; cioè chi maravigliandosi ti guardi come tu fossi un monstro, chi incontrandoti si affermi, chi alcuna fiata a te si accosti, o veramente dica in secreto non so che nella orecchia del compagno che ti morda, o veramente dimandi di te a chi lo incontra; chi fra la moltitudine rincrescevolmente ti stringa, chi più rincrescevolmente ti dia luoco, chi ti porga la mane, chi ti faccia reverenzia, chi si apparecchi di fare con esso te lungo ragionamento nelle vie strette, chi tacendo cenni verso di te con l'occhio e passi col labro stretto. Ultimamente non invecchiare fra li tedii e fra le brigate di coloro che ti salutano; sempre priemere ed essere premuto, venirti meno lo spirito, e a mezzo il verno sudare per li tristi vapori di quelli, che ti fiatano nella faccia, non disimparare l'umanità tra gli uomini, per noja e fastidio avere in odio quelli che tu ami, avere in odio te medesimo, non uscirti di mente li fatti tuoi per servire a molti ingrati, finalmente governarsi senza pregiudizio della sentenzia dello apostolo alli Romani, la quale è che niuno di noi vive a sè, e niuno a sè muore, però che se noi vivemo, vivemo a Dio, e se moriamo, moriamo a Dio; e così se tu debbi vivere e morire, che tu vivi e muori a Dio e non ad altri. Stare alcuna fiata come alla finestra, guardando sotto gli piedi gli fatti e gli pensieri degli uomini; vedere tutte le cose passar via, e te principalmente con esso quelle, nè patir prima la rincrescevole vecchiezza, che tacitamente a passo a passo viene, che

pensar quella esser già vicina, il
che il più delle fiate suole addive-
nire a tutti gli occupati, ma anti-
vederla molto prima e apparec-
chiarli il corpo intiero e l'animo
justo; cognoscere questa ombra di
vita non esser vita ma ostello, non
esser casa, non essere patria, non
essere camera, ma essere via ed
esercizio con grande angustia, stare
in proposito di non amare le cose
che fugono, nè di desiderare grandemente quelle che stanno ferme,
portare pazientemente ciò che ti
affligge, aver sempre in memoria
te esser mortale, ma a cui sia promessa la immortalitate; ricordarti
di tutti gli tempi passati, e andare
vagando con l'animo per tutte le
terre, conversare e parlare nella
mente con tutti coloro che sono
stati gloriosi, e così smenticarsi
tutti gli presenti artificj delle male
operazioni, e alcuna fiata portare
te stesso e l'animo tuo levato sopra di sè alle cose del cielo; pensare ciò che quivi si fa, e col pensiero infiammare il disio, o alcuna
fiata confortare te medesimo e ap-
prossimare alle calde radice del
cuore le favelle delle ardente parole.

E questo frutto non è l'ultimo della vita solitaria, la qual cosa non intende chi non la pruova. Fra tutte queste cose acciò ch'io non dica le più note ad ogni uomo, dar opera alla lezione e alla Scrittura, e sminuire mo l'una fatica, mo l'altra con varia consolazione; leggere ciò che hanno scritto gli primi, scrivere quello che legono gli ultimi, e avere l'animo almeno grato e ricordevole inverso li nostri descendenti, se alli nostri antichi non potemo rendere merito del benefizio delle lettere ricevuto da quelli, divulgando, quanto a noi è concesso, li nomi di quegli ora non cognosciuti, renovando le cose vecchie, e facendole pervenire al tempo degli popoli che dopo noi seranno; portare quelli nel petto e nella bocca come cosa dolce; ultimamente per ogni via amandoli, recordandoli, onorandoli, e se non pari, certo debita grazia referire alli loro meriti.

Noi avemo udito li inventori di alcune arti dopo la loro morte essere adorati con onore di divinità. il che certo è cosa più tosto grata che pietosa, però che l'uomo non debbe essere chiamato piatoso dove egli offende Iddio, ma la inconsiderata gratitudine delli uomini mortali verso la memoria di coloro, che hanno fatto benefizj alla generazione umana, non contenta degli onori umani, è proceduta fino alle pazzie del sacrilegio. Di qui Apollo per la citara, questo medesimo insieme con Esculapio per la medicina, Saturno e Bacco e Cerere per la agricultura, Vulcano per la fabrica del ferro sono fatti dei. Per questa cagione Egitto adorò il suo Osiri, e Atene, cittade studiosa, la sua Minerva, però che si dice l'uno aver trovato l'uso e l'arte del lino, e l'altra l'uso dell'olio e l'arte del filare. Lungo sarebbe il dire, non essendo modo nè fine appresso gli antichi di così fatte vanitade, le quali il poeta molto cauto e maggiore di tutti gli altri, cioè Virgilio, non avendo ardire di biasimare, come quello che forse temea d'essere punito della veritade, nascosamente e con non minore eleganzia non ebbe paura di dileggiare, ponendo egli nello inferno le anime di coloro, che trovate le arte, onorarono la nostra vita, li nomi delli quali il bugiardo popolazzo e

fontana di tutti gli errori avea posto in cielo, non senza gran disdegno del signore di quello.

Oltra di questo nominatamente
lui scrive, lo inventore della medicina fulminato dallo onnipotente Iddio
essere stato cacciato alle aque infernale. Ma tal questione rimanga fra
loro, però che noi non questionamo
degli Dei. Veramente non mi posso
assai maravigliare, quelli uomini
nelle altre cose tanto perfetti essere
stati pazzi nelle sole superstizioni, e
come velocissimi corridori andando
in contraria parte, non hanno veduta la meta posta dinanzi agli occhi
loro dalla prestezza degli ingegni,
delli quali così come io mi maraviglio, non altrimenti ho compassione
alla loro cecitade. Certamente se alcuno onore si debbe attribuire alli
primi autori di simile cose, il qual
onore non niego dovere essere grande, pur che già sia conveniente a
l'uomo modesto, che non siamo noi
obligati a dare alli inventori delle
lettere e delle arti liberali, che non
ti hanno insegnato di signare li
solchi col gomero, nè di tessere, nè
di sonare, nè di adoperare l'olio e
il vino per uso della gola, benchè

alle orecchie e alla gola siano li
suoi suoni e le sue delicatezze molto grate? Ma essi hanno acquistati
alcuni instrumenti più felici al cibo
e allo ornamento e alla instruzione
e alla medicina dell'animo, ma in
veritade quando si potrà mai pa-
gare questo debito? Chi è colui, che
dubiti questa faccenda delle lettere,
mediante le quali noi consacramo
o il nostro o l'altrui nome, facendo la imagine degli uomini famosi
durare molto più longamente, che
con lo acciaro o col marmo, potere
essere trattata in alcuno luoco meglio più e liberamente che nella solitudine? Io parlo per esperienzia:
sento quella stimolare l'animo al
ben fare, dare le ale allo ingegno
e adattare il tempo senza affanni
alle buone operazioni, le quali cose
non so dove io cerchi, se non in
essa solitudine.

Se tu non mi credi l'ozio onesto essere fontana delle lettere e
delle arte liberali, credilo ad Aristotele, che nel primo libro della
sua Metafisica dice le arte mate-
matice essere state ordinate in
Egitto; e rendendo di ciò la ragione, dice che la gente delli sacer-

doti sempre in quello luoco ha vacazione, cioè manca dallo esercizio di tutte le altre cose; il che Platone non avea taciuto, parlando di questi medesimi nel suo libro intitolato *Timeo*, affirmando che li sacerdoti stanno separati dal resto del popolo, a ciò che la loro castità non sia macchiata per alcuna contagione seculare. Della vita di costoro narra Cheremone stoico, che lassate da parte tutte le faccende del mondo e tutte li seculari pensieri, sempre stavano nel tempio contemplando le nature e le cagioni delle cose e le ragioni delle stelle, e a quel tempo che avessino cominciato a servire al culto divino fino alla morte sua, mai non aveano veduto amico nè parente, nè eziandio gli proprj figliuoli, e sempre si erano astenuti da mangiare carne e da bevere vino. Aggiugne oltra di questo, che con digiuno di dui o tre giorni erano usati di restringere aspramente e di castigare li umori del corpo, generati per l'ozio e per la loro immobilità, dicendo molte altre cose del suo cibo, delle bevande e del dormire, per li quali costumi io credo facilmente una divina gentilezza d'ingegno essere avvenuta a quelli.

CAPITOLO XXVII.

So bene con quanta violenzia in questo luoco mi contradicono coloro, alli quali pare che la solitudine sia nimica delle lettere e delle virtù, però che essi primamente dicono nella solitudine non essere maestri, quasi dispensatori delle lettere, ed a ciò ch'io dica così, come nutritori delli giovanili animi senza continuo ajuto, delli quali pochi ingegni certamente mai si sono levati da terra. Essi dicono questo, quasi come io parlassi a fanciugli, e non a quelli che non hanno più tema della sferza, e hanno lassato il loro maestro. Essi grandemente instano e confermano, che eziandio lo ingegno degli uomini dotti per lo vagabondo guardare e per l'ajere più libero or qua or là facilmente si disvia, il quale certamente qualunque volta pensa di fare qualche cosa grande, niuno dotto negherà dovere essere imbrigliato e raccolto a similitudine di uno veloce cavallo, col quale tu ti

apparecchi a fare un gran salto.
Di questa sentenzia loro hanno pa-
trono Quintiliano, che nel libro
nono, se io non erro, delle Istitu-
zioni oratorie, avendo ditto il luoco secreto e libero da persone e lo
altissimo silenzio convenirsi molto
alli scrittori, e di ciò niuno dubitare, essendo egli veramente di mia
opinione in questa parte, subito
aggiunse d'onde lui paresse discor-
darsi da me, dicendo: « Nondimeno
noi non debbiamo subito ascoltare
coloro, che credono gli boschi e quella libertà del cielo e il piacere degli luochi essere atti ad alzare
l'animo e apparecchiare spirito più
beato. Certamente questo luoco remoto a me pare essere più tosto
iocundo e dilettevole e confortato-
re degli studj, però ch'egli è necessario che le cose che dilettano,
tragghino l'uomo dalla intenzione
dell'opera destinata. L'animo nostro non può fidelmente in uno medesimo tempo essere tutto circa
molte cose intento, e dovunque egli
si rivolta, subito manca di vedere il
suo proprio proposito. » Veramente
lui aveva detto a bastanza, e nientedimeno acciò che tu sappi questo

essere stato tutto il suo intendimento, egli così ripetendo segue:
« Il grazioso piacere delle selve e li fiumi da presso correnti, e li venticelli che suavemente soffiano nelli rami delli fronduti arbori, e li dolci canti degli vaghi uccelletti, e quella libertà di potere largamente intorno guardarsi, senza dubio traggono a sè grandemente l'animo dell'uomo; onde mi pare che questo diletto faccia più tosto allentare il pensiero che stare intento. » Ecco adunque che testimonio da non essere dispregiato viene in giudizio contra di me, che come della sua propria autoritade non si confidasse, allega eziandio un fatto di Demostene conveniente alla sua opinione, uomo non vulgare, ma principe della greca eloquenzia, e senza pari dice Quintiliano Demostene. Certamente faceva meglio, chè si nascondeva in luoco, dove egli non poteva udire alcuna voce, e dal quale non gli era lecito guardare in alcuna parte, acciò che gli occhi non costringessino la mente ad altro.

Non mancherà qui forse chi dica: O tu che con tanto studio e

con tanta ammirazione seguiti le
selve, tu hai chi estimano le selve
e gli calli e li luochi remoti non
solamente essere disutili agli studj,
ma eziandio dannosi; che risponde-
rò io a questo suo dire? Negherò
io o Quintiliano avere parlato con
veritade. o vero Demostene non
aver fatto bene? Anzi più tosto io
anderò nella loro sentenzia, o vero
tirerò quelli nella mia. Io potevo
più sicuramente accordarmi che
contendere, e facilmente voltare
altrove questa contenzione, però
che ambedua sono oratori; costui
certamente famoso e l'altro famosissimo, nè è da dubitare delle cose,
di che parla Quintiliano, e la solitudine non si convenire ad alcuna
generazione d'uomini studiosi meno che ad essi, il che noi esprime-
remo molto più chiaramente, quando vegniremo alli esempli. Ma io
non ho animo di uscir di qui, nè
mi piace la fuga nè la guerra; cerco concordia. Pertanto benchè io
non faccia più felice pruova del
mio ingegno altruove che nelle selve e negli monti, e quantunque non
mi occorrano altruove più pronta-
mente magnifiche sentenzie, se for-

se alcuna cosa magnifica qualche
fiata in qualche luoco mi si ripre-
senta nell'animo, e se le mie parole parimente rispondono al mio
concetto, niente di meno io non
voglio dannare nè vituperare gli
detti di tali uomini, dicendo per
tutti gli altri quello che forse a me
solo tocca; anzi più tosto abbraccio e lodo l'uno e l'altro, non essendo loro contrarj al nostro proposito; però che io non comando
agli amatori del studio, che scriva-
no gli suoi libri nelle selve o nelli
monti, ma permetto che riduchino
l'animo suo recreato da tale spettacolo in luochi taciti, stretti e nascosti; li quali chi è colui, quantunque amico delle cittadi, che non
intenda potersi trovare più atti e
più convenienti nella solitudine che
altrove? Elega adunque il compositore delli libri luoco oscuro e tacito, e in questa parte io non con-
tradico a quelli che ciò comandano. Colui che studia la notte, non
refiuti quello che si dice al scrittore del giorno, nella qual cosa io
ho provato il consiglio di Quintiliano con esso teco, o padre stu-
diosissimo, essere molto efficace.

Egli lodando Demostene, nella fine
dice in questo modo: « Però quelli
che la notte vegghiano al studio,
tengono silenzio e la camera chiusa e uno solo lume. » Tu confesserai
come io stimo niuna di queste cose
contrastare alla solitudine, ma più
tosto esserli favorevole ; e pertanto se fra tante voci io sono udito,
e se il nuovo consiglio non è dispregiato, io seguito questi e passerò più oltra.

Dico che se la elezione del luoco a mio arbitrio mi è concessa,
io do per ammaestramento qualche parte di nuovo allo scrittore,
che qualunque volta e' si rechiu-
derà allo esemplo di Demostene,
lui abia innanti provisto selve e
luochi umbrosi e verdi, e la ripa
d'uno resonante fiumicello, di che
niuna cosa è più grata alle Muse ;
dove egli dopo la prosperità dello
ingegno con grazioso spasso si possi ridurre, ponendo da parte la
gravezza dell' animo faticato, e tuttavia gittare nel campo dello ingegno semente di più cose, e nel
tempo di riposo e della restaura-
zione dell' animo apparecchiare materia alla seguente fatica. Questa è

opera utile insieme e jocunda, e riposo pieno di fatti e riposata fatica, acciò che quando si ritornerà a quella stretta e secreta area di Demostene, la desiderata espressione di parole possi agguagliare le semente delle sentenzie, squassate e gittate vie tutte le disutili; e per questo modo niuno tempo, niuna matina passi senza frutto allo studio. Il che sia in spezialità detto a chi compone orazione o vero istorie, conciosia che io giudico gli filosofi e massimamente li poeti dovere essere lassati in sua propria libertade, li quali hanno pensiero di cercare non molte cose, ma più tosto acute e suttile. Questi seguendo l'impeto dello ingegno, pongansi a sedere dove più gli piace, o sotto il cielo aperto, o sotto il tetto della chiusa casa, o sotto il coperto d'una soda spelonca, o sotto l'ombra d'uno ramoso pino, quando il luoco e il tempo a ciò li persuadono; e quando si sentono da maggiori stimoli essere infestati, essi non hanno bisogno di rivoltare molti volumi, però che leggono con l'animo quelli altre volte letti; spesse fiate eziandio scrivono nell'animo con la lezione passata, e con lo ingegno presente si rilievano. Certamente egli è necessario che loro siano estratti sopra modo umano, se sopra uomo vogliono parlare.

Senza dubio io ho notato questa cosa forse più espeditamente e con maggior prontitudine nelli luochi apertissimi; onde spesse fiate ho lodato il verso composto nel monte, quasi come uno capretto elettissimo di tutta la gregge; e consideràta la eleganzia sua, e recordandomi della origine, ho detto con esso meco: « Tu representi la graziosa gentilezza dell' alpe; tu vieni da luoco molto alto. » Certamente acciò che una fiata io faccia fine a questo articolo, Marco Tullio e Virgilio Marone, li quali niuno dotto negherà essere principi della eloquenzia latina, si accostavano a questo consiglio. L'uno spesse fiate, ma più in specialitade quando andava al trattato delle leggi civili, era usato di cercare fogliute quercie e dilettevoli secreti e ripe e ombre e altissime pioppe e canti d'uccelli e strepito di fiumi e piccola isoletta, situata in mezzo

di fiume diviso in due parti, molto
simile alla nostra; l' altro volendo
col suo pastorale canto lodare il suo
Alessi, sia chi egli si voglia, ve-
gnendo continuamente fra gli spessi faggi alti e umbrosi, solo faceva
questo negli monti e nelle selve,
seguendo ambedui Platone, che ozioso avea disputato delli ordini della
repubblica e delle ottime leggi fra
li cipressi e fra li campi silvestri.

Io racconto cosa troppo nota e
troppo vulgata. Cipriano, il quale fu
molto tempo dapoi costoro, ma primo per fede e nobile per lo mar-
tirio e conosciuto per la eloquenzia, pare avere sentito e scritto
alcuna cosa simile; onde Augustino,
che molto si maravegliava delle
virtù di quello, pone questa sola
parte nelli suoi libri, ove tratta di
molte altre, quasi per grande esperi-
mento e prova dello ingegno e della
eloquenzia di quello, la quale egli
volse esser nota a noi quant' ella
avesse potuto essere, se non avesse dispregiato l' ornamento delle
parole, dandosi più tosto alla gra-
vità delle sentenzie; dove eccitan-
do lo ingegno, lui non dice: « Andiamo in questa camera nascosa.

cinta di mura, serrata di chiava-
ture e di catenacci, oscura e scol-
pita con volte di marmoro, » o alcuna cosa simile ; ma dice: « Cerchiamo più tosto altra stanzia rimota
da persone, data a noi dal vicino
e secreto luoco, dove gli capi delle viti raminghi e inchinati verso la
terra, con pendenti nodi arrampican-
dosi sopra le sustinente canne, hanno fatto loggia di vite e casa di
foglie. Ecco qual portico e quale
stanzia richiedeva il santo ed eloquente uomo, cioè viti e foglie e
canne; e fra queste cose eziandio
il luoco secreto sempre amato dagli studiosi, il che certo lui non
desideraria, se lo ingegno oltra li
muri e il tetto non stesse bene in
altri luochi remoti.

Io poteria ora cercare e mon-
strare questo medesimo appresso
altri autori, e confirmare molto il
fatto con testimonianza, se io non
temessi che si potesse dire, ch' io
avessi dato manco fede che non
si conviene alli testimonj, overo
ch' io fussi stato più curioso che
non bisognava. Fino qui ho disputato con questa legge la mia opinione, che coloro che vederanno

queste cose, non sentano me avere
imposto alcuna legge a li ingegni
(se forse alcuno abunderà tanto di
ozio, che il nostro ozio da lui sia
letto); facciano adunque diligente
esaminazione della verità delle cose, e non credano tanto a me o ad
altri, quanto alla vera esperienzia.

CAPITOLO XXVIII.

Ora quelli che vogliono la solitudine essere nimica alle virtute,
pare che abiano per confirmatore
Anneo Seneca fra gli altri, il quale in certo luoco delle sue epistole
dice la solitudine persuadere a noi
tutti gli mali, e oltre di ciò in altro luoco dice li cattivi consigli farsi
nella solitudine; le malvagie cupidità qui ordinarsi, l'audacia inci-
tarsi, la libidine accendersi e la ira
essere instigata; le quali cose se
universalmente fosseno dette senza
diffinizione, certo egli era necessario contrastare a Seneca, o vero
abandonare la difensione della solitudine. Ma e' non è così, però ch'egli
appare più chiaro che la luce nelle parole di Seneca, questo esser
detto per li pazzi, e per quelli che

sono vinti dalle passioni. Egli dice:
« Noi solemo tenere sotto custodia li
piangolini (1) e li paurosi, acciò che
essi non usino male la solitudine.
Odi tu la solitudine esser vetata
da alcuno? Considera la cagione,
cioè il pianto e la paura, asperissi-
me passioni dell'animo; » e toccando più largamente dice: « Niuno
pazzo debbe esser lassato solo, e
questo ogni uomo il vede; però che
qualunque non ha sè stesso in suo
arbitrio, subito è necessario ch' e'
rovini e cada, come egli è lasciato
al suo proprio governo. » Io certamente giudico non solamente la solitudine esser nimica a così fatti
uomini, ma credo la cittade eziandio non essergli amica, ma pur essergli più conforme, però che avendo essa cittade gli ministri del male adoperare, così eziandio ha gli
inquisitori e punitori sopra ciò; ma
la solitudine per la speranza di non
esser punita, e per lo potersi nascondere, getta da parte la paura
della legge e la reverenzia della
onestade. L' una, cioè la solitudine,

(1) Piagnoloni o piagnucolosi. *Questa voce manca nei dizionarj.*

suppedita e porge libertade e impudenzia di peccare, e l'altra, cioè la cittade, ha in sè li fautori e li instrumenti delle sceleritade: ciascuna di queste cose è pestifera, ma quella perversità di natura non è colpa della solitudine, la qual cosa, acciò che tu veggia molto bene Seneca aver voluto dir così e non altrimenti, in quella medesima epistola non solo permette, ma persuade e comanda al suo Lucilio, che voglia ridursi in quella medesima solitudine dinegata agli melanconici e alli paurosi e agli pazzi. Egli dice così: « Io non muto opinione: fugi la moltitudine, fugi li pochi, fugi eziandio uno solo. Non ho persona con chi io voglia che tu abia conversazione, e vedi quale è il mio giudizio. Io ardisco di confidare te a te solo. » Se io non erro, questa è aspera e alquanto stretta dottrina. Lui dice: Fugi la moltitudine volentieri, certamente, fugi li pochi, io il patisco senza molestia; fugi eziandio uno solo; tu non mi puoi cacciare più oltre; tu mi hai ristretto fino alla estrema solitudine; che più resta, se non ch' io fuga me stesso? E allora

nientedimeno fugirò uno solo. Non
ho con chi io voglia che tu abia
comunione. Questa è cosa da maravigliarsi; ma io, padre, bene ho
uno, col quale mi piace che tu con-
versi, e forse più, ma uno certamente; se io volessi ora dare questo consiglio d'uno mio amico, oh!
come li inimici della solitudine e
della virtù da ogni parte gridaria-
no, dicendo me essere di sasso e
inumano. Ma certamente Seneca
tanto uomo comanda all'amico a
lui carissimo sopra tutti, che fuga
eziandio uno solo, e dice sè parlare ad uomo perfetto e compito
d'ogni virtù. Se alcuno vorrà dir
questo, con la sua pace io lo negherò; esso Seneca testimonio giurato confesserà Lucilio più tosto
esser stato nel numero di quelli
che fanno buon profeto, che delli
perfetti, il quale benchè egli spesso il laudi, secondo il costume di
quelli che amano, niente di meno se
lui lo cognoscesse essere perfetto,
non lo conforteria tante volte, nè
alcuna fiata lo riprenderia.

Se alcuno mi dirà: « Concedi almeno che Seneca parlando a Lucilio,
parli come ad uomo dato agli studj e

alla virtù, » io confesso così essere,
ma senza dubio noi ritorniamo dove io voleva, però che io non parlo
ad altri che agli amatori delle lettere e delle virtù; per li altri io
non ho alcuno salutevole consiglio,
se non che sopra tutto essi faccino
mutazione di vita, e da poi faremo
considerazione della commodità del
luoco a loro opportuno. Certo io
non ho mai persuaso a quelli ch'io
ho ditto esser atti alla solitudine,
che disprezzassino le ragione della
amicizia; dico doversi fugire le ciur-
me e non gli amici, e se alcuno
stima avere gran moltitudine d'a-
mici, primamente guardi di non ingannare sè medesimo. Questo a lui
si farà manifesto per subita necessità e permutazione di fortuna che
gli sopravenga, la quale sì come
non si debbe desiderare per cupidità di farne esperienzia, così quando l'accade, giova molto a vederne chiara pruova, e a rimuovere
gli errori concetti nell'animo. Oltra
di questo se uno sarà più ricco di
amicizie che un'altro, così come
dell'altre cose, io non mi turbarò
nè ammonirò tanto il solitario a
fugire li amici, quanto a desiderare

che ad uno ad uno più tosto che
tutti insieme lo vengano a visitare,
essendo loro per portare all'ozio
di quello non tedio, ma consolazione e ajuto.

Lo ozio sia modesto e suave e
non superbo, la solitudine sia tranquilla e non feroce; ultimamente
sia solitudine e non crudelità, nella quale chi vegnirà meraviglisi
la umanitade, che è sbandita dalle
cittadi, abitare nelle selve, e sè avere trovato orsi e leoni per li popoli, e avere veduto uno uomo an-
gelico nella solitudine. Io ho questa
oppinione, e fra li estremi tengo
questo mezzo: l'uno non si rallegra se non fra le brigate, e costui
merita più tosto misericordia che ri-
prensione; l'altro dice: « Fugi eziandio uno solo; » a costui non so che
dire. Io confesso, Seneca, che tu
mi tocchi, e con la tua autorità mi
priemi e sforzi, e forse me inchine-
resti alla tua opinione, se già un'altro non contrastasse non minor di
te, e se io dirò maggiore, credo
non l'arai a sdegno.

Marco Cicerone, trattando la legge della amicizia, dice non solamente sè non posser patire costoro, che

dopo la virtù amano l'amicizia sopra
tutte le altre cose, lasciando da parte e poco stimando le degne operazioni necessarie al nostro ben vivere; ma dice eziandio non poter tol-
lerare gli uomini asperi e crudeli, e
che fugono la compagnia e il parlare con l'uomo, delli quali con gran
fatica in tutto il mondo se n'è trovato uno esemplo, se essi non ac-
quistano non dico amico, però che
la loro ferocissima natura a ciò
contrasta, ma qualunque, col quale
non dubitino con libero parlare gittar fuori il veneno della sua acer-
bitade; e tolta di qui la occasione,
recita il detto di Archita Tarenti-
no, fondato sopra questa sentenzia,
che alcuno non solamente in terra
copioso di molte cose, ma eziandio
posto in cielo nel conspetto delle
stelle, avendo notizia di tutto il
mondo, non può essere felice, s'egli
non ha con chi ei possa liberamente
conferire, però che la natura in
tutto non ama alcuna cosa solitaria. Egli dice in un'altro luoco più
noto: « Se tutte le cose, che appar-
tengono al vivere e ornamento umano, fussino concesse, come si dice,
da una vergella divina, allora cia-

scuno dotato di perfetto ingegno,
lassata ogni altra faccenda, si po-
neria nella cognizione e nella scienzia. Da poi a ciò che ti fusse noto
esso Archita aver parlato con ironia, cioè che le sue parole fussino
differente dal suo sentimento, apertamente dice: « Non è così, perch'ei
fugirà la solitudine. » Ecco come in
poche parole parerà ch'egli avesse
dannato ciò che noi dicemo della
solitudine, e avealo fatto senza dubio, s'ei non fosse proceduto più
oltra; onde non tanto a noi seria
stato necessario di esponere il ditto
di Cicerone, quanto di rimuovere
in tutto da questo giudicio come
suspetta la testimonianza dell'oratore, benchè ella fusse scritta nelli
libri della filosofia. Ma a ciò che
sia manifesto lui solamente parlare
della estrema e inumana solitudine,
la quale, cui la fuge, senza dubio
non fuge eziandio uno solo, e aciò
che per lo simile appara non la
nostra sentenzia, ma più tosto la
contraria a noi essere biasimata
da quello, nè doversi volere andare nella moltitudine per cagione
di fugire la solitudine, ma solo a ciò
che la umanità non si fuga per

l'amore della solitudine, vedi ciò
che ello aggiunse. Avendo lui ditto:
« E' fugiria la solitudine. » non disse
che fugiria gli compagni insieme,
ma disse cercheria compagno allo
studio, e vorria insegnare e udire
e imparare.

Parendo adunque agli animi feroci, e che hanno in odio il commercio degli altri uomini, la solitudine che è adornata di tanti
beni, essere intolerabile, non avendo partecipe, che doveria ella parere agli pietosi e mansueti? Onde
se si crede che uno possi dare
tanta consolazione a quelli, che non
sanno che cosa sia amicizia, parlando con esso loro, quanto è magiore il piacere dell'amatore della
amicizia, conversando con il vero
e fidele amico, nella quale egli tutto si vede, da la quale ode il vero,
col quale, come dice Cicerone, lui
ardisce di parlare ogni cosa non
altrimente che con sè medesimo,
dal quale lui non sospetta, sotto il
quale non è nascoso alcuno inganno, per lo quale ogni fatica è suave, senza il quale niuno riposo è
dolce, dal quale ultimamente vengono li soccorsi dalla fortuna con-

traria e li ornamenti della prospera. Deh! io sarò duro e dispiatato, se giudicarò questo tale dovere essere escluso dalla solitudine, e mai non mi parerà la solitudine essere interrotta, ma più tosto essere ornata nella presenzia dello amico? Ultimamente se a me è necessario esser privato d' una di queste due cose, cioè o dello amico o della solitudine, più tosto voglio lassare la solitudine che lo amico. Per questo modo adunque e con questa condizione abbraccio la solitudine ch' io non rifiuto, nè discaccio da me l'amicizia, nè fugo eziandio uno solo, eccetto se per avventura li suoi costumi non sono tali, che il voler vivere con tranquillitate e con riposo d'animo conforti eziandio a fugirlo delle cittadi. Tutto questo fatto adunque qui ritorna, ch' io voglio participare la solitudine con li amici, non altrimenti che il resto di tutte le altre cose, persuadendomi la possessione d' alcuno bene non poter essere jocunda e dilettevole senza compagno, come da quel medesimo Seneca è detto più umanamente in altro luoco, non dubitando la solitu-

dine esser grande e dolce bene,
dalla quale non solamente rimuovo
gli scelerati, ma eziandio li disutili
e quelli che non si danno a qualche
laudabile esercizio; però che come
la solitudine di Tiberio è odiosa,
con la quale lui macchiò la insula
di Capri di perpetua infamia, e dove egli, fiero e disonesto vecchio,
ordinò bottega di crudelitate e di
libidine, così è da ridersi della solitudine di Servilio Nautica, che
non lungi da questa isola nascosto
nella ripa del mare, invecchiò presso a Cume in ozio disutile, bello
del corpo, non tanto fatto abitatore della sua villa, quanto in essa
seppellito. E quanti ne crediamo
noi essere in ogni luoco simile a
Servilio? Ma costui innanzi a tutti
gli altri mi occorre a la memoria,
il quale il nobile schernitore ha
fatto noto, e ha provisto che noi
non siamo constretti di fare ingiuria della veritade e rincrescimento
di esempio agli uomini della nostra età.

Ora tu intendi a chi io riferisca
tutte le cose che sono dette o che
si diranno della solitudine, ma ad
ogni uomo non è concesso essere

singulare o per santità o per lettere, nè di meritare con il laudabile ozio l'amore e la notizia della prosperitade ; tuttavia molti sono stati, che non hanno avuto rispetto alla gloria nè alla fama della etade seguente, e volentieri sono morti, e per questo medesimo sono stati reputati famosi. Di quanto pregio stimarai tu (acciò che oramai io retorni al proposto) questo tempo di vita esser tuo, il quale come una fiata è scorso, alcuna speranza più non ci resta di raccoglierlo e di reacquistarlo, e quanto ti diletterà di avere almeno, imaginando e legendo, nutrito l'animo di pensieri piacevoli e sciolto dalli legami rincrescevoli di più cose, suddito allo eterno Idio e libero in ogni altra parte, il che non è vietato ad alcuno mediocremente erudito? E di quanta grazia giudicarai tu il corpo eziandio liberato dal grave giogo della servitù, e che serve all'animo solo, pronto subitamente o d'aver obedire alli comandamenti della ragione, se alcuna fiata per superbia ei si ribellasse, tolto da mille fatiche e liberato da mille pericoli e da mille

schernimenti di ortuna, potere andare, sedere, fermarsi, parlare, tacere, pensare come gli piace, senza
essere interpellato dalli occupati e
dalle loro sollicitudini e pensieri?
Alli quali non basta esser miseri,
se per bene ampliare il cumulo
della miseria, essi non cercano di
indurre altri nelle loro miserie.

CAPITOLO XXIX.

Che dirò io della allegrezza del
passato, che viene come si partisse
di dietro dalle nostre spalle? Certamente quel ditto di Virgilio è molto
noto, cioè forse a noi diletterà per
lo avvenire ricordarsi di queste
cose; e in altro luoco egli dice:
« E' ci diletta essere uscito a salvamento di tante cittadi greche, ed esser fugiti per mezzo li inimici. » Appresso quel medesimo poeta quello
medesimo Enea dice duo cose diverse quanto al suono delle parole,
ma pure significante uno medesimo
effetto. Odi tu come propriamente
nelle fatiche avendo usato il termine
della parola del tempo che debbe
venire, passate e compiute quelle,
usa poi il parlare del tempo pre-

sente, e dove egli aveva detto:
« E' ne diletta esser campati a salvamento; alcuna fiata è gran dolcezza
ricordarsi delle cose amare, e li
pericoli passati per ogni parte porgeno piacere e consolazione all'animo, però che la prosperitade ha
gli suoi pericoli nè manco nè più
leggieri, e certamente più fallaci
che non ha la avversità, » il padre
ansio e sollicito parla al figliuolo
appresso Virgilio, dicendo: « Quanto
ho io temuto che li reami di Libia
non ti nocessero per alcuna maniera! » Quanta adunque è la delettazione e la sicurità della solitudine, la quale ha passato tutte le
cose paurose, e annumera gli suoi
mali già dietro alle spalle! Quanto
diletta al solitario di avere passato
le cose pestifere senza offensione,
e lassata la via da man sinistra,
dove era la morte, essersi tenuto
a mano destra, e tanto più, quanto il cadere era più inclinevole in
l'altra parte! La natura ha in sè
questo, che dove l'uomo si ricorda
essere stato in maggiore e più certo
pericolo, di qui eziandio reducendosi a memoria del passato, ne piglia più consolazione, la qual cosa

mai non si conosce più chiaramente
così essere, che dopo le dubiose
infirmitade, dopo gli orribili naufragj, dopo la prigione del nimico
e dopo le guerre piene di paura.
Il perchè tu vedrai quelli che sono
risanati, e quelli che sono giunti al
porto, e quelli che contro sua speranza di pregione sono usciti, overo li vincitori narrare con grande
allegrezza le istorie delli suoi pe-
pericoli ; ma quanto suavemente
ritornano nell'animo o le lusinghe
del mondo dispregiate, o gli refiutati
onori, o le ben spese ricchezze, o
li lassati piaceri, e le minacce non
temute, o la calamitate con grande
animo calcata, o al tutto ciascuna
altra cosa, la quale era atta a poterne ingannare, nè ci ha ingannati.
Ma queste cose allora massimamente dilettano, quando al tutto
le hai fuggite, in forma che alcuna
paura di pericolo non ti resti.

CAPITOLO XXX

Ed a ciò ch'io tocchi eziandio
quelle cose, che pareno essere minime, stimerai tu poco esserti mancato quello continovo tedio, dal

quale con fatica lo abitatore delle
cittadi mai cessa, il quale certamente non l'uomo all'uomo, ma
eziandio la mente inferma, discordante a sè medesima, partorisce?
Tu vedrai in ogni luoco per le
piazze le brigate degli uomini pazzi,
che non hanno alcuna cosa più
spesso in bocca, che quelle parole
degli gramatici: il mi pesa, il mi
rincresce, io mi pento; e similmente
quel detto di Terenzio: « Non so
quello ch'io mi faccia. » Di loro credo tutte queste cose, ma in specialitade l'ultima, però che se essi sa-
pessino ciò che fare, subitamente
cesseriano gli loro lamenti; ma io ti
priego, dimmi: di che ti rincresce,
se non della tua ignoranzia e della
tua propria pazzia? Seneca parla in
questo modo: « Gli pazzi si affatica-
no in ogni cosa con fastidio di sè
stessi; la sua vita non piace a quegli,
e non senza ragione, però che ella
non ha in sè ordinato consiglio nè
fermezza, nè cosa che a l'ultimo
gli piaccia, conciosia che, come dice
quello medesimo Seneca in quel
medesimo luoco, le sue cose proprie non piacciono ad alcuno, se
noh all'uomo savio. Questi pazzi

non sanno quello che si fare, e
cognoscono sè non sapere questo,
nè dimostrano di non lo intendere.
Adunque è conseguente, che essi
non sappiano a che fine si vivano,
e però come ameranno essi quella
cosa, la quale non intendono di che
utilità ella sia? Gli più vivono come stimassino sè non esser nati ad
altro, che a dar piacere alla gola
e al ventre; servi senza dubio infelici, sottoposti a signori tanto
disonesti; la qual cosa a ciò che
niuno dubiti così essere, fra costoro
si suole adimandare, se la natura
per sua benignitade concedesse vita
a l'uomo, che non fosse necessitosa
di sonno, nè di atto carnale, nè di
mangiare, nè di bevere, ma che
senza le predette cose avesse in
sè procreazione di figliuoli e sa-
zietade sobria e continova, s'ella
si dovesse eleggere più tosto che
questa nostra, la quale è sempre
oggetta e suggetta a tanti pericoli
e necessitadi.

Quante fiate per qualche avventura io mi sono ritrovato essere
presente a queste loro disputazioni,
aspettando tacito la fine, rare volte
ho udito alcuno d'essi, che ardita-

mentè non abia diffinito questa nostra vita dovere esser preposta a
quella beatitudine; anzi festeggian-
do e rallegrandosi con grandissima
pazzia, sono usati di dire: « Se tu
togli via il piacere del dormire, e il
diletto carnale e il cibo e il vino, che
faremo noi? E che vivere sarà il
nostro, essendo noi spogliati delli
doni e delli offizj della vita? » E così
al tutto dimostrano e senza vergogna confessano sè non vivere ad altro fine, se non per rispetto di quelle
cose, le quali alli animali bruti e
irrazionabili sono comune con esso
noi, quasi come quel tempo perduto,
nel quale noi partemo questa bre-
vissima vita in dormire e negli
altri piaceri del corpo, non si potesse spendere in migliori pensieri,
o in contemplazione divina, o in
cognizione di cose laudabili, o in
esercizio degno e virtuoso; e a ciò
che più gravemente tu ti conturbi,
remossa la speranza che essi de-
biano tornare a migliore consiglio,
ti giuro per Dio e per la mia memoria, che dagli vecchi ho udito
queste cose più fiate che dagli giovani: tanta è la gravitade e la
sapienzia degli nostri vecchi, li

quali stimano somma miseria lo
esser privato degli disonesti piaceri,
così avendo loro dinanzi agli occhi
suoi la morte, la quale è apparecchiata di trarre subitamente quelli
infelici del solubile e ruinoso abitacolo delle membre, nondimeno
tanto hanno amato dalla sua prima
giovinezza fino a l'ultima etade
quello nome degli piaceri a loro
tanto soavi e dolci, che mancandoli
li desiderati diletti, dispregiano gli
effetti di quelli, nè vorrebbono pervenire a quello che essi desiderano,
se non per abominevole e faticosa
via, onde certamente in questa vita
sono miseri peregrini e pieni di
errore, li quali approssimandosi già
a l'ultimo fine della via, amano la
via e hanno in odio il fine.

Se alcuno di questi appare essere
più tardo a confessare queste cose,
tu il vederai essere tanto dubioso e
disputare per tal forma, che facilmente si potrà comprendere quello
per vergogna più tosto esser tirato
in drieto dal falso, che per giudicio
dell'animo suo seguir la veritade.
Augustino nel libro della Vera Religione dice in questo modo di questi tali: « Coloro che poco stimano

la salute del corpo, vogliono più
tosto mangiare che saziarsi, e vogliono più tosto usare gli membri
atti a generare, che patire e suste-
nere alcuna tale tentazione. Alcuni
eziandio si truovano, che vogliono
più tosto dormire, che potere stare
senza dormire, essendo la fine di quel
piacere il non aver fame nè sete,
e il non desiderare diletto carnale,
nè essere affaticato del corpo; » e
non molto da poi soggiunge: « Quelli
che vogliono aver sete e fame, e
essere accesi nella libidine e affaticarsi, acciò che essi poi mangino
e bevano con maggiore appetito, e
possano ben lussuriare e dormire,
(non dice: Amano la miseria e il dolore, però che niuno è tanto contrario alla sua propria salute, che
egli ami il nome della miseria e
del dolore, ma disse): amano divenire bisognosi e poveri, » la qual
cosa è principio di grandissimi dolori. Onde concludendo Augustino
terribilmente dice: « Averà adunque
questo effetto il suo desiderio, che
loro staranno dove è il pianto e il
stridore degli denti. » Vedi tu come
dalla cagione egli traga lo effetto,
dicendo: « Perochè essi hanno ama-

to divenìre bisognosi, sono fatti miseri. » Egli disputa divinamente molte cose in questa medesima sentenzia, la quale oggimai per confessione di ciascuno uomo vulgarmente è
molto nota; e però a quello che
lui dice trovarsi alcuni, che vogliono più tosto queste cose, noi
potemo dire già trovarsi pochi, che
abiano altro desiderio; e se forse
loro cercano di levar gli occhi alquanto più in alto, divenuti ciechi
per lo vulgare fumo e per la polvere, cioè per le sue pessime operazioni, non lo possono fare, ed il
strepito e la confusione degli errori
del popolo non gli lassa prestare
le orecchie a chi gli chiama a
migliore vita; e così gran parte
degli uomini, o di propria volontà,
o sforzata a modo bestiale, guardando in terra e obediente al corpo,
facendo poca stima dell'animo, senza
sentire alcuno piacere della virtù
e senza notizia di quella, mena
la sua vita ignominiosamente senza gloria, piena d'affanni e piena
di miserie, con ciò sia che se bene alcuna volta la natura bona
punge e tira quelli, facendoli di sè
medesimi ricordevoli, niente di meno

le cose da me dette impediscono le loro mente, nè lassano partire quella dallo antico e malvagio proposito. Di qui procede l'avere in odio la vita, di qui nasce la radice del tedio e quella inquietudine e molestia d'animo, della quale niuna peggior cosa sustiene l'uomo, domentre ch'egli viva.

Che maraviglia è adunque, se gli fatti e gli consigli di costoro sono accompagnati da leggierissima incostanzia, e se a loro dispiace ciò che essi principiano di fare? Però che segua quello che si voglia, niente succede seguendo il suo proposito, non desiderando loro alcuna cosa certa. Egli è indicio di uomo savio volere sempre una cosa sola, la quale sia certa; e il mutare senza ragione proposito, e lo essere incostante nelli desiderj è argumento di somma pazzia. Io non resterò di nominarti spesse fiate Seneca, il quale dice: « Lo ignorante non ha vento alcuno, che faccia per lui per intrare nel porto, e però noi vediamo questi uomini leggieri andare e tornare insieme, e fanno l'uno e l'altro di quello ch'io dico, non senza tedio. » Hai tu posto mente alcuna volta, come subitamente si partino di loco? E come vengano fuori adunati in lunga schiera? E come senza dimora si discordino, desiderando l'uno di andare in qua, e l'altro in là? E come potrebbe essere concordia fra questi molti, essendo ciascuno di loro da per sè discordante a sè medesimo, in forma che tu non cognoscerai quello di loro, che tu arai veduto poco innanti; e quello che tu crederai di conoscere in breve spazio di tempo, serà necessario che tu chiedi chi lui sia, e di che gente e di qual parte e' venga? Così ora sono lieti, ora tristi, ora umili e ora superbi. Alcuna volta parono essere gravi e constanti vecchi, alcuna volta leggieri e volubili fanciulli, per modo che quella contrarietade e quello disordinato raccoglimento di ira, e il bere e la subita mutazione, la quale attribuisce Orazio poeta alli fanciulli, è tutta propria di questi nostri vecchi, la instabilità degli quali tanto più è dannosa, quanto sono più liberi, e dispregiano gli ammaestramenti d'altrui, e con la sua autoritade si cuoprono, e nuoceno con lo esemplo; e

benchè la natura di ciascuno abun-
di delli suoi proprj vizj, niente di
meno gran parte degli uomini malvagi e cattivi è nata da certa emu-
lazione e da voluntade accesa di
seguire le altrui vestigie.

Chi fu mai contento di solamente agguagliare lo errore dell'uomo,
che lui ha seguito? Noi ci diletta-
mo di passare più oltra e di avan-
zarlo e di essere guardati, e di lasciare dietro alle nostre spalle coloro che noi seguitavamo. Io confesso che Quintiliano diede questo
ammaestramento alli studiosi della
eloquenzia, che colui che si propo-
ne dinanti agli occhi il modo del
dire d'alcuno per imitare il stilo
di quello, più tosto debbe sforziar-
si di contendere con esso lui che
di seguirlo; e questa è la ragione,
che domentre ch'egli si sforzia di
passarlo, se bene e' non lo passa,
forse può divenire pari a quello.
Ma certamente niuno potrà mai agguagliare col dire colui, drieto alle
vestigie del quale egli ha proposto
di volere andare, conciosia che
sempre è necessario, che colui che
segue, sia ultimo, e più facil cosa
è a fare più oltra per sè stesso,

seguendo il proprio giudizio, che
senza alcuna discrepazione e differenzia aguagliare gli detti e gli
fatti d'altri. Egli adduce eziandio
altre ragioni a ciò convenienti, le
quali se bene son belle e buone,
nientedimeno al presente non mi
pare di recitarle. Ma quello che
ultimamente è dato per ammaestramento nell'arte della eloquenzia, cioè del bello e ornato parlare,
dannosamente è stato transferito
e redutto con somma cattivitade e
disonestade al modo del vivere, e
con nostra ignominia avemo adempito ciò che lui ha comandato; imperocchè noi abiamo conteso delli
vizj con li nostri precessori, e abia-
mogli aguagliati e vinti, e già di
imitatori e seguaci siamo fatti duci
e capitani, e dopo noi venirà chi
seguiti e chi avanza gli nostri an-
damenti.

Di qui s'intende, come una medesima cosa variamente si può fare; la imitazione a noi era stata
preposta, e comandata la contenzione; in queste due cose tu se'stato obedito da noi, o Quintiliano,
ma non secondo il tuo intento. Tu
dici che lo bello e chiaro parlare

debbe essere imitato, e noi segui-
mo la bruttezza e le tenebre degli
costumi, ed in quest' una cosa
molto si esercita e affatica la nostra desiderosa e accesa volontade;
e volesse Idio che coloro che sono
imitatori delli buoni, se alcuni ne
sono, così presto aguagliassino con
le operazioni degne e laudabile li
loro maestri, come presto gli cattivi con lo malfare vincono gli suoi;
onde segue che tirato allo eredi-
taggio di pessimi costumi il consiglio a noi dato della virtù della
eloquenzia, accostandoci noi agli
vizj, finalmente lasciamo gli esempli degli scandalosi errori alli nostri
descendenti, a noi prima lasciati con
grandissima usura dalli nostri ma-
giori.

Non ci dovemo adunque maravigliare, se la pazzia e il malfare
ogni giorno più cresceno, però che
sempre se gli aggiunge e niente se
ne lieva; più tosto seria da maravigliarsi, se qualche cosa mancasse
alla perfezione della pazzia, adu-
nandosi insieme da ogni parte tanti
ingegni, ajutati dal sommo studio
e grande instruzione degli infiniti
maestri; e benchè la imitazione de-

gli atti e della vita sii più pericolosa e più da temere, come cosa di grandissimo peso, nondimeno questo tale furore assai nuoce nelle cose, che pareno essere minime.

Onde procede questa maravigliosa e ridicula varietade di giorno in giorno dello abito e dello andare degli uomini, e le vestimente alcuna fiata lunghe fino alli pedi, e alcuna fiata tanto corte, che lassano denudare le parti vergognose? E le maniche che ora toccano la terra, e ora sono assettate al braccio e strettissime? E la correggia ora cinta e stretta alla summità del petto, e che ora allentata discorre alle parte inferiori? Onde procedono questi varj canti e suoni, li quali, come piace a Platone, non sono senza grave pericolo delle republice? Ultimamente onde è nata questa mutazione tanto varia o del stile, cioè del scrivere, o del parlare cotidiano? Certo niuna cosa ha indutto queste odiose e dispiacevoli frasche, più tosto che la strabocchevole e importuna imitazione, mai non contenta delle sue confine; e seguendo queste proposte e principiate per altri, stultamente le ha nutrite e accresciute? Come può essere, che uno medesimo e solo tenore del vivere stia fermo in coloro, che non si regono con virtù, nè per suo proprio judicio, nè per consiglio degli amici, ma che si danno in tutto a seguire le male operazioni d'altri, e che si lasciano volgere al bestial furore degli pazzi, li quali finalmente spogliandosi della sua propria natura, e lassando da parte gli costumi della patria, non amano nè hanno in reverenzia alcuna cosa, se non avventizia e forestiera? Tante volte è necessario che essi si mutino d'opinione, quante volte gli occorre qualche cosa che gli faccia maravigliare, e però sono incostanti e mai non cessano di fare mutazione, e piacendoli le altrui fogge, dannano e vituperano le sue, e più tosto vorrebbono essere ciascuna altra cosa, che quello che essi sono; e di ciò averebbono grandissima cagione, se questo lor pensiero non venisse a quegli per la incostanzia e leggierezza dell' animo suo, ma più tosto per grave e per prudente estimazione di quanto essi vagliono.

Uno, chiamato Aruncio, imitatore di Sallustio nel dire, è schernito da Seneca, ma credimi che ogni
contrata ha il suo Aruncio, anzi
molti, non solamente simili di parole, ma eziandio di fatti. Non è
quasi alcuno, che pigli ferma deliberazione con che abito ei voglia
andare, di che pàrlare di che animo, e ultimamente come fatto egli
voglia essere, e per questa cagione
ciascuno è dissimile e incostante
al suo proprio proposito. La gioventù troppo atta ad imprendere il
male, entrata nelle vestigie degli
vecchi matti, con grande veemenzia è arrivata alla sommità della
pazzia, vincendo li secondi facilmente gli primi, e li terzi gli secondi; e così per questo medesimo
modo gli ultimi sempre vincono li
precessori; e però è difficil cosa a
giudicare quale e quanto debba essere il furore, che già principiato e cresciuto di mano in mano,
perverrà alli nostri ultimi descendenti, benchè forse quello è
vero ed è già venuto a fine e in
noi è compito, che molti anni innanti ditto si legge, cioè: ogni vizio è pervenuto e giunto a som-

mità strabocchevole, e più oltra
non si può andare senza grandissima ruina.

Forse che io ho parlato più liberamente e più copiosamente in
questo luogo, che non si convenìa?
Ma se alcuno intenderà il mio principale e grandissimo affanno, il quale procede dalla gran compassione,
che io universalmente piglio della
umana generazione, e massimamente di Italia, già specchio ed esemplo di tutte le virtù, la quale al
presente io vedo corrotta per la
mutazione degli antichi e proprj
costumi, e non altrimenti copiosa
e sopra abondante al presente degli errori delle gente soggiogate e
vinte da essa, come già adornata
delle spoglie virtuosamente acqui-
state nelli fatti delle arme, forse
costui si maravigliarà come io abbia possuto passare oltra tanto dolore con così brieve lamento. Io non
so chi possa tacere questo. Onde è
nato lo indegno e disonesto fastidio delle cose nostre? Onde procede la ammirazione più disonesta e
la reverenzia e lo onore più indegno delle cose strane?

Li nostri maggiori, delli quali

volesse Iddio che noi meritamente
potessimo essere chiamati successori, per altro modo si governavano;
le sue cose a quelli potevano piacere. e ben gli piacevano; essi non
investigavano la valle di Reno nè
li rami del Danubio per cercare queste pazzie, mediante le quali con-
stringesseno l'ornamento di Italia
transmutarsi nelli disonesti costumi
delli barbari, ma andavano nelli paesi estrani, a ciò che essi potessino
vigorosamente dilatare e accrescere
lo imperio, e per acquistare eterna
gloria, volonterosi di reportare a
casa con gli armati eserciti non la
difforme e sozza mutazione del-
l'abito della patria, ma trionfi e
gloriosi sopranomi. Nondimeno in
tanto non si dilettavano delle proprie cose, che universalmente dis-
prezzassero le altrui. Essi amavano
ciascuna cosa degna di vera laude,
veduta così appresso degli inimici,
come degli amici vicini; e se in
alcun luogo vedevano chiara virtù d'animo, splendidi costumi, arte
laudabile o di guerra o di pace,
ornamento di lingua o di ingegno
o copiosa dottrina, desiderosamente
le riportavano alle loro case, esti-

mandole di molto maggior pregio, che tutte le altre spoglie. È certo il suo giudicio non gli venìa fallito, però che le più certe ricchezze che siano, senza dubio sono quelle dell'animo, e se in alcun luoco cognoscevano qualche cosa disonesta, quella da loro era castigata o lassata da parte e dispregiata.

Ma la nostra gloriosa posterità si crede di aver fatto grande acquisto, se alcun giovene, anzi quello che più mi dispiace, se alcuno vecchio si fa giornea alla similitudine di quella d'uno forestiero non cognosciuto, o vero prende il vestire d'uno vile soldato; o se lui è gito in luoco, dove poi ei torni a casa colla veste corta infino alle brache, o straformato per lo abito notabile, il quale vedendolo ti faccia ridere, e libero avendo patito tal cosa, quale David vendicò nelli suoi servi, e della quale se eziandio lo avo del furioso imitatore al presente ritornasse in vita, ne averia somma compassione, e tutto rimagneria stupefatto, vedendo che il suo successore di gran longa lo avesse vinto; le quali cose certo non so perchè io le guardi con grandissi-

mo affanno e displicenzia, non altrimenti che se la vergogna o la
gloria toccasse a me principalmente. E poi ch' io ho cominciato
a mirarle e intenderle maravigliosamente con l' animo suspeso, at-
tendo che modo averà questa varietade, o dove si pona fine a tali
fatti.

Ora io sono qui, e in ciascuna altra etade più tosto vorrei essere
nato, benchè in niuna etade sia forse
mancata la cagione di querelarsi.
e il tempo non buono inventore e
operatore di così fatte cose. come
dice Aristotele, ma cattivo e pessimo, già prima non abia dato alcuna fiata sopra di ciò non vulgari
esempli. Certamente tutti noi avemo udito, che gli nostri primi antichi con gran studio faceano mercanzia di virtù e di gloria, le quali sono riposte nella eterna memoria degli uomini; e noi, come ad
ogni uomo è noto, andiamo ven-
dendo e comperando per li mercati
la vergogna che mai non muore,
e le simplice pazzie, di che con parole a bocca e con lettere spesse
fiate mi recordo invano averne fatto grave lamento. Però l'ira di

Dio è venuta sopra di noi, e la giusta vendetta ne perseguita, e così lo onnipotente Idio da noi offeso, e il mondo soggiogato e vinto per tal forma si vendica, quello cioè Idio delli servi ingrati prende supplicio, e questo, cioè il mondo, delli suoi signori superbi. Io ad alta voce gridaria: « Dove andate voi, o miseri, dove vi tira strabocchevolmente l'ultima pazzia? Ritenete il passo, affermatevi e vedete dove senza consiglio vi lassate transportare; voi avete abandonato le vestigie delli vostri padri per andare alle vestigie degli nostri nimici, e disonestamente siete vinti dagli errori di coloro, li quali con le arme da voi sono stati vinti. Retornati agli costumi degli vostri padri, e lasciati stare quegli d'altri, a ciò che non solo voi possiate vivere più onestamente, ma eziandio con più letizia. »

A ciò che una fiata voi imparite uno volere, che non sia sottoposto alla pessima volontà di ciascuno, ma solamente alla propria ragione, io parleria in questo modo, e ancor diria ciò che la indignazione e lo dolore ch'io sento al presente, mi facessino dire, se io non credessi gli animi loro già esser pervenuti alla estrema ignavia e pigrizia, e la cosa in tutto essere spacciata e disperata. Certamente noi, li quali solevamo mostrare la diritta via agli altri ciechi giudicatori, senza ragione siamo tirati per luochi pericolosi, e dallo altrui esemplo disordinatamente siamo sottosopra volti, incerti e più che dubiosi di quello che noi volemo; e a ciò che io finisca quello, a che io ho dato principio, di tutto questo male, o sia nostro proprio, o più tosto comune di tutte le altre gente, la ignoranzia ne è cagione.

Li uomini inconsiderati non sanno quello che essi facciano, e però come hanno fatto alcuna cosa, subito ne prendono dispiacere, con ciò sia che non fanno le cose che si doverebbono fare, ma solamente cercano di fare qualche cosa, e per le spesse siepe delli mondani pensieri uccellano le cagioni delle difficultade e le faccende; di qui procede quello loro discorso senza termine, e le discordie per le strade. e gli principj biasimati innanzi al suo fine e senza effetto e senza compimento. Questi cercano in che

modo passi il giorno, senza ch' elli
se n'avvedano, quasi come il sole
poco si affretti di andare allo occidente, secondo il suo parere, con
lo ingegno ajutato il corso di quello; e quanto è comune e manifesta
quella voce di questi tali, quando
dicono: « Cacciamo via questo giorno; facciamo qualche cosa, a ciò
che in questo mezzo il giorno passi!»
Certamente il giorno si debbe raffrenare e ritenere quanto si può, e
non troppo cacciarlo; ma a questi
tali senza dubio egli è troppo lungo, e la notte molto più; in fine la
vita lunga a loro genera fastidio,
e non solamente nello inverno ap-
petiscono la estate e nella estate
lo inverno, ma la matina vorrebbono la sera, e la sera desiderano
l'aurora, non contenti dell'una
nè dell'altra quando sono venute.
In essi propriamente si adempie la
Scrittura che dice: « Così come il
cervo desidera l'ombra, e come il
mercenario con desiderio aspetta
la fine dell'opera sua, così io ho
auto li mesi disoperati, e ho annu-
merato le notte a me faticose; se
io dormirò, io dirò: quando mi sarà
lecito il levare? Aspetterò io un'al-

tra fiata la sera, e fino alle tenebre serò io ripieno di dolore?» Questi nostri ricchi dicono quello che diceva il povero e lo afflitto Job; essi si lamentano, e aspettando si riempiono di dolori, e continovamente litigando con la natura, riprendono le ore a suo giudicio tarde e lente, e senza considerazione strabocchevolmente dispensano li pigri momenti di quelle, avendo il tempo più tosto bisogno di freno che di sproni, come io ho detto di sopra, se con alcuna arte fusse possibile ponerli il freno. Ma costoro a mio credere già vorrebbono essere morti per lo dispiacere che recevono per la lunghezza del tempo, la qual cosa senza dubio a molti è stata cagione di abbandonare la vita, li quali con grande ansietà d'animo avendo rispetto alle cose future, e sempre avendo in odio le presenti, per lo tedio del vivere sono stati constretti a darsi la morte con la propria mano.

Ma forse tu mi domanderai: «A che proposito queste tale cose circa la materia di che noi trattiamo?» Certo il piacere della vita solitaria conserva l'uomo da questi mali e

da così rincrescevole tedio, la quale
con letizia usa le cose presenti,
e con pari animo aspetta le future.
Questa non pende di giorno in giorno con pensiero, nè differisce al dì
seguente quello che oggi si può o
debbe fare, e meritamente senza
fallo, perochè niuna cosa è più pazza
che il disprezzare e far poca stima
delle cose presente e certe per
desiderio o per speranza di quelle
che debbono venire, il che è molto
alieno dalla mente dell'uomo prudente, ed è suggetto a mille casi.
Mai non cesserà di pendere con
l'animo colui, che va indugiando
di fare le sue cose da l'uno giorno
in l'altro, perochè a niun giorno
mancherà il seguente, se non a l'ultimo; la qual cosa ha importato e
dato alla nostra vita questo male
quasi a niuno altro inferiore, cioè
di non vivere mai per speranza di
vivere, e a modo del cane, che perseguita la lepore più veloce che lui,
sempre con li morsi prende il vento,
e non quello a che lo intento si
dirizza, con ciò sia che quando il
giorno di domane sarà venuto, subito ei mancherà esser quello, che
noi chiamamo il giorno di domane,

e serà chiamato il giorno presente;
ed ecco già che l'altra domane appare e furtivamente se ne passa, e
benchè questo sia un'altro giorno,
nondimeno e l'uno e l'altro ha il
nome del giorno di domane. Così
noi andiamo invano, pur seguendo
il giorno di domane, aspettando pure in quello di far fine agli fatti
nostri, e quello pare sempre che ne
sia appresso, e tuttavia va proce-
dendo e con la sua vicinitade ingan-
na; e quando a lui siamo pervenuti,
non se ne accorgendo noi, tosto si
passa per questo modo, essendoci
più fiate tolto dinanzi, e sempre
fugendo innanzi a noi, sempre ne
incita a seguirlo, non lo potendo
noi però mai aggiungere; e così in
questo mezzo niuna di queste cose
ha effetto, le quali oggi fare si
dovevano.

Al solitario, il quale una fiata
ha determinato quello che lui voglia fare non solamente in alcuna
parte della vita, ma in tutta la sua
etade, nè il giorno nè la notte pare
essere troppo lunga; anzi spesse
volte essendo egli occupato in cose
oneste, stima l'uno e l'altra essere
molto brieve, non avendo in quello

spazio di tempo possuto dar fine
all'opera per lui principiata ; nientedimeno egli sa aggiungere la notte. e seguendo la necessitade, ine-
schiare l'uno e l'altra insieme, e
alle fiate patire gli offizj dell'uno
e dell'altra , sforzandosi per ogni
modo che il tempo, il quale egli
non vole stringere con gli sproni,
e a cui egli non può ponere il freno,
disutilmente non passi senza frutto.
In questa cosa lui mette tutto il
suo consiglio e tutto il suo studio,
e con tutte le forze dell'animo suo
si sveglia e virilmente si esercita;
finalmente questa è la somma degli
suoi pensieri, cacciando da sè ogni
affanno e ogni sentimento di fastidio. Egli oggi vive il dì presente,
atto e disposto a vivere il dì di
domane, se forse gli serà concesso ;
in questo mezzo per la speranza di
quello, lui non resta però di fare il
fatto suo, sapiendo molti uomini già
essere stati ingannati da quello, e
che molte fiate gli è usato di mentire ; egli dà più tosto fede al dì d'oggi, però che questo presente ne dà
ciò che ne promette quello di domane, e tanta è la cecità degli uomini mortali, che con maggior de-

siderio loro abbracciano la speranza
che lo effetto. Egli oltra di ciò sa
che abito, che parlare, quali costumi
si convengano alla età giovenile e
quali alla vecchiezza; e adattando
l'animo suo a queste cose, di sè
non fa poi alcuna mutazione, se
non quando la età di tempo in tempo gli persuade, però ch'egli non
vuole imitare alcuno, nè elegere
guida, mediante la quale ei divenga
pazzo, ma riguarda alla natura, e
questa siegue come ottimo guidato-
re e carissimo padre, dal quale,
come dice Cicerone, non è verisimile che essendo tutte le altre parte
della età bene e dignamente descrit-
te, l'ultimo atto e fine sia disprez-
zato e lassato da parte, come da un
poeta ignorante e senza dottrina.

Io cognosco uno uomo, non dirò
come Paulo, ma dico uomo in corpo
vero e posto nella solitudine, contento del vivere silvestro e delli
suoi studj, al quale benchè molte
cose manchino alla felice vita, niente di meno questo dono non piccolo
della solitudine li è presente, cioè
che senza concorso di uomini e
senza tedio e senza alcuna ansietade
tutto l'anno integro con letizia e

con riposo d'animo quasi come un solo giorno da lui è passato; e questi nostri delicati cittadini, dati al vino e alle mangiarie, posti fra le rose e fra gli unguenti, fra li canti e gli spettacoli, bagnati di vino, marci di sonno, stracchi per la varietà delle cose, abondantissimi di tedio insieme e dispiaceri disonesti, giudicano uno solo giorno essere assai più lungo di tutto l'anno, e con gran fatica possono passare poche ore senza mormorazione e senza fastidio.

CAPITOLO XXXI.

Queste cose che io mi raccordo parte di aver vedute e parte udite per la cognizione d'esse, fin qui bastino, al presente avendo io grandissima carestia di tempo. Certamente io ho parlato con paura delle cose alte come peccatore, e delle comune più arditamente, come colui che ben le ha provate. Questa conversazione e volontà di vivere in libertade, e lo amor delle lettere e della solitudine di ciò mi danno piena notizia e manifesto cognoscimento; ultimamente farò fine, ag-

giungendo questa sola cosa, che
gli prefetti delle provincie e li rettori delle città, quando primamente entrano nelle confine della loro
giurisdizione, per comandamento
fanno denunziare alli malfattori,
che manchino dalle cattive operazioni; il qual costume, essendo io
ancora giovinetto, in Italia molto
si soleva usare; non so se al presente si osservi, però che io son
lungi da quella, e in ogni luoco
tutte le buone usanze a poco a poco
mancano, o vanno di male in peggio;
li boni costumi poco durano, ma li
cattivi non morono mai.

Noi solevamo vedere all'entrata
degli nuovi offiziali la manifesta
fuga per tutto fuora delle cittadi degli condannati, degli latroni e di
tutti gli uomini cativi e disonesti,
quantunque, se noi ben riguardiamo
alle cose vecchie, questa consuetudine è alquanto più antica. Dicesi
che quel famosissimo capitano Scipione, usando questo tal vedere, con
grandissima diligenzia e con governo molto aspero corresse lo esercito
romano mandato a Numanzia, corrotto prima per la negligenza degli
primi capitani e per la troppo lar-

ga libertà delli cavalieri, discacciando di quel campo gli cuochi e gli ruffiani e grandissima quantità di mercatanti di cose lascive, e tutti gli nutrimenti di libidine; ed in quel medesimo giorno che lui venne in campo, con un bando rimosse di quello due migliara di meretrice, le quali seguivano lo esercito, usato di lussuriare e di fuggire; per la qual cosa si crede che lui acquistò vittoria molto gloriosa, e della quale prima poco si sperava. Innanzi e dopo questo sono stati molti altri valorosi capitani, ma basti di aver nominato il più nobile.

A noi, a ciò ch'io venga al fatto, a noi, dico, li quali non avemo a governare cittadi, nè reami, nè eserciti, ma avemo a reggere e correggere il stato della nostra mente, pare che ne sia toccata per sorte una piccola provincia; ma quando si viene col freno della ragione a comprimere e fare star suggetti gli movimenti dell'animo ribellante e che ripugna a quella, allora·finalmente si conosce quanta e come grave guerra e difficile provincia sia a reggere sè medesi-

mo. Che si debbe adunque qui fare?
Certo se tu mi domandi, ti rispondo
che tu facci quello, ch'io ho ditto
li uffiziali delle cittadi e li capitani
delle genti d'arme essere usati di
fare. Confesso che per lo numero
quelli forse hanno maggior faccenda,
però che essi hanno cura di molti e
grandi popoli e delli eserciti, a noi
è commesso il pensiero d'una sola
anima; tuttavia niego quelli stare
a maggior pericolo, conciosia che
niuna cosa è più pericolosa che il
perire, se bene tu solo perissi,
parendo ad alcuni che il perire
con molti sia grande allebbiamento
e conforto del suo male; e per tanto
noi dovemo eziandio cacciar via li
vizj degli nostri confini, cioè degli
nostri cuori, e infugare la libidine,
ristringere la troppo libera licenzia
e castigare la lascivia, e alzar l'a-
nimo nostro a miglior cose; e come
elegantemente da Orazio poeta è
detto, se noi ci pentiamo intiera-
mente degli peccati commessi, egli
è necessario che gl'elimenti della
cattiva concupiscenzia in tutto siano da noi estirpati e rasi, e con-
viensi che le troppo tenere e delicate
mente con studj più asperi si con-
fermino.

Altri regano gli popoli, altri
regano gli eserciti degli soldati;
la città del nostro animo a noi è
degli nostri pensieri esercito; noi
siamo sbattuti da questa con guerre civili e forestieri. Penseremo
noi il stato d' alcuna republica
esser più inquieto che quello della
nostra mente? Crediamo noi di qui
avere nimici più leggieri e più
debili, che non ebbe Scipione a Numanzia? Egli combatteva contro a
una cittade e contro a uno popolo;
noi guerreggiamo contro alla carne,
al mondo e contra li demonj: quali
nimici ti parono esser questi? Come
sono tutti d' uno volere! Quanto
son solliciti contra di noi e feroci!
Quello duca di sopra nominato,
cioè Scipione, andò allo esercito
corrotto di vizj, e successe alli capitani vinti e rotti; ma di noi che diremo? Siamo noi forse venuti nel
mondo poco tristo e poco corrotto
e poco pieno di pessimi esempli di
abominevole lascivia, non solamente
indutta dagli strani, ma eziandio da
li nostri? Quanti uomini avemo noi
veduti giacere a terra? Quante
fiate siamo noi caduti? A quanti
pericoli di cadere siamo noi sotto-

posti? Ogni casa d'intorno è piena di terrore; li nostri affetti sono debilitati e snervati, li nimici sono molti e robusti e invincibili, e il grave pericolo è apparecchiato; niuno luoco resta al sonno o vero alla pigrizia. Se noi desideriamo la salute e la vittoria, usiamo lo esemplo del vittorioso duca, poichè noi siamo eziandio duci e giudicatori delle nostre cose, e la paritade del pericolo richiede pari ed eguale cautela. Che parlo io? Anzi certamente noi abiamo maggior pericolo e maggior premio, perochè il proposito di quegli è di correggere solamente gli altrui vizj, e noi cerchiamo di correggere li altrui e gli nostri insieme; colui procurava il stato della patria mortale e che una fiata dovea mancare, e a sè acquistava gloria temporale, e noi cerchiamo la salute dell'anima immortale e la beatitudine della eterna vita. Pertanto proponemo e mettiamo innanti le cose maggiori alle minori, e le nostre alle altrui, discacciamo con somma diligenzia ciò che a questo proposito nuoce; e se tu domanderai come si farà questo? Bandeggerai tu li vizj, la

qual cosa nè le legge nè li regi
mai poterono fare? Prenderai tu
con nuove arte una via disperata in
questo tempo, per tirare ad effetto
e per ridurre al tuo intento cose
indissolubile e impossibile, cioè di
togliere per forza la lussuria agli
ricchi, li furti alli servi, li lamenti
alli poveri, la invidia al popolazzo,
la superbia alli nobili, li inganni
alle corte, li piaceri alla piazza, la
discordia alla moltitudine e l'avarizia quasi ad ogni uomo? Ben vorrei potere, ma non lo spero, e senza
dubio confesso, che più facil cosa
saria cavare tutto il sulfaro del
monte Etna ed il fango di tutte le
palude, che potere estirpare questi
mali, queste fiamme di vizj, queste
lordure di costumi della sentina
delle cittadi, dove propriamente è
la sedia di tale mercanzia, fra le
quali, benchè alcuna volta lo ingegno infelicemente felice cresca, nondimeno stimo esser maggior felicitade a stargli da lungi.

Che serà adunque? Io recorro
a quel mio famigliare e usato consiglio, cioè che noi fugiamo la peste
e li mali, alli quali noi non possiamo dare la fuga e discacciarli; e

a fare questo io so la vita solitaria
dare uno sicurissimo porto e molto
salutifero refugio ; della qual cosa
io ho disputato con tante parole,
ch' io temo di non esserti venuto
in fastidio, e che la solitudine non
ti paja esser più loquace che la
cittade.

Finisce il primo libro ; incomincia il secondo.

IN CORSO DI STAMPA

Il contrasto del Carnevale con la Quaresima.
Folgore da S. Geminiano. Rime.
Due Rappresentazioni del Suc. XVI.
Petrarca. Della Vita Solitaria Lib. 2°
Giustino. Volgarizzato nel Sec. XIV.
Il Sacco di Prato.

SCELTA

DI

CURIOSITÀ LETTERARIE

INEDITE O RARE

DAL SECOLO XIII AL XVII

in Appendice alla Collezione di Opere inedite o rare

DISPENSA CLXXI

Prezzo L. 8

Di questa SCELTA usciranno otto o dieci volumetti all'anno; la tiratura di essi verrà eseguita in numero non maggiore di esemplari 202: il prezzo sarà uniformato al numero dei fogli di ciascheduna dispensa, e alla quantità degli esemplari tirati: sesto, carta e caratteri, uguali al presente fascicolo.

Gaetano Romagnoli

Pubblicazione recentissima

MEMORIE

DEI PIÙ INSIGNI

PITTORI, SCULTORI E ARCHITETTI

DOMENICANI

DEL P. VINCENZO MARCHESE

DELLO STESSO ISTITUTO

QUARTA EDIZIONE ACCRESCIUTA E MIGLIORATA

Il Vol. I è di pag. XII-588 — Il Vol. II e di pag. IV-708

Il prezzo di entrambi i volumi resta fissato
in ital. L. 11, 60, più la spesa di affrancazione
in Cent. 62.

LA VITA SOLITARIA

DI

FRANCESCO PETRARCA

VOLGARIZZAMENTO INEDITO

DEL SECOLO XV

TRATTO DA UN CODICE DELL'AMBROSIANA

PEL

DOTT. ANTONIO CERUTI

LIBRO SECONDO

BOLOGNA
PRESSO GAETANO ROMAGNOLI
1879.

Edizione di soli 202 esemplari
ordinatamente numerati

N.° 64

Stabilimento Tipografico Successori Monti

LIBRO SECONDO

CAPITOLO I.

Accorgiomi nientedimeno al mio dire ancora restare qualche mancamento, e manifestamente vedo ciò che tu aspetti, cioè la cosa per sua natura valida e forte con esempli dovere essere armata. Longa è la istoria a voler narrare, che filosofi e che poeti sono entrati nella solitudine, acciò che si potessero levar con l'animo ad alto; ma molto più longa e più divulgata è quella delli santi uomini, che di sua propria volontà avendosi banditi dalle cittadi, con la sua santa presenzia hanno illustrata e fatta famosa la solitudine, degli quali se io voglio esquisitamente e con diligenzia parlare, non posso fare ch'io non dica cose molto note e massimamente a te, che a pieno ne se' informato. Non aspettare ch'io ti transcriva

1

le vite di coloro, che sono chiamati
padri, il qual titolo di libro stimo
che gli nostri abiano preso da Marco Varrone, che delle vite degli
padri scrisse, ma per un altro modo,
e non in tanto studioso per accendere gli animi alla divozione, quanto
per dar notizia di quel che altri non
sapesse.

Io non dirò in quale spelonca
stette nascosto sessanta anni Do-
roteo, nè come il padre Amone,
lasciata la moglie, che con virginal
continenzia longamente con esso sè
avea tenuto, solo passò il resto della
sua vita nel diserto del monte chiamato Nitria, e a l'ultimo rese la sua
felice anima a Dio, la quale dopo
il spazio di tredici giorni il beato
Antonio vide in compagnia degli
Angioli con somma letizia andare
al cielo. Non reciterò qual vita
menò in quel medesimo monte il
beato Pambo, che per le sue caute
risposte da alcuni scrittori non solamente è comparato ad Antonio,
ma preposto eziandio a quello; o
vero il suo discipolo Antonio, il
quale essendo richiesto vescovo per
forza, però che egli era molto studioso e molto dotto nella sacra

Scrittura, non potendo altrimenti
fugire e vedendosi preso, per non
essere privato della solitudine, con
le proprie mani si tagliò l' orecchia,
pensando per questa via almeno sè
non dovere essere atto allo offizio
episcopale; poi veduto che questa
arte poco gli valeva, minacciò a
coloro che di ciò lo infestavano, se
loro pure stessono fermi in quella
opinione, che lui si taglierìa la lingua, che di tanta importunità, quanta gli venia fatta, era cagione.

Non parlerò delle felice solitudine d'ambedua gli Maccarj, dove
facendo opere miracolose, l'uno alla
età di nonanta, e l'altro di cento
anni pervenne. Non toccarò come
Moiseo Etiopo di latrone fatto sacerdote, poi visse solitario servo di
Cristo, e come Arsenio di glorioso senatore divenne grandissimo appresso Idio; nè farò menzione di quella
voce celeste, che a lui disse: « Fuggi li uomini e serai salvo; » e di
quell'altra che disse: « O Arsenio,
fuggi, taci e riposati; » e come Paulo,
per cognome chiamato Simplice dalla puritade delli suoi costumi, fugito
dal vivere con la sua donna adultera, e andato alla solitudine, venne in

tanta dimestichezza e grazia di Cristo, che con purissimi certamente ed efficacissimi prieghi egli scacciò dello assediato petto di uno certo uomo il principe degli malvagi spiriti, il quale Antonio confessò non aver potuto scacciare. Non esponerò qual tentazione del corpo e dell'animo Pacomio e Stefano solitarj vecchi abiano vinte; non cercarò con che consiglio e con quanta sapienza Pafnuzio condusse al diserto tre amici di Dio, come al luoco più sicuro e più vicino a Dio, nè con quale ammirazione di virtù Elpidio trasse alla solitudine le brigate degli monachi, nè con qual carità Serapione per due fiate si fece schiavo degli uomini, a ciò che lui liberasse gli suoi patroni della servitù del peccato. Non narrarò la pietà di Efrem diacono, la constanzia di Elpidio, li sudori di Adolio, la misericordiosa severità di Innocenzio, la industria e le fatiche di Evagrio. Non investigherò in che solitudine Malco pascette la gregge del dispiatato signore, nè in quale spelonca lui stette nascoso con quella che lui fingeva tenere per sua donna, e come egli scampò della furia del suo padrone

che'l perseguiva, combattendo in
suo ajuto la leona. Non mostrarò
con quale virtù e con quanta intelligenzia delle cose future Giovanni
Egizio divenne famoso, dal quale
tanto dalla lungi Teodosio imperatore nelle cose dubiose dimandasse
risposte, e con il consiglio del solitario povero, pigliate le arme, me-
nasse a fine non solamente pietose,
ma grandissime e incredibili guerre.
Da questo medesimo un'altro capitano romano, inferiore di Teodosio,
impaurito per la terribile correria
e per la infinita moltitudine delli
Etiopi, e per alcuni assalti poco pro-
speramente fatti, non avendo ardire di venire alla battaglia, in quello stato non per ambasciadori, ma
lui presente avendo voluto inten-
dersi e consigliarsi con l'uomo di
Dio, levato a speranza di certa vittoria, destinatogli eziandio il giorno della battaglia, e che lui vincitore riportaria grandissime prede
delli inimici, e reacquisteria le cose
perdute per li suoi, e meriteria la
grazia dello imperatore, andò animosamente, e con grande sforzo
combattendo ruppe il nimico, ripor-
tò le spoglie e acquistò la grazia.

A questo uomo tanto santo e instrutto di tanta prescienzia delle future cose, se le presente e quelle che lui avea provate li debbono esser credute, odi che opinione sia la sua della solitudine. Io ho qui sotto scritte le medesime parole di quello, riferite da coloro che le odirono della sua bocca, a ciò che alcuno non pensi che io le abia mutate per dar favore al mio proposito. Egli dice: « L'abitazione più secreta e la solitaria conversazione molto giova; » ed in un altro luoco dice: « La conversazione più secreta e l'abitazione dell'eremo interiore molto giova a fuggire i pericoli e il cadere nel peccato, e ad acquistare la grazia di Dio, e a prendere più manifesta notizia e cognoscimento della divinità; e acciochè tu sappi lui avere usato li fatti simili alle parole, Ieronimo, scrittore di ciò che qui ho detto, dice: « Noi avemo veduto questo Giovanni nelle parti di Tebaida nell'eremo verso la cittade chiamata Ligo, starsi in la summità d'un monte molto alto e molto aspro; lo andare a quello è molto difficile, lo adito del suo monasterio è astrop-

pato (1) e chiuso in modo, che dallı
quaranta infino agli nonanta anni,
nel qual tempo noi lo vedemo, niuno mai vi entrò, ed a quelli che
venivano a lui, egli si lasciava per
una finestra vedere. » Non discrive-
rò l'abitacolo di Elia monaco, quasi più mirabile di tutti gli altri,
cioè l'orribile deserto, la smisurata solitudine e da non aguagliare
con alcuno parlare; come la spelonca sia molto scopulosa, e lo
sentiero di quella sia molto aspro
e stretto, il quale certamente offen-
deria gli pedi di qualunche ben leggieri e con buona avvertenzia li
ponesse, e ingannaria gli occhi di
coloro, che per quello andassero;
come il vecchio col corpo tutto tre-
mante, ma constantissimo nell' animo, di cento dieci anni della sua
etade, settanta integri ne avea forniti in quel luoco. Tu penserai da
per te medesimo, qual maestro costui abia potuto essere della vita
solitaria, che tanta dimora fece in
quella voluntade, ch' e' non pare
che mai sia stato d' altro proposi-

(1) Astroppato *non è voce registrata nei dizionarj*.

to; e questi nostri uomini si pensano patire gravissimo supplicio e tormento, se per tre giorni abandonano l'ambizione e il disordinato appetito degli onori e delle cose mondane, e lo effrenato desiderio della avarizia, e le taverne e gli altri luoghi disonesti e atti ad ogni generazione di lascivia e di lussuria.

Non tirerò in mezzo quello Eutichiano, che viveva in Olimpio, monte di Bitinia, nobilitato per la celeste grazia e per l'amicizia del gran principe terreno; non Teone, uomo mansueto e modesto e di niuno giuramento participe, nè mai mentitore, e mirabile per lo continovo silenzio di trenta anni, in somma erudizione e dottrina quasi di tutte le lettere; non Apolline abitatore di Tebaida, il quale quaranta anni stette nascosto nella intima solitudine, e nondimeno tanto non puotè nascondersi, che lo splendore degli suoi miracoli non lo manifestasse; non Beniamin vecchio idropico, famoso per lo morbo, e curando egli singularmente tutti gli infermi che gli venivano menati, e dalla sua enorme e grave infirmità niente si curava, e sempre confortava gli altri, e con somma caritade gli pregava, che per l'anima sua e non per lo corpo volessino fare orazione a Dio, aggiungendo quella degna parola, che il corpo, benchè fusse sano, mai non gli avea giovato. Non Epifanio, prima amatore della solitudine e nobilissimo abitatore dell'eremo, e poi dato per vescovo alla città di Cipro; o vero Afrate, povero vecchietto e mal vestito, per pietà e per lo zelo e amore della fede tratto delle sue spelonche in mezzo le cittadi per rispondere molto mordacemente e con somma asprezza al crudele imperatore; o vero Isaac monaco, che con le minacce del giudicio divino riprendeva la crudelitade di quello medesimo; o vero Macedonio, abitatore del giogo silvestre, uomo di infinita simplicitade e constanzia, il quale discese di alto monte per raffrenare l'impeto del pietoso certamente, ma adirato principe; non Acepsena, per spazio di sessanta anni nascosto nella sua cella, sempre tacito, e mai non veduto da alcuno uomo; non Zeumazio o Didimo, ciechi ambidui e molto nobili, che ogni offizio adempie-

vano, che a ciascuno piatoso e che
ottimamente vede se appartiene,
delli quali uno eziandio per lettere
fu molto chiaro e molto stimato;
non similmente molti altri, alli nomi degli quali li libri non seriano
capaci.

A l'ultimo, aciochè tu sappi
ch'io ho lasciate molte cose grande, perochè le sono divulgate, non
procederò a narrare come Antonio,
principe degli orientali monaci, passò fino dentro allo eremo prima
disabitato e a pena conosciuto dalle sole fiere; e come crescendo la
fama del suo nome, e concorren-
doli in gran moltitudine le brigate
delli infirmi per ricevere sanitate,
egli di ciò infastidito, e temendo
che quella tanta celebritade non
gli potesse resultare a vanagloria,
o vero potesse dar materia ad alcuno di qualche errore o di qualche falsa opinione di lui, mentre
che egli pensando di partirsi contento di pochi panni tolti per cami-
nare, siede appresso la ripa del fiume, una voce dal cielo venne sopra
di lui. Qual voce fu quella? Fu ella
forse simile a questa: « O Antonio,
fugi la solitudine, abita le cittadi:

la solitudine è luoco di tedio, le
cittadi sono luoco d'allegrezza e
di riposo; va in Alessandria, torna
nella tua patria? » O fu ella più
tosto tale: « O Antonio, se tu desideri di riposarti, va al presente più oltre nel diserto? » Alla
qual voce obediendo, offertogli la
guida della via, per divina volontade subito si parti di quella regione. Io lascio come egli stando
nel diserto, e sempre armato alla
battaglia, fu vincitore contro a tutti gli assalti degli demonj, e come
la filosofia e la sapienzia del mondo, nomi pieni di superbia, furono
confutate e calcate con fortissime
e chiarissime ragioni dall'umile e
indotto vecchietto; e come gl'im-
peratori romani, mossi per li miracoli della fama di quello, spesse fiate gli scrissero epistole famigliari,
onorandolo quasi come patre, e come grandemente si allegravano di
esser reputati degni di recevere le
risposte da quello; e come già vincitore in tante guerre spirituale, e
avendo trionfato degli eserciti sog-
giogati di tanti invisibili inimici,
pervenuto allo nonagesimo anno
della vita, e pensando sè essere solo

abitatore dello eremo, perochè alcuno uomo in quelli luoghi non ap-
pariva, per revelazione notturna li
fu notificato che egli dovesse cercare Paulo Tebeo, molto più antico e molto più rimoto abitatore
d'un'altra solitudine. Fu obediente
alla monizione, cercollo e ritrovol-
lo, veduti prima nella via molti e
varj orribili monstri; e come ritro-
vatosi insieme finalmente, e dopo
longo silenzio parlatosi alla ripa
del piccolo fonte e all'ombra della
antica palma nella secretissima spelonca, un pane mandato da cielo
sii stato ad abundante sufficienzia
a' dui fortissimi e antichi cavalieri
di Cristo, molto afflitti per lo lungo
digiuno; ed a l'ultimo come dopo
non molti giorni, lui addolorato con
molti pianti puose Paulo nella sepultura, ajutato dalle unghie de' leoni
in cavare la terra con offizio di
pietà non usato. In somma io non
dirò come egli, nascondendosi per
gli diserti, e con grandissimo studio
fuggendo ogni mondana gloria, egli
volesse la sua sepultura eziandio
essere ascosa, aciochè alcuno ven-
ticello del mondano favore non toccasse il suo freddo cenere. Nondi-

meno egli fu tanto nobilitato e fatto tanto glorioso, che Cristo dimostrò e fece noto il suo omicciuolo alla Africa, alla Spagna, alla Francia, alla Italia, alla Schiavonia e ad essa Roma, capo di tutte le cittadi, il quale primo era stato rinchiuso nelli luochi secreti della solitudine di Egitto, e nascosto quasi in un'altro mondo, a ciò ch'io usi le parole di Atanasio, erede e scrittore degli fatti di quello.

Non seguirò collo stilo, come Ilarione, nobile imitatore delle virtù di Antonio, fuggi nella solitudine, mosso prima per la fama e per lo vedere in spazio di sei mesi la vita di quello, e poi incitato dagli amaestramenti e dal presente esemplo, dove dalla sua gioventù perseverando infino alla vecchiezza, passò primieramente il tempo dello inverno e della estate sotto una piccola casuzza, e poi a l'ultimo sotto una cella non manco piccola, la quale più tosto aveva forma di sepoltura che di casa; e già cominciando quella solitudine a essere inquieta per le molte brigate degli uomini, che concorrevano al nome della sua fama, pensò partirsi di quel luoco,

la qual cosa essendosi publicata e
fatta manifesta, diecimilia uomini
impedirono il suo viaggio. Per questo dolore non mangiando lui e
quasi consumato, finalmente comportandolo il popolo, ma grandemente dolendosi e accompagnando-
lo, andò alli profondissimi deserti
e pervenne al luoco di Antonio, il
quale poco innanzi era rimasto voto
di tanto abitatore. Quivi trovati gli
discipoli di quello, con grandissimo
desiderio cercò ogni cosa, e vide
l'orticciuolo di quello felice vecchio, e il letticciuolo, dal quale era
salito al cielo, il che certamente è
cosa degna di pianto ad udirla e
piatosa a riferirla. In quello giacque alquanto con la dolce memoria
di tanto uomo, spesse volte abbrac-
ciandolo e baciandolo, come se ancora e' fusse tepido per lo giacere
di Antonio; e a ciò ch'io agiunga
qualche cosa, oltra quello ch'io ho
letto, confidatomi nel mio credere,
forse bagnando eziandio' l'altrui
letto con le proprie lacrime. Di qui
andando ad altre solitudine, però
che la fama invidiosa del suo riposo sempre li andava innanzi, alcuna fiata deliberò di occultamente

transferirsi alle nazioni barbare,
dove non essendo inteso nè conosciuto, egli potesse alquanto respi-
rare. Non dirò come perseguitan-
dolo quella medesima fama del suo
nome, lui navigò primamente in
Sicilia, poi in Dalmazia, finalmente
a l'isola di Cipro, molto dissimile
alli suoi costumi. Quivi nientedimeno avendovi trovato una aspe-
rissima grotta, si fermò in certo
luoco di quella, molto terribile e
molto remoto, secondo che narra
Jeronimo, scrittore e laudatore delle sue opere; e fattoli grandissima
guardia da ogni uomo, a ciò che ce-
latamente e' non si partisse, però
che publicamente già si teneva per
certo lui non dimorare per lungo
spazio di tempo in uno medesimo
luoco, pose fine alle sue fatiche e
alla vita nella preditta grotta, seguitando Antonio al cielo, il quale
esso con grandissimo studio avea
imitato in terra.

Passate adunque queste cose con
narrazione molto succinta, e lasciato da parte questi tali uomini, e
tacendo di molti altri di questa medesima qualitade, alli quali il solitario diserto è stato cielo in terra,

la qual lezione è molto copiosa e piacevole e varia e penetrativa e accesa, e ha in sè filo di pietosa materia e tessuta da grandi e nobili ingegni, secondo la propria natura d'essa, e per l'arte degli scrittori molto è dilettevole, raccoglierò delle scritture più secrete alcuni esempli meno triti e meno divulgati, come qui di sotto per me serà dimostrato.

CAPITOLO II.

Ed acciò ch'io cominci dagli primi, niuno fu mai più felice di quello Adam, comune padre della umana generazione. Mentre che fu solo, stette nella grazia di Dio, e accompagnato cadde nel peccato; solo fu cittadino della beata patria, e accompagnato divenne peregrino dello infelice esiglio; solo visse in riposo e allegrezza, e accompagnato visse in fatiche e in molti dolori; infine solo era stato immortale, e datogli la compagnia, divenne mortale. E di qui fu facil cosa a prendere chiaro e nobile augurio di quello, che li suoi successori dovessino sperare dalla feminile compagnia.

CAPITOLO III.

Ma per non mi fermare longamente nella prima entrata, e
per discostarmi alquanto dal so-
pradetto esemplo, quello grande
Abraam, padre di molte gente, non
nelli palazzi nè fra le delicatezze
civili, ma ne' tabernacoli e nelle
convalli meritò di parlare con esso
Idio, e che quelle magnifiche pro-
missioni gli fussino fatte, che in noi
ultimi, e volesse Idio che non pessimi di tutti gli uomini, sono adem-
pite. Quello medesimo non nella
corte coperta di razzi e adornata
di suttilissime tovaglie, ma sopra
la erbosa terra in luoco salvatico,
e come recita il testo del Genesi,
in una valle cinta intorno dai monti, e come scrive Josefo, appresso
la Illice di Mambra, si sedea, quando egli fu reputato degno di avere
gli Angioli di Dio al suo convito;
e acciò che per avventura noi non
crediamo altro che quello che le
parole suonano, non certamente
sotto li dorati travi delle case, ma
sotto l'ombra della quercia fu celebrato il rustical convito; e quello

2

uomo santissimo e d'ogni divino favore dignissimo fu di tanta obedienzia, che per non disubidire agli comandamenti di Dio, non volea perdonare al suo unigenito figliuolo. Ma lasciate le altre parte della sua lode, delle quali forse per altro tempo e in altro luoco più idoneo e più conveniente mi sarà concesso il dire, per la considerazione delle quali non ci dovemo maravigliare, se tale uomo fu abbracciato strettamente dalla divinità, senza dubio questa cosa fu grande, che fugendo l'ancilla egizia di quello, per suo merito fu da l'Angelo rivocata; e un'altra volta essendo ella posta in somma estremitade e come disperata, di nuovo fu da quello medesimo Angelo recreata. E per ritornare al proposito mio, l'una di queste dua cose fu appresso ad un fonte d'acqua, l'altra avvenne sotto una arbore; l'una e l'altra certamente fu fatta nella solitudine; onde non ci dobbiamo maravigliare, se il fanciullo che lei portava in suo braccio, compagno della sua fuga, campò nel diserto, e se poi crescendo, egli fu raccordevole del celestiale benefizio e divenne solitario.

CAPITOLO IV.

Che pensi tu che facesse Isac, figliuolo di costui, quando di terra estranea e molto lontana a lui fu condutta la moglie feconda e molto atta a procreare figliuoli? Era egli forse nella piazza? Faceva egli orazione al popolo? Erano esercitati gli giudicj da lui? Comperavasi o vendevasi alcuna cosa in presto, o vero riscoteva le prestate? Overo rendeva le ricevute? Niente di quello ch'io dico, al tutto si faceva; che adunque? Lui allora andava a spasso per la via che mena al pozzo, chiamato Vivente e Vidente; e bene meritamente vivente e vidente, cioè che in eterno vive e vede ogni cosa, non intendendo del sole, come Ovidio e Apulejo hanno ditto, ma di Dio onnipotente, creatore del sole e delle stelle e di tutte le altre cose, appresso del quale è il pozzo vero, come parla il Salmista, la fontana della vita, a la quale non si perviene per dormire nè per festeggiare, ma andando per la diritta via. E seguendo dice egli, abitava in terra sottopo-

sta al mezzo giorno, e inclinando
già il dì, era uscito a contemplare
nel campo. Io non credo che alcuna di queste parole sia detta senza grandissimo misterio; che pensi tu per che cagione si dica, che lui abitava in terra sottoposta al mezzo giorno, umile e bassa e chiara e molto calda per la vicinità del sole? E perchè si dice ch'ei fusse uscito fuori, se non per intendere che fussi uscito della casa del suo corpo, cioè fuori di sè medesimo e della prigione della mortale miseria, non per darsi ad ozio lascivo, ma per meditare e per darsi alla contemplazione? Deh! dimmi, che altra vita è quella dell'uomo? O che altra cosa facendo dissimile a questa, potremo noi parere differenti dagli animali bruti e irrazionali? Cicerone parlando degnamente, dice:
« Il pensare è vita a l'uomo dotto, e per far questo le ville sono molto più atte che le cittadi o li teatri. »
Oltra di questo, parlando la Scrittura degli fatti di Isac, dice che lui avea eletto tempo molto comodo, inclinandosi già il giorno, imperocchè niuno luoco, niuna parte della età è più atta e più comoda

che la solitudine rusticana e la tranquillità della vita più riposata, la quale passato il giovenile fervore, e a ciò ch'io dica così, lasciato dopo le spalle le ore del mezzo giorno, già risguarda inverso la sera.

CAPITOLO V.

Che faceva eziandio Jacob, maggiore di tutti gli patriarci, figliuolo del prenominato Isac e del grande Abraam nipote, quando egli vide quella scala dirizzata fino al cielo, e gli Angioli che ascendeano e discendeano, e il Signore Idio appoggiato a quella? Dove pensiamo noi ch'ei fusse? In qualche gran cittade? In bellissima casa? In ricco letto? Lui era non solamente lontano dalle cittadi, ma eziandio dalle case; e a ciò che io non muti le parole di Ioseph, per lo grande odio che gli portavano gli provinciali, non volle intrare in casa d'alcuno, ma giacea all'aere discoperto, ponendosi le pietre sotto il capo. Gli Angioli di Dio si feciono allo incontro a quel medesimo, che ritornava nella patria con due sue mogliere, e con la brigata degli figliuoli, e con li servi e con le ancille, e con tutti li suoi greggi accresciuti in grandissima quantità. Ma dove dormiva egli? Forse nelle cittadi? Mai no, anzi andava per lo principiato camino, e non avendolo ancora compiuto quello lottator notturno, onde il novo e sconosciuto nome è durato fino alli successori, apparve a quel medesimo non in lo circuito della città, nè fra la moltitudine degli uomini, ma nel passar del fiume, essendo lui rimasto solo.

CAPITOLO VI.

Dove era quello Moise tanto famigliarissimo a Dio, quando lui ottenne la legge, parlando con esso Idio, e la salute del popolo e la gloriosa vittoria, assente e solo e colle sole arme delle preghiere! Certamente non in alcuna delle città di Siria o d'Egitto, ma nelle selve e nella salita d'uno altissimo monte. Lui era nella solitudine, quando e' constrinse le aque amarissime divenire dolci, mettendoli drento un piccolo legnetto; quando lui fece quelli miracoli, li quali con

gran fatica siamo sufficienti a leg-
gerli, non che a recitargli; quando
lui fece provisione al grande esercito, dove erano molti injusti e ingrati contr'a Dio e contro agli uomini; e quando lui procurò la mirabile abondanzia nella somma carestia delle cose necessarie al popolo, esso non sedeva sopra la dorata sedia, ma stavasi nella aspera
solitudine.

Quando il popolo affamato in
campo raccolse le coturnice e le
quaglie, cadute da cielo in grandissima copia, e bevette abondante-
mente l'aqua dolce, uscita della
grotta che lui percosse; e quando
lui ottenne per quaranta anni nel
diserto quel divino e incredibile cibo, non sottoposto alla cupidità nè
alla parsimonia, lui non lo ebbe
nelle cittadi, nè anche nella piazza
degli disordinati desiderj, ma fugli
destinato dal cielo, stando in luoco
salvatico e solitario.

Vedi tu quanto la solitudine è
amica alli benefizj e alli parlamenti
divini, e quanta domestichezza ella
ha con esso gli Angioli? Però manco mi maraviglio, che la solitudine
fusse deputata ed eletta nella glo-

riosa morte di quello uomo, alla
famosa vita del quale ella era tanto piaciuta; con ciò sia che essendosi lui per partire del numero degli uomini, Idio parlandoli, il che
prima al suo fratello era intervenuto, non gli comandò che lui andasse
in alcuna cittade, ma disse: «Ascen-
di sopra il monte e muori;» e se io
non mi inganno, questa cosa debbe
essere diligentissimamente conside-
rata per noi in ogni consiglio e deliberazione della nostra vita e della
nostra morte.

CAPITOLO VII.

Che replicherò io ogni cosa ad
una ad una? Tutte le Scritture sono
piene d'esempli. Dove era Elia, quando lui fu nobilitato per li gloriosi
miracoli? Dove era egli, quando morendo li popoli di fame per le città, li solleciti corvi per comandamento divino pascerono quello nascosto nella solitudine? E quando
nella sommità del monte Carmelo
inginocchiatosi in terra mollificò
con la insperata pioggia la siccità,
che per tre anni continovi avea
afflitto le terre e li popoli? Dove

era egli, quando lui favorito dal popolo summerse nel torrente Cison ottocento cinquanta falsi profeti, in quel medesimo monte Carmelo vinti da lui per lo giudicio di Dio e per la testimonianza del sacrificio? Per la qual cosa dando luoco alle minacce e al furore della adirata regina, si nascose per lo diserto, dove essendosi addormentato sotto l'ombra d'uno ginepro, l'Angelo il destò e ammonillo che mangiasse non cibo di gran pregio, ma di tanta virtù, che per la fortezza di quello lui potesse digiunando compire il viaggio di quaranta giorni e di altrettante notte; e poi che lui l'ebbe compito, vedi come stando nella spelonca e visitato col parlare di Dio, è mandato a ungere li regi e li profeti; e come sedendo sopra l'alto monte, con fiducia inestimabile comanda che il fuoco da cielo descenda sopra li cinquanta familiari del re, e subito è obedito; e come con secco piede lui passa il fiume Giordano, diviso in due parti per lo toccare della sua vestimenta, portando somma reverenzia gli elementi al solitario e santo uomo. Io ti domando dove

era Elia, mentre che lui faceva queste cose? Nella solitudine certamente, e di qui finalmente fu rapito al
cielo con lo infiammato carro.

Dove era Eliseo, quando lui con-
seguì lo doppio spirito del rapito
duca, e quando lui restituì a l'amico che piangeva, il ferro che notava
sopra l'aqua contro alla natura e
consuetudine sua? Quando lui sov-
venne a tre regi e ad altri tanti
eserciti che non perisseno di sete,
riempiendosi il torrente d'aqua senza alcuna piova? Le due prime cose
furon fatte appresso la ripa del fiume Giordano, la terza intervenne
nel diserto di Idumea. Superfluo è
a domandare dove egli era, quando
divise le aque per lo toccare del
mantello del suo maestro; lui solo
passò il fime Giordano, essendo passato prima accompagnato. In fine
dove erano tanti profeti, quando
furono fatti gloriosi per le loro visioni tanto certe e tanto bene col
divinante spirito antivedute e dette? Il che al presente saria lungo
a volerne ordinatamente parlare;
e non solamente li profeti, ma eziandio li loro figliuoli monaci, come
dice Jeronimo, e come nel Testa-

mento vecchio si legge, edificavano
casette appresso le ripe del Giordano, e abbandonate le brigate degli uomini e le cittadi, con polenta
e con erbe salvatiche produceano
la lor vita.

CAPITOLO VIII.

Certamente e' non mi pare che
Jeremia debbi esser passato con silenzio, il quale con parole diede
manifesta testimonianza di questa
vita, dove lui dice: « Egli è ben fatto, tacendo, aspettare la salute che
da Dio procede; utile cosa è all'uomo avere portato il giogo del
Signore dal principio della sua gioventù; » e quasi diffiniendo tale opere non potere essere fatte se non
nella solitudine, dopo le preditte cose aggiunse: « Lui sederà solitario
e tacerà, però che egli ha levato
sè sopra di sè. Ecco che io odo la
felice pazienzia dello aspettante, odo
il supportamento del giogo del Signore, molto migliore d'ogni libertade; odo la devozione dell'animo,
odo il riposo del sedere, odo il silenzio non una fiata, ma dal principio alla fine essere osservato. »

O vita veramente pacifica e molto simile alla celeste, o vita assai migliore di tutte le altre vite, vita vacua di fatiche e capace di tanti beni, dove si aspetta la salute, e dove il suave giogo del Signore è tollerato, dove si tace e dove si siede, e dove sedendo si lieva; vita salutare agli uomini, terribile e odiosa alli demoni! La qual cosa se così non fusse, senza dubio loro non infesteriano con tante e con varie generazioni di tentazioni quelli che sono intrati in essa. Vita reformatrice dell'anima, reparatrice delli costumi, innovatrice delli boni desiderj, lavatrice delle immundizie, purgatrice delli peccati, consigliera di Dio e degli uomini, restauratrice di innumerabili ruine; vita che dispregi gli corpi, ami e adorni gl'ingegni, raffrenatrice degli strabocchevoli e svegliatrice degli pigri; madre degli nobili appetiti, santa nutrice delle virtù, che colle tue sante operazioni domi e occidi tutti li vizj; palestra degli abbracciatori, arena de' corridori, campo de' combattitori, arco di trionfanti, libreria di lettori, cella di quelli che pensano a cose degne, loco secreto

di coloro, che sono intenti all' orazione, e monte atto alla contemplazione! E che dirò io, se non ogni
cosa insieme? Vita felice e attissima a tutte le buone operazioni, vita filosofica, santa, profetica, vita
non senza cagione detta singulare, e se io ardissi di dire quello
ch'io sento, vita tanto singulare,
che sola sei vita! A tutte le altre
si confà il detto di Cicerone e di
Agostino seguitatore di quello, cioè
che questa nostra che è chiamata
vita, più tosto è morte. O vita finalmente incognita a ciascuno, eccetto
a chi ti pruova; e come tu se' amata da qualunque ti possiede, così
eziandio dovresti esser molto desiderata da chi non ti possiede. La
qual cosa quel medesimo Ieremia
sapeva molto bene, e avendo noi
seguito quello, che nella publica ca-
lamità desiderava insieme le pia-
tose lacrime e la solitudine a ciò
opportuna e comoda con le preditte parole, siamo pervenuti ad accrescere le lode di questa medesima vita. Egli dice: « Chi darà aqua
al mio capo e fontana di lacrime
agli occhi miei? » E sapiendo questa
fontana non surgere nelle cittadi,

nè eziandio fra la moltitudine degli uomini, seguendo aggiunse: « Chi mi darà nella solitudine alloggiamento di peregrini? »

Molto facil cosa è a pensare ciò che a noi si convenga, quando quello uomo, tanto prossimo a Dio e pieno del spirito di Dio, si riduce allo ufficio degno degli uomini e di sè medesimo, cioè a piangere gli morti del suo popolo, e insieme chiede la solitudine e la piatà, quasi come lui non sperasse di potere aver l'una senza l'altra; onde non mi par da dispregiare quella parte, che avendo lui desiderato abitacolo nella solitudine, subito aggiungendo disse: « E io abandonerò il mio popolo e partiromi da quello, perochè tutti sono adulteri e non osservano le leggi; » ed oltra di questo, piangendo narra cose, che l'animo mio, non voglio dire a parlarne, ma pure a farne pensiero, sopra tutto si spaventa, tanto propriamente oggidì si confanno alli nostri popoli: tanto poco, anzi tanto niente di fede si vede, niente di vero, niente di sicuro è in alcuno luoco, e benchè loro siano chiamati uomini, niente di meno in sè non hanno alcuna spezie d'uma-

nità, eccetto che la umana effigie;
onde se bene altra cagione a ciò
non mi inducesse, certamente questa è massima e justissima di fare
ch'io ami la solitudine, e che quanto posso, io fugia lungi dalle cittadi.

CAPITOLO IX.

Ma perchè io non para essermi
dimenticato delle cose moderne per
la reverenzia della antiquità, quello
Silvestro, primo degli pontifici ricchi, avendo trovato luoco atto alli
suoi costumi, e avendo nome conveniente al luoco, stette nascosto
nel monte di Soratte, aspero e silvestro; e certo se non è vergogna
ad udire la veritate, sono proce-
dute dalla umile e inornata solitudine queste ricchezze e queste pompe, le quali con gran fatica posson
capere nelle cittadi. Crediamo noi
che in quella si sia trovato la consuetudine di portare la calza dorata,
e i bastoni d'avorio, e il pastorale
ricurvo con ornamento civile in memoria della rustica origine; e per
lo simile il manto di ardente porpora, e la diadema risplendente per

la innumerabile quantità delle priete preziose. Fu la predetta solitudine cagione di porre innanti la
chinea bianca come neve, e la sedia
d'oro, e l'ombracolo di seta e d'oro,
disteso sopra il venerabile capo.
Infine è nata di qui questa foggia
d'abito trionfale, e tutto questo
stato della Chiesa militante, come
si dice, ma a dir meglio, che già
largamente regna, il quale stato li
regi grandemente si maravigliano
essere uscito delle selve; e se alcuno con esquisita diligenzia il con-
sidererà fra sè medesimo, non so s'e'
negherà la solitudine non dovere
esser onorata, s'ella è stata principio di tanta venerazione. Ma seguitiamo più oltre.

CAPITOLO X.

Ambrosio e per volontà e per
comandamento di Dio posto alla cura del gran popolo di Milano, benchè per lo suo debito tanto necessario e per la conscienzia di tanto
officio non ardisse continovamente
di menare vita solitaria, nientedimeno ogni volta e per qualunque

modo che a lui fu possibile, dimostrò qual fusse il suo sommo desiderio. Egli abitò nella estrema parte della città, come oggidì è il circuito delle mura, dove ancora è il sacro corpo e la santa casa fondata da quel medesimo, molto famosa per la somma devozione, e frequentata per li grandissimi concorsi del popolo ; il qual luoco, quanto per certi indizj si può comprendere, era molto rimoto e al tutto solitario. Oltra di questo quante volte lui era libero dalla cura del suo vescovado e alleggierito dalle fatiche, che lui portò gravissime per discacciare li Arriani dalla chiesa, furandosi alquanto dalle faccende, si solea ridurre nella più secreta solitudine che potea. Appresso la cittade era una selva idonea e atta alla contemplazione; in mezzo questa era una piccola casa, capace di questo grande certamente, ma umile uomo, la quale molto più degnamente che la casa metapontina di Pitagora, fu convertita in forma di piccolo tempio. Al presente il bosco è stirpato, e mutato l'abito del luoco, il nome ancora è rimasto, e vulgarmente si chiama il bosco d'Ambrosio, posto

a mano sinistra dal lato di settentrione, e pure in questo anno (1) famoso per li grandissimi movimenti,
che per tutto sono; e per la ruina
di molte cose il ditto bosco è stato
rinchiuso drento dalla città, e collo
accresciuto circuito serra le ultime
parte di quella.

Pertanto io odo e credo lui spar-
se in quel luoco gli dolci fiori delli suoi
libri, degli quali oggidì per tutti li
luochi della chiesa è il suavissimo
gusto e l'odore molto odorifico; ed
acciò ch'io adduca una sola testimonianza di tutte le altre, non solamente degli atti, ma delle parole di
questo uomo, egli scrivendo a Sabino
in una epistola dice: « Io persevererò,
quando sono solo, di parlarti più
spesse fiate col mio scrivere; » poi
usurpando quella parola di Scipione,
soggiunge: « Io non sono mai men
solo, che quando ad altri pare ch'io
sia solo, nè mai sono meno ozioso,
che quando sono ozioso. Certamente io chiamo qualunque voglio, secondo che mi piace, e tengo ap-

(1) *Il testo latino dice:* « quod amnis hic undique
magnis motibus et multa rerum collisione memora-
bilis intra urbem ipsam, et extrema rapto molimine
aucti ambitus septa conclusit. »

presso di me coloro ch'io più amo,
e che mi pare che più tosto io debbo eleggere. Niuno interrompe gli
mia ragionamenti, niuno mi dà molestia. Adunque io ti tengo allora
più, e con esso teco conferisco le
scritture, e insieme facciamo lunghissimi parlari. Maria era sola e
parlava con l'Angelo, ed era sola
quando lo Spirito Santo sopravvenne in lei, e la virtù dell'Altissimo
le fece ombra; sola era quando ella
operò la salute del mondo e concepette il Redentore di tutte le cose.
Pietro era solo, e conobbe gli misterj di consecrare le genti per
tutto il mondo. Solo era Adam, e
non prevaricò nè trapassò li comandamenti di Dio, perochè la mente
di quello era ferma in Dio; poi che
la donna li fu aggiunta, lui non
potè osservare li celesti comandamenti; » e a ciò che in questo luoco
io mi meschi alquanto col dire d'Ambrosio, non tacerò quello, che molti
fingono di non intendere esser noto
ad ogni uomo.

Niuno veneno è tanto pestifero
a quelli che seguitano questa vita,
quanto la compagnia della donna,
perochè la feminil bellezza quanto

egli è più lusinghevole, tanto più è da temere, e tanto più è mortifera, a ciò che io non dica degli suoi costumi, di che niuna cosa al tutto è più instabile e più nimica e contraria al desiderio del riposo.

Tu che cerchi di vivere in pace, guardati dalla femina, perpetua bottega di questioni e di fatiche; rare volte abitò il riposo e la femina sotto un medesimo tetto, e come dice il Satiro, il letto dove giace la donna maritata, sempre ha lite e mutue questioni e discordie, e molto poco si dorme in esso, se forse il giacere con concubina non fusse più tranquillo, che ha in sè minor fede, e maggior infamia ne segue, e il litigio e pari. Anche quel detto del famoso oratore è molto elegante: « Qualunque non litiga, è senza donna. » Che cosa adunque si può aver migliore, che non litigare? Ma dimmi, per Dio, qual felicità può esser maggiore della solitudine, massimamente nel tempo della notte e del silenzio e del riposo e della libertà del letticciuolo; e però niuna cosa è più beata che il vivere senza donna, e niuno luoco è più atto a perseverare in questa opinione, che il vivere nella solitudine.

Tu adunque che fuggi la lite, fuggi eziandio la femina ; con gran fatica fuggirai una di queste cose senza l'altra, e benchè gli costumi della femina siano piacevolissimi e umanissimi, il che rare volte noi veggiamo, nondimeno la sua presenzia, e a ciò ch'io dica così, la sua ombra è molto nociva ; e s'io merito che mi sia dato fede, il volto e le parole d'essa debbono essere schifati e fuggiti da tutti coloro, che cercano la solitaria pace, non altrimenti non dico che la serpe, ma come l'aspetto del basilisco, però che con gli occhi e col toccare avvelena e occide non meno che si faccia il basilisco. E di chi credi tu, che più tosto si voglia dire che di noi la sentenzia di Virgilio vera e propria ? Dove egli così dice: « Certamente la femina a poco a poco col guardare toglie la forza e infiamma, e fa porre in oblivione li boschi e le erbe. Senza dubio che per lo solo guardare della femina siano tolte le forze del corpo e dell'animo, e siano come bruciate. » Si poteva intendere ciò esser detto di tutti coloro, che sono estenuati e accesi da questa peste ; ma sì come

Virgilio, parlando degli cavalli e degli buoi, disse che quella peste gli toglieva la memoria degli boschi e delle erbe, se lui così avesse voluto parlare degli uomini, di quali altri più tosto che di noi parrebbe che lui avesse inteso, che sempre abiamo singular piacere degli boschi e delle erbe? E per tanto io annunzio di novo a tutti coloro, che hanno proposto di conservar la sua castitade santamente e con onestade, e massimamente a noi che siamo in questo pensiero, che le lusinghe delle donne siano fugite e schifate con ogni studio e diligenzia; e se alcuno di questo farà poca stima, sappia che così come il primo uomo fu cacciato del paradiso terrestre, non altrimenti lui sarà cacciato del paradiso della solitudine.

Ma ora ritorno ad Ambrosio, che concludendo quella epistola scritta a Sabino, dice: « Egli è manifesto per queste cose, che quando siamo soli, allora noi ci offeriamo a Dio, e aprendoli la nostra mente, allora noi ci spogliamo la vestimenta dello inganno; » e dette queste cose, di novo fa memoria del primo

padre, dicendo: « Adam era solo,
quando Idio il pose nel paradiso.
Solo era il nostro Signor Jesu,
quando lui redimette il mondo, perochè non per ambasciadori nè per
messaggi, ma esso Signore solo
fece salvo il suo popolo, benchè
egli mai non sia solo, essendo in
lui sempre il Padre. » A l'ultimo
concludendo prudentemente la epistola, aggiunge: « Siamo adunque
soli, acciochè il Signore Idio sia
con esso noi; » e però noi dovemo
tirare al nostro proposito questo
consiglio e farlo eziandio nostro,
a ciò che non para che il santo uomo
l'abia voluto dare al suo Sabino
solamente.

CAPITOLO XI.

Noi sapemo Martino con tanto
ardore d'animo fino dalla sua puerizia aver desiderato a certo modo
l'abito della vita solitaria, e poi
subito come lui potè per la età, e
per la occupazione della necessaria
cavalleria li fu lecito, averlo pigliato sì studiosamente, che essendo
ordinato vescovo, non lasciò il costume già cominciato da lui nella

privata vita. Severo, che fu presente alli fatti di quello, e che
escrisse la istoria della sua vita, è
autore di ciò che noi dicemo, nel
qual tempo noi abiamo inteso, che
soleva lamentarsi sè essere stato
di maggior virtù innanti ch'ei divenisse vescovo. Questa è cosa da
maravigliarsi, perochè quantunche
sia credibile, che quello uomo non
avesse in sè se non cosa *grande*
e perfetta, ñientedimeno essendo
lui gravato del fascio episcopale *e*
pontificale, gli pareva ricordarsi
che nel tempo che egli era più
espedito e più libero, vivendo solitario, l'animo suo era dato a più
alta e più degna *contemplazione*;
onde niuno si debbe maravigliare
lui prima libero e sciolto aver frequentato le solitudini, le quali da
poi eziandio servo dello offizio,
mentre che gli fu possibile, non
cessò di frequentare; e per non
investigare tutte le sue opere, il
che sarebbe lungo e difficile, dicesi
che egli passò certo tempo della
sua vita primamente nella città di
Milano in certo monasterio, che
ancora in pedi si vede, edificato da
lui, oltra quelli che in molti e in

diversi luòchi avea prima edificati,
il quale monasterio era vicino alla
casa d'Ambrosio e alle mura della
città, in luoco eziandio al presente
solitario e molto reposto.

Ambrosio già vescovo era usato
di venir solo occultamente a questo
uomo, rallegrandosi della sua vicinità, e desiderosamente stava con
esso lui quanto egli poteva. O buon
Jesu, qual coppia d'uomini! Che sospiri! Che parlari! Io non dubiterò di
dire, che ciò che gli principi comandano, ciò che li consoli deliberano,
ciò che li pretori e li officiali ban-
discono, ciò che li fattori della legge
ordinano, ciò che li popoli ciarlano,
ciò che li filosofi disputano, ciò che
li retorici con le loro eloquente
orazioni parlano, e ciò che li sofi-
sti con suttilissime ligationi conten-
dono, a rispetto di quel sacro e
tranquillo colloquio esser puerile
e simplice frasche. Orazio poeta
era a Sinuessa, quando Plozio e
Varo e Virgilio li vennono incontro; certamente questa fu una
bella compagnia d'uomini dottissimi
e domestichi insieme e amicissimi,
e però lui dice : « Oh che abbracciamenti e quante allegrezze furono

le nostre ! » Io lo credo e tengo per
fermo, molte cose in quel tempo
fra quelli tali uomini essere state
dette piacevolissimamente e con
grandissimo ornato di parlare; ma
ben mi persuado eziandio più dolci
abbracciamenti e più santa letizia
essere stata a Milano fra Ambrosio
e Martino. Mostrasi al presente il
luoco, dove si dice che loro solevano ridursi e parlarsi insieme, e
a queste visitazioni e parlamenti
io vorria più tosto che mi fusse
concesso esserli stato presente, che
alli consigli, che tutti li regi, riscaldati oltramodo dal vino o dalla
avarizia o dalla crudelità, sogliono
fare con li suoi gentiluomini e baroni. O solitudine adunque felice,
e benchè meno ardente e meno
aspera, tuttavia non meno gloriosa
di quella di Tebaide, la quale in un
medesimo tempo meritasti d'avere
due tanti e tali abitatori !

CAPITOLO XII.

E' non ci lascia ancora uscire
di Milano un'altro grande abitatore
di quella città, cioè Augustino, il
quale macchiato e pieno di pessimi

errori. Dìò padre piatoso dette ad
Ambrosio dotto medico, quasi come
figliuolo infermo, a ciò che poi, lava-
to delle salutifere aque e curato
diligentemente, lo restituisse a Dio.
Essendogli adunque ignoto ciò che
la divina pietà occultamente si ap-
parecchiava di fare, venendo a Milano, dove allora la fama di santo
Ambrosio era in fiore, dèliberò finalmente di voler mutare vita; e abbandonata la città, desiderò la solitudine della villa, acciò che colui
che con molti prima era impazzito,
solo da poi divenisse prudente e
savio. La predetta villa da esso
Augustino è chiamata Caseato, e fino
a questo giorno dura il suo nome.
Noi avemo eziandio inteso per lo
scrivere suo ciò che lui fece, e qual
fu il suo governo in quel medesimo
giorno, nel quale essendo nella città,
primamente e' si accese di questo
santo desiderio, reggendo Idio la
nave del suo consiglio fra quelle
tempestadi del dubio e vacillante
animo, acciò che potesse pervenire
alla terra dei viventi e al porto di
salute. Veramente egli non andò
in publico, nè con la tromba fece
noto al popolo ciò ch'e' volesse fare.

ma lasciato il compagno per aver
commodità di piangere più liberamente, andò in luoco tanto remoto, che
la presenzia d'alcuno non lo potesse
impedire; e fece elezione d'uno
secreto angolo del suo orto, il che
la qualità del luoco e del tempo li
permetteva e dava in cambio di
solitudine. Quivi amarissimamente
con sè medesimo parlando, fra gli
singhiozzi e le lacrime svegliandosi
e cavandosi li capelli, e percoten-
dosi la faccia, e abbracciandosi il
ginocchio con le mane insieme congiunte, e facendo tutte quelle cose,
a che suole indurre il grande e
santo dolore, a l'ultimo prese ferma
deliberazione di seguire il partito,
onde egli in perpetuo meritamente
si potesse rallegrare; e così per
tutto il tempo della sua vita dicesi
che egli si dilettò molto di luochi
solitarj e quieti, e fra gli altri gli
piacque molto l'ozio del monte Pi-
sano, dove lui stette longamente in
abito eremitico, e scrisse agli eremiti di quel luoco un libro intitolato
del suo nome.

Ma perchè ora non è il tempo
di recitare le infinite scritture di
quello uomo sopra questa materia.

io sarò contento di narrare una sola
testimonianza delle sue opere, brieve
certamente, ma aperta e chiara.
Esponendo egli adunque lo Evange-
lio di Giovanni, disse: « Difficil cosa
è a vedere Cristo fra la moltitudine;
è necessario che la nostra mente
abia certa solitudine. Dio si vede
per la solitudine della intenzione.
La moltitudine non è senza strepito;
questa visione desidera il secreto. »
Odi tu come cautamente, per voler
vedere Idio, egli disse ogni solitudine non esser necessaria, ma solo
quella della intenzione, volendo che
si intendessi, che infino a tanto che
la mente dell'uomo ha le sue perturbazioni e li suoi affannosi movimenti drento da sè, la solitudine
del corpo non porgere molto ajuto
per assottigliare e per purgare gli
occhi, che possino esser capaci di
tanta luce.

Ora poi che di questi tre santi
uomini per noi è stato ditto, non
solamente di Milano, ma eziandio
di Italia lascieremo che il nostro
stilo si diparta.

CAPITOLO XIII.

Io tacio al presente Basilio, laudatore di questa vita, tacio il grande uomo Gregorio Nazianzeno; non tacerò il famoso discepolo di costui. Jeronimo, lasciata la città di Roma e dispregiate le ricchezze romane, allusingato dalla speranza e dal desiderio della eterna patria, e come lui confessa, indotto per la paura dello inferno, si nascose primamente nella gran solitudine, che dava orribile abitacolo agli monaci; la quale, scrivendo della virginitade ad Eustochia, nobile femina romana, egli usando la parola di Sallustio, narra essere adusta e bruciata dagli smisurati ardori del sole; dove forniti alquanti anni con faticosa milizia contro le tentazioni della indomita carne e contro al consentimento dell'animo, che con essa facilmente si concordava, benchè vincitore nella battaglia, non ritornò però a Roma, quasi come sicuro per trionfare, anzi con gran fretta inverso i luoghi secreti di Bettalem dirizzò la fuga.

CAPITOLO XIV.

Paula, santa e piatosa e illustre, e a ciò ch'io dica molte cose sotto brevitade, veramente femina romana, in quelli medesimi luoghi stette nascosta, e per poter morire alla presepe, dove nacque il nostro Signore, facilmente si dimenticò della sua propria bellezza e delle sua singolar virtù, e dove e come la fusse nata. La gloriosa vita e il felice esito di costei esso Jeronimo dipinse con epigramma tanto risplendente e nobile, che maggior modestia sarà la mia a tacere, che dopo lui a parlare di simile materia. Che cosa degna posso io dire di lei, parlandone succintamente? E che posso io chiudere nella piccola particella della mia operetta, essendovisi fermato sopra col suo ornatissimo dire quello uomo di tanto ingegno per tal modo, che stringendolo la caritade e il dolore, egli scrisse di fatti suoi giusto e gran volume, quantunque io sapia, e anche Jeronimo non lo niega, essere stati alcuni, che con invidioso e maligno dente hanno cercato di

mordere l'ozio dell' uno e l'altro,
nè hanno dubitato di divulgare
quello tale morso con le loro scritture? E così alcuna virtù non è o
vero tanto alta, o vero tanto nascosa, ch'ella non sia tocca dalle
saette della invidia. Il parlare degli
uomini vulgari non è però atto a potere deprimere e calcare la propria
verità. Certamente sia parso ad altri
ciò che si voglia della sua solitudine;
esso Jeronimo scrivendo contro a
Joviniano, commenda la solitudine
dell' uomo savio con queste parole:
« Il savio non può mai esser solo,
però che egli ha seco tutti gli boni
che sono al presente, e quelli che
sono stati per lo passato, e porta
e trasporta l'animo libero dove gli
piace, e colla mente abbraccia quelle
cose, che lui non può abbracciar
col corpo; e parla con esso Idio, se
gli uomini gli mancano, nè mai
meno solo che in quello tempo si
ritruova. »

CAPITOLO XV.

Dove mi volterò io ora? Io
rimango confuso per la moltitudine,
e in diverse parti sono chiamato

dalla lunga schiera di coloro, che mi occorrono nella mente ; ma il nome di Paula mi ha ammonito e ridutto all'animo, che primamente io debba dare a quella sua medesima famiglia la sua parte della gloria solitaria, acquistata eziandio per virtù feminile; e però facendo un piccolo estratto di molte cose, non temerò che si dica ch'io voglia troppo lodare le donne romane, alle lode delle quali io non spero il mio dire poter esser pari. Lasso Eustochia, figliuola di Paula, nobilitata per lo scrivere di Jeronimo; tacio Marcella e Asella e Fabiola e Blesilla, e alcune altre vergine e vedove, per le loro buone e sante operazioni molto famose; ma che dirò io di te, o Melania, perfettissima e sopra tutte le altre donne gloriosa? Io col mio stile non dividerò dua così fatte cittadine e vicine, le quali la età, la patria, la fede di Cristo, la piatà e la virtù dell'animo fanno esser congiunte; e però tu sederai appresso di Paula.

Tu certamente figliuola del consolo romano, madre del pretore, trapassando colle proprie virtù la progenie, le ricchezze e gli onori e gli ornamenti paterni, onorasti ed a-

dornasti il stato della viduità con
tanto studio di pudicizia e con tante
opere di misericordia, che quasi tu
avanzasti la loda della virginità, e
dimenticandoti della tua nobilitate,
degli figliuoli e della potenzia, solamente volesti raccordarti di Cristo;
ed acciò che tu potessi vestirti della
sua grazia, tu ti spogliasti del desiderio della terra dove nascesti, e
dello amore di tutti li tuoi e *della*
cura del tuo proprio corpo; e finalmente per lo consiglio di Cristo
avesti in odio la tua anima in questo mondo, acciò che tu la potessi
conservare in vita eterna. Tu con
ammirabile solitudine e diligenzia
cercasti gli padri santi per li diserti
e per le solitudine, e seguendo quelli
eziandio in esiglio, colla tua fatica
li desti santa obedienzia, e delle tua
facultà li suvvenesti con piatoso
nutrimento.

O donna onoratrice delli santi, corregitrice degli erranti, madre de' pellegrini, nutrice e consigliera degli tuoi in Cristo, dispar-
tendo tu le tue grandissime ricchezze
e lo smisurato patrimonio colla fe-
licissima liberalità negli alimenti
degli poveri, e non mancando mai,

per alcuna multitudine di doni per te fatti, quella fontana che non si poteva votare delli tuoi inestimabili beni, avendo già compiuti trentasette anni, sempre intenta a simile opere, non mancando le tua facultadi, e crescendo la carità dell'animo, nella età d'anni sessanta fusti tocca non da carnale, ma da spirituale e divino desiderio di rivedere li tuoi. Onde ritornata a Roma, tu dirizzasti a la via di Cristo e all'amore della vita solitaria il figliuolo, la nuora e finalmente tutti li tuoi, confortandoli a dividere li lor patrimonj, secondo il tuo esemplo, acciò che così fussino eredi dell'animo e del proposito tuo, come erano stati del tuo nome.

Egli è uno stupore a ricordare quanto oro, quanto argento, quante vestimente di seta, quante somme di denari quella tua nobilissima nipota, sollicita osservatrice delle tue vie, abbia largamente dato per tutto il mondo alle chiese e alle religioni e alli poveri, e a quante migliara delli suoi servi abbia donata la libertà per servire a Cristo; quali e quante possessioni abbia vendute, non solamente a Roma, ma eziandio in

Aquitania e in Francia e in Spagna,
convertendo il prezzo di quelle in
opere misericordiose, riservandosi
solamente li poderi, che lei aveva
in Tracia, in Ungheria, in Sicilia e
in Africa, non ad altro fine, che per
suvvenimento degli poveri e degli
esercizj della vigilante e santa
piatà; tanto largamente e tanto da
lungi si estendevano le infinite ricchezze di questa donna. Essa accesa
dalli tuoi ammaestramenti e dal tuo
esemplo, faceva queste cose essendo
nella età di venti anni, renunziando
al secolo, e dispregiato il bel fiore
della vita, e il nobile matrimonio, e
tanta potenzia e tante dilicatezze;
e di qui appare quelle sante intenzioni e propositi essere stati ajutati
da celestial favore, che quella più
giovane di Melania distribuì e dette
ai poveri in tempo tanto opportuno
quello gran prezzo ritratto di tante
possessioni vendute, insieme con
quello inestimabile tesoro; che se
per avventura ell'avesse indugiato
alquanto più, tutte queste cose alle
mani di Alarico re de' Goti sareb-
bono pervenute, il quale subitamente venne alla destruzione di Roma
e di tutta la Italia. Ma essa più

espedita aveva convertito in migliori usi il suo inestimabile avere,
quasi com'ell'avesse voluto con grande usura donare a Cristo di buon
cuore sè medesima e le sue cose,
tratte di bocca al rapacissimo lupo.

Ma tu, o felice vecchia, ultimamente mandando ad effetto non con
feminile leggierezza tutte quelle cose
che aprono la via al cielo, e quasi già
consumato il corso della tua età e
fornite le tue fatiche, come se in
terra niente per te più si restasse
a fare, innanzi che dua mesi fussino
compiuti dopo la tua ritornata in
Jerosolima, lasciato il monasterio
da te edificato, trovasti il fine delle
cose transitorie e della tua laudabile
vita; e tanto onore da Cristo ti fu
attribuito, che parve che per rispetto d'una donna egli perdonasse
a tante migliaia d'uomini e di
femine, e prolungasse il già ordinato o vero permesso flagello,
perchè essendoti già partita della
patria e del mondo, Roma fu subito
assalita e guasta dallo orribile e
furioso impeto delli barbari. O donna
grande e nobile per lo piatoso esiglio,
certo non so se tu fusti più felice
per tal vita, che per la morte! Senza

dubio tu giaci molto più gloriosa nella solitaria polvere, che se mancando, dalli tuoi meriti tu fusti stata seppellita a Roma nella sepultura di marmo con li vani tituli del tuo nome ; e con maggiore e migliore fama di te, quivi si vede la casa di Dio fondata dalle tua mani per dovere servire alli poveri, che non si vede a Roma il tuo palazzo antiquo, o veramente destinato a dover ardere per li fuochi delli barbari. o vero ruinare per la vecchiezza. Ma la ammirazione che io piglio della tua virtù, mi ha tenuto longamente in questo parlare; e avendo ditto a bastanza di molte donne e delle cose oltramarine, tornerò a dire degli uomini e della patria.

CAPITOLO XVI.

Che fece adunque questo nostro Gregorio, ottimo pastore della sedia romana ? Non convertì egli molte magnifiche case in solitarj templi, privandosi delle antiche possessioni per darle a Cristo ? E così in quanto li fu lecito, si fece la solitudine a sè medesimo nella grandissima città e pienissima di tutte le cose, a ciò che sólo prestasse la obedienzia al suo Signore in quel luoco, dove il frequente concorso del suggetto popolo avea ornati e onorati li avi e li bisavi suoi, benchè lo splendore della fama a l'ultimo ponesse quello tratto fuori degli luochi occulti nel gran pelago de' pensieri e nell' altissimo grado della pontifical dignitade. Lui pianse molte volte quella sua esaltazione, ma in specialità scrivendo sopra Ezechiello. con tristi e con angosciosi lamenti gravemente di ciò si duole, e dice: « Essendo nel mio monasterio, io potevo restringere la lingua dalle parole oziose, e tener la mia mente ferma nella intenzione delle continove orazioni; ma poi ch' io ho sottoposto la spalla del cuore al peso pontificale, l'animo mio, che si divide circa molte cose, non può continovamente raccogliersi in sè medesimo. » Molte altre cose sono per lui dette in quel luoco contro a sè medesimo e contro al suo stato, dove allora e' si ritrovava, ma assai più diffusamente parlò nel proemio del Dialogo; e volendo dar principio ad esso libro, lui testifica sè aver eletto solitario luoco, amico e conveniente al suo dolore, dove potesse alquanto riposarsi, fuggendo dalla tempestade delle cose temporali.

Quivi adunque respondendo al dilettissimo figliuolo e famigliarissimo amico, dice : « Lo infelice animo mio percosso dalla ferita della sua occupazione, si ricorda quale gia egli fu nel monasterio, e come tutte le mondane cose a quello erano suggette, e quant' ello era più eminente di ciò che per noi ora si pensa, perochè il suo pensiero continovamente era occcupato circa le cose celestiali; ed essendo ancora rinchiuso nel corpo colla contemplazione, già passava li legami della carne e la umana intelligenzia, e amava eziandio la morte come principio di vita e premio della sua fatica, la quale agli altri suole esser pena e tormento; » e dette queste cose, ancora più maninconico così seguendo si rivolge alle contrarie: « Ma ora per rispetto della cura del papato, quello sostiene il peso e il fastidio delle faccende degli uomini secolari, e con la polvere delli fatti terreni ha deformato e guasta la grandissima bellezza del suo riposo.»

È longo a narrare ciò che segue in
questo suo dire, e anche al presente
non è necessario; ma la fine è questa,
ch'egli confessa di recevere gravissimo tormento e afflizione nell'a-
nimo, ricordandosi della vita passata, e pargli che la sua miseria
sia grandissima in comparazione
di coloro che vivono riposatamente,
de' quali lui diffinisce molti esserli
piaciuti in questa vita più secreta,
di che noi parliamo.

Non meno è superfluo a recitare ciò che per lui fu scritto
nel libro, dove gravemente passionato e afflitto espone le tribulazioni di Job, conciosia che
ciascuno di questi libri per tutto
è divulgato, e questi suoi lamenti
sono scritti nel principio d'essi libri.
Lascio molte altre cose delle sue assai più dolorose, dove egli afferma sè
continovamente piangere per questa
sua sublimazione, e priega gli amici
che piangano con seco, se l'amano di buon cuore, e che preghino
Idio per lui. E per questo tu pòi
comprendere lui aver conosciuto
il suo pericolo, che stimando l'esser
mancato di viver solitario quasi
esserli una generazione di morte,

in quello stato con molte lacrime umilmente chiede l'aiuto degli amici.

Egli parlando di questa medesima materia nella epistola scritta ad Arsete patrizio, afferma sè esser percosso di tanta molestia, che con gran fatica il spirito gli basta a parlare; dove manifestamente appare la soma del pontificato essergli stata molto nogliosa (1), come certamente avviene a tutti coloro, che la custodiscono senza peccato e senza macula, e la memoria della vita solitaria esserli stata molto dolce, se la mutazione del stato presente in comparazione del passato non l'avesse convertita in acerbissima amaritudine.

CAPITOLO XVII.

Ma dove rimane Benedetto, duca e principe delli occidentali monaci? Quale delli fideli di Cristo non lo conobbe? Chi non ha udito il suo giovenile e santo consiglio! Il quale benchè dalla prima etade amico delle virtù e nimico delli vizi, fusse entrato nella via che

(1) Nojosa; *forma antiquata.*

mena al cielo, nondimeno, acciò che
con più attitudine e più sicuramente lui potesse pervenire al suo
intento, con somma prudenzia abandonò e Roma e Norsa, amate da lui
e per consuetudine e per natura,
perochè in una di quelle cittadi lui
era nutrito e nell' altra era nato ,
ma il pensiero dell' anima vinse li
carnali desiderj ; ed il beato fanciullo non solamente andò alla solitudine, ma con grande animo si
trasse allo intimo diserto, reducendosi a quella aspra e divota spelonca, la quale tutti coloro che
l' hanno veduta, quasi credono d' a-
ver veduto la intrata del paradiso.
Tacio qual si fusse quivi la sua
vita, perochè la fede delli nobili
scrittori e la fama molto loquace
largamente l' ha divulgata, e anche
quelli grandi fondamenti della nobilissima religione ne rendono chiaro e ottimo testimonio. A me basti
al presente d'avere onorate le nostre solitudine per la commemora-
zione di tanto abitatore, e d' aver
confirmato il mio presente proposito per la testimonianza di così
fatto uomo. Longo sarebbe a narrare quanti e quali uomini, seguen-

do le vestigie di costui, indutti o
dalla nobiltà del suo duca, o dalli
stimoli dello esemplo, o dalla incli-
nazione della natura, o dalla voluntà divina, avendo fondato molte
venerabili religioni, sieno andati a
varie e lontane solitudine. Li santi
monasterj e le devotissime case fra
le salvatiche spelonche di ciò ne
danno vero indizio, cioè la casa di
Cristo, Cisterno, Majella, la Certosa.
Valle ombrosa, Camaldoli e molte
altre innumerabili case, li rivi delle
quali religioni, benchè per lo celestiale accrescimento della divozione
da poi sono scorsi da lungi e da
largo, e hanno riempiuti li piani;
nondimeno se tu così cerchi le loro
prime origini, come le fontane e
gli nascimenti degli gran fiumi, tu
lo troverai per certo aver avuto
principio dagli asprissimi monti. ma
sopra tutti gli altri il nome di Benedetto è famoso e degno di molta
gloria; e qualunche desidera di
intendere la istoria e il modo della
vita di costui, non voglio che vadi
investigare cose secrete, ma lega
il secondo libro del Dialogo di Gregorio da noi sopra nominato. il
quale è tutto composto degli atti

di quello, e dove le degne operazioni sono eziandio nobilitate e fatte illustre per lo suo stilo.

CAPITOLO XVIII.

Se l'occhio indutto e tirato dall'ordine delle cose scritte entrerà nelle confine del terzio libro del preditto Gregorio, quelli innumerabili miracoli della solitudine di Italia se li faranno noti e manifesti. Florenzio si rapresenterà, il quale vivendo solo nel monasterio, famigliarissimo a Dio per la continova orazione e per la sua infinita simplicità, dimandò a quello qualche consolazione della vita solitaria; e subito dinanzi a lui si fermò uno orso, e posto giuso la consueta ferocitade, come pastore stette alla custodia d'alcune pecore d'esso Florenzio, e per la vendetta di quello orso, occiso per invidia da certi frati, la maledizione del santo uomo adirato venne subitamente da cielo per tal modo, che lui rimase stupefatto, vedendo quelli puniti da acerbissimo flagello, e sempre da poi chiamandosi colpevole, e dolendosi d'essere stato con tanta prestezza

esaudito da Dio, menò il resto della
sua vita non senza infiniti lamenti
e acerbissimo dolore. Deh! dimmi
che legioni, che re affaticandosi
pervengono a tal potenzia, quale
la umilità solitaria con il riposo
piacevolmente acquista?

Oltra di questo si farà innanti
quel Martino, abitatore di monte
Marsico, a cui l'acqua che di continovo surgeva del sodo e duro
sasso, rinnovò il miracolo della pietra, che per divino misterio gittava
l'acqua nel diserto. Costui essendo
conversato in una medesima spelonca per spazio di tre anni continovamente senza offesa con uno terribile serpente, sotto spezie del quale
stava nascosto l'antiquo serpente
assai più terribile, a l'ultimo cac-
ciatone quello da lungi, con mirabile
pazienzia esso solo rimase vincitore.

Un'altro abitatore del monte
Argentario, il cui nome è in cielo,
si lascerà vedere. Questo uomo
avendo con la polvere fregato la
faccia d'un corpo morto, subito
colui che presto dovea divenir
polvere, con la polvere fu risusci-
tato; il che senza dubio sarebbe
incredibile e da fare oltramodo

maravigliare, se non che a qualunche che perfettamente crede, e alli
fideli di Cristo ogni cosa è possibile
a fare. Occorrerati eziandio Menas,
uomo solitario di tanta innocenzia
e di tanta fiducia, che non solamente per la riverenzia della fama
del suo nome raffrenava gli Barbari.
che in quel tempo grandemente
molestavano gli circonstanti paesi,
ma eziandio con una piccola bacchetta, ch'e' portava in mano per
sua consuetudine, castigava e im-
pauriti discacciava della vicina
selva grandissimi e crudelissimi
orsi, che infestavano li sami delle
api del santo uomo, quasi come
fussino stati piccoli e domestici
cagnuoli.

CAPITOLO XIX.

Gran fatica sarebbe abbracciare ogni cosa col dire, nè io al
presente ho questo pensiero, però
ch'io non ho pigliato la penna in
mano per scrivere istoria, ma solo
per fare uno estratto da ogni lato
di cose degne, ma non di tutte, ma
di quelle ch'io non potessi lasciare,
volendo seguire il proposito della

cominciata operetta. Crediamo noi
che Benedetto, stando nella sua
patria a Norsa, avesse potuto pervenire a tanta gloria, o che Francesco avesse conseguito o l' au-
dienzia delli uccelli, o il serafico
ardore della mente levata in spirito, o quello miracoloso e glorioso onore delle sante stigmate di
Cristo, e la piaga dell' animo, e le
membre che di ciò rendèvano testimonio? O crediamo noi che la progenie nata del matrimonio della
povertà fusse in così brieve tempo
pervenuta in tanto accrescimento,
se lui continovamente fusse dimorato a Scisi? Il quale benchè, come
si dice, dimandato consiglio alla
divinità, e ricevuta revelazione da
cielo per poter sovenire alla salute
di molti, avesse eletto di vivere
fra le guerre e fra li travagli degli
uomini più pericolosi alli suoi cavalieri che a lui proprio, nientedimeno
esso fu grande amatore della solitudine e seguitatore del diserto.
Certamente, se io intendo bene, tre
generazione sono di solitudine, cioè
del luoco, di che al presente è il
mio parlare, e del tempo, quale è
quella della notte, e quando quelle

parti della città sono abandonate,
dove suole concorrere grandissima
frequenzia d'uomini, quale sarebbe
a Roma la piazza chiamata anti-
quamente Rostri, e quando eziandio
gli animi di coloro che profunda-
damente contemplano, sono tanto
estratti fuori di sè, che a mezzo
giorno essendo nella piena piazza,
non sanno ciò che quivi si faccia;
e quando e dove vogliono, sempre
sono soli.

Io non vedo tutte queste spezie di solitudine essere state
frequentate da alcuno altro più
che da Francesco: egli andava per
li diserti, e spesse volte vegghiava
nelle chiese quasi ruinate e rotte;
spesse fiate il dì conversando fra
la moltitudine, non avea sentimento
alcuno delle cose che si dicevano
o facevano; ed essendo sbattuto
il suo corpicciuolo in qua e in là
dalla calca degli uomini, la sua
mente stava tuttavia fissa e ferma
circa il pensiero delle cose celeste.
Di qui procedeva quello stare estratto
con la mente in ogni grandissima
frequenzia d'uomini, il che l'ar-
dentissimo amore di Cristo e la
carne maravigliosamente suggetta

5

allo spirito li concedeva. Onde penso
esser seguito, che lui cominciò stare
e conversare fra li popoli, persua-
dendosi dover essere facil cosa a
tutti li suoi ciò che a lui proprio
era possibile, cioè di stare e di
andare fra le genti senza pericolo
di cadere nelli peccati, però che
quella anima alta, simplice e puri-
ficata dalla feccia delle cose terrene, sempre umiliandosi, non poteva
per alcuno tumulto e confusione
esser separata da Cristo; e ingannato dalla propria umilità nel giudicare la mente e la constanzia
degli altri uomini, presumeva e sti-
mava che essi senza alcuna difficultà potessino mandare ad *effetto*
quello, che lui provava continovamente in sè medesimo. La opinione
che il santo uomo avea de' fatti
suoi proprj, mi stringe a credere
che così fussi, con ciò sii che *lui* si
teneva il maggior peccatore del
mondo, secondo che si comprende
nella risposta, che si legge essere
stata fatta da quello ad uno delli
suoi frati, che lo adimandava quale
egli si stimasse esser fatto nelle
sue operazioni ; e benchè *queste*
cose così siano, nientedimeno io ho

udito molte volte li suoi precessori pieni di santa religione e ornati di singulare scienzia, che con tutto il lor cuore hanno desiderato la solitaria vita, se gli ordini e i comandamenti del suo padre lo permettessino.

La vita eziandio di quello, manifestata a noi per li scrittori, e la regola della vita, che lui primamente compuose nel monte a sè e alli suoi successori, e da poi reformata nella solitudine, perochè la era perduta, e oltra di ciò la sua speciale abitazione fanno certissima testimonianza, quanto egli amò sempre la solitudine, come di sopra ho detto. Conciosia che così come la grotta di Benedetto con grandissima ammirazione si dimostra, non altrimenti uno delli molti luochi di Francesco, chiamato la Vernia, remotissimo oltra tutti gli altri, con somma venerazione è visitato. La solitudine adunque diede acutissimo stimulo a l'uno e a l'altro di loro, e sollicitò gli animi disposti ad alte e grandissime cose; e però mentre che essi, dispregiatori della gloria del mondo, stanno occulti, per tutto il mondo sono conosciuti e fatti gloriosi.

CAPITOLO XX

Fra coloro che sono stati nobilitati dallo eremo, Biagio martire non è da tacere, il quale si dice, che essendo nascosto nelle spelonche, fu visitato dalle fiere e pasciuto dalli uccelli. Nè anche Leonardo e Liffardo, fratelli tutti dui e solitarj, nè Egidio compagno di quello, debbuono essere lasciati. Questo Egidio, nato in Atene di progenie regale, come si dice, dispregiando ogni cosa per amor della solitudine, prepose la gallicana povertade alla nobile stirpe e alla patria e alle ricchezze e alle lettere greche, nelle quali lui era eruditissimo. Quivi risplendendo per li grandi e infiniti miracoli, e nutrito del latte d'una piacevolissima cervia, conservò e fece la sua nutrice inviolabile dalli cani delli cacciatori per tal modo, che il re di Francia, indutto per la fama di questo miracolo, passò fino drento alla spelonca del santo uomo, circondata da spine, non senza molta fatica delli suoi famigli, che colle spade aprivano la via a quella: a l'ultimo veduta la effigie del venerabile vecchio, e commosso per lo spettacolo della cerva, che appresso il vecchio si giaceva, mandati via tutti gli altri, il re con uno solo vescovo andò a quello, ed offertogli grandissimi doni, li quali dal santo uomo magnificamente furono dispregiati, dicendoli che ad altri bisogni li convertisse, per consiglio di quello edificò in quel luoco uno monasterio, infino a questo giorno molto famoso; e da poi messo da parte la regale pompa, spesse fiate ritornò a visitarlo. Il santo uomo non acquistò questi onori per rispetto dello splendore della sua origine, nè perchè di potenzia seculare egli fusse eguale e pari al detto re, ma solo per lo ornamento e per la santità della solitaria vita.

CAPITOLO XXI

Che dirò io di Remigio, che pervenne a quella nobilità di fama, che essendo ancora molto giovene, li fu imposto il peso del papato, il quale, come si dice, lui amministrò e resse più di settanta anni con somma virtù e con singulare

industria? Costui prima fu cagione
di convertire il re di Francia e
tutta quella nazione alla fede di
Cristo, e mandògli la cresima
da cielo, unse il detto re, e di qui
ebbe principio quella solennità d'ungere quelli regi, che infino al nostro
tempo dura. E come pervenne egli
a tanta eccellenzia, se non per li
umili amaestramenti della solitaria
vita? Chi potrà parlare con degna
sufficienzia di Narcisso vescovo je-
rosolimitano, uomo nobile e mirabile, che per lo sdegno che egli
prendea della persecuzione eserci-
tata contro agli Cristiani, e per lo
desiderio di vita più secreta, si
ridusse nella solitudine? Dove vivendo molti anni in luochi deserti,
non solamente declinò e fuggì le
calunnie e le false accusazioni delli
persecutori, ma con somma perfezione adempiè il grande offizio del
vero filosofo.

CAPITOLO XXII.

Guglielmo eziandio, uomo valoroso e forte, e molto nominato per
la antiquità della sua origine, avendo destinato il primo fiore della

sua giovenile etade alla terrena cavallaria. volse più tosto invecchiare e morire nel diserto, consecrando gli ultimi frutti della sua vita alla celestial milizia. Un'altro di questo medesimo proposto e stato e nome per la secular dignità fu primamente molto onorato; ma poi abandonata e dispregiata la sua ricchissima cittade, desiderò sopra tutto la povertade e la solitudine e il silenzio, perochè essendo signore di Pessulano, si fece monaco d'una grandissima selva, e in quel monastero, come nel porto. gittò l'ancora della sua vita, acciò che potesse vivere più sicuro dalle tempestadi e dalle perturbazioni del mondo. Uno uomo magnifico certamente, ma molto più magnifico per lo fugire il secolo e le cose mondane, scrive di questo prenominato secondo Guglielmo, che uno delli suoi fratelli nominato Gerardo, desideroso di fare il mestiero delle armi, era in tutto alieno dagli suoi consigli, schernendo gli migliori e santi principj del fratello; ma quello, subitamente inspirato da cìelo, predisse che non dopo molto tempo quello fianco, tanto dispiatato e tanto renitente e contrario alli divini amaestramenti, sarebbe passato dalla lancia del nimico, mostrando eziandio col proprio dito il luoco, dove li dovea esser fatta la ferita, e dicendo: « Qui sarai tu ferito, e almeno per lo dolore del corpo entrerà in te la salute dell'anima. » La qual cosa intervenne come lui l'avea profetizzato; e apertisi gli occhi dello intelletto per la angustia del male, quella militare asprezza fu piegata e convertita in monacal mansuetudine per tal forma, che egli di sua propria volontà cominciò a desiderar grandemente ciò ch'egli aveva prima dispregiato.

Un'altro fratello di costoro, minore di tempo, andando tutti gli altri fratelli alla solitudine, per avventura stava intento alli giuochi puerili; a cui il primogenito nella loro partita allusingandolo disse: « O Lionardo fratello, la possessione della terra che noi avevamo tutti insieme, oramai sarà tutta tua. » Quello sopra il conoscimento della sua etade, rispuose: « Questa divisione senza dubio non è uguale; dovete voi tutti avere il cielo e io la terra? » Onde infino a pochi giorni con-

dusse a buono effetto la sua prudente risposta, ed ultimo si messe
nella via degli altri fratelli; e lasciata la terra, se n'andò per la
via della solitudine al cielo, e così
nessuno di loro al tutto rimase al
mondo.

Certamente pare, che la pietosa madre sia stata participe delle buone operazioni di costoro, che
dalla prima infanzia con tanta cura
e con tanta prudenzia nutrì li suoi
piccoli figliuoli, che da poi essendo
loro pervenuti alla virile etade, furono più contenti di vivere in povertade e di seguire la solitaria e
religiosa vita, che di starsi nelli
piaceri e nelle dilicatezze temporali.
In questi laudabili costumi, in questi
domestici amaestramenti crebbe la
progenie molto simile alla madre,
e la famiglia veramente nobile e
santa, e gli magliuoli della feconda
e fruttifera vite, senza dubio molto
generosi, se bene eziandio in altro
luoco, che fra gli Allobrogi avessino germinato e fatta·la sua messa.
Tutti costoro furono ardenti e pronti al salire della celeste patria;
nondimeno Bernardo, terzio per
l'ordine della età e primo per lo

proposito del renascimento, cioè di prender l'abito della religione, fu capo e guida di tutti gli fratelli, traendo finalmente con seco il vecchio padre e l'unica sorella.

Lasciate le lode della eloquenzia e della astinenzia di costui, perochè son note ad ogni uomo, io non tacerò quel suo egregio e notabil detto conveniente alla materia, che al presente ho per le mani. Egli soleva dire sè avere imparato nelle selve e nelli campi tutte le lettere che sapeva, delle quali in quella età niuno fu più copioso di lui, non mediante la erudizione e la disciplina degli uomini, ma solo pensando e facendo orazione a Dio, affermando sè non aver avuto mai altri maestri, che le quercie e gli faggi. Io referisco volentieri queste sue parole, perochè se a me è concesso di conoscer qualche cosa, vorrei, e se io non mi inganno, con verità potrei dir questo medesimo di me proprio.

Secondo il mio vedere, Arnolfo, abitatore dell'eremo nel territorio metense, uomo nobile e vescovo di quella città, di ragione debbe tenere il seguente luoco della no-

stra narrazione, e dopo lui succe-
derà Euchero, prima molto conosciuto per la gentilezza del suo
sangue e per la dignità dell' ordine
senatorio, e poi assai più famoso
per la religione e per la solitudine.
Costui fu perseverantissimo abitatore d' una orribile spelonca nel
territorio della città di Lugduno,
al presente chiamata Lion Sorione,
e infine salì al grado del vescovado di quella città, e non per suo
desiderio, nè perchè lui lo cercasse,
nè per umano suffragio e ajuto, ma
costringendolo a questo gli suoi
meriti e la gloriosissima revelazione dell'Angelo; ed acciochè tu sappia quella terra esser abundante
e copiosa di sante solitudini. Romano e Domiziano, prima solitarj
eremiti, e infine dignissimi abbati,
acquistarono grandissima fama in
quelle medesime regioni. Ed acciò
che io meschi la solitudine oltramarina con quelle di là da l' Alpi,
Ursazio, conosciuto al mondo per
la cavalleria temporale, con miglior
consiglio dispregiata quella e fatto
cavalier di Cristo, appresso Nichea,
città di Bitinia, finì la sua solitaria
vita, non solamente per la propria

santità, ma eziandio per li molti e varj miracoli nobilitato.

Noi abiamo assai circuito le longinque ed estranee solitudine; torniamo adunque a quelle di Italia.

CAPITOLO XXIII.

Da chi non è conosciuto quel Carlomano, che noi chiamiamo Carlo Magno, zio di Carlo più giovane! Egli participe insieme del regno con Pipino suo fratello, lasciato il reame e gli regali pensieri, andò a Roma con proposito di vivere in ozio e in riposo. Quivi pigliato l'abito monacale, si ridusse alla spelonca di Silvestro nel monte di Soratte, dove essendo dimorato due anni continovi con desiderata e piacevole tranquillità d'animo, parendoli che il predetto luoco di giorno in giorno divenisse meno solitario e meno conveniente al suo desiderio per lo frequente e onorevole concorso delli peregrini, che dalla sua patria venendo a Roma, visitavano quello conosciuto e veduto altre volte, stando lui non longi da il loro diritto camino, se n'andò

ad abitare nel monasterio da Cassi-
na (1), luoco più secreto e più rimoto, e già da Benedetto edificato; dove,
affaticandosi in quello instante il
fratello e il nipote per la caduta
sedia del reame, lui rinchiuso paci-
ficamente fini la vita sua, come egli
con sommo studio sempre avea
cercato di fare.

CAPITOLO XXIV.

Romualdo, nobilissimo abitatore
della città di Ravenna, e nato della
illustre stirpe degli duci, per la età
segue dopo Carlo Mano, ma per lo
merito suo debbe esser reputato
primo. Costui della sua gioventù,
benchè insuperbito oltra modo, e
tenuto legato dalle lusinghe delle
grandissime ricchezze e della età
e della sua generazione, nondimeno
fra li piaceri di quel tempo e fra
li giovenili esercizj levando l'animo
ad alto, sempre suspirava e desiderava la santa solitudine; onde spesse
volte nelle caccie occorrendoli luochi secreti per li fronduti boschi,

(1) *Il Monastero di Montecasino.*

inspirato da celeste pensiero, subito
si fermava e fra sè stesso diceva:
« Oh quanto è piacevole e dolce
questo luoco, e atto a chi volesse
servire a Dio! Quanto meglio abi-
tariano qui gli amici di Dio, che
nelle cittadi! » Così il giovinetto,
che dava certissima speranza di
reuscire in grandissima e ottima
perfezione, andando nella selva per
pigliar le fiere, con la pietà che
già fioriva, ma per ancora non era
matura, pensava di pigliar le anime per ridurle al servizio di Cristo;
onde il suo pensiero non stette
longamente sanza effetto, come
colui che di continuo era nutrito
e a ciò constretto dal santo Spirito.

Nel fiore adunque della sua
età, fuggendo la gloria, gli piaceri,
le ricchezze, il padre, la patria, il
mondo e a l'ultimo sè stesso, tale
quale egli era, per divenire un'altro,
tutto si convertì al studio e alla
volontà della vita eremitica e solitaria; ed il primo salto che egli
fece quando usciva fuor del mondo,
fu al monasterio classense, non
longi dalle mura della città sua
patria. In capo di tre anni offeso

dalli vizj delli frati, si dipartì di
quel luoco, e con divotissima umilità subito andò a ritrovare un santo
e semplice uomo chiamato Marino,
che viveva solitario nelle terre de'
Viniziani, conosciuto da lui per la
sua buona fama, e supportò quello
con grandissima pazienzia precet-
tore e maestro a lui fidele più
tosto che discreto; e non solamente
ricevette le parole di quello con
grandissima sommissione, ma eziandio sofferse d'esser battuto con
animo tanto constante e suggetto,
che esso Marino meritamente se ne
maravigliava. Il quale da poi essendo andato in Francia, indotto
da grande e da onesta cagione,
cioè per la salute dell'anima di
Piero Ursiolo doge di Vinegia,
che avea abandonato il ducato e
il secolo, fatta brieve dimora con
questi dua compagni, vide tanta
augumentazione e accrescimento
delle virtù spirituale abondare in
Romualdo, che egli non si vergognò di farsi discepolo del suo discepolo, e obbedire a colui, che poco
innanti avea seguiti i suoi comandamenti.

Di qui partitosi Romualdo con

simulazione d'esser pazzo, non sanza molto dolore di quelle genti,
dove lui era stato certo tempo, in
tanto che non lo potendo essi ritener vivo, aveano pensato della sua
morte, per aver almeno il corpo di
quello in luoco di gran tesoro a
protezione della loro patria, ritornò
in Italia, chiamato da maggiori e
da più giuste cagioni, che non
erano state quelle della partita, cioè
per liberare suo padre Sergio dallo
instante pericolo della anima; perochè ritrovò quello che era stato
prima ricevuto per monaco nel
monistero di San Severo appresso
Ravenna, che già pensava di sciogliere il collo dal religioso giogo
e di tornare al mondo, secondo
che gli era stato ditto; e non potendo con parole nè con prieghi
rimuoverlo da questa cattiva opinione, non considerò nè ebbe rispetto
alla paterna reverenzia, ma riputò
quello esser monaco suggetto alla
sua spirituale autoritade, e con li
salutiferi legami raffrenò il pestifero appetito; e per questo modo
fu piatosamente severo inverso il
padre per liberarlo dalla severità
dello eterno padre. E certo questo

fatto procedette felicemente; perocchè Sergio, amaestrato per li suoi mali, ritornò al cuore, e mutato il suo pessimo proposito, con maravigliosa contrizione abbracciò gli castigamenti di quello non come di figliuolo, ma come di padre, e così divenne un'altro uomo; e purgati li suoi peccati con molte lacrime, e recreato da divina visione, con desiderata morte abandonò il già tanto amato peso del corpo e li lusinghevoli lacci del mondo, già tanto desiderati da lui. Longo sarebbe il parlare a voler referire la faticosa milizia di questo uomo nel servizio di Gesù Cristo, e narrare li divoti discorsi, non solamente per la Italia o di là da l'Alpi, ma eziandio oltramarini; li quali furono tanto spessi e tanto difficili, che meritarono d'essere escusati da colui, che descrisse la sua vita, perochè tanta moltitudine di persone e di bassa condizione e di grandissima dignitate, desiderosa di servire a Dio, con tanto studio concorrea a questo uomo, volonteroso di stare occulto dovunque egli fusse, che quante volte la famiglia, aquistata a Cristo per li suoi amaestramenti,

6

avea empiuto uno luoco, impostogli
un' altro per lo loro governo, il
santissimo pastore, vacuo d' ogni
negligenzia e vigilantissimo, di necessitade si transferiva ad altri luoghi per aquistare novi greggi in
nuovi pascoli al suo Signore Idio.

Longo sarebbe eziandio a voler
nominatamente dire, quanti e quante nobili servi e serve ello riduces-
se a Cristo, che nelle sue peregri-
nazioni erano divenuti suoi discepoli. Fra questi furono e duci e conti
e figliuoli di conti, ed esso Ottone
imperatore romano, benchè promul-
gando lui di giorno in giorno il
voto fatto nelle mani del santo uomo, prevenuto da insperata morte,
non lo potesse adempiere. Molte
parole bisogneriano a raccontare
in quanti luochi abbia abitato, quanti eremi abbia ripieni di suoi discepoli, che deserti abbia frequentati,
e che tempj per la sua mirabile
industria lui edificasse, fra li quali
il famosissimo romitorio di Camaldoli nelle confine d'Arezzo oggi si
vede. Egli fu compositore e principe di questo luoco e di questo ordine, facendo ogni cosa con tanta
devozione, con tanti digiuni, con

tanta astinenzia, con tanti suspiri,
con tante lacrime e con tale impeto e con tale ardore d'animo e di
mente, che col dire mai non si potria agguagliare. In fine con quella
sollicitudine tanto vigilante, tanto
continova, e che fino a l'ultimo
mai non venne meno, secondo la
consuetudine di Cesare, ma con altra intenzione, credendo niuna cosa
esser fatta, mentre che qualche
particella li restasse a fare, quasi
innanti che egli avesse ultimati e
compiuti questi santi edificj, sempre si affrettava di fare nuovi fondamenti, quasi come egli avesse
deliberato di fare uno monasterio
di tutto il mondo, e che tutti gli
uomini divenissino monaci. E nel
dar opera a queste faccende, lui sostenne con gran pazienzia e con
gran fortezza d'animo molte e varie molestie di persecuzioni, non solamente delli demoni, ma eziandio
degli uomini e in spezialità degli
suoi. Egli era nelle cose avverse e
contrarie pronto e lieto, che fu
grandissimo indizio di fermissima
constanzia della sua mente, e in
qualunque stato ch'ello si ritrovava, sempre era giocondo e sereno;

il che noi legemo esser stato attribuito principalmente a Socrate e a
Lelio, alli quali questo santo, di cui
ora noi parliamo, meritò d'esser ag-
guagliato per la parità e similitudine della forma della sua faccia, ma
per pietà e per religione fu molto
superiore.

A quella jocundità del suo grazioso viso fu congiunta tanta autoritade, che in esso pareva essere
non so che cosa divina e venerabile, e degna d'esser amata dagli buoni e da esser temuta dagli
rei. Certamente molti uomini grandi e potenti, posti nella sua presenzia, tremavano come fussino stati
dinanzj da Dio, ed Ottone, giovane
imperador romano, con tanta famigliaritade e con tanta riverenzia lo
visitava, che alcuna volta di notte
lui giacque nel suo letto; e lo imperatore Orrico, essendo con gran
fatica venuto a lui, il santo uomo,
combattuto dalli prieghi delli suoi
discepoli, tutto lieto facendoli onore, si levò dalla sua sedia, e gittato
un gran sospiro, parlò in questo
modo: « Oh! volesse Idio, che l'anima mia fusse nel tuo corpo! » Li compagni dello imperadore con grandis-

sima umilitade inginocchiati li stavano d'intorno, e con devota contenzione e importunità, non senza grave dispiacer di quello, da ogni lato gli cavavano li peli della sua pelliccia, di che lui allora era vestito, per riportarseli nella sua patria in luoco di grandissime reliquie, mitigandosi eziandio li feroci spiriti degli Barbari per la opinione della sua santitade.

Oltra di questo, Rainerio, marchese di Toscana, confessò di non temere tanto lo imperatore nè alcuno altro uomo mortale, quanto l'aspetto solo di Romualdo, e affirmò la lingua e lo ingegno alla presenzia di quello totalmente mancarli. Ultimamente egli in vita e dopo la morte divinamente fece infiniti miracoli, gli quali per molti e chiari argomenti fu manifesto esser fatti mediante la potenzia e la presente virtù di Dio. Fra molti io sotto brevità toccherò di questi duo: il primo fu che col solo anelito lui sanò lo intolerabile dolore del capo ad un frate, soffiandoli nel viso, et con un solo bacio cacciò via non il dolore, ma la pazzia a un altro frate, il quale subito come fu liberato, affermava nel primo toccare che gli feciono le sante labra di quello uomo, sè aver sentito il sofflare d'un gran vento, che procedeva dalla sua bocca, e che senza dubio per quel tal sofflamento lui avea subitamente recuperato la sua antica salute. Che crederò io quello essere stato altro, se non che Dio spira dove e quando egli vuole, del quale veramente il sant'uomo tutto era pieno?

Queste cose sono molto longhe da narrare, come di sopra ho detto, e anche al presente non sono necessarie, perochè d'esse fu composto un libro da uno, che in quel tempo scrisse la sua istoria, cittadino d'una medesima patria con esso lui, uomo nobile e per santitade e per scienzia e solitario, delle cui sante opere noi diremo senza alcuno mezzo dopo santo Romualdo.

Vegniamo adunque alla conclusione. Di cento venti anni che lui visse, passò li primi venti nel secolo e tre nel monisterio, di che contro a sua volontà gli fu dato il governo, e poi volendo egli lo dipuose; per tutto il resto degli altri, che furono novantasette, continovamente tenne

vita eremitica, sempre vigilantissimo nemico della accidia e della
pigrizia, ed in ogni luoco facendo
buon frutto; e come di lui è scritto, fu impaziente della sterilità,
cioè che non gli parea che il tempo si dovesse lasciar passare vacuo
delle buone operazioni; e pertanto
per tutti li luoch:, per tutti li tempi, con tutto il corpo, con tutta
l'anima a niuna altra cosa atten-
dea, che ad esser sollicito al guadagno delle anime. A l'ultimo, così
come il peregrino stracco, essendo
già sera, a l'albergo si riduce, non
altrimenti il santo uomo, vinto dalla
infirmità e dalla vecchiezza, s'affrettò di tornare alla conosciuta parte
di Italia, e nella regione del ducato e
al monisterio della valle di Castro,
già edificato da lui. Quivi dopo le
lunghissime fatiche si riposò felicemente, e con solitario fine compiè la
solitaria vita; il che non so se oltre
a Paulo primo eremita, avvenisse
ad altri che a costui; conciosiachè
sentendo l'ultima ora e di quel giorno
e della sua vita esser vicina, comandò alli frati che uscisseno fuori
della sua cella, e che la mattina
dovessino ritornare. Levatosi quel-

li da torno con piatoso inganno per
poter andare solitario a Cristo, e a
domandare la mercede del suo servigio, come colui che solitario avea
servito a Cristo, ricolse sè medesimo e il beato spirito; e così senza
compagnia degli uomini, accompagnato dagli Angioli, se n'andò alla
eterna vita.

CAPITOLO XXVI.

Quello Pietro cognominato Damiano al presente nell'animo mi
occorre, benchè coloro che trattano
della vita e delli fatti di questo
uomo, siano molto discordanti; perochè alcuni dicono lui partito da
l'ozio della solitudine essersi ridutto alli pensieri delle cose ecclesiastiche, e altri per lo contrario dal
campo delli pensieri e dal strepito
delle faccende lo tragono alla pace
dello ozioso silenzio. L'una e l'altra
commendazione della vita sua è
molto gloriosa, e a tanta virtù conveniente, o se veramente lui fu
riputato degno, che vivendo nella
solitudine, fosse chiamato a tanto
officio, o se pur l'animo suo fu tale

che lasciati gli grandi onori, l'eremo fusse principalmente da lui desiderato. Alcuni altri meschino il fatto, perochè cercando io con diligenzia suttilissimamente il vero, mandai chi mi portasse cose certe dal monisterio, dove egli visse in fiore della sua fama; e per la affirmazione degli religiosi conobbi lui essere stato prima solitario, e poi esser pervenuto a grande esaltazione, ed a l'ultimo di sua propria voluntade esser ritornato alla solitudine; il che se così è, manifestamente appare quale sia stato il suo ultimo judicio, e in uno solo esemplo si congiunge doppio ornamento di solitudine, avendo lui fatto eziandio la seconda volta elezione di quella, che al mondo tali uomini impresta, e quelli medesimi così poi si ritoglie.

Alcune sue epistole, che ora massimamente, udite queste cose, mi riduco alla memoria, mi confortano a credere che così sia. Certamente quelle sono scritte in diversi tempi, e ora in uno, e ora in un altro stato della sua vita. Fra esse ne sono alcune, che secondo il mio parere, lui scrisse essendo

occupato, dove ello sospira con dolore al riposo del perduto ozio, ed
in alcun'altra egli ozioso si raccorda la inquietudine e la molestia
delle passate faccende, e queste con
più certezza al presente mi stanno
nella memoria. Lasciato adunque
ciò che al nostro proposito non si
appartiene, per quanto posso comprendere per lo suo ultimo scrivere, questo Pietro non senza gran
lode fu romano cardinale, uomo
senza dubio non meno famoso per
la eloquenza, che per la dignità;
nondimeno tu intenderai qui appresso, che consiglio e che deliberazione fusse la sua nella elezione
della vita. Egli lasciato quello stato
e le pompe del secolo alli suoi, stimò la quietissima solitudine, posta
nel mezzo di Italia alla sinistra
parte del monte Apennino, della
quale lui scrisse diffusamente, e che
al dì d'oggi ritiene il vecchio nome
della Fonte Avellana, degna d'esser
preferita a tutti li caduci e mortali
onori; dove lui occultatosi, non
acquistò da poi minor gloria, che
l'avesse prima conseguito nella città di Roma, nè per lo judicio d'alcuno gli fu imputato a disonore di

mutare il rosso ornamento dell'alta
e onorata testa per l'umile cilicio,
che la umana carne il più delle
volte al buono e dritto spirito renitente affligge.

CAPITOLO XXVI.

L'atto di costui sarebbe stato
nobile e chiaro sopra tutti gli altri, se il più fresco e il più degno
dispregiar del mondo, che fece un
altro Pietro pontifice romano, chiamato Celestino, non l'avesse alquanto oscurato. Questo Celestino,
deposto il gran pontificato come
mortifero peso, con tanta cupidità
ritornò all'antica solitudine, che tu
crederesti lui essersi liberato dalla
pregione del nimico. Attribuisca chi
si voglia questo fatto alla viltà del-
l'animo del solitario e santo padre,
conciosia che in una medesima cosa
per la varietà degli ingegni non
solamente si può aver diversa opinione, ma eziandio sentire il contrario. Io certamente lo stimo e
giudico essere stato utile e a lui e
al mondo, perochè quella tanta altezza facilmente averebbe potuto
esser pericolosa e dubia e turbu-

lenta a l'uno e l'altro, cioè a lui
e al mondo, per la poca pratica
delle cose umane, le quali lui avea
dispregiate per rispetto dell'ardentissima contemplazione delle divine,
e per lo grande e longo amore della
solitudine. Il miracolo che dimostrò
Dio dopo il primo giorno del suo
rifiuto, porge certo indizio di quello
che ne sia parso a Cristo, il che
certo non saria intervenuto, se la
divinità non lodasse ciò che fu fatto
per lui. Io totalmente per fermo
tengo tale opera esser proceduta
da uno animo molto eccellente e
molto libero, e non suggetto ad alcuno giogo di servitù, e veramente
celeste; e senza dubio questa è la
mia opinione, quel partito non aver
potuto esser preso, se non da uomo
che estimasse con justo pregio le
cose umane, e che se avesse posto
sotto i piedi il superbo capo della
fortuna. Questo luoco ha bisogno
del patrocinio e della defensione
d'Ambrogio, e massimamente di
quella parte cavata di quel libro,
dove egli conforta la santa vergine Dimetriade (1) alla osservanzia

(1) *Quest'epistola è apocrifa, essendo posteriore all'eresia di Pelagio.*

della vera umilità, così dicendo: « E'
non procede da piccol cuore nè da
vile animo, come pensano gli amatori di questo secolo, a dispregiare
le terrene ricchezze e avere in fastidio gli vani e mutabili onori e
il non acquistare gloria, dove il
peccatore è lodato nelli desiderj
della anima sua, ed operando injustamente, è ditto bene di fatti
suoi. Onde se veramente si vorrà
cognoscere a che fine tenda, e ciò
che desideri questo dispregiare delle
cose presenti, niente si troverà
esser più dritto o più elevato di
queste così fatte menti, e con le
sue sacratissime intenzioni avan-
zano ogni altra cosa, nè cercano
d'accostarsi ad alcuna creatura,
quantunque ella sia potente e mirabile, ma ad esso creatore di tutte
le cose visibili e invisibili, a cui
lo appressarsi è farsi chiaro e glorioso, e il temerlo è rallegrarsi, e
il servirlo è regnare. »

Chi fu mai più degno di Celestino
di ricever simil commendazioni di lode? Alcuni hanno abbandonato le sue
navi e le sua reti, alcuni le piccole
possessioni, alcuni il mistiero delle
armi, alcuni altri eziandio gli reami

o la speranza degli reami, e seguendo Cristo, sono divenuti apostoli e fatti santi e amici di Dio. Ma chi lasciò mai di sua spontanea volontà il papato, cosa alta e grande, e tanto desiderata e tanto maravigliosa, che dalla ammirazione e dal stupore che si prende per la sua sublimità, dicono aver tratto il suo nome? In quale etade, dico, e massimamente da poi che esso papato cominciò a esser in tanto pregio, fu egli mai dispregiato tanto mirabilmente e con tanta magnanimità, come fece questo Celestino, che per guardare *il* cielo si dimenticò la terra, cupido di recuperare il suo pristino e antiquo nome, e il luoco e la povertade amica ai buoni costumi? Chi non vede lui esser piaciuto a Dio ugualmente in ogni generazione del suo stato, purchè egli abia letto *le* maravigliose operazioni di quello, variate per tre modi, ma degne d'altro stilo, cioè quello che lui fece innanzi che ascendesse al papato, e mentre ch'ei sedea nel grande offizio, e da poi che spontaneamente lo dipuose? Che miracolo è adunque, se la virtù delle operazioni non mancò in lui? Il tenore dell'animo, del quale sempre fu uno medesimo, e la qualità della vita, quanto a lui fu lecito, sempre fu immutabile. Veramente egli levato in altissimo grado, fece la sua camera papale piccola e stretta quanto dir si puote, e più tosto conveniente a romito che a papa, e visse umile in tanta sublimità, e solitario fra la moltitudine, e povero fra le ricchezze. Oltra di ciò intendendo della elezione fatta di lui al papato, tentò subito di fuggirsene con uno solo discepolo, chiamato Ruberto Salentino, allora giovine; ma circondato dalla inopinata e subita moltitudine del popolo, non sperando di poter uscire delle sue mani, si rivolse al discepolo, e domandollo se lo voleva seguire per tal modo tirato e sforzato alle cose grandi; ma il discepolo, che avea imparato dal maestro di far poco conto del mondo, e d'amare Cristo e la virtù e la pace e il silenzio e la solitudine, mediante le quali si va al cielo, disse: « Io ti priego che tu mi perdoni, e che tu abia rispetto alla mia fatica e al mio pericolo, e che tu vogli più tosto avermi succes-

sore della povera cella e del sicuro
ozio, che participe della ricca gloria e piena di ansietade ». E certamente così fu, però che il padre
andò a Roma e il discepolo si rimase, e non dopo molto tempo vide
l'anima di Celestino uscìta di doppia prigione salire alle celeste se-
die; e per questo miracolo rimase
stupefatto, non avendo notizia di
quanto fusse intervenuto, cioè che
Celestino fusse stato incarcerato
per lo suo successore, e come e' si
fu partito di questa vita; il quale
eziandio in essa visione lo dimandò
se voleva seguirlo, e a l'ultimo lo
ammonì e confortò che perseverasse
di vivere nella solitudine; e dette
queste parole, disparve e andos-
sene al cielo. Il discepolo raccordevole del consiglio di Celestino
così fece, e diventò vecchio, visse
solitario infino agli nostri tempi, e
a questi anni prossimi passati morì
dopo il maestro, lasciata appresso
de' suoi grande opinione della propria santità, e non piccola fama
delle mirabili operazioni.

Ma io torno a Celestino, che
con tanto suo dispiacere e contra
il volere dell' animo suo fu assunto

a tanta dignità, il che la disposizione e il rifiuto, con lieto cuore e
spontaneamente fatto, per manifesto indizio lo dimostra. Io ho udito
narrare a coloro che 'l vidono fuggire, che egli era tanto allegro, e
che portava tali segni di letizia
spirituale negli occhi e nella fronte, quando esso libero e reso a sè
stesso si partì dal conspetto del
consiglio, quasi come non avesse
tirata indrieto e rimossa la spalla
da piacevole soma, ma più tosto
come egli avesse tolto il collo sotto
dalle dispiatate securi; e nel suo
volto si vedea una certa luce, si-
migliante a quella degli Angioli; e
non senza ragione, però ch'e' sapeva molto bene che cosa era quella, a che e' ritornava, quale era
quella che avea lasciato. Certamente dalle fatiche lui si riduceva
al riposo, e dalle furiose discetta-
zioni e discordie alli divini parlari.
Abbandonava la cittade; stava con
l'animo intento e fermo all'ottimo
proposito; e se la astuzia e malignità del suo successore non gli
avesse contrastato, con li piedi
andava al salvatico e aspro monte,
ma onde la via a lui era facile e

piana alla eterna beatitudine. E volesse Iddio, che noi fussimo vivuti con seco, la qual cosa fra tanti altri solitarj noi al presente desideriamo in spezialità di lui, perochè la nostra ardentissima voluntà non è molto lontana dalla cosa desiderata, conciosia che egli fu poco tempo innanti di noi, e piccola indugia bisognava che facesse, o che noi ci affrettassimo alquanto per entrare insieme nel camino di questa vita, che lui fece colli nostri padri. Egli in brieve spazio di tempo transcorse per tutte le parte di Italia infino a l'Alpi; la religiosa successione dura e durerà, e gli figliuoli spirituali vivono, generati da lui nella solitudine, essendo già mancati quelli, che stando nel pontificale palazzo, egli fece cardinali e sollevogli ad altri grandi onori: tanto sono più fermi i fondamenti della sacra solitudine, che non sono quegli del secolo.

Dilegginolo adunque quanto gli piace coloro che 'l vidono, dalli quali il male ornato dispregiatore delle ricchezze e la santa povertà era tenuta vile. Ma noi meritamente dovemo avere in ammirazione questo uomo, e

annumerarlo fra li rarissimi, e ripu-
tarselo in gran danno non l'aver
veduto, perochè il vederlo poteva
dar certissimo guadagno e nobilissimo esemplo a qualunque tentasse
per via faticosa di levar l'animo
a più alta vita. Senza dubio la presente fama e il santo nome di questo uomo favoriscono gli suoi lau-
datori, e chiaramente riprendono gli
maldicenti; ma sia ringraziato Idio,
poi che noi siamo fatti tanto magnanimi, ch'io spero che questi due
Pietri saranno senza imitatori delli
loro propositi, e che questa tale
pusillanimità, se così debbe esser
chiamata, sarà senza alcuno esempio in questa nostra etade.

CAPITOLO XXVII.

Ma ecco che contro al mio pensiero io ritorno un'altra volta nella
Francia, e mentre che fra li nobili
uomini solitarj io passo il terzo Pietro, mi par quasi udire quel gri-
darmi dietro alle spalle, e dire che
egli non debbe esser lasciato, e
sforzami a star fermo. Questo è
quel Pietro romito, che visse soli-

tario nel territorio ambianense, tale
quale si sia. Conciosia che comin-
ciandosi Cristo a sdegnare e cruc-
ciarsi, che la propria eredità, cioè
gli suoi comandamenti, fussono vilmente calcati con grandissimo di-
pregio dalli suoi e nostri nimici,
egli non ad alcuno degli signori
cristiani, che nelle dilicate piume
e nella preziosa porpora contino-
vano gli grassi sonni; non ad Ur-
bano romano pontifice, uomo grave
e ornato di gran virtù e nondimeno
occupato, ma a Pietro, povero o-
zioso e solitario, e che nell'umile
letticciuolo si riposava, manifestò
ciò che volea che si facesse. Primamente lo inspirò che presto si
apparecchiasse alla oltramarina peregrinazione, acciò che per quello
aver veduto coll'occhio le miserie.
e' divenisse più pronto alla piatosa
faccenda. Da poi pervenuto al luoco,
che Cristo gli avea comandato,
commosso gravemente per la servitù di Simione, allora patriarca di
Jerusalem, e degli altri miseri fideli
cristiani, e per lo indegno dispregio degli sacrati luochi fatto dagli
barbari, con sospiri e con lacrime
dì e notte facea orazione a Dio. A

l'ultimo Cristo apparve a quello, adormentato sopra il nudo pavimento della chiesa, e comandolli che svegliasse e commovesse gli pastori e gli principi catolici per la vendetta del suo nome. Ma al presente non è necessario di esponere con quanta divozione oltre alle sue forze lui accettasse la impresa di quella ambasciata, e quanto virilmente e con quanta felicitade la conducesse ad effetto, e come favoreggiando Cristo la piatosa fatica, le cose ebbono il desiderato fine, massimamente essendo questo fatto noto fra li popoli per lo dire assai ornato di dua non piccoli volumi; e benchè io veda gli animi degli scrittori essere variamente affezionati inverso di costui, nondimeno nelle cose dubiose seguo più tosto coloro, che mi paiono essere più degni di fede, e che io penso più tosto muoversi per la dirittura delle cose, che per rispetto degli uomini.

E volesse Idio, che per lo avvenire le cose avessino tal fine, quale allora le ebbono, e che la vendetta di Cristo fusse stata così perpetua, come ella fu felice, e che li uomini

per li loro peccati non fussino ri-
tornati alle antique miserie per la
prosperità di tanta vittoria, che fu
assai più ignominioso e disonesto,
avendo perduto la secunda volta
quello che era nostro, che se prima non lo avessimo recuperato.
Certamente questo è stato nostro
grandissimo biasimo, ed alli nimici
singulare onore, e a noi porge minore speranza, e quelli fa più pronti
alla custodia per lo avvenire incontro di noi, e dàlli maggiore occasione di crudelitade. Ma ora che
piangerò io? Che lamento per me
sarà fatto? Mi dolerò io per lo
presepe? Per lo monte Calvario?
Per lo sasso del sepolcro? Per lo
monte Oliveto? Per la valle del
Judicio e per tutti gli altri luochi amati singularmente da Cristo? Dove lui prese la umanità e
venne al mondo, e dove nato pianse, e piccolino andò carponi; dove
fanciullo esercitò i giuochi puerili.
dove pervenuto alla età virile, dette
gli ammaestramenti; dove lui esaltò
lo spirito, che ci fa vivere nella
eterna gloria, dove giacque morto
e resuscitò da morte a vita; d'onde
e' discese allo inferno, d'onde ei

salì al cielo, dove ultimamente con inrevocabile sentenzia giudicherà li vivi e li morti.

Ora il Cane d'Egitto, cioè il soldano, possiede la terra promessa alli nostri maggiori, a noi tolta, a noi debita, e se veramente fussino uomini, sedia della nostra speranza e arra della eterna patria, Ohimè! che cosa è rimasta a noi miseri oltra il pianto e li lamenti, poi che li nostri signori cristiani non cercano se non le delicatezze, e li nostri pontifici non amano se non le ricchezze? Li popoli o veramente servi piangono, o veramente liberi impazziscono, e ogni uomo è intento alla cura delle sue proprie cose, e nessuno attende a quelle di Cristo, il spezial patrimonio del quale in nostra presenzia, e sedendo noi oziosi, è rubato e stracciato. Che parlo io? O perchè dico noi esser oziosi, che siamo gli più occupati uomini del mondo? Anzi più tosto dovea dire, mentre che noi senza alcuna ragione mormoriamo e avemo disutili e vani pensieri, e per lo fango disonestamente ci rivoltiamo, stimulati da ogni generazione di libidine; e mentre che ci

sforziamo di ritenere le lussurie e
le pompe, che non si fugano da noi.
mentre che noi numeriamo gli danari rubati agli poveri, e ascon-
dendogli in nostro uso gli conver-
temo; mentre che noi edifichiamo
le superflue e inette torre nell'ultima Babilonia, cioè nella città di
Roma, che così merita per li propri vizj esser chiamata, acciochè
la superbia suggetta a subita ruina
salisca al cielo, ed in questo mezzo
non è chi difendi o vendichi la
piccola e umile stanzia di Cristo;
infine mentre che noi poniamo le
insidie alli nostri fratelli, e offeremo
il nostro corpo mal difeso e disarmato alli crudelissimi nimici, la-
sciandoli entrare nella camera del
nostro Signore. Questo è gran peccato e perpetua vergogna delle
nostre fronti, alle quali senza reverenzia noi imponemo il stendardo
di Cristo, cioè il segno della Croce,
per esser così magnifici vendica-
tori delle sue ingiurie, delle quali
con un solo cenno egli certamente
ne potrebbe far vendetta, e forse la
fa con più secreta justizia, vedendo
in questo mezzo dal cielo, quale
è la nostra mente o vero fede:

ma noi o veramente siamo troppo pigri e negligenti, o veramente ardemo per li varj e focosi pensieri delli nostri animi.

Ecco che al presente li signori e principi della terra, per la smisurata cupidità e per lo suo mortale odio contro li Barbari, con grande instanzia parlano di voler andare alli lor danni. Io ti concedo che essi si ragunino insieme: che utilitade e che bene publicamente di qui si debbe sperare? Perochè mai non si raguneranno per fare la volontà di Dio e del suo Cristo, nè per ubbidire i comandamenti di quello, ma più tosto per pascere la sua insaziabile avarizia, e per satisfare alla sua iracunda voluntà contra di quelli. Ma io credo che lasciati questi pensieri di queste juste e sante armi, forse più tosto si riposeranno e daranno opera al sonno e alli lascivi piaceri, prenderanno gli disonesti guadagni, e nel tempo della pace disarmati spoglieranno gli suoi sudditi, che altre volte essi armati hanno spogliati, e la licenzia della pace sarà appresso di loro, essendo tale e tanta necessità di guerra. Tutti amaranno la moglie e gli figliuoli, e niuno amerà Idio o il prossimo. Il pensiero degli corpi sarà grande, e delle anime non si farà conto. Lo oro, le gemme e le preziose masserizie saranno adunate con grandissimo studio, e gli ornamenti delle virtù saranno dispregiati; ameranno le proprie possessioni; per questo verranno alli coltelli e non dubiteranno di morire, ma niuno si troverà, che si muova per lo universal danno della Terra Santa. E per che cagione? Perochè egli è verissimo quello che di sopra ho ditto, cioè che queste cose parono appartenersi a speziali persone, ma quelle altre a Cristo; e così noi cerchiamo la nostra gloria, dispregiando quella del nostro creatore e redentore. Nè ci viene nella memoria Lucifero esser caduto da cielo per questi costumi, con li quali noi oggi speremo di ottenere il paradiso; e se tu se' tardo a credere alle mia parole, tu darai fede agli effetti, che non sogliono mentire, come si dice. Guarda bene e stracorri le provincie, e cerca ciò che si fa appresso di noi. Il Francioso e l'Inghilese con-

tendono insieme. Venticinque anni
già sono, che non Cristo nè Maria,
ma Marte e Bellona, incitatori delle
guerre, regnano fra quelle genti.
ed essendo già allentito (1) da l' una
e dall'altra parte il ferro, li lor
feroci animi però non si mitigano
nè divengono umani; e la grande
effusione di sangue dell' una e del-
l'altra parte non ha potuto dimi-
nuire li crudeli ardori delle loro
ire; e per tanto, benchè nemico
molto minor di potenzia abbia menato prigione nuovamente quello
maggiore di tutti li nostri re, che
è stata cosa contro alla opinione
d'ogni uomo, e non udita nella età
degli nostri avi e degli nostri bisavi, nientedimeno per tutto questo
non si pon fine alle discordie, ri-
pigliando di nuovo le arme il primogenito del re poco innanti preso; onde come tu vedi, al presente
si apparecchia orribile guerre, e
li eserciti regali si adunano insieme, ed il sangue che si dovria
spargere per l'amor di Cristo, è
consecrato alla invidia. Quello grande Spagnuolo si sta fermo, e per

(1) Allentire *manca nei dizionarj.*

la sua pigrizia e viltà d'animo,
non senza sua vergogna, patisce
la maestà di Cristo esser crudelis-
simamente bestemmiata e schernita
da coloro che abitano nelle sua
terre in uno piccolo scoglio; ma
quest' altro che abita le ripe del
nostro marè, niente altro desidera
e pensa, che a l'oro di Viniziani
e al sangue de' Genovesi, assenti-
tore delle voglie di quelli per rispetto della avarizia, che a ciò lo
induce, e nemico di questi altri;
legato da quelli con l'oro e da
questi altri unito col ferro. L'altro ultimo di tutti li re è divenuto
sordo per lo grande strepito delle
resonanti inondazioni del mare O-
ceano, per modo che tanto da lunge
non ode li nostri sospiri, ed essendo seppellito nell'ultimo Occidente,
niente si cura di ciò che in Oriente
si faccia.

Questo nostro Cesare, tolto subitamente la corona, se n' è ito in
Alamagna, contento di starsi nascoso nella patria, e contento di aver solo
il nome dello imperio, abbraccia
le membre e dispregia il capo di
quelle; colui che noi speriamo dover
recuperare le nostre cose perdute.

non ha ardire di difendere il suo
proprio, e fuggendo coloro che non
lo perseguitano, teme di accostarsi
alli santi abbracciamenti e alla faccia della bella Italia sua sposa,
come se alcuna cosa più nobile si
trovasse sotto il cielo. Certamente
il mio credere caldo e temerario,
che forse ardisce d'andar più là
che non si conviene, lo stimò esser
degno di resprensione. Egli con
sacramento afferma d'aver giurato
alla Chiesa di non star più che
uno giorno drento da Roma. O
giorno pieno d'infamia, o patto
vergognoso, o Dio, o Santi! Ecco
il sacramento, ecco la religione,
ecco la pietà! Il pontefice romano
per tal forma ha abbandonato la
sua Roma, che non vuole che per
altrui la sia frequentata, e di questo è venuto a patti con lo imperadore romano; e perchè? Io non
so, e se io lo sapessi, delibero di
tacerlo. Questo si può dire, che tacendo me, la cosa parla, che colui
che toglie l'abitatore alla città,
volentieri li induceria l'aratro, e
quella in tutto disfarebbe se potesse; ed in questo lui consideri
quanto la sua voluntade sia one-

sta e giusta. La Germania non studia in altro, che di soldare e d'armare latroni a destruzione della sua republica, e dalli suoi nugoli manda continova pioggia di ferro nelle nostre terre. Non diniego questa esser cosa degna e conveniente, perochè così interviene a chi così vuole. Essa Italia si consuma e disfassi con le sue proprie forze, e se avviene che alcuna volta la respiri, la cupidità dello oro, più potente che l'amore di Cristo, occupa gli animi degli uomini, traendoli per tutte le terre e per li mari. La Grecia è mal consigliata per li suoi errori, o vero contraria e nimica alle nostre superbie, dispregia l'antico pecorile e li nostri pascoli.

Superflua fatica sarebbe a parlare degli altri regi e degli altri signori delle terre e degli nostri sommi pontifici, perochè sono cose molto divulgate, e questo è il stato della Europa. E' mi grava di proceder più oltra, ma pur è necessario di toccare le piaghe, le quali benchè siano longi dal capo e dalli membri spirituali, nondimeno per la invecchiata e longa negli-

genzia sono incancrite (1). Augustino
certamente nato in Affrica, nelle sue
Confessioni dice il libro di Omero
parerli difficile ad intendere, perochè egli era scritto di lettera
estranea, e quel di Vergilio parerli facile per rispetto della lingua
latina. Ma ora va, e col veloce pensiero misura tutta la Affrica, e
transcorri dal fiume del Nilo al mare
Atlantico: penso che tu non troverai quivi alcuno, che conosca le nostre lettere o che le ami, se egli
non è per avventura forestiero o
mercatante o prigione. Ieronimo,
scrivendo ad Evandro, conferma
che oltre alla Francia e la Inghilterra, che sono provincie del nostro
mondo, la Affrica e la Perside e lo
Oriente e la India e tutta la Bar-
beria adorava solo Cristo, e conser-
vava la sola regula della verità.
Quanto questo sia oggi vero. non
è bisogno a dirlo; ma acciò ch'io
tocchi una testimonianza più fresca
della nostra vergogna, non si rallegra Gregorio, che nella sua età
tutta la Asia credeva a Cristo? Ma

(1) *Incancrire non è voce registrata nei dizionarj, bensi* incancherare *e* incancherire.

ora se tu cominciando dalla sinistra
parte del fiume Tanai, e andando
per li longissimi circuiti del lito
orientale, pervegnirai alla destra
ripa del Nilo; e se tu esaminerai
diligentemente tutti gli uomini, che
abitano fra questi termini di terre
e di mare, benchè frose alcuno gli
sia, che abia nella bocca il nome
di Cristo, nientedimeno, secondo il
mio credere, tu non troverai chi
abia la vera fede di Cristo nel cuore, se non di quella generazione
ch'io ti ho detto di sopra, cioè o
peregrini, o mercatanti, o incarce-
rati.

Ma per produrre eziandio il
quarto testimonio a confirmazione
della chiarissima veritade, il predetto Gregorio narra nella sua etade tutte le chiese essersi concor-
date in questa vera fede e religione di Cristo; e acciò che noi comin-
ciamo dalle ultime, non solamente
quelle che sono poste nella Spagna
e in Inghilterra e in Francia e in
Sardigna e in Cipro e in Candia e
in Dalmazia, ma eziandio tutte quelle che sono in Capadocia e in Misia
e in Macedonia e per tutta la Elladia. Oltra di questo le lettere di

Atanasio fidele in Cristo, mandate
a Joviniano Augusto, che non parlano secondo la fama, ma secondo
la propria verità, cognoscendo lui
la opinione di tutti per esperienzia
e per lo pegno del scrivere fatto
da quelli, e per la notizia che lui
avea degli uomini, testificano tutta
la Affrica, la Panfilia, la Licia, la
Isauria, lo Egitto e la Libia e la
isola di Ponto e quasi tutto l' Oriente, eccetti pochi imitatori dell' aria-
na setta, universalmente vivere secondo la cristiana fede. Se forse
questo fatto ha bisogno di più testimonj, Ambrogio nel secondo libro
della Vocazione di tutte le genti, e
dopo lui esso Augustino nel nonagesimo quinto salmo, narrano le
confine della fede cristiana dilatarsi
più oltra che quelle del popolo di
Roma, ma che il popolo che regnava
col ferro in mano, quasi arebbe
potuto subjugare la natura, se la
fede di Cristo non fusse proceduta
dal legno.

Se noi vogliamo intendere loro aver parlato non di questo,
che al presente non è imperio,
ma certa imagine e ombra di imperio, volesse Idio, che questo me-

desimo nelli nostri tempi veramente si potesse dire. Certamente tutta la Affrica, la Persia, la Siria, lo Egitto e quasi tutta la Asia, e finalmente (che più ne debbe gravare) la maggior parte d' Europa nelle sue superstizioni non impazziranno, perochè, come referiscono dignissimi autori, niuna parte del mondo mancò a quello antico imperio romano, eccetto pochi luochi, posti nell' ultimo Oriente. Ma noi non tememo quasi cosa alcuna, se non alquanto dello Occidente. Esaminate diligentemente queste cose ciascuna da per sè e tutte insieme, io stimo non esser alcuno tanto fidele e tanto inviluppato nella giudaica perfidia, che non intenda e conosca quanta autoritade e quanta fede si debba dare a quegli nostri lamenti ; nientedimeno Augustino, quasi nel principio del libro della Vera Religione, in poche parole comprende ciò che tutti costoro dicono, e qualche cosa più. Egli dice: « Le sacre cerimonie degli Cristiani sono udite per tutte le parti della terra abitata dagli uomini. » Questo dire è brieve, ma a noi tristo e lacrimoso, e per la sustanzia del quale facilmente tu puoi misurare la gran somma di tutto il nostro danno e della dolorosa perdita per lo mancamento della nostra fede.

Ma che bisogna ch'io mi fondi nelle testimonianze di particular persone? Leggasi le istorie ecclesiastice; quanti nomi di catolici prelati da mille anni innanti ti occorreranno, che dalle parti dell'ultimo Settentrione o dallo Oriente o dal Mezzo giorno sono andati a fortificare e a divulgare la sacra dottrina di Cristo in luochi, dove non voglio dire alcuno vescovo, ma alcuno uomo cristiano al presente non abita? Ed acciò che io passi le cose più leggieri, e tacia le altre cittadi, che hanno avuto quel medesimo principio e quel medesimo fine, quella venerabile città di Nicea, dove l'apostolico fondamento della fede con tante vere e suttilissime ragioni fu ordinato o confirmato da quelli veraci e santi vecchi, ora insieme con tutta la Bitinia, della quale essa Nicea è parte, è posseduta dalli inimici della nostra fede. Siamo noi così governati e retti? È questo il pensiero, che hanno gli nostri principi

della repubblica? Desideriamo noi
per tal modo le altrui cose, che
noi perdiamo le nostre? Certo nelle
altre occurrenzie o col silenzio o
colla oblivione facilmente consolo
me stesso; ma che dirò io a te, o
Jerusalem tradita e abbandonata?
Noi portiamo di continovo questa
fresca piaga negli occhi e nella
fronte; questa vergogna non si può
nascondere, nè fingere che così non
sia. Il peso del danno è a noi alquanto più leggiero che quello della
vergogna. Ma è questa la speranza
della salute? È questo lo studio
della gloria? Sono così gittate sotto
i pedi le cose sacre? Ed essendo
infermi gli membri, debbe ora esser così stracciato il nostro capo
dal Cane d'Egitto? Intraranno gli
piedi degl'uomini scelerati nel santuario di Cristo, comportando esso
pazientemente le sue ingiurie per
nostra gran vergogna, o vero forse vendicandole occultamente, come sopra ò ditto? Serà adunque
alcuno, che in questi tanti e tanto publici e comuni mali abia ardimento di
sminuire la gloria di quelli antichi
Romani, e contaminare e imbrat-
tare la propria bocca con così fatte

bugie? Oh noi al tutto indegni di esser favoriti dal cielo con tanta benignità senza alcuno nostro merito! O veramente doni della divina grazia?

Deh! dimmi, poi ch'io sono tirato dalla acerbità del dolore e dalla ardente fiamma dell'animo, e poi che il dolore è ardito e lo sdegno è loquace, e poichè noi siamo caduti in larga e grassa materia di lamenti, dimmi, padre, conciosia che mi giova di dimandarti, se Julio Cesare tornasse oggi dallo inferno, riportando quello animo e quella potenzia, e vivendo a Roma, cioè nella sua patria, e cognoscendo il nome di Cristo, come senza dubio si debbe credere, giudichiamo noi ch'e' patisse che 'l latrone d'Egitto, e che li disonesti e lascivi abitatori di Canopo, umile città d'Egitto, possedesse non dico la Jerosolima e la Judea e la Siria, ma esso Egitto e Alessandria? Purchè egli si raccordasse sè aver tolto non ad uno tiranno, ma a legitimo e justo re ii reame e la moglie e la vita insieme, e sè aver domato con suo pericolo quelle terre per donarle a Cleopatra. Io non

cerco quanto justamente questa
cosa fusse fatta da lui, ma più tosto mi maraviglio di quello animo
e di quel tanto vigore e gagliardia.
e dico che lui seria necessario agli
nostri tempi, perochè avendo donato quel tale e così grande pregio dello adulterio alla concubina,
fatto fidele cristiano, restituiria il
suo a Cristo, dal quale e' conosces-
se d'avere ricevuto lo spirito, ed
esser per dover ricevere la eterna
gloria. Se Cesare Augusto, se l'uno
e l'altro Scipione affricano, se Pom-
peo magno, acciò ch' io tacia mille
altri valorosi uomini, al presente
fussino cristiani, e ritornassino vivi
in quella medesima città, potrebbono loro patire questo danno e
questa vergogna? Quel primo Scipione, molti anni innanti, con la
maestà del suo nome quietò la Spagna desiderosa di novitade; gli altri
dui secondi, delli quali l'uno fece
la Affrica tributaria, e l'altro dis-
fece Cartagine, il terzo che vinse
Antioco e subiugò gran parte dello
Oriente, senza dubio se fussino al
presente, seriano imitatori della
nostra fede, e non lasceriano dispregiare così vilmente il nome

del suo Cristo. Perochè se essi, privati della santa luce della verità, feciono così gran fatti per amor della terrena patria, che non estimiamo noi che loro fussino per dover fare felicemente per la eterna, avendo Cristo per suo duca e guida? Ma li nostri valorosi capitani nelle loro camere più forti che leoni, e nel campo più timidi che cervi, cogli animi feminili disonestano le virile faccie, prontissimi alle guerre della notte, pigri e disutili alle altre, e a niuna altra cosa animosi, se non allo studio della lussuria e allo odio della virtù, e perseguitano e dispregiano coloro, le buone opere delli quali essi non sanno nè possono imitare, e li quali essi dovevono almeno avere in reverenzia; e se con lo effetto non potevano, almeno con la buona volontade si doveano sforzare di tacitamente seguirli.

Ma questa non è cosa fuori d'usanza, se gli esempli della virtù sono molesti e dispiacciono agli inimici di quella, o veramente se loro in molte cose favoreggiatori di Maumeto, in questa eziandio s'accordano con esso lui. Certamente, secondo ch' io vedo essere scritto. lui sopra tutte le altre città benedisse Mecca e Ierusalem, e ha maledetto Roma e Antiochia; e perchè mi piace col pensiero cercare le cagioni delle sue impietadi, io non mi maraviglio del proposito suo inverso di Mecca e di Roma. Conciosia che non è cosa nuova, se il mecco (1), cioè lo adultero e scelerato uomo, amò la città chiamata Mecca, che in nostra lingua se chiama adultera, abitacolo d'ogni crudelitade e d'ogni vizio pieno, e degno albergo del suo corrotto e lussuriosissimo corpo, perocchè quivi è sepelito il scelerato latrone, dignissimo d'ogni infamia. E certo questo manigoldo, adorato in mezzo della sua gente, con reverenzia al tutto indegna di lui, aria meritato d'esser più tosto sepelito nelli corpi delli lupi e delli corvi. Onde noi ci abiamo grandemente da dolere, che il sepolcro di Cristo, posseduto senza alcuna reverenzia dalli nostri nimici, rare volte e di nasco-

(1) Dal latino moechus. Il Vocabolario del Tramater, citando di questa voce un'esempio tolto dal Morgante, dice che il Pulci pose mecco per meco a cagion della rima.

sto è visitato dalli fideli, non senza suo gran pericolo e con vergogna per le ingiuriose parole dette dai barbari, e con il pagamento del tributo.

Dall'altra parte che miracolo è, se lo artifice della scelerata superstizione ha in odio la santa cittade, capital nimica delli suoi pessimi costumi, bagnata del santo sangue degli martiri, ed eminentissima rocca della religione e della fede, massimamente temendo lui di qui poter venire, come è verisimile, speciale e certa destruzione alla sua venenosa e maledetta legge; e similmente raccordandosi tante ruine e tanti dolorosi casi in diversi tempi di questo luogo esser proceduti a disfazione delli Persi, delli Medi, delli Egizj e delli Caldei e delli Arabi, suoi antiqui genitori? La paura e il dolore furno cagione, ch'egli odiasse quasi giustamente gli Cristiani. Più mi maraviglio, se egli non ebbe in odio la solitudine vicina al Nilo, dove avea udito li Antonii e li Macarii aver fatto tanti miracoli e dimostrato tante virtù col solo nome di Cristo; e certo io non dubito, quel-

lo maestro delli disonesti piaceri e
inventore della abominevole libidine averle odiate; questo mi sta
nell'animo, onde io possi pensare,
che sii proceduto il suo amore inverso la Ierosolima e l'odio incontro ad Antiochia; ma parmi dover
credere, che lui si rallegrava d'a-
ver amato quella città, cioè Ierusalem, quasi come luoco participe
del suo odio e della sua invidia
incontra di Cristo, dove e' si raccordava tante villanie, tanti fla-
gelli e morte tanto crudele esser
stata patita da Cristo, suo contrario e nemico, benchè forse per la
maestade e per la gloria del nome
di quello lui non aria ardire di
parlarne in publico contumeliosa-
mente. L'amore inverso la predetta città, generato nel bestial cuore
per la morte di Cristo, senza dubio
dovea esser cessato per la resur-
rezione di quel medesimo; ma l'uomo senza sentimento, e nimico della vera religione, e cieco per la cupidità di regnare, non la intendeva.
La cagione perchè l'odiasse Antiochia, stimo che fusse, che 'l cognome della Cristianità di qui primamente pigliassi origine, il che di-

mostrano gli Atti degli Apostoli, e
Pietro apostolo, amico di Cristo e
duca e gonfalonieri della squadra
cristiana, in quella cittade ascese
la prima cattedra del papato, quasi come l'una di queste, in quanto
li fu lecito, abia oppresso e Cristo
e il suo nome, e l'altra abia esal-
tato il nome e il vicario di quello
con famosa e santa reverenzia. Certamente io penso niuno luogo esserli
stato di maggior abominazione di
Betlem, e che lui uomo indotto, ma
per natura e per ingegno e per malignitade astutissimo, abia taciuto il
nome di quella terra, acciò che non
paresse esprimere le troppo aperte
e manifeste cagioni delli suoi odj.

Basti fin qui d'aver fatto questa digressioncella, a me grata e al
lettore forse non ingrata, secondo
ch'io credo. Ora è tempo che noi
ritorniamo d'onde ci dipartimo.

Io adunque, costretto dagli acuti stimoli del dolore, il che solamente ho potuto, mediante la rovente e affocata punta delle lettere, con questo perpetuo signo di
infamia voglio aver marchiato gli
nostri popoli e li nostri principi,
che inviluppati circa tanti pensie-

ri inutili, anzi dannosi e poco devoti, dispregiano questa onesta e
debita e spezial cura della patria :
io dico della eterna e della nostra
Jerusalem, e non di questa che è
in terra, ma di quella che è di sopra in cielo, madre nostra, d'onde
noi siamo ora sbanditi, della quale
questa che rapresenta la imagine,
se per sè medesima serà da noi
bene estimata, non diremo che ella
sia nostra patria. E parrà a noi,
che meritamente l' abia sostenuto
queste avversitade, e che ella sia
degna di più grave odio; conciosia
che col temerario sacrilegio e col
crudele e maladetto consentimento
abia crocifisso il suo Idio, disceso
in terra con umil vesta, cioè della
carne umana, per salvarla, benchè
egli fusse molto resplendente per
la grande e singular luce degli infiniti miracoli ; e sebene questa im-
pietade fusse a lei pestilenziosa,
nondimeno la fu utile al mondo,
perochè ella dimostrò alle genti
quello posto in croce, quasi come
da luoco più alto, il dovesse essere
adorato.

Ogni cosa non si debbe fare
per la defensione di ciascuna pa-

tria, benchè alcuni, che hanno avuto questo ardire e questo proposito, siano levati al cielo con molte lode. Delli nostri sono lodati Bruto, Muzio, Curzio, li Decii, li Fabii e li Cornelii, che per l' amor della patria sparsono il lor sangue. Simil virtù degli estranei merita eziandio simili generazioni di lode. la città di Atene loda Codro e Temistocle, Lacedemonia loda Leonida, Tebe il suo Epaminonda, Cartagine li fratelli Fileni, e altre città lodano li suoi cittadini. Se di costoro tu dimandi il mio parere, dico che la republica celeste si debbe amare, che non è confusa e perturbata per le importune e disordinate grida del tribuno, nè per le discordie del popolazzo, nè per la superbia del senato, nè per la invidia delle parti, nè per le guerre civili, nè per le guerre di fuori. Qualunque ha dato il proprio sangue per questa, è buono cittadino, e non dubita d'averne degno premio.

Non creder però ch' io stimi questa patria temporale e terrena dover esser abbandonata, per la defensione della quale noi siamo eziandio obligati di combattere, se il bisogno il richiede, purchè la justizia rega, e che ugualmente sieno osservate le leggi, quale Sallustio e Livio e molti altri hanno scritto in alcun tempo essere stata la republica de' Romani. Cicerone, nelli suoi libri scritti della Republica, con gran veemenzia e con gran copia disputa sopra di ciò, ponendo in questione se il popolo di Roma justamente subiugò li altri reami. Io facilmente consentiria al suo dire, cioè la forza fatta al mondo per sottomettere le genti, bench'ella fusse violenta, nondimeno essere stata justa, perochè a li sforzati e vinti era utile che fusse uno solo capo di tutte le cose, che fusse degno, ottimo ed eccellente e al mondo veramente necessario, quantunque nel primo gusto porgessi qualche asperitade. Ma quel ch'io dirò, contrasta grandemente a questa sentenzia, conciosia che se bene li Romani conservavano la justizia fra gli uomini, dando a ciascuno per li suoi meriti, e governavansi con quelle arti, che descrive il gran poeta Virgilio, cioè imponendo buona consuetudine di pace, perdonando alli sudditi, domando con guerra li superbi, e come dice quello medesimo Cicerone in altro luogo molto nobilmente, conservandosi lo imperio di Roma per la via delli benefizj, e non per ingiurie, e facendosi le guerre o per la defensione delli compagni o dello imperio; e conciosia che 'l fine delle guerre fusse benigno o necessario, e la città di Roma fusse porto e refugio degli regi, degli popoli e delle nazioni, e il nostro Senato e gli nostri officiali e capitani si sforzassino d'acquistare grandissima lode per la defensione delle provincie e delli compagni con justizia e con fede; senza dubio quel tal governo più veramente poteva esser chiamato patrocinio e publica defensione.

Dico adunque, consentendo a queste parole, che la justizia e la innocenzia delli Romani inverso gl'uomini a quel tempo fu grande, ma tuttavia non si dubiti loro esser stati injusti contra di Dio, a cui non aveano tolto alcuna cosa piccola e leggiera, ma sè medesimi, facendo furto al Signore di sè stessi a modo di servi fuggitivi, e dando alli inimici di quello lo onore appartenente alla sua deitade; la qual cosa è gravissima spezie di furto e molto maggiore injustizia, che se la antiqua possessione o vero altro fusse per forza tolto al vicino. Questo luoco fu disputato, e con gran diligenzia trattato da Augustino nelli libri della sua celeste Republica. Ma se alcuno sarà nato in una patria injusta e di cattivi costumi, come al presente sono quasi tutte, sarà lodato colui, che per così fatta patria non averà dubitato di spendere la vita? Mai no, perochè niuno mi dica quello uomo esser degno di lode o di memoria, che colla propria morte ha acquistato la publica impunità delle sceleritadi alli malvagi uomini e alli cattivi cittadini; e se bene noi legiamo molti per questa cagione esser stati gloriosi, nondimeno io dirò questo tale essere prodigo della vita ed esser morto dua volte, perochè egli ha gittato via il corpo insieme e la anima, e ha perduto la vita eterna. Dell'altra parte a ciò ch'io non vadi più lungi, se in noi fusse qualche parte di pietade o di justi-

zia, quale è quella cosa, che noi non
dovessimo debitamente dover ardire di fare per rispetto della celestiale Jerusalem, per quella perpetua patria, che ci promette beato
abitacolo senza fine, senza fatica,
senza ansietade d'animo, senza paura e finalmente senza alcuna molestia, e dove niuna cosa abita, se
non onesta e pietosa e justa?

Ma io son già partito più lungi
dal mio primo proposito, che non
fece questo nostro Pietro dalla sua
patria, e lo essermi occorso nella memoria questo solitario vecchio m'ha fatto tanto animoso, ch'io
ho rimproverato e gittato in occhio
alli principi e alli popoli occidentali questa nostra vergogna, che è
proceduta dalle parti d'Oriente; e
in questa faccenda Dio voglia che la
mia mano sia di tanta efficacia e
di tanto valore, quanto fu la lingua
del prenominato Pietro per la salute
e per lo onore degli fideli di Cristo.
Son certo che questa cosa è da me
in vano desiderata, e più tosto dubito ch'io non para essere stato
troppo importuno e troppo audace
nel mio parlare, massimamente fra
coloro che reputano la libertà del-

l' animo esser temeritade, e il dire
il vero procedere da mente furiosa,
e che stimano ogni buono raccordo
e ammaestramento esser dato per
farli ingiuria. Accettino le mie parole come gli piace; io certamente
per questo mio dire e per questa
digressione alleggierito alquanto del
grave e dispiacevole fascio delli lamenti, più pronto ritorno alla via
della principiata narrazione.

CAPITOLO XXVIII.

E perchè dimoro io tanto longamente nel parlare degl' uomini di
minor condizione? Quello Giovanni
santificato nel ventre della matre,
grandissimo fra li figliuoli delle donne, il quale mandato da Cristo, che
dalla somma altezza del cielo doveva venire in terra, venne innanti
a quello come ambasciadore al suo
re, e come banditore al suo judice,
e come aurora innanti al giorno, e
come Lucifero innanti al sole, non
si tenne mai esser sicuro, finchè
nella tenera etade non si fu occul-
tato nelle spelonche del diserto.

CAPITOLO XXIX.

Maria Magdalena fece questo medesimo dopo il peccato, che non volse esser veduta lungo tempo fra li popoli, nè elesse di abitare nelli gran palazzi, ma fuggendo la patria e venuta in queste terre, dove io ora sono, come in un'altro nuovo mondo, perseverando fino alla morte, qui stette nascosa; e per sua casa ebbe quella nuda e cava grotta, che io penso che tu abia veduta, però che ella non è lontana da queste parti, e il luoco è venerabile per un certo timore pieno di santitade, e merita d'esser visitato da coloro, che vengono di lontani paesi.

Quivi mi raccordo io essere stato spesse volte ed esserli dimorato tre giorni e altretante notte con molto maggior piacere, che non si suole pigliare nelle cittadi. La dolce e felice albergatrice di Cristo visse e morì in questo luoco (1) sanza compagnia di donzelle, che la servissino e che la ajutassino ad ornare, ma

(1) *Su questa spelonca il Petrarca scrisse un breve poema elagiaco.*

gli Angioli di Dio continovamente stavano apparecchiati e presti alli suoi comandamenti. Alcuno qui dirà: «Marta sua sorella non fece alcuna di queste cose, e pure è santa.» Io non lo niego, ma certamente Maria che le fece, è molto più santa. Ella fu adunque ragionevolmente lodata d'aver fatta la elezione della miglior parte da quel sommo e infallibile estimatore degli fatti degli uomini; che s'egli è vero ciò che affermano gli uomini dotti, cioè oltre alla propria essenzia della verità il misterio e il santo esercizio della doppia vita, cioè attiva e contemplativa, contenersi sotto la coperta effigurazione di queste dua *sorelle*. niuno dubiterà che per lo judizio di Cristo la vita contemplativa non sia preposta alla vita sollicita e attiva, e ch'ella non sia da esser preferita, specialmente per la elezione delli fideli di Cristo.

CAPITOLO XXX.

Chi si meraviglia adunque, se il peccatore, assediato da ogni lato da tanti nimici, e raccordevole *della* sua imbecillità, e ammaestrato per

molti esempli non solamente umani,
ma eziandio divini, desiderosamente
fugge nelle sicure latebre? Ed essendo tutte le altre nostre ragioni
buone e ferme circa la defensione
della vita solitaria, nientedimeno
questa è la principale e inespugna-
bile, che il nostro Salvatore, fontana di tutti gli solitarj esempli,
benchè egli non avesse bisogno di
solitudine, nè temesse che la conversazione gli fussi nociva, pure per
confirmare la sua dottrina collo effetto, sali al monte per fare orazione; solo adorò, digiunò nella solitudine, e vinse nella solitudine il
demonio che lo tentava, e poi vinse
quello medesimo fra la moltitudine,
benchè a l'ultimo per sua propria
voluntade fusse occiso dagli inimici.
Lui saziò mirabilmente duo volte
nella solitudine con pochi pani e con
pochi pesci la inestimabile e affa-
mata turba, non sanza grandissimo
miracolo degli rilievi. Esso udita la
morte di Giovanni, andò alla solitudine, come al luoco di consolazione e di pace, e finalmente am-
maestrò le brigate nella campagna.
Egli fu transfigurato nell'alto monte
dove sopra di lui risonò la voce

dello eterno Padre; fece orazione eziandio nel monte per tutto lo spazio della notte, e la seconda fiata. dovendo orare e morire, andò al monte, e dilungato alquanto colli suoi discepoli, cercò luoco più solitario alle sue orazioni, insegnandoci collo esemplo, che noi eziandio nelli nostri affanni e nelle nostre avversità si dovessimo ridurre alla solitudine. Quel medesimo, dispregiando colui che li offeriva il gran reame, solo fuggì al monte, e nella solitudine schifò il pericolo della morte, non essendo ancora venuta la sua ora, acciò che ne insegnasse di far poco conto della lusinga della fortuna e di fuggire le sue minaccie nella solitudine, e con alto animo dispregiar quella.

Se queste cose sono vere, e s'elle sono manifeste per le testimonianze delli Evangelisti, dubiteremo ancora noi uomini di Cristo, che opinione debba esser la nostra della solitudine, della quale noi sapiamo il nostro maestro e duca e signore aver sentito così come si vede? Il corriero che venne innanti a lui, cioè Giovanni Battista, come è detto. dal principio della sua età fece la vita nel diserto, e tanti suoi amici prima aveano eletto, e da poi eziandio elessono questo modo di vivere. Ultimamente la sua madre vergine, gravida di Dio, subitamente si ridusse a luochi montani, portando nella solitudine il beatissimo peso del santo ventre, inanti ch' e' nascesse, e certamente niuno fidele dubita il Spirito Santo esser stato guida di quella.

CAPITOLO XXXI.

Noi non vogliamo nè eziandio è necessario narrare e inchiudere in così piccola carta ciò che si potesse dire della solitudine; ma certamente per le cose raccontate da noi, e per le simile a quelle grandissime lode di questa si vede, e abiamo stimolo ed esemplo ad imitarla. Qualunque udirà ciò che noi dicemo, farà quello medesimo, se la sua mente sarà disposta di seguire la voluntà di Dio, nè per diversa o per altra via sarà condotto ad un buon termine e sicuro porto di salute, perochè niuna altra via è più diritta e più utile di questa; ed in verità sì come noi siamo differenti dal proposito e dalla opinione e dagli studj del popolo, così è conveniente che noi siamo separati e divisi da quello per la distanzia e per la dissimilitudine degli luochi. Diversi abiti si confanno a diversi animi, e le stanzie sono differenziate; le cose contrarie l'una da l'altra il più delle volte non si meschiano felicemente insieme. Noi dovemo amare la solitudine, e dovemola ricevere in nostra famigliarità, non solamente per cagione della onestade, ma eziandio per poter vivere più sicuri, perchè come nelli boschi rare volte abita la lussuria e la pompa del mondo, così rare volte si vede la modestia nelle cittadi. Che vale la ragione o la virtù, dove si vive e regna con disonesti esempli e cattivi consigli? Dove le false opinioni occupano ogni cosa, e dove la mala consuetudine signoreggia; e dove quasi ciò che diletta, e tutto quello che debitamente si doveria fare, da cieco e maligno errore è inviluppato; e dove non si cerca ciò che si convenga, ma ciò che si suol fare, o veramente si richiede il parer di molti, di che niuna testimonianza è più fallace.

Qualunque adunque che tu ti sii, che seguiti la virtù o fuggi il vizio, credimi che il dimorar fra gli popoli ti tegnirà in dubio, se tu debbi abbracciar quella, o se tu debbi esser posseduto da questo. Che vederai tu nella moltitudine, se non discordie, adulterj, inganni, ingiurie, furti, rapine e omicidj? Queste arte ti riceveranno nella prima intrata di quella; queste così fatte imagine ti volaranno intorno al capo; questi esempli ti si mosterranno ad ogni lato con gran strepito. Grandissima difficultà sarà, benchè tu sii stato un'altro, a non divenire tale, quali sono coloro che tu avrai trovati.

CAPITOLO XXXII

Ed acciò che forse migliore speranza non ti allusinghi, come se tu fussi per dover udire o vedere altrimenti che quanto io dico, o veramente come se tu fussi per dover rimanere col piè constante e fermo fra tante cose lubrice e atte a farti cadere per lo esemplo d'un grande uomo, che fu nella età manco nocente, impara ciò che per te si può sperare. Certamente

David era re e santo e savio e
profeta, e nondimeno esso addolorato e conturbato e gravemente
oppresso per la paura della morte
e coperto di tenebre, non vide altro che iniquitade e fatica e injustizia in mezzo della città, e la
usura e lo inganno, che mai non
cessano nelle piazze di quella. Onde quello governatore di tanti popoli, per la propria salute fuggendo.
si dilungò da quelli e rimase nella
solitudine, aspettando il Signore.
che lo fece libero e salvo della
tempesta dell'animo. Conciosia che
si raccordava il reame esserli stato offerto dalla divinità nel diserto.
e non solamente per judicio di
Dio sè essere stato preferito a'
suoi fratelli, che viveano nella
gran corte della cittade, ma il re
eziandio, che aspramente l'odiava
ed erali contrario, dua volte esser
pervenuto nelle sue mani nel mezzo della solitudine e delle spelonche, e quel medesimo essere stato
lasciato da lui con dimostrazione
tanto manifesta della sua innocenzia, che il dispiatato animo del re.
vinto per lo benefizio della concessa vita, fu indutto e sforzato a

piangere poi che lo riconobbe al
segnale della giornea, e per la lancia che da lungi gli fu mostrata.
Oltra di questo fra sè medesimo
pensava d'aver vinto due volte il
gran nimico nel diserto, e due
volte sè essere stato vincitore del-
l'animo suo, della qual vittoria
niuna altra è più nobile.

E non meno si riduceva alla
mente, come in Jerusalem, vinto
da strabocchevole libidine, egli avea
congiunto la scelerità indegna della
maestà regale e il vile inganno, e
il crudele omicidio con disonesto
adulterio. Facea comparazione della sua civil sorte a quella della
solitudine di Isaac, pensando che
come quello doppiò il mezzo giorno uscito nel campo per poter
pensare e contemplare, e andando a spasso per la via, trovò
il felice e casto matrimonio, non
altrimenti la crudele e superba
voluntade e la misera occasione,
di che egli si avea a pentire, di vergognare lo altrui matrimonio, venne in lui, mentre che dopo il sonno
del mezzodì ello andava per suo
piacere nella sala della regal casa.
Non sanza ragione adunque lui si

affrettava di ridursi nel sicuro e felice diserto per fugire la pericolosa e infelice città.

Se noi intendiamo questo esser detto per Cristo, come alcuni vogliono, il fatto nostro per tale argumento è molto più fortificato, perochè Cristo è maggiore non solamente di David, ma senza comparazione è maggiore di tutte le altre cose.

CAPITOLO XXXIII

Certamente acciò ch' io congiunga le ultime parole di questo parlare colle prime, e' si debbe giudicare non senza cagione essere scritto, che il Signore menò fuori Abraam e dissegli: « Guarda suso al cielo, » perochè lo è necessario a mio parere, che colui che vuol vedere il Cielo e contemplare le cose divine, sia menato fuori; conciosia che la vita dell' uomo mortale si oscura e impedisce per la occorrenzia di molti mali che sono nelle cittadi, dico ch'ello è necessario che sia condotto fuori di quelle, ma che Dio sia il suo conducitore, altrimenti non serà securo in alcuno luoco, seguendoci le nostre colpe in mezzo delli diserti e di là da tutti li mari. Onde avviene che alcuni, che non hanno tolto Dio per sua guida, ma seguito le sue proprie concupiscenzie, sono caduti miseramente nelli intimi diserti. Io so come Loto, justo nella regione di Soddoma, peccò nel monte, benchè, come dice Jeronimo, lui non intese ciò ch'e' facesse; e se bene la sua voluntà non fu suggetta al peccato, nondimeno lo errore fu nella colpa. Questa è la cagione che quello uomo, justo e intiero nelle altre parti della sua vita, non può essere scusato, perchè si lasciò tanto opprimere e sottomettere a lui, non che non conoscendo lui il peccato, scorse in quello, dal quale, essendo sobrio e accorgendosene, facilmente si seria guardato e arialo avuto in somma abominazione. Egli puose innanzi il sinistro piede per salir al monte; forse ch'e' seria rimaso più sicuro nella città di Segor, che lui avea prima eletta di propria voluntade per abitacolo della sua imbecillità. Veramente questa cosa è tanto chiara e tanto manifesta, ch'ella non

dimanda l'ajuto di tanti esempli.
cioè che coloro che si adirizzano
andare alla via del cielo, non cercano di meschiarsi fralli loquaci
adunamenti delli uomini, che abitano nelle cittadi, ma desiderano
le tacite e riposate solitudine, dove
Idio continovamente li sta sopra
il capo, e il mondo e li terreni
pensieri stanno sotto li lor piedi.

CAPITOLO XXXIV.

Tempo era da far fine, perochè
lo ordine a questa opera destinato
già trapassa e va in longo, e altri
pensieri mi chiamano altrove; e tu
per questo parlare già troppo se'
disturbato dalla intenzione di maggior faccenda e di più degno offizio. Ma io non posso ritenermi ch'
io non tocchi alcuni esempli d'un'
altra generazione d'uomini, che
collo ingegno studiano di trovar
materia di divenire prudenti e famosi. Tacio gli Gignosofisti, che
secondo si dice, vanno errando
nudi per li ultimi e ombrosi diserti
di India, disputando della filosofia,
il che il suo nome chiaramente lo

dimostra; passo li Bragmani, della vita de' quali un libro, intitolato del nome d'Ambrogio, è mostrato da alcuni, che abitano di là dal fiume Gange nell'ultimo Oriente, sotto aiere delicato e molto sano e in paesi solitarj, li quali luochi, quanto posso per imaginazione comprendere, non sono lungi da quelle parti, dove si crede che sia il paradiso terreste; ed essi eziandio vivono vagabondi e nudi per le selve. Io diria costoro non esser differenti dalli Gignosofisti di setta, nè di costumi, nè di alcuna altra cosa, se non forse per lo luoco o per lo nome, se Bardessane, uomo nato in Babilonia, e che almeno per la vicinità del paese merita che gli sia dato fede, non avesse diviso gli Gignosofisti appresso li Indiani in due dottrine: li segnaci dell'una di quelle dottrine sono chiamati Bragmani, e quilli che seguono l'altra, lui gli appella Sammariti. Jeronimo, scrivendo contro a Joviniano, fa menzione di costui per modo, ch'ello appare questo nome di Gignosofisti esser universale di tutta quella generazione di filosofi, e li Bragmani esser specie

e parte derivata da quella generazione, quantunque io comprenda
per le cose che narra quel medesimo Jeronimo nel proemio delle
divine Scritture, di qui poter na-
scere un' altra opinione molto diversa. Ma acciò che questa difficultade non impedisca al presente il
cominciato viaggio, passerò più
oltra, e più tosto seguirò l'ordine
mio.

Come si dice, la gente degli
Bragmani è molto venerabile per
la continenzia, e per la singular
purità di mente, e per lo dispregio
delle ricchezze, e per lo grave e
lungo silenzio, nè si dilettano di
pascere le sue orecchie con fabule
convenienti alle pazze vecchierelle,
come molti altri fanno. Il lor silenzio non è rotto dalle crida degl' uomini o dal suono di alcuna
specie di instrumenti musici, ma
dal canto degli uccelli e dal suono
degli inni, la qual cosa è a quelli
solo esercizio della lingua. Tutto
il loro desiderio, tutta la loro speranza consiste nella vita del fu-
turo secolo; li suoi cibi sono erbe
e frutti d'arbori, e le sue veste,
se alcune ne hanno, sono di frondi.

Ultimamente li rami li fanno casa e gli fiori gli danno letto, e le aque delle fontane suppliscono al suo bere. Di questa schiatta fu quel Calano, che si dice aver scritto la epistola ad Alessandro re di Macedonia, e a quello eziandio aver predetto motteggiando lo instante fine della vita, avendo lui prima acceso un grandissimo fuoco per andare alla voluntaria morte, secondo la consuetudine della sua gente. Di questo medesimo fanno memoria gli Greci e gli nostri scrittori latini; noi lo riputiamo essere stato uomo famoso e nobile, ma li suoi lo giudicarono degno di infamia, perochè quasi abbandonata la severa disciplina e il costume della patria, egli si ridusse alla verbosa filosofia e alle lascive delicatezze degli Greci. Tutti gli sono parlano aspramente contra di lui, ma quello venerabile e nudo vecchio, chiamato Dardano, che fu nella sua età ottimo seguitatore della consuetudine della patria e servatore della domestica dottrina, lo punge con più acerbi stimoli che tutti gli altri.

Truovo eziandio in altro luoco

questo Dardano aver mandato una
epistola a quel medesimo re sopra
nominato, la qual non so s'ella è più
animosa che abondante di parole;
ma acciò che nessuno dubiti quella
ch'io ho detto, esser la epistola di
Calano, esso Ambrogio l'ha inserta
e posta fra le sue. La propria lettera di questo altro non si truova,
ma ben si legge in quel libro, ch'io
ho ditto di sopra essere scritto in
nome d'Ambrogio della vita delli
Bragmani, longo parlamento e da
ogni parte molto libero essere stato
fra il re e questo Dardano; e benchè il detto libro non mi rappre-
senti interamente il stilo d'Ambrogio, nondimeno egli è posto in
mezzo dei suoi libri in certo volume grande e degno e antico, che
è conservato a Milano nella am-
brogiana chiesa; ma per alcune su-
spizioni che parono essere verisi-
mili, io credo ch'e' sia più tosto
di Palladio che d'Ambrogio (1).

(1) *È noto il libro di Palladio* de gentibus In-
diae et Bragmanibus, *tradotto dal greco, ed è altra cosa dal trattato falsamente attribuito a S. Ambrogio* de moribus Brachmanorum, *che è di autore
ignoto. Evvi pure altro trattato di anonimo sullo
stesso argomento. Questi tre libri leggonsi riuniti
in un volume stampato a Londra nel 1668 per T.*

Sia chi si voglia l'autore, egli narra che certo è cosa piacevole da udire, il re averli dato magnifici doni, oro, argento, veste, pane e olio, e quello aver dispregiato tutte le altre cose, eccetto l'ultima, dicendo lo oro e lo argento essere in tanto di niuno momento, che non solo non potrebbono, o almeno ragionevolmente non doverebbeno pigliare nè dilettare l'animo dell'uomo, ma che non sariano eziandio sufficienti a poter indurre a cantar più dolcemente alcuno di questi uccelletti piccoli, che volano per le selve; e ch'elli rifiutava le vestimenta, non solamente come cose superflue, ma che le aveva eziandio in abominazione, come impedimento della libertà e legame delle membre. Il pane era da lui dispregiato come cosa vile e reliquie la-

<hr>

Roycroft. I Ginnosofisti sono ricordati anche da Cicerone, Tusculan. Quæstion., lib. V. e da Plinio — Histor. natur, lib. VII. cap. II. Dell'opuscolo attribuito a S. Ambrogio de Vita Bragmanorum ervi un esemplare manoscritto del sec. XV anche nell'Ambrosiana, indirizzato ad Palladium discipulum. Il testo è però diverso da quello che si legge nell'edizione ora citata, altra prova che il trattato è apocrifo. Il codice menzionato qui dal Petrarca non esiste più nella biblioteca della basilica ambrosiana.

sciate dal fuoco; ma acciò che non paresse fare poca stima delli regali doni, recita che egli tolse lo olio, e subito lo gittò in uno ardente fuoco, e uscendone una chiarissima fiamma, cominciò divotamente a render grazie allo onnipotente Idio, come se quella fusse una specie di sacrificio.

Basti d'aver detto fin qui di questo solitario vecchio, del quale e delli modi di tutta la sua gente io non so quello mi debbia dire o giudicare. Quella sua nuditate, benchè la benignità dello aiere e degli alimenti il comporti, tuttavia non mi piace, conciosia che le vestimenta non sono fatte solo per ovviare al freddo, ma per provedere eziandio alla onestade. Vero è che gli scrittori dicono, quelli esser usati di coprire le parti vergognose, se bene vanno nudi nel resto del corpo. La bestiale negligenzia del sonno e del cibo non mi piace, perochè non meno è da riprendere chi non ha cura del suo vivere con modestia, quanto colui che con disordinato appetito trapassa il segno di quella. La temperanzia di Cicerone così è degna di lode in questo, come in molte altre cose. Lui dice: « E' si conviene aver la mondizia e la politezza, che non sia odiosa, nè anche troppo esquisita, ma che fuggia la rustica e inumana negligenzia. »

Questo medesimo ordine si debbe servare nel vestire, dove, come nel più delle altre cose, la mediocritade è ottima. Io lodo questo modo di vivere, e voglio che il sonno sia brieve, il cibo leggieri, il bere temperato, il mantello non molto pomposo, e pur che sia qualche differenzia da l'abito e da il letto e dalla mensa dell'uomo a quella delle bestie. Io non cerco il ricco cadere e la dorata ruina delli sontuosi palazzi, non cerco le lussuriose tavole, ornate di molto argento e d'oro artificiosamente lavorato, e cariche di varie e preziose vivande; e così in ogni cosa voglio aver certa misura. Non vieto alcuna volta mangiare in terra sopra la erba, e anche non biasimo il dormirli, acciò che non para ch'io riprenda il mio amico, che dice nelle sue epistole: « La cena brieve mi diletta, ed il sonno nella erba appresso al fiumicello; » ma vivere sempre all'aiere discoperto giudico più tosto esser cosa conveniente agli orsi che agli uomini, benchè colui si abia gloriato d'avere il cielo per sua casa, e tutta la terra per suo letto.

Quello maledetto costume di anticipare la morte, parendo a loro di poter justamente scacciar l'anima della guardia del corpo senza comandamento di Dio, come se la vita sua da niuno altro luoco gli venisse, se non da loro stessi, senza dubio merita terribile reprensione; e non solamente la fede di Cristo, ma tutti gli degni filosofi l'hanno in somma abominazione; e come questo è ramo di singular pazzia, non altrimenti ciò che qui appresso siegue, è accompagnato da importuna superbia, conciosia che essi dicono sè essere innocenti e senza peccato, dove ingannando sè medesimi, fanno lo Spirito Santo esser bugiardo, che per la bocca di Giovanni apostolo parla, come ad ogni cristiano è manifesto.

Queste sono le cose che mi offendono in questa setta, quantunque io tenga per fermo, che se quello vecchio, che parlò in fronte

ad Alessandro con tanta libertade
e con tanta resistenzia, fusse alla
mia presenzia, e' mi responderia
magnificamente per difendere la sua
superstizione. Dell'altra parte assai
mi piace quello dispregio del mondo, che non può essere maggiore
che si patisca e permetta la ragione; piacemi la intenta contemplazione, piacemi la integrità e la
securità dell'animo, purchè la temeritade stia da lungi; piacemi la
constanzia della mente e sempre
una medesima fronte, e il non aver
timore o cupidità d'alcuna cosa
terrena; piacemi la selvaggia abitazione, e la vicinità del fonte, il
quale, come è scritto nel libro di
che di sopra è fatto menzione,
quello Dardano era usato di mon-
gersi nella sua bocca come una incorrotta e intiera poppa della terra,
madre di tutti gli uomini, mi muove
grandemente; ma più in specialitade quello che poco innanti io di-
cevo, Dardano avere usato con esso
il re Alessandro. nel quale parlare
lui rimpruovera al re non solamente
le cose fatte injustamente contra
di sè, ma eziandio con libera reprensione li riducea alla memoria

gli innumerabili e vituperosi peccati commessi da quello contra I-
dio e contro al mondo, dicendo
nominatamente della sua insaziabile cupidità dello oro, della inumana crudelità, dello odio contra
gli uomini, del dispregio della divina majestà, della puerile ammirazione delle ricchezze, dello ornamento feminile, della superbia del-
l'animo, della paura della morte,
dello inconsiderato appetito della
gloria; oltra di questo dello stra-
corso della effrenata lingua, del
parlar vano e spesse volte a lui
nocivo, aggiungendo la filosofia di
quello tutta esser nelle parole, e il
sentimento nelle labre, e il parlare
esser contrario alla vita. Egli similmente lo mordea della poca avvertenzia nelle faccende, di che ne
segue il subito pentirsi, della infinita carestia di molte cose, indotta
dalla avarizia, della intrinseca discordia delle passioni dell'animo e
delle varie concupiscenzie, della
rebellione delli proprj membri per
li sinestri e per le fatiche e per lo
disordinato governo, della perversità delli costumi, e sopratutto del
desiderio d'occidere gli uomini.

dello ardente studio delle guerre, del suo domestico vivere senza alcuna regola, della strabocchevole ebrietà e della gola, capital nimico e distruzione di quello; del cercare gli varj cibi con diligenzia degna d'essere schernita, e del mangiare la carne, dicendo noi non esser simili alli buoi, nè alli cavalli, nè alli cervi, ma alli lupi e alli leoni, e che li nostri corpi erano eziandio sepulture vive di corpi morti.

Io non malvolentieri ti rammento eziandio in questa digressione di parole, o padre all'animo mio carissimo, perochè se bene io non lodo tutti gli costumi delli Bragmani, come tu hai udito, tuttavia commendo la solitudine e la vita solitaria di quelli; e scrivendo di questa materia, non mi è parso di tacere gli modi di coloro, che singularmente e oltre a tutti gli altri si sogliono gloriare di questa generazione di vita. Nondimeno passo per questo luoco come per regione suspetta, per non dimorare molto tempo in narrare cose poste tanto da lungi, e per non meschiare le false insieme colle vere.

Mentre che al presente io scrivo, alcuni delli nostri mi vengono nella mente, che hanno curiosamente cercato il mondo, i quali affermano in India esser uno uomo di tali costumi, cioè di incredibile innocenzia e di inestimabile dottrina, e che li popoli e li regi indiani vanno così umilmente e con tanta sommissione, quanta dir si può, a visitarlo, dimandando la intercessione di quello appresso Idio, e le risposte nelle cose dubiose e li consigli della vita, e che avendolo in reverenzia in ogni cosa, lo adorano quasi con divini onori; e dicono che quello uomo, carico d'anni, siede nudo in terra, nè si lieva ad onorar li regi, e a pena movendo le labra, poche parole risponde; le sue voci accettate in luoco di oracolo porgiono grandissima consolazione a quelli, e sono graziosissimo refrigerio e ristoro delle longissime vie.

Narrano eziandio, che li regi sogliono dismontare da cavallo, quando sono pervenuti alla selva abitata da questo vecchio, e che sono usati di spogliarsi le vestimenta di porpora, e diponere le corone e le anelle e gli altri ornamenti, insieme

con la bacchetta regale, e che lasciati da parte gli famigli, essi soli
o con pochissimi uomini eletti entrano da quello, non senza stupore
e ammirazione della sua presenzia;
e ch'ella è un' eterna gloria lo essersi inginocchiato una volta innanti alli piedi di quello, ed esser
fatto degno di parlare con esso lui.
Io sospetteria questo al tutto esser
una fabula, se quello Bardessane
di sopra raccordato, e se Jeronimo
dopo lui non dicessino cosa non
aliena da questo proposito; se non
che sopra ciò più brievemente parlano, cioè in quelle parti esser uomini, alli quali il re è usato di
venire e di adorarli, e credere il
pacifico stato della provincia esser posto nelli loro prieghi. Onde
è cosa credibile, se per lo passato
molti ne furono tali, che ancora
oggi ne possi esser uno. Molte altre cose poteano esser dette di
costoro, che seria troppo lungo a
referirle; ma perchè e' mi diletta
fra li singulari amici della solitudine toccare non solamente di uno
uomo solo, ma eziandio delle genti
date a quella, dirò come in un' altra parte del mondo inverso Set-

tentrione, di là dalli monti Rifei,
dove così richiedendo la ragione
del cielo, affermano in tutto l'anno
essere uno solo giorno e una sola
notte, e l'uno e l'altro durare per
spazio di sei mesi; dicono esser
certi popoli chiamati Iperborei, che
vivono quasi in questi medesimi costumi; se non che io non credo,
che per rispetto del grandissimo
freddo vadino nudi. Essi ritengono
quella pessima consuetudine di vo-
luntariamente uccidersi, ma per
altro modo, conciosia che come gli
Indiani disposti al morire entrano
nelle accese fiamme, non altrimenti,
secondo che per fama intendiamo,
costoro, poichè il tedio e la sazietà
della vita e il desiderio della morte
gli prende, ornati di grillande, come se volessino andare a liete e
a solenne feste, dagli altissimi scogli si gettano nelle vicine onde del
profondo mare. Questo fine di vita
è a loro molto glorioso, ed è nobilissima specie di sepoltura. Certamente si dice questa gente nel resto della vita esser innocentissima
e justissima sopra tutti gli altri
uomini, e di più longa e di più
beata vita, e sempre vivere in o-

zio pacifico e abitare fra le selve e le solitudine, senza aver notizia alcuna di guerre o di questioni.

Pomponio Mela, nella Descrizione del mondo, e molti altri hanno fatto menzione di questa gente. Plinio e alcuni altri diligentissimi investigatori di tal cose scrivono d'altri popoli vicini e molto simili a questi. Essi gli chiamano Arinfei; abitano per li boschi, e vivono degli frutti degli arbori. Dicesi che sono uomini molto veraci e benigni, e che dimorano dove è la fine degli gioghi delli monti Rifei, e che sono tenuti santi e di tanta autoritade, che fra tante ferocissime nazioni non solamente loro, ma tutti quelli che ad essi rifuggono, sono salvi e inviolati come a sacratissimo templo. Appresso questa gente è riputato in vergogna a portare li capelli, e però gli uomini e le donne si tosano.

Di qui passo verso lo Occidente alli filosofi delli Franciosi, degli quali gli scrittori spesse volte fanno menzione. Costoro son chiamati Druidi, e sogliono insegnare nelle spelonche o nelle campagne rimote alli suoi gentiluomini la sapienza e la eloquenzia, e le nature delle cose, e li movimenti delle stelle, e gli secreti degli Dei, e la immortalità delle anime, e il stato della vita. Passo la città di Tile e Ibernia, delle quali l'una è famosissima per la varietà degli scrittori, ma per la sua lontana separazione dal nostro mondo è quasi incognita, e l'altra è notissima.

Io ho per certo gli abitatori di questa seconda esser dispregiatori delle ricchezze e delle cose civili, e che non hanno pensiero di lavorar gli campi, e vivono per li pascoli e per le selve; essi hanno l'ozio in luogo di dilicatezze, e la libertade in luoco di gran ricchezze e di somma potenzia. Diria che fussino felici, se non è vera la infamia, di che sono incolpati per la malignità delli loro costumi. Passo le Isole Fortunate, poste nello estremo occidente, a noi più vicine e più note. ma molto lontane dalla India o da Settentrione. La terra è nobile per lo scriver di molti, ma in specialità per lo verso lirico di Orazio Flacco, poeta dignissimo. La fama di quelle è molto antica e anche fresca, perochè nella memoria delli nostri

padri la navale armata de' Genovesi
passò a quella, e Clemente papa
sesto nuovamente ha dato per principe a quella patria uno generoso
uomo, nato del sangue degli regi
spagnuoli, e di quello delli regi di
Francia, il quale noi abiamo veduto;
e se tu or dimandi come io di questo mi raccordi, dico chè in quel
giorno che lui andava per la città
di Roma ornato di corona e di bacchetta regale, tanta pioggia dal cielo
subitamente cadde, e lui se ne tornò
a casa per tal modo bagnato, che
per questo augurio fu manifesto lui
essere eletto al principato della regione veramente piovolenta (1) e
molto acquosa. Non so come le cose
da poi gli siano successe in questa
sua signoria posta fuori del mondo,
ma per quello che si dice, e per
quanto si comprende per le lettere
che di là vengono, pare che la fortuna di quelle terre non sia tale,
ch' elle meritino d'esser dette Fortunate. Quella gente si rallegra della
solitudine più che tutti gli altri uomini, ma gli suoi costumi sono selvaggi e duri, e in tanto simili a

_____

(1) Piovolento *non è voce registrata nei dizionarj.*

quelli delle bestie, che più tcsto per
instinto della natura, la quale a ciò
li induce, che per certa elezione
proceduta dal diritto sentimento del-
l'animo, tu dirai loro dilettarsi di
solitaria vita e desiderosi d'andare
vagabondi per li diserti, insieme
colle fiere e colli suoi greggi.

Ma io sono andato assai ramingo
con queste curiosità per diverse e
stranee parti del mondo. Di tutte
queste cose la fede sia appresso gli
primi autori d'esse, e non appresso
di me, che recito ciò che io ho letto
o veramente udito. Ora sotto brevità, finita questa narrazione, seguirò cose più degne e a noi più
note.

CAPITOLO XXXV.

Che hanno fatto li filosofi e li
poeti? Io non dico costoro esser filosofi, li quali chi prima gli chiamò
cattedrali, senza dubio mi pare ch'e-
gli trovasse proprio nome a il loro
effetto, conciosia che loro parlano
nelle cattedre della filosofia, e fanno
cose da pazzi; comandano ad altri,
e primi sono contrarj alli suoi comandamenti, primi rompono le legge

da sè date, e facendo professione di portare animosamente lo stendardo, primi abbandonano gli ordini delle squadre, e primi ribellano allo imperio della virtù. Questi adunque non sono da me riputati filosofi, ma voglio intendere di quelli veri, che sempre furono pochi. Al presente non so se alcuni ne vivono, cioè che totalmente siano dati allo amore e allo studio della sapienzia, come è la loro professione; e per lo simile intendo esser poeti non costoro, alli quali basta assai di sapere tesser versi, e come dice Flacco, versi poveri di sentenzie e resonanti ciarlamenti(1), che invero ne abiamo tanta abondanzia, che già mi sono venuti

(1) *Se ne lagna in una lettera all'abate di San Benigno, ore cita quel verso di Orazio:*

Scribimus indocti doctique poemata passim,

e soggiunge: « Ogni giorno piovono sopra di me versi ed epistole da tutti i lati della nostra patria, ma ciò non basta; me ne vengono dalla Francia, dalla Germania, dall' Inghilterra e dalla Grecia. Io non conosco nemmeno me medesimo, e sono scelto per giudice di tutti gli spiriti... I contadini, i falegnami, i muratori abbandonano gli utensili della loro professione per non occuparsi che d'Apollo e delle Muse. Io non posso dirti quanto questa peste, altre fiate sì rara, sia ora divenuta comune. Per poco che un tal delirio si propaghi, bentosto i mandriani, i pescatori, i contadini e persino i buoi non faranno che muggire e ruminar poemi. »

11

in fastidio; ma parlo, di quelli che
sempre sono stati più rari eziandio
che li filosofi, se noi vogliamo credere a Cicerone. Dico quelli esser
veri poeti, che hanno ingegno, come
dice quel medesimo Flacco, e mente
divina e lingua sufficiente e atta a
cantar cose grande, e che per li
loro meriti hanno acquistato, come
è debito, questo degno nome. Se la
nostra etade ha tali filosofi o poeti,
che senza dubio col dito non te ne
posso mostrare pur uno solo, benchè colla imaginazione mi sia lecito di fingere di vederne molti; e
se la età seguente è per averne alcuno simile a questi, non credi tu
che tutti fuggiranno le cittadi e a-
meranno la solitudine? Non parlo
delli passati, perochè il modo del
suo vivere e manifesto. Domanda
Platone: credo che lui proponerà
la sua accademia alla città di Atene
tanto lodata; dimanda Plotino, principe delli professori della filosofia
di Platone, come dice Macrobio;
egli ti risponderà l'ozio di Campagna di Roma bastarli per tutto il
mondo, e se bene la sua fine fu mi-
serabile, nientedimeno la elezione
della vita fu gloriosa. Sappi da Pit-

tagora: lui affermerà non solamente d'aver cercato piacevole solitudine, ma eziandio aspre e orribile, ed essersi dato a peregrinazione molto faticosa per paesi diserti e incogniti per lo studio di investigare la veritade. Ieronimo eziandio afferma che gli successori della dottrina e del nome di costui, fuggendo la frequenzia degli uomini, sottoposta alle perturbazioni degli lascivi piaceri, solevano abitare per li diserti e per luochi selvaggi e aspri. Parla con Democrito: e' confesserà di aversi cavati gli occhi per poter ben vedere il vero, e per non vedere il popolo, a lui nimico e contrario alli suoi onesti propositi. Abboccati con Parmenide e con esso Atlante: tu troverai loro aver lasciato li suoi proprj nomi nelli monti, dove ambedue abitarono; e se si cercherà la veritade, Promoteo non negherà di qui esser dato luoco alla fabula, nella quale si finge che lui ligato nel monte Caucaso, fu esposto ad esser roso dallo affamato avoltorre, perocchè lui avea eletto per sua stanzia la solitudine di quel monte, dandosi tutto con gran sollicitudine d'animo alla inquisizione delle cose

secrete, che senza dubio per la loro
difficultà fanno molto estenuare l'uomo dato allo studio.

Il luoco spesse volte stimola e
assottiglia lo ingegno; e però quello
si debbe desiderare libero e atto a
dirizzare l'animo nostro alle buone
e sante opinioni, lo quale la morte
entrando per le finestre, truova summerso per li popoli da innumerabili specie di vanitade e stracciato
per mille vie. Io leggo appresso di
Ieronimo molti filosofi, invitati da
queste ragioni, non solamente avere
abbandonato le frequente conver-
sazioni delle città, quasi come prime stanzie degli affanni e delle fatiche, ma avere eziandio fuggito li
suoi orticelli, perochè la troppo dilicata cultura e la vicinanza delle
cittadi piene di tumulto gli facevano esser sospetti a quelli. E per
tanto molte cose me inducono, ch'io
pensi eziandio Socrate e Aristotile
e molti altri dignissimi filosofi essere stati di questo proposito, se
forse o la maestade o lo imperio
degli discepoli, o se gli comandamenti della republica, o se la necessitade, o se qualche altro caso
non è stato contrario alli loro solitarj desiderj.

CAPITOLO XXXVI.

Io aggiungerò a tanti vecchi e-
sempli uno più fresco e non molto
rimoto dalla nostra etade, cioè
quello Pietro, che per sopranome è
chiamato Abalardo, della cui fede,
come io odo, fu sospettato da alcuni, ma quanto justamente, certo
non lo so. Costui nella istoria delle
sue calamitadi con longa narrazione
dice, che per dar luoco alla invidia,
e' s' era ridotto alli luochi secreti
della solitudine di Candia, ma non
però senza gran concorso d'uomini
studiosi, che a lui da ogni parte venivano per esser suo' discepoli, tirati dalla fama della sua singulare
dottrina. Nientedimeno egli morì a
l'ultimo nel desiderato riposo, d'onde la tenace invidia e l'odio degli
inimici lo avevano prima cavato
fuori fino alle radici.

Ora è tempo di ritornare a cose
più antiche e ad altra generazione
di studj, mediante li quali questa
materia che noi trattiamo, con maggior forza si confermi.

CAPITOLO XXXVII.

Che dirò io di Omero, padre delli poeti, poi che con gran fatica a noi sono pervenuti li nudi e soli nomi di quelli primi, cioè di Orfeo e di Lino e di Museo? Non so se noi dovemo credere costoro essere stati o poeti o musici, o veramente, secondo che piace ad alcuni, se noi gli dovemo riputare e musici e poeti per conjunzioni delle arti, cioè della musica e della poesia. Questo Omero non solamente descrisse le solitudine della Grecia, ma con tanta notizia toccò di quelle di Italia, che come da Cicerone è detto, essendo cieco, fece noi vedere le cose da lui non vedute, e con certo modo ha posto dinanzi alli nostri occhi non la poesia, ma la pittura del suo mirabile ingegno. Pensiamo noi ch'elli avesse potuto far questo, se innanti che fusse cieco, non avesse diligentemente cercati quelli medesimi luochi, e conservati nella sua vivace memoria? Che dirò io del nostro Virgilio, che fuggendo la città di Roma, dove egli era in fiore, e per la gloria dello ingegno e per la amicizia del principe, che regnava per tutto il mondo, e andando alla solitaria libertade, fu assalito da immatura e acerba morte, che troppo per tempo lo sciolse da questi tali pensieri? Lui giudicava la solitudine esserli necessaria, acciochè quella sua divina opera perfettamente si potesse compire. La morte ebbe invidia alli latini ingegni, ed anche più gli arebbe nociuto, se la pietà del benignissimo e litteratissimo principe non gli avesse contrastato.

Orazio Flacco publicamente predica e dice, che la regale Roma non gli piace, ma che Tevoli, città vacua e come disabitata, e il non bellicoso Tarento gli sono grati. Che vuole egli che si intenda per queste parole, se non che egli ami la solitudine e il riposo, avendo provato il contrario dell' una e dell' altra in Roma? Lui numera con tanta diligenzia gli fastidj che gli nascevano per la concursazione del popolo, che facilmente dimostra di aver parlato con passione. L'ultima delle sue epistole è scritta a Floro, dove non una sola volta lo dimanda di cosa certa per esserne più chia-

ro, così dicendo: « Pensi tu ch'io
possi scrivere cose degne di poeta,
stando a Roma nel mezzo di tanti
pensieri e di tante fatiche? » Dapoi
interponendo la elegante narrazione delli fastidj, con ironia, cioè con
parole contrarie alla sua opinione,
conclude e dice: « Va ora e pensa
con esso te di fare gli risonanti
versi »; e non contento di questo,
un' altra fiata dice: « Vôi tu ch'io
canti fra tanti strepiti di notte e
di giorno, e ch'io seguiti le vestigie degli poeti da me già tocche?
Dignerommi io adunque in mezzo
di queste inondazioni di cose e nelle
tempestadi della città di aggroppar
parole che muovano il suono della
citara? » Non creder quello stare contento delle adirate dimande fatte a
Floro e delle ironice sentenzie, e
non dire e parlare alcuna cosa di
sè proprio; certamente egli ti dà
una brieve ma universale via, la
quale è che tutta la brigata degli
scrittori ami il bosco e fugga le
cittadi. Io seguendo il suo dire in
una mia epistola, e restringendola
alla natura e al modo degli poeti dissi: « La selva piace alle muse, e la

cittade è nimica agli poeti » (I). Quello medesimo Orazio, dilettatosi del suave e temperato aiere delli secreti e dolci luochi di Baie, e lodando grandemente le sue selve e la sua possessioncella abitata da cinque famiglie, e il grazioso aspetto della amata villa, fra le grave e nojose faccende con sospiri biasima e dispregia la stanzia della cittade. Lui sopra ciò contende coll'amico e col castaldo per tal forma, che per le sua parole a niuno debbe esser dubio che opinione fusse la sua. In uno delli suoi sermoni, fatta menzione del suo ozio domestico, dice: « Questa è la vita di coloro, che sono sciolti e disligati dalla misera e affannosa ambizione, e dalli disordinati appetiti degli onori e delle ricchezze. » Nelle sue epistole chiaramente si vede quanto estimasse questa nostra vita, dove ei dice: « Io non cambieria questi miei ozj molto liberi per le ricchezze di Arabia. » La solitudine adunque è da lui laudata, e l'ozio è preposto alle grandi ricchezze; e certo alcune opere del suo ozio

(I) Silva placet Musis, urbs est inimica poetis »

ancora sono in piedi, e il luoco ritiene la memoria della sua solitudine. Uno suo campo ancora è chiamato il campo di Orazio, e avendo tante volte mutato posseditore, infino ad ora serva il nome dello antico e più nobile patrone.

Con gran fatica credo che si trovasse alcuno di questa generazione, che fusse contrario al parere d'esso Orazio, perocchè ad alcuni uomini non è quasi tanto amica o vero necessaria la solitudine, quanto alli poeti, eccetto uno solo, Ovidio Nasone, o vero coloro che lo seguono, o vero quelli che sono seguiti da lui. Senza dubio egli mi pare essere stato uomo di grande ingegno, ma d'animo lascivo e inconstante e al tutto feminile, e in tanto essersi dilettato del commercio delle femine, che riponesse il capo e la somma della sua felicitade in quelle; onde scrivendo l'Arte amatoria, opera da pazzo e degna cagione del suo esiglio, se io non mi inganno, non solamente insegna la città di Roma, come abondantissima di donne maritate e di donzelle, dovere esser cercata da coloro, che oltre al naturale stimolo, aggiun-

gono eziandio il sprone di certa
arte a quella pazzia; ma con parole distingue eziandio gli luochi
e le feste della città, acciò che più
copiosa materia sia data a quello
furore. Tacio quel suo desiderio,
degno di infamia e inconveniente
e disonesto eziandio d'esser refe-
rito per la bocca di ciascuno uomo
disperato e perduto in anima e in
corpo, il quale lui non si vergogna
col scrivere di far pervenire alla
notizia di tutti gli secoli, cioè dove
essendo risciolto e pervenuto alla
fine dello atto venereo, egli dice
sè essere beato, avendo ardire di
lodare la morte in quel stato, dove
la vita è massimamente disonesta
e inutile; e chiedendo con prieghi
dalli Dei, che di qui procedesse il
suo fine, certamente questa domanda era conforme alli suoi costumi,
ma la qualitade e il modo della
morte si debbe riputare assai più
misera che la morte propria. Senza
dubio se lui fusse stato d'animo più
modesto, il suo nome saria più glorioso appresso gl'uomini gravi, e
averìa sostenuto più pazientemente
lo esilio di Ponto e le solitudine

della Danoia (1), o vero che non li seria stato forza di transferirsi a quelle regioni.

Ora passo allo esemplo d'uno altro ingegno assai più severo.

CAPITOLO XXXVIII

Seneca, nato in Ispagna nella città di Corduba, e fatto cittadino e senatore romano, e pervenuto a maggior fama, che il rispetto della salute e la securezza di stare occulto non richiedeva, in una tragedia con non piccola dolcezza di animo si raccorda della solitudine di Corsica, e meritamente prepone quella vergogna dello ozioso esiglio alla sua presente gloria, occupata nelle affannose perturbazioni di Roma. Per questa sua comparazione tu eziandio puoi giudicare, quali di questi duo partiti debbe esser preferito. Oltra di questo lui dimostrò chiaramente, quale fusse il suo parere per lo consiglio dato a Lucilio, del quale di sopra è fatto menzione: ma invero e'mi par seguire con tanto ardore e con partito tanto

(1) *Del Danubio.*

strabocchevole questa sentenzia di lodar la solitudine, che fa dispiacere il consiglio di quella a me, a cui la è sempre piaciuta sommamente; e benchè la fine di questo uomo non lassi alcun dubio rimanere in questa cosa, tuttavia quello luoco della tragedia ch' io ho detto, contiene in sè grandissima ammirazione, perochè quello uomo, che visse solitario nella intiera libertà e nel riposato ozio della filosofia, e la cui vita nella città regale non fu sicura dalla crudelità degl' uomini, tanto tempo innanti previdde e descrisse il suo tristo caso e la sua grave ruina.

CAPITOLO XXXIX.

Io vedo in questa generazione d' uomini Marco Cicerone non aver tollerato la solitudine con animo paziente; penso questo esserli avvenuto non tanto perchè avesse in odio la cosa, quanto perchè gli dispiaceva la cagione d' essa, cioè che la legge e la justizia in tutto fussino perdute, come manifestamente dimostra il tenore delle sue querele. Oltra alla sua filosofia, es-

sendo lui primo di tutti gli oratori,
e cercando glorla di questa special
parte degli studj, come il confessa,
certamente non vedea dove il potesse meglio trovar quella, che nella
moltitudine e nel gran popolo; e
per tanto volendo defendere Dejo-
taro alla presenzia di Julio Cesare,
egli si lamenta che quella causa si
tratti fra le mure del palazzo di
Cesare, e non dinanzi al popolo
romano.

Gli oratori hanno in sè questa
cosa singulare e propria, che per
la grandezza del loro ingegno loro
si dilettano di abìtare nelle gran
cittade e di conversar fra li popoli,
e hanno in odio la solitudine, e sono
contrarj al silenzio delli giudicj. Sì
come adunque gli altri oratori minori di Cicerone sono del parere
ch' io ho detto, così a Cicerone era
grato l' aspetto della città di Roma,
non solamente come di sua patria,
e più cara per lo pensiero e per la
fatica da lui avuta in conservare
e ornare quella, ma sopra tutto la
desiderava come luoco pari al suo
nobilissimo ingegno. Io addurria Seneca per testimonio in questa parte,
il quale non dubitò di affermare

solo la voce di Cicerone esser veramente viva, e lo ingegno di Cicerone solo esser pari allo imperio
del popolo romano, se per la mez-
zanità di ciascuno altro testimonio la verace e chiarissima fede
delle cose non dimostrasse, così
Cicerone avere ottenuto il principato dello ingegno e della eloquenzia, come il popolo di Roma quello
dello imperio e della gloria. Ma noi
sapiamo quanto fusse utile a Cicerone contro a sua voglia quella solitudine, che di grande oratore il
fece singular filosofo; onde a tutti
gl'uomini litterati è noto quanto
accrescimento per questa cagione
si aggiungesse alli latini studj. Certamente quel medesimo, parlando
di sè proprio, e avendo ditto: « Noi
dalle dispiatate armi e dalla forza
rimossi dalla cura della republica
e dalle faccende della piazza, andiamo drieto allo ozio, e per questo
rispetto abbandonata la cittade e
abitando le ville, spesse volte siamo
soli; » poi con questa conclusione
porge conforto alli suoi lamenti, così dicendo:» Ma in brieve tempo noi
abiamo scritto molto più cose dopo
la perturbazione della republica, che

non avemo fatto in molti anni, essendo quella in fiore.» E senza dubio così è; perocchè alcuno non potria narrare nè estimare li nobili
ozj e le gloriose solitudini di questo
uomo, cioè li libri composti per lui
nella regione d'Arpino e di Cume,
e nella villa Pompejana e Formiana
e Tusculana. Qui fondò egli le leggi,
qui fortificò la Academia, qui armò
l'oratore, qui fece il libro chiamato
degli Offizj, qui descrisse e dipinse
le forme e le nature degli Dei, qui
compuose il libro della Divinazione,
togliendo via la radice di molti errori; qui scrisse della fine del bene
e del male, qui confortò magnificamente a seguire la filosofia, il qual
libro Augustino, ottimo defensore
della nostra fede, liberamente confessa essere stato a lui buona guida
alla mutazione della vita e allo studio della verità. Ultimamente avendo io intenzione di dire di molti
suoi libri, acciò che non para che
per l'amor d'uno solo libro io mi
sia dipartito dal proposito, dico che
in quelli medesimi luochi lui insegnò di dispregiare la morte e di
vincere il dolore del corpo colla
pazienzia, di discacciar da sè la

molestia e lo affanno colla ragione
dell' animo, e di togl ier via gli
morbi e le cagioni di quelli; ed acciò
ch' io usi la sua parola, insegnò
quella parte, che massimamente fa
illustre tutta la filosofia, cioè la
virtù non aver bisogno d' alcuno
altro ajuto a viver bene e beata-
mente, ma esser contenta di sè sola,
cosa che certamente è contra la opinione di molti valentissimi uomini;
e quello che li altri filosofi con grandissima leggierezza e digiunamen-
te hanno tocco, costui con grandissima copia e con leggiadrissimo
ornamento di parole suttilissimamente l'ha disputato, acciò che il piacere non mancasse alla utilitade,
e lo splendore e la dignità delle
parole fussono pari alla maestade
e grandezza delle cose.

La solitudine adunque accese lo
ingegno di quello uomo, e che certo
è cosa da maravigliarsi, dico che
la solitudine a lui era odiosa. Che
pensiamo noi che avesse fatto, se
lui l'avesse desiderata? E quanto
è da credere, ch'ella giovasse a
coloro, che con tutta la intenzione
dell' animo la cercassino, porgendo
tanto frutto agli ingegni di quelli,

a chi ella non piace? Abiasi lui desiderato di vivere in quel modo che più gli piace: certamente lui espone qual vita debbe esser quella degli filosofi in quel libro, dove gli offizj di tutti gl' uomini si contengono; perocchè e' dice che molti desiderosi di vivere in piacevole e onesto riposo, lasciate le publiche faccende, si sono ridotti allo ozio, e in questo numero essere stati li nobilissimi e li principi delli filosofi; e per lo simile alcuni uomini severi e gravi, che non hanno potuto patire li abominevoli costumi delli popoli e delli signori, e di questi dice alcuni esser vissi nelle ville, delettati delle sue proprie cose, e aver avuto un proposito simile a quello delli regi, benchè non vivessino con quelle medesime arti, acciòche stando in sua libertade, non avessino bisogno d' alcuna cosa, nè fussino suggetti ad alcuno uomo. Poi fatta la comparazione, benchè e' dica la vita attiva esser più utile alla republica, il che noi eziandio in parte non lo negamo, nientedimeno lui confessa la vita oziosa esser più facile e più sicura, e meno grave ad altri, e assai meno molesta, onde

egli la permette a tutti coloro, che
hanno qualche cagione di vivere
solitarj, ed afferma che in specialità ella è conveniente a coloro, che
sono dotati di grande ingegno e di
singular dottrina.

Senza dubio esso Cicerone nel
principio, come io ho ditto, non patì
questa vita con animo quieto; poi
nella fine sbattuto da molti dolori
e da molti affanni, e sopratutto
addolorato per la morte della sua
amantissima figliuola, desiderò di
vivere solitario. Scrivendo lui al
suo Attico, dice: « Io ora rifiuto tutte le cose, e niente sostengo con maggior pazienzia che
la solitudine; » ed in altro luoco dice:
« La solitudine e il vivere remoto
a me è in luoco di provincia, e per
infinite cagioni molto fuggio la cittade; » ed altrove dice: « Io non
posso stare fra la moltitudine; » e
poi in un altro luoco dice: « Niuna
cosa è più jocunda di questa solitudine, dove non parlo con alcuno
uomo; e quando la matina io mi
sono ascoso nella selva spessa e
aspera, non esco di quella innanti
che la sera venga. » Questa parola
mi piace tanto quando io la leggio,

ch'io stimo ch'ella sia detta da me
e non da alcuno altro, però che
questo medesimo spesse volte interviene a me proprio.

Ultimamente acciò che ora mai io
dica a Cicerone: « Statti con Dio, »
quel medesimo, parlando lusinghe-
volmente al suo dolce amico, dice:
« Dopo te niente mi è più caro
della solitudine, dove tutto il mio
parlare è con le lettere. » Io non vo
ricogliendo ad una ad una tutte le
cose dette da lui in questa sentenzia, perochè per queste tu compren-
di molto bene, come quello amatore
della città e della piazza abia avuto
in odio le cose prima amate, e come lui ponga la litterata solitudine
inanti ad ogni altra generazione di
vivere.

CAPITOLO XL.

Io credo che Demostene fu con-
cordevole in questo fatto con esso
Cicerone, e se alcuna necessitade
di mutar consiglio per avventura
non gli sopravenne, il che io non
ho però letto, stimo che sempre e'
fu della medesima opinione di questo nostro, perochè tutti due furo-

no d'una professione; ma quello,
cioè Demostene, fu alquanto leg-
gieretto, che come dice Cicerone,
si dilettava del parlare, che con voce summessa e piana li faceano le
feminucce drieto alle spalle, dicendo: « Questo è quello Demostene. »
Tuttavia è certo che lui imparò
massimamente nella solitudine quella forza oratoria, che solea esercitare con tanta potenzia nelle cittadi. Quintiliano, parlando di lui,
dice: « Quel Demostene, che tanto
amava li luochi secreti, esercitan-
dosi nel lito del mare, d' onde le
onde percuotevano con grandissimo suono, si usava a non aver
paura delli strepiti delle moltitudine. »

Non ti muova ciò che di sopra è detto, cioè questo Demostene, che avea avuto consuetudine
di elegere luoco tacito e da ogni
canto chiuso, cercare eziandio luoco aperto e risonante per le onde
del mare, perochè quivi egli assot-
tigliava lo ingegno ed esercitava
la voce, e facea l'uno e l'altro nella solitudine. Essi soli imparavano
quello, che poi vendevano fra li popoli, e pensavano nelle selve quel-

lo di che potessino far dimostrazione nelle cittadi; la lor professione gli escusava, essendo sua intenzione e proposito d'augumentare le sua ricchezze o parlando o tacendo. Non mi ricordo però d'aver letto di Cicerone, ma di Demostene è certissimo, per quanto scrive Aulo Gellio, che lui dimandava eziandio il prezio alla parte contraria, se dovea tacere; ma noi che non dobbiamo vendere alcuna cosa che proceda dal nostro ingegno, nè fare superflua ostentazione di quella, dovemo imparare nella solitudine ciò che si conviene alla salute e alla legge della vita temporale, e alla speranza della vita eterna; e per lo tempo che ne resta a vivere, ci dovemo esercitare nella solitudine, e vivere nella solitudine, e morire in quella. La qual cosa io desidero grandemente; e se Dio con occhio pietoso mi risguarda, spiero eziandio che il mio proposito averà buono effetto.

CAPITOLO XLI.

Ma la avversità delli costumi, e un'altro fine di intenzione e di

pensieri fa che io creda, gli filosofi
sempre essere stati di contraria o-
pinione dalli oratori, perochè gli
oratori si dilettano d'esser laudati
dal popolo, e li filosofi si affatica-
no di conoscere sè medesimi e di
piegar l'animo suo a sè stessi; e
se la loro professione non è falsa,
continovamente si esercitano circa
il dispregio della vanagloria. Quale noi crediamo che fusse Anassagora o vero Zenocrate, uomo di
tanta constanzia e di tanta astinenzia, e come dice Cicerone, se-
verissimo sopra tutti gli altri filosofi? E quale giudichiamo noi che
fusse Zenone, padre degli stoici, o
vero Carneade, molto più faticoso
di tutti questi? Dovemo noi credere, che la perfettissima intenzione
della studiosa mente di costui, che
come si legge. spesse volte essendo
posto a mangiare, lo faceva smenticare di prendere il cibo, fusse per-
severata infino al nonagesimo anno
della sua vita, tanto ferma e tanto
continova fra le perturbazioni e gli
fastidj degli uomini, se prima non si
fusse confirmata nella solitudine,
dove alcuno uomo non avesse potuto ritrarre l'animo di quello dal de-

stinato proposito? A me certo non si persuaderia facilmente, quantunque io non ne abbia altro che per conjettura e per imaginazione, o la casa d'alcuno di costoro, o quella di Crisippo, o vero il vaso di Diogene essere stato nel mezzo delle cittadi, riputandosi l'uno di costoro, cioè Crisippo, essere offeso dagli uomini quando lo salutavano, e parendo all'altro, cioè a Diogene, che l'ombra del re Alessandro, che gli toglieva il razzo del sole, gli facesse grandissimo dispiacere. Se Jeronimo, vicino alla età di quelli, non dicesse Diogene avere abitato nelle intrate delle porte e nelle logge delle città, la qual cosa non essendo io disposto di credere ad altri, la autorità di Jeronimo e la varia e continova lezione da lui fatta, fanno che io gli creda, però che senza dubio lui non scriveria tal cosa, se non avesse letto appresso degno autore.

Di costoro fin qui assai è detto; ma esso Solone, il cui nome è famosissimo fra li sette savi della Grecia, benchè facesse primamente le legge alla sua republica, e fusse duca e governatore di quella, nondimeno nella sua ultima età, come dichiara il libro di Platone intitulato Timeo, si diede ad altri studj, e debbe esser riputato fra li solitarj, conciosia che lasciò la patria ornata delle sua leggi, e per la cupidità di imparare più cose, andò in terre non conosciute da lui, e sommamente si dilettò della peregrinazione d'Egitto.

CAPITOLO XLII.

Chi si meraviglierà adunque la solitudine esser piaciuta agli uomini studiosi, essendo stata molte volte gratissima alli duchi e capitani delle guerre? La qual cosa pare che non debia passare senza grande ammirazione. Io tacio Julio Cesare, che ancora molto giovane, deliberando di ritrarsi dalle perturbazioni della città e di ridursi a Rodi per dar opera alle lettere, li fu impedito e interrotto il suo proposito dalli rubatori del mare; e da poi essendo occupato nelle guerre civili e forestieri, non puotè mandare ad effetto il suo desiderio, quantunque leggendo, io truovi Augusto Cesare, che fu la somma e il capo della mortal potenzia e della sublimitade umana, esser usato di abitare alcuna fiata in villa, e di sollazzarsi per li boschi, perchè la grandezza delle publiche occupazioni, come io stimo, rare volte gli dava licenzia di seguire l'ozio privato. Sì come io non ho ardire di ponerlo fra li solitarj, così eziandio non dubito d'annumerarlo fra li imitatori della vita solitaria, perochè sempre lui desiderò il riposo di questa vita, e ciò che pensava e ciò che parlava, continovamente finiva in ozio. Questa era a lui consolazione delle presente fatiche, e mercede delle passate, e speranza del tempo che dovea venire, ed in comparazione di questo stato l'onore delle sua ricchezze e tutto il carico della sua signoria li pareva esser cosa molesta e grave, e come vilissima la dispregiava. Finalmente stracco nella somma copia di tutti gli beni, che possono avvenire ad uno felicissimo uomo, nel solo nome di questa vita si riconfortava.

Alcuni scrittori di questo fanno menzione, e una sua epistola dirittiva al Senato di Roma, nuovamente pervenuta nelle mie mani, ne rende chiara testimonianza. Con quanto piacere stimiamo noi ch'e'saria ito là, dove con tanta dolcezza avea dirizzati gli occhi della mente? Lui non solamente per lettere pregò il Senato, che finalmente li fusse lecito, comportandolo il stato della republica, di menare privatamente la sua vecchiezza, ma alcuna volta eziandio, come recita Svetonio, chiamato il Senato e gli uffiziali a casa sua, rese universalmente ragione di tutta la amministrazione dello imperio; ma pensando di non poter vivere privato senza grandissimo pericolo, e dubitando che la republica, commessa allo arbitrio di più persone, non fusse retta come si convenia, perseverò in ritener quella in sè, come piace a quel medesimo istorico. E così volse innanzi provedere alla propria insieme e alla publica salute, che seguire li suoi modestissimi desiderj. E' si può eziandio credere, che mosso per li prieghi del Senato e del popolo, facesse questo, li quali, come è certissimo, furono più amati da lui che da alcuno altro principe. Potria eziandio essere,

che nè li prieghi in tutto, nè la
publica paura nè la privata a ciò
l'avesse indotto, ma che la natura
delle cose lo perturbassi; e forse
che pensando coll'animo, gli parea
che dinanzi agli occhi suoi si apparecchiasse una discesa molto
strabocchevole e ruinosa, partendosi dalla grandissima sublimità
della fortuna, dove lui signore e
governatore del mondo avea sedu-
to, e riducendosi a quello umile e
summesso desiderio di vivere privato, e come si suol dire, forse
che certa vertigine di cervello era
intrata in quello, misurando lui l'altezza del suo stato; e però tuttavia considerando e deliberando stava in dubio, nè mai discese del
principato, se non costretto dalla
morte. Onde se bene, come ho ditto, niuno luoco fra li solitarj e fra
coloro che pigliano frutto dello o-
zio, si debbe attribuire a questo grande e occupato principe, tuttavia
non si conoscendo più chiaramente
per alcuno altro testimonio che per
lui, quanta sia la dolcezza di questo bene, non mi è parso che esso
Augusto Cesare, trattando noi di
questa materia, dovesse esser la-

sciato da parte; il quale potendo
dare tutte le altre cose, desiderava
questa sola essere a lui concessa,
e signoreggiando lui a tutti gli altri, pareali che questa sola cosa
fusse assai più alta che la sua imperial sedia.

CAPITOLO XLIII.

Ma quello Diocliciano, che primo delli nostri imperadori volse
essere adorato come Dio, adempiè
ciò che Augusto avea desiderato.
Costui adornando li suoi calciamen-
ti e le sue veste di perle, e andando carico di pietre preziose, parea
che avesse mutato l'abito imperiale e romano e umano in abito per-
sico o vero divino. Poco innanti
avea trionfato, menando li nobili
prigioni, e portando la preda delli
Parti dinanzi dal suo carro; ma
poi che il strepito della sua corte,
e il prezioso carico delle gemme, e
le schiere degli famigli, e la servitù publica gli vennero in fastidio
e in rincrescimento, subitamente
mutò l'animo, e desiderò di vivere
solo e povero e libero, e in mezzo
delle perturbazioni degli pensieri

dello imperio pensò di ridursi in
porto di vita più umile e più tranquilla, come governatore nudo,
che fusse campato di grandissimo
naufragio e pericolo di mare. Che
maraviglia è adunque, se Celestino,
uomo'santo, fece per la speranza
della vita eterna ciò che Diociclia-
no, grandissimo peccatore, non dubitò di fare per finire pacificamen-
te quel poco, che gli avanzava della già sopravenuta vecchiezza! E-
gli per lo desiderio dell'ultimo riposo rendendosi a fortuna privata,
non determinò che Roma fusse la
stanzia della sua mutata vita, a
ciò che alcuno fumo o vero odore
del lasciato imperio non turbasse
la nuova tranquillitade; ma ritornò
a Salona di Dalmazia, sua antiqua
patria, dove, non però dentro, ma
presso alle mura della città, morì
nella propria villa, forse per questa
medesima cagione edificata da lui;
e come molto riposo per questo
modo fu aggiunto alla sua vecchiezza, così eziandio per la solitaria e
umil vita non furono sminuiti gli
suoi grandissimi onori, anzi solo
essendo privato, come recitano Eu-
tropio ed Eusebio, fu reputato nel
numero degli Dei.

Certamente Antonino Pio, innanti la assunzione dello imperio, avea fatto quello che fece Diocliciano, già essendo imperatore. Julio Capitolino istorico narra, questo Antonino nella vita privata aver molto frequentato le ville, e in ogni luoco essere stato chiaro e famoso.

CAPITOLO XLIV.

Io mi affretto troppo: ritorniamo alquanto indrieto. Lasso li Quinzii, li Curii, li Fabrizii e gli altri, delli quali gran parte visse nelle ville. Io dimostrarò questa vita innanti il principio della romana republica esser piaciuta al re prudentissimo e ottimo di tutti gli altri, Numa Pompilio, secondo di quello ordine, se tu vai drieto al numero, ma primo se si guarda alla giustizia, chiamato di terra estranea allo imperio non sperato da lui, avendo dirizzato tutto il suo animo alla cura delle civili e sacre legge per governare collo ingegno, e per adolcire il popolo aspero e bellicoso per la ferocia del primo re romano. Spesse volte

era usato di transferirsi in certo
luoco solitario ed oscuro per a-
dattare il suo proposito, lungi non
più di quindici miglia dalla città
di Roma, il quale io ho veduto
colli mia occhi. Sotto il monte
della città di Aricia è una pietra
cava e ombrosa, della quale surge
una perpetua fontana; il bosco è
spesso e pieno di negri lecci, e il
silenzio è grande. Quivi adunque
il re, a quel tempo dottissimo, con
mirabile arte fingeva di trovare le
legge degli uomini e le cerimonie
e gli sacrifizj degli Dei, o veramente cercava di dare autoritade alle
cose trovate altrove. In questo
luoco sedendo tacito e solo, e da
poi uscendone fuori tutto pensoso,
portava seco le legge scritte, per
le quali il popolo, ancora rozzo e
non usato a simile cose, ma che
subito dovea signoreggiare tutte
le genti, fusse governato; e così
imitando lo esemplo di Minos, antico re degli Candiotti, per raffrenare li novi e indomiti animi mediante il vinculo della religione
e col freno della paura, con grandissima astuzia simulando di parlare nel tempo della notte colli Dei,

aquistava fede al salutifero consiglio. Da poi nella sua morte egli dannò questa fizione insieme colli sacrifizj trovati da lui, scrivendo libri greci e latini, per li quali elli dimostrasse agli uomini dotti in ciascuna di queste lingue, sè a tempo aver usato la bugia per ajutare e per difendere il vero; e veduto che l'autoritade delle leggi poste da lui già avea ottimi fondamenti, non gli piacque che il popolo fusse inviluppato in superflui errori. Certamente io non so, se il pretore romano, consentendolo il Senato, deliberò che li detti libri, trovati molti anni da poi nella sepultura del re Numa, fussero arsi come contrarj veramente alla religione, o vero se sotto questo colore, a che più tosto me inclino, fu preso il partito di brusarli, acciò che il popolo, sciolto dalla paura della religione, non gittasse a terra il giogo a lui imposto dalli gentiluomini romani. Lascio o con quanta vanitade o con quanta malignitade questo fusse fatto; conciosia che al presente basta d'aver dimostrato la solitudine esser fontana di molte ottime cose, dalla quale eziandio le romane legge hanno avuto principio.

CAPITOLO XLV.

Esso Romulo, più animoso e più gagliardo di Numa suo successore, nelle selve e nella pastorale casa avvezzò l'animo suo a cose tanto grande, che stando solitario, fu idoneo e atto maestro a componere il fondamento dello imperio romano, e quello che è difficile pure a pensarli, la solitudine, cosa tanto aspera, diede materia e nome e luoco e autore a la regina di tutte le altre cittadi. Noi leggiamo Achille avere imparato nella solitudine quelle cose, che da poi lo feciono parer terribile alle cittadi di Asia, e appresso gli Greci lo rendettono famoso e grande. Esso Ercule nella solitudine prese quello salutifero consiglio della vita, di che nel primo libro ho fatto menzione, quando essendo lui come al capo di dua vie, e stando molto dubioso qual camino egli dovesse prendere, a l'ultimo dispregiata la via delli mondani piaceri, pigliò quello della virtù, per la quale andando continovamente, non solo pervenne alla somma altezza della umana gloria, ma fu adrizzato alla opinione della divinità, e fu creduto essere Dio. Se tu cercherai bene, che cosa abia sparso tanto largamente la fama di questo uomo, senza dubio troverai la solitudine esser di ciò stata principal cagione.

CAPITOLO XLVI.

Dove lasciamo noi quelli dua Affricani nobilissimi sopra gli altri duchi, e veramente, come Virgilio dice, dui fulmini e saette di guerra? Le quali parole io mi maraviglio che alcuni abino voluto intendere esser dette dal gran poeta per altri, e non per loro. Il primo di costoro, come recita Livio, poi che ebbe preso la virile toga, mai non facea alcuna cosa publica o privata, che prima egli non andasse in capitolio, e intrando nel tempio, quivi sedea, e solo in secreto consumava lungo tempo, e questa consuetudine per tutta la sua vita continovamente per lui era osser-

vata; e così quello uomo tanto
singulare e tanto lodato non per
le fabule e per le superstizione
degli Greci, ma per li judicj degli
uomini romani e per la ammirazione della propria virtù, avendo
eziandio aquistato opinione e nome di divina progenie, cioè di esser
riputato figliuolo di Dio, dalla religione chiedeva gli principj delle
cose, che per lui si doveano fare,
e riputava la solitudine esser ottima stanzia della religione. E fatto
questo, essendo usato di abbracciare più che con umana fiducia
tutte le sue imprese, prometteva
prosperi avvenimenti a sè medesimo e alli suoi per tal forma, che
mai non gli veniva fallito il suo
pensiero. Ma acciò ch'io non di-
vida col scrivere costoro tanto
legati insieme e tanto pari, a niuno è dubio che nelle loro etadi
ambedue così furono amatori della
solitudine come della virtù; e dopo
li sudori delle guerre, dopo le vit-
torie, dopo gli trionfi erano usati
di transferirsi o a Linterno o a
Forme o a Gaieta; e quivi ciascuno
di loro in compagnia d'uno solo
amico con molta dolcezza e tranquillità d'animo si riposava.

O nobilissimo spettacolo, e degno d'avanzare le pompe e il stato di tutti gli regi, vedere tali uomini conservatori della republica, liberatori delli loro cittadini, difensori di Italia, domatori delle genti, menate felicemente a buono effetto le loro imprese, lasciato a Roma in libertade e in allegrezza il popolo vincitore e la infinita schiera delli loro seguaci, posto giuso l'abito trionfale, e con grandissima cupidità restituite e rese alla republica le insegne degli onori, soli oziosi e non suggetti a umili e bassi pensieri, andare raminghi e sollazzarsi per li colli e per le ripe del mare, e spesse volte raccogliere nicchi marini e protezelle (1) bianche e di molti altri diversi colori, e finalmente far quello, ch'io vedo scritto da Cicerone con qualche rossore di vergogna e non con piccola reverenzia, cioè loro esser usati di incredibilmente ringiovenire e di divenire come fanciulli, qualunque volta si trasferivano alla villa, uscendo della città come sciolti e liberi da gravissima prigione. Ma

(1) *Piccole pietre.*

certamente bellissimi e onestissimi pensieri accompagnavano quella solitudine, e in quello ozio sempre si faceva qualche cosa grande e degna; e però esso Cicerone in quel medesimo luoco, dove piange la sua solitudine, molto si maraviglia di quella del superiore Affricano, e pone la voce di quello a suo judicio magnifica e degna di grande e savio uomo, confidatosi della testimonianza di Catone, che in quella medesima etade visse, e senza dubio fu grandissimo emulo d'esso Affricano, cioè lui non esser mai meno solo quando fusse solo, che quando e' fusse solo, la gloria della qual parola Ambrogio cerca di togliere al suo cittadino.

Ed acciò che la schiatta romana non sia mai senza guerre civili, essi combattono nelli loro libri. Ecco che Cicerone nel terzo libro degli Offizj attribuisce questa laude ad Affricano, ed Ambrogio, che in molte cose e in lo nome e in lo numero degli libri seguita Cicerone, per contrastarli apertamente in quella medesima parte del suo libro, cioè nel principio del suo terzo libro degli Offizj, con faticosa disputazione si sforza di transferire a Moise ed Elia e ad Eliseo profeti la sopradetta laude tolta a Scipione; li quali lui vuole essere stati pieni di faccende nelli loro ozj, e accompagnati nella solitudine molto prima che non fu Affricano. Io non voglio contradire ad Ambrogio, perch'io so lui parlare con veritade; e se io non lo sapessi, la sua autoritade mi romperia con maggior forza, che non arìa fatto Marco Tullio quella di Platone, conciosia che immeritamente l'autoritade di colui è grande appresso di me, per la bocca del quale io credo che lo Spirito Santo parli. Come arei io ardire di stimare Moise mai essere stato solo, che non tanto con sè medesimo parlava (la qual cosa è propria d'uomo savio e dotto), ma col quale esso Idio da faccia a faccia ragionava, come suol fare l'uno amico coll'altro? In che modo dirò io quello essere stato ozioso, che sedendo tacito e disarmato, gridava al nostro Signore Idio ed era udito fino al cielo, e con gran fatica coll'altrui ajuto levando al cielo le debole e stracche mani, solo vincea li infiniti e

potentissimi eserciti degli inimici.
il che le armate legioni senza lui
non averebbono mai potuto fare?
Come penserò io eziandio Elia essere stato solo, col quale Idio similmente e gli Angioli parlavano
con grandissima domestichezza? E
come dirò io quello essere stato
ozioso, che comandava alla pioggia,
e che con la parola fece la arca
della farina, che mai non venia
meno, e il vasello di olio, che non
si potea votare, alla donna sua
albergatrice, che temea di morir
di fame, e che con gran forza di
fede a quella medesima rese il già
morto figliuolo?

Diremo noi Eliseo, discepolo di
quello, essere stato solo, il quale al
suo servo, impaurito per la veduta
del nimico, mostrò li carri e li
cavalli e le schiere delli Angioli
che stavano in suo ajuto, e non
vedute da alcuno altro? Come fu
costui ozioso, che promettendo a
Sunamite sua albergatrice, che ella
avrebbe uno figliuolo dal suo ma-
rito già molto vecchio, senza dubio
glielo dette, e quello da poi morto
restituì alla madre, resuscitandolo
da morte a vita, a ciò che il fan-

ciullo fusse argomento della fede
e della potenzia del profeta? Ma
perchè si debbe alcuno maravigliare, se lui vivendo risuscitava gli
morti, conciosia che essendo esso
privato di questa vita, col solo
toccare del suo santo corpo facesse
questo medesimo? Oltra di ciò chi
reputerà costui ozioso, che sedendo
nell'ozio, quasi come fusse presente,
conoscea tutte le forze e gli pensieri e li consigli delli suoi nimici
molto lontani da lui, e alli suoi il
tutto annunziava con grandissima
veritade? Avendo il re di Siria
notizia di questa cosa, comandò
che il santo uomo fusse circondato
da tutto il suo esercito, e quello con
lo comandamento e la potenzia della
sola lingua fece divenir cieche, e
menò prese le legioni delli inimici
che lo assediavano, e colla sola
parola liberò quelle medesime, come si legge.

Queste sono operazioni di ozio
molto imperioso e di solitudine
molto potente. Ma concediamo che la
gloria delle cose sia più antica appresso gli profeti, che o per etade
o per merito senza dubio sono
stati i primi; sarà però minore la

gloria di Affricano, se alcuno prima di lui è stato in quella medesima generazione di lode? Massimamente cessando ogni imitazione, dove al tutto non abia possuto intervenire alcuna notizia, come io sono certissimo, perochè non essendo noto ad Affricano chi e quali fussono stati gli profeti, egli non avea potuto seguire il dir di quegli colla imitazione, la quale imitazione io non negherò esser usata di gustare e di raccogliere in sè qualche particella delle lode e della fama degli uomini e delle cose umane. Sia venuto in parte di queste cose chi si voglia; certamente Ambrogio non mi negherà quella parola, della quale partendomi, dopo lungo spazio io sono ritornato alli nomi delli profeti, essere stata prima detta da Affricano, e esser di lui proprio senza contradizione.

CAPITOLO XLVI.

La sentenzia di questa parola facilmente dimostra quello ch'io voglia. Cerco la solitudine non sola, cerco l'ozio senza pigrizia e non

disutile, ma che colla solitudine
giovi a molti, conciosia che io stimo li oziosi, che al tutto sono lan-
guidi e negligenti e disoperati, esser sempre malinconici e miseri,
perochè essi non hanno esercizio
di alcuno laudabile atto, nè possono
aver commercio degli nobili studj,
nè acquistare gloriosi nomi. Questa
adunque è la somma. Io ricevo a
questo ozio non gli uomini che sono più mobili che il vento, ma
quelli che sono constanti, la fine
delli quali non è la fatica nè il
guadagno nè la vergogna, ma la
delettazione e la virtù e la gloria.
Io denunzio le ferie al corpo e non
all'animo, e vieto lo ingegno riposarsi nello ozio, se non in tanto,
che possi rilevarsi in alto, e che
per la intermissione di stare alcuna volta disoperato, e' divenga più
copioso, perochè la intermissione
così alli ingegni, come alli campi
suol giovare. Dall'altra parte io
non solamente ricevo gli generosi
pensieri nella solitudine, ma con
gran studio gli chiamo, delli quali
niuna compagnia più graziosa, niuna
più dolce nè più piacevole si potria
chiedere o fingere, e senza essi

certamente la nostra vita è misera nelle cittadi e nelle selve. Voglio eziandio libri di diverse materie, che siano cari e continovi compagni, pronti o a venire in publico o a ritornare nella cassetta qualunque volta li sia comandato, *e* apparecchiati sempre o a tacere o a parlare o a stare a casa, e a far compagnia per li boschi, e a venire in peregrinaggio e in villa, e a ragionare e motteggiare, e atti per lo simile a confortare e a consolare, e ammonire e a riprendere, *e* a dare consiglio e ad insegnare le cose secrete della natura, le istorie del passato e la dritta regola della vita, e il sapere dispregiare la morte e il dolore, e di ritenere la modestia nella prosperitade e la fortezza nella fortuna contraria, e in ogni atto sempre esser un medesimo e constante. Questi sono compagni dotti, lieti, utili ed eloquenti, senza fastidio, senza danno, senza lamenti, senza murmurazione, senza invidia e senza inganno; e fra tante commoditade non si dogliono, se li loro cibi e le loro bevande non sono molto delicate, nè si lamentano d'esser vestiti poveramente, e stanno contenti di piccola casetta, dando alli suoi albergatori inestimabile ricchezze d'animo, e grandissimi palazzi, e risplendente e magnifiche vestimenta, e apparecchiandoli grandissimi convivj e suavissime vivande.

Ricevo eziandio gli amici nella solitudine, cosa molto dolce, di che noi abiamo di sopra molto parlato, e senza essi giudico la vita esser manca e debile e quasi cieca. Conciosia che qualunque volta, come si suole, l'amico viene a battere la mia porta, e quando dopo lungo tempo alcuno congiunto con esso me di ospitalità mi viene a vedere, o vero quando il grato conviva, cacciato dalla pioggia si rappresenta a me vacuo e disoperato (li quali versetti a me pare che Orazio (1), per la profunda esperienzia del vivere, dolcemente collo amico traesse dell'intimo e secretissimo seno della natura), quando adunquē alcuna cosa simile mi accaderà, e che l'amico già lungo tempo da me non veduto mi truovi disope-

(1) Ac mihi seu longum post tempus venerit hospes,
Sive operum vacuo gratus conviva per imbrem.

rato dallo esercizio dell'animo, come di sopra ho ditto, acciò che forse tu non credessi, ch'io mi dilettassi degli spessi convivj o degli impedimenti delle molte faccende, allora io non giudicherò alcuno altro, ma me proprio a certo modo doppiamente esser venuto. Coloro non debbono essere stimati essere due, dove uno solo animo si vede, perochè l'amore di dua corpi ne sa fare uno solo; altrimenti Pitagora comanderia cosa impossibile, dicendo che nella amicizia uno solo sia composto di molti, il che così essendo, siegue che qualunque luoco è capace d'uno solo uomo, in quel medesimo possono stare due amici insieme; e pertanto niuna solitudine è sì profonda, niuna cosa è tanto piccola, niuna porta è tanto chiusa, ch'ella non sia continuamente aperta allo amico.

CAPITOLO XLIX.

A te, o padre, se tu cognoscerai te medesimo e gli tuoi beni, niente manca che ti possi fare la solitudine grata e l'ozio dolce. Tu

hai l'animo buono e bene ordinato
da Dio, e da te proprio non negli-
gentemente adornato e dotto per
la cognizione di molte arti e di
molte cose, l'animo, dico, guida e
reggitore degli atti umani e del
governo di tutta la nostra vita;
onde sotto la protezione di tal governatore, il tuo navigare non debbe esser se non felice. Tu sai coloro, che sono stati chiari e famosi
nel tempo passato (vorria poter dire
eziandio quelli, che sono al presente,
ma manifestamente si vede come
ora le cose vanno); nondimeno se
alcuni ne sono in alcuno luoco, essi
da te sono eziandio conosciuti. Non
potendo conversare con questi altrimenti, fa che con lo animo tu
stia con esso noi, e così nè il mare nè gli monti ti toglieranno questo modo di conversazione. Tu ne
hai forse molti, con li quali tu
puoi eziandio conversare il corpo,
benchè di questa cosa non se ne
abia mai veduto troppo gran copia, e al presente ne sia grandissima carestia.

Ma io ho giudicato il nome
d'uno di coloro, che la fortuna ti
ha dati compagni alla consolazione

della vita solitaria, per onoranza dover esser posto in questo luoco, cioè Ponzio Sansone, dopo te secondo ornamento della tua chiesa(1). Io parlo confidentemente di costui, perochè dalla prima età domesticamente lo ho conosciuto, e al presente di lui ho più certa notizia che nel passato. Senza dubio io credo questo cognomento di Sansone non fortuitamente, ma per lo effetto esserli tocco, perochè quanto quello ebreo era dotato delle forze del corpo, tanto costui è adornato di quelle dell'animo, e di grandissima umanitade e di singulare prudenzia. Oltra di questo in lui si vede non mediocre notizia delle lettere e tanta suavità di costumi, che mediante quella, facilmente si potria adolcire ciascuna asprezza, che in sè contenesse la solitudine. Abbraccia costui con tutta la mente, come tu fai, e chiamalo in parte del tuo ozio solitario; se io non sono ingannato dallo augurio, credo che volentieri e' ti seguirà, e stracco per le occupazioni delle faccende civili, non temerà di fuggire dalle cittadi.

(1) *Era prevosto del capitolo di Cavaillon. Taluni lo chiamano Ponte di Sansone.*

Ma dove lascio io il nostro Socrate? Io mi inganno, perchè certamente non lo lascio (1), conciosia che gli altri sono nostri compagni; costui è parte di noi proprj; e pertanto essendo necessario chiamare gli altri, che stiano con esso noi, il grande amore fa che lui non sta mai da noi diviso. Tu conosci molto bene questo uomo caro a noi per la fede della stabile e ferma amicizia, e nobile per la molta famigliaritade, che lui ha colle sacre Muse. Con costui serà presente la allegrezza e la consolazione della vita per tal modo, che il buon consiglio non gli mancherà; la forza del suo ingegno e il vigore dell'animo suo è tale, che alcuna nuvola di tristizia non gli interviene, la quale alcuna fiata suole esser congiunta con queste parte ch'io tocco; la sua fronte sempre è lieta, e in lui vediamo e amiamo quella uniformitade e constanzia di volto, quale con grandissima ammirazione noi solemo lodare in quello antico Socrate.

Non tacio eziandio il nostro

(1) *Era, sembra, un fiammingo, di nome Ludovico.*

14

Guidone (1), che di candidezza e di
purità d'animo vince ciascuno altro, suttilissimo di ingegno, gravissimo nel giudicare e suavissimo
nella conversazione, il quale se
non serà settimo alla compagnia,
come par che voglia il suo cognomento, ma più tosto quinto, io non
vedo che cosa possi esser più dolce
di questo ragunamento d'amici.
Non ci mancheriano eziandio alcuni altri di tal proposito e di simile voluntà, se la imparità del
stato, o vero certa difficultade e lo
indissolubile inviluppamento delle
cose umane per invidia non ce ne
privasse. Costoro pur sono parec-
chi, e la fortuna non ci divieta
che con lo animo noi non possiamo
prendere frutto di loro; questi tali
uomini seranno adunque presenti,
e avendo noi la lor presenzia, non
potremo esser tanto distratti e turbati da aspera infirmitade, nè da
urgentissime faccende, nè da for-
tuita necessità di andare in viaggio, che alcuno di noi sempre teco
non dimori. E perchè numero io
queste cose ad una ad una? Niente

(1) *Guido di Settimo; Barbato da Sulmona è
chiamato Ovidio.*

ti mancherà; fa pure che col volere tu non manchi a te medesimo. Certamente qui sono ricchezze non molto grave, ma assai destre ed espedite, ed acciò ch'io dica altrimenti, la povertade non trista nè ignominiosa. ma onesta e lieta. e se noi vogliamo confessare il vero, invidiata da molti; qui non manca buona copia di varj libri, nè il dolce desiderio del leggergli, nè la facultà di intendergli e di recitargli data da cielo, e accresciuta col vigilante studio. Arei taciuto quello che segue, confortandomi a ciò la vergogna, se io non sapessi le cose esser di tanto pregio. di quanto elle sono stimate dalla affezione e desiderio di coloro che le usano. Io serò adunque in questo numero, e le cose per me scritte tanto da te amate non staranno mai senza noi, e ogni giorno ti porgerò qualche cosa nuova; ed in veritade tu col tuo insaziabile appetito di leggere aresti adoppiata la riputazione del mio scrivere; se non che, come io dissi al principio, secondo il proverbio antico, il favore troppo amorevole nuoce molte volte al giudicare degli uomini.

Io mi ricordo quante fiate tu hai preposto gli miei libri, non voglio dire ad altri, ma certamente a Platone e a Cicerone, ed essendo tu entrato nel mio studio, il che spesse volte tu fai non come vescovo, ma come amico, comprendendo io la tua cupidità di leggere, la quale in te mai non manca, subito ti porsi le divine opere di quegli celesti ingegni: ma tu colla mano renitente, rivolgendo il capo adrieto, chiedesti solamente la mia; e non facendo tu alcuna cosa senza ragione, si può credere che o la perfetta cognizione che tu hai delle cose antiche, a cui non è oramai più necessario di rileggerle, ti abia inclinato a questo proposito, o veramente l'amor delle nostre cose, insieme con la novitade, di ciò ne sia stato principal cagione; e se bene le scritture degli antichi sono di maggior autoritade, e quantunque Orazio dica il vero, che le poesie e li vini per la vecchiezza divengono migliori, non resta però che la novitade non abia la sua grazia.

E forse che ti piace di provare, qual frutto infino a questa etade io abbia fatto, però che, come si dice, niente si truova più sollicito, nè che più desideri la esperienzia delle cose, che l'amante? Ma sia stata che cagion si voglia di questo, veramente io mi sono maravigliato spesse volte alla tua presenzia di questo tuo ardore, e spesse volte l'ho conosciuto per le parole del mio castaldo, che continovamente, quando io torno alla villa, me assalta con infiniti lamenti, domandandomi per che cagione io ho portato via non so che scritture, le quali tu, venendo in casa mia, sempre eri usato di adimandare. Io me ne rido, e maravigliomi della affezione del padre, e della fede del guardiano, e della purità del castaldo; e però alcuna volta partendomi e motteggiando col mio vecchio, li ho dato certe carte non scritte, quasi com'elle fussino quelle che tu avevi chieste; onde ritornando io un'altra volta in villa, egli si querelò gravemente d'esser da me deleggiato; e finalmente tutta questa faccenda finì in giuoco e in riso.

Ma io ritorno allo ordine di sopra. Oltra di questo tu hai cosa, senza la quale non voglio dire che

la vita sia felice, ma non è pur da
essere stimata vita, cioè il naturale
odio delle cattive operazioni, e l'a-
more delle buone, e lo ornamento
delle virtù, e il bello desiderio della
buona fama, e il studio della onestà,
e il dispregio d'ogni superfluitade.
Se io dirò questo essere un fondamento della vita solitaria, affermerò
di aver detto il vero. Il tuo corpo
non è ancora debile, ma pur già maturo e idoneo e atto a tollerar le
fatiche; la tua etade è ancora fresca, ma ora mai liberata dalli pericoli e dalli mali della gioventù,
e questa è ottima parte della vita,
attissima alle buone operazioni, e
copiosa di consiglio, e sufficiente ad
ogni grande impresa. Non ti manca
la patria, dove tu essendo cittadino
e vescovo, d'una parte hai l'amore
del popolo, e dall'altra tieni la rocca
della reverenzia; la natura ti concede l'una di queste parti, e la dignitade l'altra, ma per virtù e per
merito tu se'degno di ambedue. La
tua sorte ti ha dato tal patria, che
se bene ella è nobilitata di nome di
cittade per lo tuo vescovado, essa
nientedimeno, eccetto la sua vecchiezza e il suo nome, non ritiene
in sè alcuna similitudine di cittade.

Qui non è superflua pompa, qui non è lussuria, qui non è frequenzia d'uomini, qui non è tumulto nè confusione, ma tutte le cose vi sono attissime a quella vita, di che io parlo; e se io faccio bene il conto, innanzi lo avvenimento di Cristo circa anni cinquanta, combattendo Julio Cesare in Inghilterra, truovò in autentica scrittura fino allora esser stata fatta memoria di questa tua patria fra le antiche cittadi. L'aspetto del luoco è tale, che il nostro Socrate, quando noi vegnimo a vederti, non senza molta eleganzia suol dire: « Ecco la piccola cittade, ma certamente onorata, la quale, come nelle ecclesiastiche istorie si legge, dal re Abagaro fu offerta a Jesu Salvatore. » Se ti piace, tu puoi farti la solitudine in mezzo di quella, e in questa faccenda non arai bisogno di lontana peregrinazione, dove si sono ridotti molti di coloro, ch'io ho di sopra nominati. La condizione delli luochi è tale, che nella tua patria e nel mezzo del seno di tuoi tu potrai esser solitario: questa opportunitade non è da dispregiare; tu hai a casa ciò che molti hanno cercato spesse volte e con gran fatica di là dal mare.

CAPITOLO L.

Se forse il tuo nido non ti piace e cerchi maggior libertade, potrai volare al vicino ramo, e fermarti in quella stanzia quietissima sopra la graziosa fontana. Il Sorga, re delle fontane, al strepito delle onde del quale io scrivo queste cose, ti sarà presente; vederai il molto libero e molto soave ridotto della Chiusa Valle, così chiamata dalli abitatori, e che per la sua natural forma merita così esser detta, perochè la natura ha nascosto quella in mezzo di molti colli, e dal lato di fuori ha posto la via publica in ogni altro concorso, e non ha permesso ch'ella possi esser veduta, se non dagli abitatori. Qui eziandio tu puoi esser libero e signore e vescovo e solitario, il che rare volte noi abiamo veduto intervenire ad alcuno. Vorrai tu dispregiare questo tuo luoco, che porge reverenzia e ammirazione agli animi di coloro che 'l vedono? Seneca dice: « Se alcuna spelonca sarà attaccata al monte con sassi dirupati e vecchi non fatta a mano, ma per natural

cagione cavata in spaziosa larghez-
za, senza dubio l'animo tuo sarà
tocco da qualche credulità di religione. » Se questo è vero, dimmi dove si troverà altrove spelonca più
religiosa; e se quello che segue e-
ziandio nel scrivere di Seneca non
è falso, cioè che noi abiamo in
somma venerazione li capi delli
fiumi, che luoco si troverà degno di
più venerazione e di maggior reverenzia di questo? Certamente noi
abiamo veduto fiumi di più lunghezza e molto più copiosi d'aque,
ma simil fontana non mai. Di nuovo
se la terzia parte che tocca Seneca
è vera, cioè che la subita uscita
del gran fiume di luoco nascosto e
secreto abia in sè spezie e forma
di divini altari, dove si fariano più
degnamente altari che quivi? E per
Dio ti giuro, che se lecito mi sarà
mandare ad effetto il mio desiderio,
io penso di dirizzarne alcuni nel mio
orticciuolo, posto sopra la fontana e
suggetto alli scogli del vicino monte,
non alle Ninfe nè ad alcuni Dei di
fontane o di fiumi, come piaceva a
Seneca, ma a Maria, lo ineffabile
parto e la feconda virginità della
quale distrusse tutti gli altari e

tutti gli tempj degli Dei delli pagani. Spero che forse lei me l'ajuterà, e se io non mi inganno, qualche volta compirò il mio longo e piatoso desiderio.

Ora sieguo quello ch'io ho principiato. Potrai tu adunque, come di sopra ho detto, non fare stima del tuo luogo, che tanto è riverito dalli estranei e da qualunque lo vede, luoco amicissimo alla libertade, al riposo, allo ozio, alla scienzia e alla virtù? Ed acciò ch'io non dimori in ciascuna particularità, luoco in somma sopra tutti gli altri attissimo alli tuoi esercizj, e tacendo le altre parte, fatto già molto degno per lo antico abitatore, e ora per te proprio, che sei ornamento d'ogni virtù. Tu sai che il tuo Verano, nobile confessore, che tenne la tua sedia non so quanto tempo innanzi di te, che al presente è più aspera dell'usato, cercando luoco di pace e di riposo, qui finalmente fermò li passi suoi, e scacciatone il terribile dracone, cioè il dimonio, in questo poggetto menò santa e solitaria vita. Io non ho fatto menzione di costui tra li amici della famosa solitudine, perchè mi sia uscito di mente, ma

solo per differirlo altrove, acciò che
posto nell'ultima parte del nostro
libro, più tenacemente e' si fermas-
se, non dico nella tua memoria,
della quale il continovo ragionare
che tu fai di lui non lo lascia dipartire, e per lo simile la sepoltura,
sempre presente agli occhi tuoi,
vero testimonio della tua fede, nel
compimento della quale, per mettervi
le preziose reliquie del santo uomo,
tu hai adoperato ogni tuo studio, e
meritamente postevi tutte le tue
sustanzie, e quanto oro e quanto
argento tu avevi; ma più tosto ho
indugiato a parlare di lui nella fine,
per lasciare la ricordanza del suo
nome nelle menti di coloro, che forse
qualche volta leggeranno le nostre
cose. Egli mentre che visse, abitò
in questo luoco innanti che la sua
perfetta virtù contra sua voglia lo
sollevasse al stato pontificale; qui
come in terra nimica, ma per lui
domata e pacificata e aquistata alla
abitazione degli uomini e a Cristo,
sotto le cui bandiere egli era stato
vincitore, dirizzò il suo trofeo e
il segnale della gloriosa vittoria,
facendo uno ornato e piccol tempio,
ma bello e forte, sotto il titolo della

Vergine madre di Cristo. Egli aperse la via per questo monte, e colle sue mani, come si dice, cavò questa montana e dura pietra, opera di gran fervore e di grande ozio, ricco di Cristo e contento dello orticciuolo e del fiume. In questa ripa ebbe la sua cella; a l'ultimo, morendo lontano da questa regione miracolosamente, volse esser riportato e sepellito in questo luoco, come tu sai: e quella potenzia che già fu nella verga di Moise, vivendo egli, nel transito del Mar Rosso, certamente quella medesima si vide nel mantello di Verano già morto nel passaggio degli fiumi.

Queste cose fin qui bastino, perochè molto più oltra si potrebbe dire del resto delle lode della tua villa; ma spesse volte ne abiamo già detto assai, e oramai è tempo di por fine al parlare di questo giorno.

CAPITOLO LI.

Se adunque noi vogliamo servire a Dio, che certo è una felicitade, o se il nostro proposito è colle arti buone e degne di adornar lo

ingegno, che debbe esser riputata
la seconda nobil fatica; e se veramente con la meditazione è col scrivere ne piace di lasciar memoria
di noi a coloro che verranno nella
seguente etade, e per questo modo
fermare il fuggire delli nostri giorni, e prolungar più oltra questo
brevissimo spazio di vita; o se e-
ziandio è nostro intento di fare
tutte queste cose insieme, senza dubio oramai è il tempo che noi fug-
giamo, e che noi finiamo nella solitudine questo resticciuolo del tempo della nostra vita; e sopra tutto
vuolsi che noi abiamo avvertenzia
di non ci lasciar sommergere nelle
perturbazioni, e che noi non perco-
tiamo negli scogli delle mondane
cose, mentre che pare che noi vogliamo dare ajuto a quelli che sono
posti nel pericolo della tempestade.
Seguitiamo colle operazioni ciò che
noi lodemo, e sforziamoci esser tali,
che li nostri judizj e gli nostri parlari non siano differenti dagli fatti,
il qual vizio è publico e comune
con molti, e spesse volte lo riprendono in altrui. Non ci lasciamo ingannare: niuno ci persuada che le
smisurate ricchezze si debbiano de-

siderare in questo nostro proposito, però ch'elle nè ajutano nè alleggieriscono la mente dell'uomo, ma più tosto impediscono, e con gravissimo peso quella tengono sommersa. Egli è necessario ascendere in alto chi vuole andare a questa vita, e qualunche ha proposito di far questo, bisogna che di propria voluntade e' sia disciolto dagli superflui pesi e da tutti li mondani lacci.

Niente si truova più grieve nè più tenace dello oro; noi non lo dobbiamo desiderare nè eziandio amare, se non in tanto ch'e' sovvenga alle nostre necessitadi, perocchè quando la avarizia è cagione che l'uomo lo appetisca, niuna cosa è che con maggior forza pieghi e debiliti e traggia a terra la mente umana di quello; e questa non è maraviglia, se la cosa nata della terra, dalla sua gravezza a quella medesima è ritirata. E' non si conviene che l'anima tratta da celeste origine, sia sommersa dalle some delle terrene caverne, e macchiata dalle fecce del secolo. Veramente lo oro porta dinanzi da sè lo splendore e la dolcezza, che inesca gli

sentimenti degli uomini; ma poi
a l'ultimo porge oscurissime tenebre
a l'animo e acutissime spine e sti-
muli di tristi e pungenti pensieri;
e quanto più e'dimostra esser purgato e netto, tanto egli è più ve-
nenoso per gli mali che vi sono
drento nascosti. Le ricchezze non
vengono mai sole, ma seco impor-
tano molti e varj mali e innumerabili fatiche e infinite cagioni di pericoli. Se io non sono assai degno
di fede, dimanda a quelli che sono
chiamati felici, e scongiurali che
essi non ti tengano la veritade oc-
culta; tu troverai la lor vita piena
delli suoi tormenti, per modo che tu
temerai e dispregerai quella, di che
tu ti maravigliavi prima grandemente; e così facilmente ti fia noto
le gran ricchezze non giovare a questa vita, a che io ti conforto, ma
spesse volte nuocerli molto; onde
non solamente non pare ch'elle si
debbiano cercare con tanto studio,
ma più tosto seriano da gittar via
con propria voluntade, quando noi
le avessimo, fino che, secondo la
consuetudine degli nocchieri, che si
truovano nella pericolosa fortuna del
mare, colla perdita e col danno della

roba, conservando la nostra nave,
noi fussimo giunti a quel fine, che
la natura e la virtù ne hanno ordinato.

Una cosa maravigliosa al presente mi viene nella mente, che io
conforti e prieghi te, o padre. e
me insieme, che noi vogliamo patire il consiglio d'uno fanciullo, già
dato ad uno vecchio, esser utile ad
ambedue noi. Questo fanciullo fu
Alcibiade, conosciuto da poi che fu
nella virile età e per la bellezza
del corpo e per lo ingegno, e fu
nobile esemplo della varietade della fortuna. A costui fu zio mater-
no Pericle, uomo degno da esser
numerato fra li rari, e sopra tutto
potente per la sua eloquenzia, e al
quale nella sua grandezza la propria lingua era stata in luoco di
spata. Alcibiade adunque, ancora
molto giovinetto, venendo secondo
la sua consuetudine a visitare questo vecchio, trovollo alquanto più
tristo dell'usato; e non essendo per
avventura ricevuto colle usate lusinghe da quello, dicesi che commosso nell'animo gli dimandò la
cagione della sua tristizia, e se gli
era intervenuto alcuna novitade.

Il vecchio dilettatosi. come io credo, dello ingegno del fanciullo, non gli tenne celata la vera cagione del suo affanno, e narrolli sè avere speso innumerabil quantità di denari in utilità della republica, della qual dispensazione egli pensando con seco, non potea ritrovare in che modo e' ne potesse rendere buona ragione. Allora Alcibiade, prudente più che non si convenia alla sua etade, disse: « Ma tu adunque pensa più tosto in che modo tu non la debbi rendere. » Invero questo consiglio fu molto astuto, quando bene fusse dato da vecchio, e fu grande ed efficace indizio d'etade senile e di grave sentimento; onde Pericle, presa confidenzia per queste parole, concitato il popolo ateniese ad estranea e subita guerra contro agli inimici, fuggì la civile difficultà di rendere la ragione.

Ma io ritorno al consiglio, dove io soglio lodare non la injustizia del fatto, ma la sottigliezza e la prestezza dello ingegno. Io ricordo che noi convertiamo in nostro uso il vedere del fanciullo, riducendolo però ad altri termini. Ecco che molti vegniranno, che ci dimostrino la via di acquistare le gran ricchezze, il che invero non è altro, se non insegnarci d'essere avari. Questa è scuola pestifera e di rincrescevole esercizio d'animo e di corpo, e dottrina molto difficile, e da esser imparata con molta pazienzia di vigilie e di fatiche, e poi forse mancherà del disiato effetto, o vero serà nociva a chi l'averà acquistata. Diciamo adunque al nostro animo occupato in questi pensieri, che pensi più tosto in che modo non debba desiderare così fatte cose. Questa arte certamente è più utile e più facile, e se forse a seguirla l'animo nostro sarà ancora negligente e male ammaestrato, noi gli doveremo porre gli sproni adosso e cacciarlo innanti. Mostriamogli oltra li mali delle ricchezze, di che ora da noi è stato detto sotto brevitade, e molte cose tutto il giorno da molti altri ne sono dette, questa arte cioè di dispregiare le ricchezze esser nelle proprie mani: quell'altra, cioè di appetirle, dimorar nell'arbitrio della fortuna. Ciascuno può dispregiare le ricchezze come gli piace, ma non così facilmente

acquistarle, e come elegantissima-
mente è scritto da Seneca: «Perchè
debbo io più tosto impetrare dalla
fortuna ch'ella mi dia delli beni
del mondo, che ottenere da me
proprio ch'io non gli dimandi cosa
alcuna? »

Pertanto io penso esser meglio
lasciar da parte questa cosa difficile e di dubioso avvenimento, e
se bene ella fusse utile, nientedimeno non vegniria oramai più a
tempo e seria troppo tarda. Sude-
remo e gli piglieremo noi affanno,
che gli alimenti della brieve e fra-
gil vita non ci manchino? Se noi
vorremo ben considerare, trovere-
mo che già molto tempo fa, come
io ho detto, noi siamo proveduti
in gran copia e infine alle dilicatezze e a lo essere forse da molti
invidiati. Ma pognamo caso, che
qualche cosetta ci manchi; qual re
è quello, che di alcuna cosa non
abia bisogno? Levarassi forse a questo luoco chi dica: « Noi ci dobbiamo sforziare di in tutto rimuovere
da noi ogni povertade e ogni bisogno per esser simile alli Dei. » La
povertade certamente non può mai
essere in tutto discacciata; e se

per spazio di qualche tempo ella
si rimuove, par ch'ella ritorni assai
più aspera che prima. Cicerone
scrivendo a su' fratello, dice: « Alla
parte che tu mi conforti a seguire
le ambizione e la fatica, come spesse volte innanzi tu eri usato, io
certamente così farò; ma quando
viveremo noi? » O brieve dimanda,
ma molto efficace! Serà possibile
di respondere acconciamente e con
gravitade a qualunque ne confor-
terà di seguire queste vie? Mai sì;
questa sia la risposta: Amico, e'
ne piace il tuo parlare, pur che si
possi; conciosia che se noi continovamente dimoriamo occupati circa simili pensieri, quando cominceremo noi a vivere, che oggi mai
saria tempo che noi avessimo vivuto, massimamente considerando
che questa affannosa vita, che pende di giorno in giorno, non è vita,
ma più tosto è una ammonizio-
ne atta a farci intendere col pensiero la qualità di quella vita, che
forse noi non acquisteremo mai.
se non ci purghiamo da ogni im-
mundizia di peccati; onde fin qui
siamo in dubio e senza alcuna certezza, quando a noi sia lecito l'andare a quella.

Fra molte altre cose dette dal poeta plebeio, so che tu hai a mente la somma di quelli versi che così dicono: « Credimi che non si conviene al savio di dire: Io viverò; » la vita di domane è troppo tarda; vivi oggi. Il consiglio di Alcibiade si estende molto largamente, e a diversi propositi si può ridurre. Gran stimolo porge il desiderio di far vendetta; la gola sollicita non lascia star l'uomo in riposo; la smisurata cupidità degli onori il tiene sospeso e ansio; l'amore lo incende, e nella mente umana genera inestimabile passione. Queste sono cose molto difficile a doverle fare, e molto facile dispregiandole. Insegniamole adunque a l'animo nostro con questo modo. La via che de' nuocere ad altri, è dubiosa e con pericolo, e però spesse volte volendoti vendicare, accrescerai la tua ingiuria. La servitù della gola è molto vile, e li apparati di quella son pieni di ansietade, e il suo fine è molto disonesto. L'ambizione sempre è piena di vento, ed è necessario star suggetto e supplicare ad altri, di che niuna cosa più dura si può pensare.

L'amore è cattivo e superbo, e volendolo seguire, è necessario che tu serva alle feminucce, il che certamente è disonesto all'uomo valoroso quanto dir si può. Bisogna molte volte ridere invano e piangere non meno per le cose liete che per le triste; tanta vanitade è in questa faccenda.

Una regula è di tutte queste cose. Se si fermerà il pensiero a volerle adempiere, mai non mancheranno cagione di immortale affanno e di infiniti mali; ma acciò che tu scampi di qui, e che tu possi esser lieto e libero, sforziati di in tutto dispregiare queste sozze e aspere passione. Pensa più tosto in che modo tu ti lievi da queste difficultadi, e come tu le possi sciogliere e condurle allo effetto. Vedi come il parlare di quel fanciullo può esser tirato a virile e gravissima sentenzia. Ma lasciate le altre parte, che sono fuori del nostro proposito, vinciamo con questo artificio la avarizia, che ne dimostra le grandissime ricchezze esser a noi necessarie a questo nostro ozio, e dispregiando le cose del mondo, e raffrenando le cupiditadi, e appregiando la modestia della natura, ingegniamoci di imparare una brieve e utile via, che ne conduca alle vere ricchezze. In veritade la cupidità è inimica a tutti coloro, che si sforzano di pervenire alla virtù, ma sopra tutto ella è contraria al nostro proposito, perochè ella è senza fine, e accumulando insieme le superfluitade, partorisce impedimento a questa vita, a cui ella promette di dar sussidio e ajuto, la qual vita non bisogna che sia carica nè gravata, ma espedita e leggieri, conciosia che senza dubio le diverse faccende e la grandezza della potenzia spesse volte hanno contrastato a coloro, che pareano poter ogni cosa, che essi non fussino atti a questa sola, di che noi parliamo.

A te niente è contrario, se forse tu medesimo non ti contrasti, il che mai non potrei sospettare. Certamente tu puoi esser del nostro numero, se tu non vuoi più tosto sciogliere ad uno ad uno gli predetti nodi, che tagliarli tutti insieme. Noi abiamo a fare coll'idra; mai non ne vegniremo a fine, se collo ingegno simile a quello di Ercule, noi non li

levemo li capi che continovamente
rinascono. Io non solamente posso
esser solo, ma già ho cominciato,
disposto facilmente a perseverare,
se tal duca e compagno della vita
solitaria mi si aggiunge, perochè
non tanto tu serai ajutatore del
mio riposo, ma acciò che io esprima
per qualunque modo quello ch' io
ho nell' animo, tu serai il nostro
riposo, e non solamente consolazione della solitudine, ma a certo
modo mi persuaderò che tu sii la
mia solitudine, ed allora a me parrà veramente in tutto esser solitario, quando mi ritruoverò con esso
te. Io ti sono venuto innanti ed ho
tentato il guado; seguitami almeno tu, che dovevi essere il primo.
Ecco come passato il fiume, stando nell' altra ripa, io te invito a
passar oltra senza paura; niuno
pericolo ci vedo in tutto, e signi-
ficoti che il luoco dove io tenevo
prima gli piedi, era scrupuloso e
sospetto; questo è dolce e sicuro.
Se tu dubiti, se tu dimori, io ri-
passerò dall'altro canto, e come
dice Virgilio, seguiterò le mie vestigie, notate molto bene per lo
tornare a drieto, e te preso colla

mano condurrò a questi nostri luochi; dove quando li serai usato, tu giudicherai le camere di signori e le corte delli sommi pontifici essere odiose prigioni e rincrescevoli lacci. Se forse non potemo ancora alienarci e discioglierci da quelle cose, che tengono gli animi nostri legati, essendo questa una di quelle cose, che gl'uomini cominciano prima d'insegnare ad altri che imparare, cerchiamo almeno di farci amica la solitudine, il che niuno ci divieta, e colle piccole some delle nostre sustanzie andiamo ad abitare in quella; e quando noi cominceremo di mancare gagliardamente delli sopradetti ligami, allora finalmente la nostra libertà serà piena, e la nostra allegrezza sarà sicura. In questo mezzo per la qualità del tempo noi non possiamo vivere altrove più quietamente.

Non credere ch' io ti stringa con tanta forza di parole, perch'io mi diffidi de' fatti tuoi, o perch' io voglia persuaderti alcuna cosa, che a te para esser dura e grave, conciosia ch' io cognosco l'altezza dell'animo tuo, e o vogli

di questa nostra, o vero d'altra
più stretta via, non ti mancano
famosissimi e da te ottimamente
conosciuti duchi; però che Martino,
nel quale tu hai grandissima speranza, e a cui fra gli altri amici
di Dio tu porti grandissima reverenzia, il che le tue peregrinazio-
ni e li tuoi ragionamenti chiaramente dimostrano, adempie questo
modo di vita, come disopra si vede.
ritenendo insieme il riposo del solitario abbracciamento e la dignitade episcopale; onde non senza cagione Gennadio chiama quello e
monaco e vescovo. Certo innanzi
il suo battismo ancora giovinetto,
e nella sua milizia essendo l'una
e l'altra di queste duo cose contraria alli religiosi pensieri, egli vinse molte difficultadi, e come nella
sua vita è scritto, visse per tal
forma, che fu giudicato esser più
tosto monaco che cavaliero. E Me-
nade, nato nel giorno che nacque
Martino, permutò la terrena nella
celestiale cavalleria, e lasciata la
cittade, visse nel diserto.

Gregorio Nazianzeno, da me in
pruova reservato in questo luoco,
secondo la testimonianza di Jero-

nimo, essendo ancora in vita, ordinò in suo luoco un'altro vescovo,
e alla villa tenne monastica e
santa vita. Di qui puoi tu chiaramente comprendere, quanto sempre
lo amasse questo modo di vivere,
che con ardente fiducia d'amore e
d'autoritade, egli condusse alla solitudine Basilio Cesariense, poco innanzi partito dal studio di Atene,
traendolo colla mano giù della cattedra, dove lui fioritamente inse-
gnava l'arte oratoria, uomo famoso e d'una medesima patria e suo
compagno, e come dice Augustino
seguitando la fama, suo carnal fratello.

CAPITOLO LII.

Io odo ciò che contra questo
mio parlare di transverso suole esser detto, però che primamente per
la via delle Sacre Scritture cercano di farne odiosi, dicendo: «Guai
al solo, conciosia che quando e' serà caduto, non averà chi lo rilievi,
e meglio è stare due insieme che
uno, perochè essi prendono utilità
della loro compagnia»; ed oltra di
ciò aggiungono molte altre parole

simile a queste, che da loro non seriano dette, se perfettamente intendessino ciò che io sento e parlo. Essi eziandio mi gettano in occhio (1) la opinione di Aristotile, dove egli dice che o naturalmente l' uomo è animale, a cui piace la compagnia, o che colui che non comunica i suoi pensieri con altri, è una bestia o veramente Dio, quasi come io voglia preponere l' odio alla caritade, e togliere in tutto via ogni conversazione e compagnia degli uomini, o come la mia elezione sia dubia, e quello ch' io voglia più tosto essere, o bestia o Dio, cioè uomo bestiale o divino. Per lo simile adducono contra di noi quel detto di Cicerone, dove lui non contento d' avere una volta disputato la compagnia degli uomini non dalla necessità, come ad alcuni è parso, ma dalla natura esser proceduta, suttilissimamente indusse l' argomento di questa materia, dicendo che ciascuno valoroso e buono uomo, quantunque e' fusse copioso di tutti li beni e di niuna necessità participe, non di meno sempre stu-

(1) Gittar iu occhio è *locuzione forse senza esempio*.

diaria di fugire la solitudine, e cercheria compagno al studio.

A costoro penso io d'aver ri-
sposto a sufficienzia nel primo libro; e se io non fussi pienamente
d'accordo in questa parte con esso
Cicerone, non direi che il compagno, anzi più tosto li compagni
del studio dovessino esser cercati
e amati da noi; e per tanto io ho
notizia di queste cose e delle altre
simile, che loro tirano contro di
noi, e so come sogliono allegare,
che Afrate di sopra nominato, e
quello Giuliano famosissimo romito,
abbandonata la solitudine, andorono
in Antiochia. So eziandio che essi
gittano a campo (1) Antonio, più
nobile di questi, esser ito in Alessandria e nelle altre cittadi. Io il confesso, ma dico che non per lor
proprio movimento o per ciascuna
leggiera cagione questo essere avvenuto, ma per grave necessitade
e per gran dubio e pericolo della
fede. Quelli santissimi uomini sa-
pevano molto bene ciò che si con-
veniva in ciascuno tempo, e quando e' bisognasse pigliar frutto del

(1) Gittare a campo *per* accampare. *Esempio
forse nuovo.*

riposo, e quando era necessario il preponere le cittadi alla solitudine.

Ecco cosa quasi degna di riso, che essi aggiungono alle predette, e che spesse volte alla mia presenzia mi rimpruoverano. Essi dicono: « Che si farà, se tu potrai per tutto persuadere ad ogni uomo il tuo intento? Chi rimanerà finalmente nelle cittadi? Guardati che tu non parli contro alla republica. » La cosa per sè medesima risponde alle loro parole, perochè se ogni uomo vorrà andare alla solitudine, bisognerà mutar proposito, e abandonar quella che già non si potria chiamar più solitudine, e ritornare là d'onde lo instabile e inquieto popolazzo, padre d'ogni fastidio, si era dipartito. Ma il fato nostro è in ottimi termini; gli costumi degli uomini non sono tali, e la plebeja turba non ha le orecchie tanto aperte e tanto benigne agli onesti consigli. Dio voglia ch'io abia persuaso almeno a pochi; e' non si vuol confortare tutti gli uomini a seguitare una vita e massimamente la solitaria; e io non parlo a tutti, ma a te e a me e a quelli pochi, alli quali piaciono questi modi rari e singulari. A noi certamente, se non vogliamo seguire le opinioni del vulgo, ma la nostra propria natura, niente può essere più convenevole. Abbandoniamo la città non con animo di ritornargli, acciò che posta la mano allo aratro, noi non ci guardiamo in drieto, ma preghiamo più tosto Dio, che mai più non ci lasci ritornare ad abitare col popolo ingrato e mal conoscente inverso tutti gli uomini da bene; il che si legge aver fatto quel Lentulo, che sotto apparenza di partirsene onestamente, preferì eterno esiglio. Se noi per amor del riposo non lo volessimo imitare, almeno l'odio di questa popolar ciurma ne dovria invitare a simil atto, benchè non ci manchi lo esempio meno conosciuto ma più divoto di Cornio, monaco di Fenicia, che essendo intrato nella solitudine, pregò Idio che mai non lo lasciasse dipartire, e con molta perseveranzia dette opera, che li suoi prieghi non fussino invano.

Le cagione degli affannosi pensieri si vogliono estirpare, e rompere gli oncini che ci tengono, e gittare a terra il ponte che è dopo le nostre spalle, acciò che alcuna speranza di fugire o di ritornare in drieto non ci rimanga. Io ti dirò non ciò che Palladio, istorico di tali esempli, scrive. quello Giovanni egizio di sopra nominato averli detto, usandoli queste parole: « Tu sarai fatto vescovo e averai molte tribulazioni e molte fatiche. Se adunque tu vuoi fugire queste molestie. non abbandonare le nostre solitudine, perchè vivendo nel diserto, niuno mai ti farà vescovo ». Queste sono le parole di Giovanni a Palladio, e io non ti ragiono del vescovado, e già tu sei pervenuto al grado, da che Palladio era ammonito che si dovesse guardare, e oramai non t'è possibile di non esser stato vescovo; alla qual dignitade la tua prudenzia e la tua virtù innanzi al tempo ti hanno sollevato.

Dirotti quello ch'io credo esser prossimo e quasi congiunto alla sentenzia di Giovanni. Il tuo vescovado è tale, che per onore tu sei uguale e pari alli grandi, e per libertade alli mediocri e agli infimi; ma se tu dubiti d'entrare sotto il peso di maggior vescovado, ama le nostre solitudine, e se tu vuoi esser disciolto dalli legami delle immortali fatiche, cerca questo riposo. Il centurione romano tornando dal faticoso esercizio delle arme, disse: « Qui staremo noi molto bene.» Se questa parola gittata così fortuitamente fu tratta al buono augurio di tanto imperio, certo ella non doverrà esser dispregiata da noi, facendosi al nostro proposito.

Lievati, vieni, affrettati; lasciamo le cittade alli mercatanti, alli sensali, alli usurarj, agli alchimisti, alli tintori, alli fabri, alli tessitori, alli maestri di legname, alli edificatori delle case, alli scultori, alli dipintori, alli mimi, cioè a quelli che con atti e con parole rappresentano le cose parte vere e parte simulate; lasciamole alli ballerini, alli sonatori, alli cantatori, a quelli che si dilettano di stare a cerchio, alli ruffiani, alli ladri, agli osti, agli accusatori, agli malfattori, alli adulteri, alli parassiti e alli giotti e disonesti buffoni, che col vigilante naso tuttavia cercano l'odore della cucina, e riputando quella sola esser felicitade, colla

16

gola aperta tuttavia la sieguono;
e sapendo che nelli monti non si
sentono tali odori, giudicano gravissimo supplizio e tormento lo esser privati delle cose a che sono
usati, e che tanto li piaceno. Lascia
costoro, perochè non sono di nostra qualità. Lascia numerar li suoi
danari alli ricchi, e in ciò usino
lo aiuto dell'arte arismetrica, cioè
dell'abaco, come gli piace. Noi an-
numereremo le nostre ricchezze
senza gran studio e senza molte
arti, e non averemo a portarli invidia, se forse noi non siamo ancor fanciulli, e da che Idio ci guardi,
che per le cose finte e adombrate
rimaniamo attoniti e sospesi. Egli
è antica cautela levar li fornimenti
alli cavalli, che debbono esser ven-
duti. Niuno savio desiderò mai di
torre per donna una femina sozza,
perchè ella fusse ben vestita. Se
noi togliemo via gli fornimenti,
anzi più tosto le maschere a questi felici ben adornati di pomposi
vestimenti, chiaramente compren-
deremo loro essere molto miseri.

Abiansi adunque le sue ricchezze,
li suoi costumi, li suoi piaceri. Certamente le ricchezze, le quale essi

vorrebbono che fussino eterne, si partiranno, e li piaceri, che colla mano si sforzano di ritirare in drieto, presto fuggiranno; ma li malvagi costumi, li quali forse desidereriano di lasciare, staranno sempre con esso loro, e contro a sua voglia sempre gli accompagneranno. Tutte queste cose, che li fanno parere mirabili al vulgo, in brieve spazio di tempo despariranno; essi vivono sotto lo imperio della fortuna; se quella gli perdonerà, la morte certo non gli vorrà perdonare. Coloro che possiedono gli preziosissimi tesori, se dir si debbe che essi possiedono ciò che continovamente gli tiene in servitù, subitamente saranno suggetti e posseduti da cose vilissime; e se tu dimanderai da quali lo ingrato erede e forse l'odiato nimico averà le ricchezze, li vermi mangeranno li corpi, lo inferno riceverà le anime, e li loro nomi saranno dati a sempiterna oblivione; e dall'altra parte il giusto, benchè sia povero, rimarrà nella eterna memoria degli uomini.

Non ci inviti adunque alla imitazione la falsa prosperità e la ve-

ra miseria, ma siano divisi da noi
gli dilicati ed effeminati ricchi; sue
siano le stufe, gli postriboli, le
corte e le cucine, e a noi piacciano
le selve, li monti, li prati e le
fontane ; essi seguino li desiderj
della carne e il guadagno da qualunque lato si venga, e noi li studj
e le arti liberali e la onestade; e
se forse con queste parti ne giova
di meschiare alcuna cosa mecca-
nica, a noi non dispiaccia l'agricultura e le caccie, le quali, benchè
non si faccino senza qualche gri-
dare, cosa inconveniente al nostro
proposito, e secondo il proverbio
antico, molte parole si perdino in
quello esercizio, nondimeno io so
la caccia esser parsa ad alcuni nobili ingegni conveniente alla meditazione e agli studj; e questo per
rispetto della solitudine, e per li
secreti nascondimenti delli boschi,
e per lo silenzio di coloro che ser-
vano le reti, la qual cosa allora si
farà molto bene, quando tu oltre
a il numero degli ordinati a simile
esercizio, non come cacciatore, ma
come riguardatore della caccia an-
drai nella selva, disposto di partirti
ad ogni tuo piacere senza chieder

commiato a li compagni. Questa
licenzia forse eziandio è permessa
alli chierici, e massimamente a
quelli che vivono nelle selvi; l'uccel-
lare eziandio rare volte e con modestia per lo esercizio del corpo e
non per lussuria, e così eziandio il
pescare con questo medesimo modo
è concesso ad ogni generazione
d'uomini.

Queste sono le arte della villa.
Quelli sempre pendano e siano volti
sotto sopra, e noi, fermato molto
bene il piede alla pietra, stiamo constanti e forti; essi mai non si par-
tano da uno segno, e noi alcuna
volta andiamo più oltra; essi sempre siano dubiosi nelle sue faccende,
e noi seguiamo il nostro salutifero
consiglio; essi finalmente abbraccino
il mondo che se ne fugge e ten-
ganlo, s'egli è possibile, e noi cerchiamo Idio mentre che si può
trovare, e colle nostre orazioni
chiamiamolo, mentre ch'egli è vicino. Similmente essendo gli nostri
corpi lontani dalle cittadi, sforziamoci che gli animi nostri vadino
lungi dalli corpi; mandiamo quelli
innanzi alla celeste patria, per
doverli poi seguire con li corpi

quando sarà venuto il tempo, la qual cosa li filosofi non hanno creduto.

CAPITOLO LIII.

Ecco dove l'impeto ha portato la penna. Quanto abiamo noi parlato di **cosa**, come pare al vulgo, assai piccola, ma secondo la mia opinione, molto grande e a me tanto jocunda e piacevole, che raccordandomi d'essere stato lungamente legato in questa prigione del corpo, mai non m'è parso di esser vissuto, se non in quanto mi ritruovo solo e ozioso, benchè se io avessi ardire di usurpare il nobil detto del singulare capitaneo d'arme, e se non mi fusse imputato a importuna e disonesta superbia la uguale licenzia di gloriarmi in tanta disparitade, io eziandio direi, che mai non fui meno ozioso, che quando sono stato ozioso, e che mai non fui meno solo, che quando sono stato solo. Veramente so che il popolo, come spesse volte ho già detto, con gran strepito si farà incontro al mio proposito, ma la veritade è senza paura ed è invincibile, nè teme li vani strepiti, come dice Virgilio, descrivendo la natura del generoso cavallo. Esso va col collo levato in alto e ha la testa piccola, e io non sono ancora più ardito confirmatore di quella, che sollicito investigatore; e benchè con ogni mio studio io mi ingegni d'accostarmi ad essa veritade, nientedimeno mi dubito o che li miei pensieri o che la pigrizia e grossezza del mio ingegno non me impediscano a trovar li luochi, dove ella alcuna volta si nasconde, per forma che spesse volte investigando e cercando quella, io non sia inviluppato in diverse opinioni.

Queste cose saranno adunque trattate da me non come da diffinitore, ma come da uomo che diligentemente cerca ciò che si convenga, perochè al savio propriamente si appartiene di diffinire e di chiarire le sue e le altrui proposte, e io non mi tengo savio nè molto vicino al savio; ma usando la parola di Cicerone, dico ch'io sono grandissimo pensatore. Dall'altra parte credo, che pochi oltra quelli che di sopra ho nominati, seranno favorevoli al mio dire, e in tutte le cose saranno superiori e vincitori contro

alle false opinioni degli ignoranti.
Io già tengo l'arra del tuo judizio,
e questo mi basta. Giudichino gli
altri come a loro piace, poichè
niuna necessità costringe le vaga-
bonde e incostante sentenzie ridursi
alla veritade. Certamente quando il
giorno che non si può schifare, sarà
venuto, e la infallabile ora della
morte comincerà a stringere l'anima, quando e' non gioverà d'esser
mostrato a dito per le loggie e per
li circoli del popolo di essere stato
re o papa, o per avere abundato
di danari o di grazia o di dilicatezze, ma per esser vivuto casto,
piatoso e innocente, allora finalmente, come io spero, qualunche
niega al presente questo consiglio
esser quieto e dolce, confesserà il
nostro stato esser degno di singulare commendazione. Io mi sento
esser tocco da tanto ardore e da
tanta affezione di questa materia,
che avendone parlato longamente,
più cose tuttavia nell' animo me
risorgiono; ma e' si debbe avere
avvertenzia di non venire in fastidio. Mio pensiero fu prima di
scrivere una epistola, e ora ho
scritto un libro, il quale io non

arei diviso, acciò che il libro che
tratta della Vita Solitaria, fusse e-
ziandio solitario; se non che mi tornò
alla mente me aver lodato quella
solitudine, che fugge la moltitudine
degli uomini, e non uno solo; oltra
di ciò mi sono rimosso da questo
proposito, pensando che la parti-
zione d'esso libro rileveria il lettore carico e stracco in mezzo del
camino, e per tanto ho diviso uno
in due. E' m'è parso eziandio dolce,
oltre alla consuetudine degli antichi, li quali io soglio imitare in
molte cose, interporre spesse volte
il santo e glorioso nome di Cristo
in queste nostre letteruzze, siano
quale si vogliano. Se quelli antichi
duchi e guide delli nostri ingegni
avessono fatto questo, meschiando
colla umana eloquenzia la forza
delle celeste scintille, confesso che
loro dilettano molto, ma senza dubio seriano ancor molto più piaciuti. Ora il primo aspetto della
eloquenzia colla chiara luce delle
parole allusinga le orecchie, ma
essendo privata del vero lume delle
sentenzie, non dà quiete all'animo,
nè conduce a quella dolcezza e
pace dello intelletto, alla quale non

si truova adito alcuno, se non per
la via della santa umiltà di Cristo,
cosa non conosciuta o vero dispregiata dagli uomini insensati e superbi.

Io ti ho scritto queste cose con
tanta affezione d'animo, che m'è
parso che ogni strepito delle fronde
percosse dal vento, e che ogni suono delle aque, che qui d'intorno nascono, abiano detto: « Tu persuadi
bene, tu consigli dirittamente, tu
dici il vero ».

FINE.

IN CORSO DI STAMPA

Il contrasto del Carnevale con la Quaresima.
Folgore da S. Geminiano. Rime.
Due Rappresentazioni del Sec. XVI.
Giustino. Volgarizzato nel Sec. XIV.
Il Sacco di Prato.

SCELTA

DI

CURIOSITÀ LETTERARIE

INEDITE O RARE

DAL SECOLO XIII AL XVII

in Appendice alla Collezione di Opere inedite o rare

DISPENSA CLXXII

Prezzo L. 7. 50

Di questa SCELTA usciranno otto o dieci volumetti all'anno; la tiratura di essi verrà eseguita in numero non maggiore di esemplari 202: il prezzo sarà uniformato al numero dei fogli di ciascheduna dispensa, e alla quantità degli esemplari tirati: sesto, carta e caratteri, uguali al presente fascicolo.

Gaetano Romagnoli

MEMORIE

DEI PIÙ INSIGNI

PITTORI, SCULTORI E ARCHITETTI

DOMENICANI

DEL P. VINCENZO MARCHESE

DELLO STESSO ISTITUTO

QUARTA EDIZIONE ACCRESCIUTA E MIGLIORATA

Il Vol. I è di pag. XII-588 — Il Vol. II è di pag. IV-708

Il prezzo di entrambi i volumi resta fissato in ital. L. 11, 60, più la spesa di affrancazione in Cent. 62.

LE RIME

DI

FOLGORE DA SAN GEMIGNANO

E DI

CENE DA LA CHITARRA

D'AREZZO

NUOVAMENTE PUBBLICATE

DA

GIULIO NAVONE

BOLOGNA

PRESSO GAETANO ROMAGNOLI

1880

Edizione di soli 202 esemplari
per ordine numerati
—

N. 188

BOLOGNA. TIPI FAVA E GARAGNANI

I.

Le rime di Folgore da San Gemignano non sono, per la maggior parte, inedite. Le pubblicò per il primo Monsig. Leone Allacci nella sua raccolta (1), le inserì il Valeriani con i commenti di A. M. Salvini nelle rime dei poeti del primo secolo (2), il Nannucci ne ripro-

(1) *Poeti antichi* raccolti da codici mss. della Bibl. Vat. e Barb. da M.ᵣ **Leone Allacci.** Napoli, d'Alecci, 1661; p. 314-341.

(2) *Poeti del primo secolo.* Firenze, 1816; vol. II, p. 168-195.

dusse alcune nel *Manuale* (1) e qualche sonetto col nome del poeta si ritrova sparso anche in altre raccolte (2). Tutte queste edizioni hanno riprodotto il testo di L. Allacci, al quale servì il codice Barberino XLV, 47; ma nemmeno quella prima raccolta può dirsi completa perchè vi manca qualche sonetto che è nel MS., e, sebbene sia di tutte la più fedele, pure non manca d'errori, come si vedrà dal confronto, assai sostanziali. Le riproduzioni poi ed i commenti hanno alterato la lezione a capriccio, e per toglierle una leggera tinta di dialetto veneto che è in tutto il codice da cui furono tratte, l'hanno spesso cambiata in modo da

.

(1) **Nannucci,** *Manuale.* Firenze, Barbera 1756, vol. I, p. 341-49.

(2) **F. Zambrini,** *Le opere volgari a stampa* in Coll. di op. ined. o rare. Bologna, Romagnoli, 1866; p. 183.

farle perdere il senso. Basta leggere ciò che scrive il Monti nel dialogo dei poeti dei primi secoli della lingua, nel quale induce lo stesso Folgore a lamentarsi dei grossi svarioni e ridicolaggini che gli hanno fatto dire gli editori e i commentatori, e specialmente Salvini (1). « Io — narra il poeta al *Frullone* — nel proemiale della prima corona nomino alcuno di quei cavalieri sanesi, e dico

che paiono figliuoli del re Pano.

Or odi su quei *figliuoli del re Pano* la singolare postilla del tuo Salvini: *Figliuoli del Dio Pane* cioè *satiri; lo chiama re perchè ha la corona a punta,* cioè *le corna.* S' io fossi stato sì gonzo e vil-

(1) **V. Monti,** *I poeti dei primi secoli della lingua italiana.* Firenze, Le Monnier, 1847; V, 322-29.

lano da lodare quei gentilissimi per le loro corna e per quelle dei loro padri, non avrei io proprio meritato d'essere ringraziato con le frombole? Ti pare che cavalieri prodi e cortesi come Lancillotto siano ben comparati a satiri petulanti e brutali, e che le corna siano bell'emblema della corona reale?... Quel re Pano non è né *Pano* né *Pane*, che mai non fu re, ma egli è il re *Bano* ossia Ban di Benoic, padre di Lancillotto e gran cavaliere della Tavola Rotonda ». E la *Critica:* « Messer Frullone qui è forza bassare la testa! l'abbaglio del tuo Salvini è chiaro chiarissimo. Segretario, appuntalo; ch'egli è madornale ». Eppure se avesse preso parte al dialogo qualcuno che di fresco avesse esaminato i codici, avrebbe dovuto dire a Folgore che egli nemmeno sapeva più come avesse scritto, e alla *Critica* che andasse adagio in menar vanto contro al *Frullone.*

Segue Folgore a difendersi contro altri errori appostigli, e dice che nel sonetto di gennaio ha scritto « Io dono voi » e non *vai*, e che non ha inteso mai d'indicare alcun nobile fabbricatore di arazzi con le parole *messere Arazzaio*; ma ha inteso d'usare il verbo « mescere » che va sempre con Bacco, e con l'amabile e piccante vino detto *razzaio*, razzente, o razzese. E procede innanzi: « Oltre il regalo ch'io fo alla nobile mia brigata d'ogni buona sorte di pesce, io fo loro il dono di navicelle, di barche, di saettie,

> le quali li portin tutte stagioni
> a qual porto lor piace alla primiera.

V'ha egli alcuno sì indietro nella cognizione della vecchia favella, che ignori che *alla primiera*, *in primera* vale *alla prima* ed *in prima?* Or fatti, madonna Critica, il segno di croce, e negli addotti miei versi vedi l'avverbio *alla primera* con la lettera P maiuscola tanto fatta, chiosato per *primavera:* colla quale singolarissima dichiarazione la primavera diventa termine collettivo *di tutte le stagioni* ».

Il Monti non va più oltre, e chiude scrivendo in nota: « Moltissimi sono gli errori trascorsi nei sonetti di Folgore. Il Perticari li postillò tutti di argutissime note, le quali hanno dato materia al dialogo: eccone alcune altre fedelmente trascritte dall'autografo da noi posseduto. — Il sonetto di Venerdì ha

« Di veltri bracchetti mastini e stivori ».

Stivori! che si vuol' egli questo vocabolo? Io nè l'udii, nè l'udì mai orecchio italiano. Correggasi dunque: *astori*, e meglio collocandosi le parole, onde il verso abbia salute, si scriva:

« Allegri in Griele.... » Oh! chi è questo Griele? Non è egli un novello errore di quel barbaro menante di cui il negligente Allacci servivasi? Forse era scritto: *allegri in grilla* cioè in festa, in baldoria: e in questa opinione ci rimarremo finchè ne venga mostrato che significa *stare in Griele* ». In tal modo l'emendamento viene assai sovente ad accrescere la confusione, e chi se la prende con la negligenza altrui non s'avvede che la negligenza maggiore è la sua, che senza prendersi il fastidio di rivedere nel ms. gli errori, se vi fossero stati, *del barbaro menante,* s'accingeva a correggerli a capriccio, da casa sua, ponendo gli astori fra le specie dei cani da caccia, e inventando una parola nuova per spiegarne un'altra che sem-

brava inventata! — E ciò valga a
giustificare la nuova pubblicazione
di queste rime.

Altri cinque sonetti dello stesso
autore furono pubblicati per indicazione del Nannucci nella *Miscellanea* di Francesco Corazzini (1) e
poi inseriti nella seconda edizione
del *Manuale* (2). Celebrano l'ar-
mamento di un cavaliere, e sono
un frammento d' un' altra serie che
ne conteneva diciassette, conserva-
toci in un foglio del codice Riccardiano 2795. Anche questi, sebbene già pubblicati correttamente,
si riproducono a complemento della
presente edizione. Sono inediti i sonetti XXXIII, XXXIV, il primo dei
quali fu omesso, non so perchè, da
L. Allacci nella prima pubblicazio-

(1) **F. Corazzini**, *Miscellanea di cose
inedite o rare*. Firenze, Baracchi, 1853;
p. 229-232.

(2) **V. Nannucci**, *Manuale*. l. c.

II.

Dissi che la prima edizione delle
rime di Folgore fu fatta da L. Allacci dal codice della biblioteca
Barberina segnato col numero antico 1548, moderno XLV, 47. È questo un codice membranaceo alto
m. 0,24, largo m. 0,17, di vario contenuto e di diversa scrittura. Consta di pagine numerate 206 e vi. si
intravvede ancora un' antica numerazione a fogli che va sino al
n. 105. Una mano del secolo presente vi premise un indice alfabe-
tico dei capoversi, al quale segue
(p. 1) una tavola della Pasqua che
va dall' anno 1335 al 1358. Tiene
dietro un frammento della guerra
di Troia, scritto in prosa latina
(2-24). indi in ant. francese un' epi-

stola di Isotta a Tristano, la quale
si ritrova nel romanzo della Tavola Rotonda, e comincia « Amis
Tristan que en tristece m'aves »
(25), e una canzone provenzale a-
nonima, ma attribuita a Montai-
gnagol dal Cod. Vat. 5232. Comincia « Nus hom non val nen doi
esser prisaz » e fu edita nell' *Ar-
chiv für das St. der neu. Sprach.*
XXXIV, 200 (26): finalmente (27)
incomincia la raccolta delle rime
antiche italiane, e la scrittura che
fin qui era stata del sec. XIII.
diviene posteriore di un secolo, e
non cambia più nè tempo nè mano
sino alla fine del codice. La serie
si apre con una canzone di Ms.
Nicolò de Rossi da Treviso seguíta
da un lungo commentario in latino: viene interrotta (44-46) dalla
canzone trilingue talora attribuita
a Dante « Ai faus ris por coi trahi
m'aves » e dall'altra « En rima
greuf » edita e illustrata dal prof.

Mussafia nella *Rivista di Filologia Romanza* II, 66. Segue ancora per molte pagine (46-81), e poi di nuovo viene interrotta dalla nota lettera di Aristotile arabo ad Alessandro che comincia « Ad gloriosum regimen omnium regum et principum orbis terrae » (81-105). Da ultimo si hanno altre cento pagine di antiche rime italiane, che terminano con una serie di 76 sonetti, tutti di Ms. Nicolò de Rossi, e molti d'argomento storico e politico. L'avv. Leone del Prete nella prefazione alle rime del Faytinelli, tratte pure da questo ms. (1), mostra di ritenere che tutto il codice sia stato compilato da questo Ms. Nicolò. Ma non credo che il solo fatto di essere il ms. cominciato e chiuso con poesie di quel-

_____

(1) *Rime di Ser Pietro di Faytinelli detto Mugnone* con illustr. di **L. Del Prete** in *Scelta di cur. lett.* Disp. 139, p. 46.

l' autore basti a far ritenere che tutto sia stato scritto da lui; e il dialetto nel quale appaiono egual- mente travestite tutte le poesie che contiene, mostra chiaramente che lo scrittore fu veneto, ma non pro- va ch' ei fosse proprio Nicolò de Rossi, che anzi potrebbe spiegare come vi si trovino in sì gran nu- mero le poesie dell' autore trivi- giano. Se si vuol credere a quanto scrive l' accademico della Fucina nella prefazione ai *Poeti antichi* il ms. prima di passare ad arricchire la biblioteca nella quale si tro- va tuttora, avrebbe appartenuto a Carlo Strozzi (1), e risulta da mol- te lettere esistenti nella biblioteca e archivio dei principi Barberini che Carlo di Tommaso Strozzi mol- tissimi codici comprava per conto del cardinale Francesco da Bar- berino. e molti pure gliene donava.

(1) **Allacci,** *Poeti antichi,* p. 74.

Se invece si vuol dar fede a quello
che si legge nella *tavola* apposta
dall' Ubaldini ai *Documenti d' A-
more* ne sarebbe stato proprieta-
rio l' abate Ferdinando Ughelli (1).
I sonetti di Folgore vi si leggono con quest' ordine: « Cortesia,
cortesia, cortesia clamo » (p. 47):
« Flor de vertu si è zentil corazo » e « Amico caro no florisse
onne erba », indi i dodici sonetti
dei mesi con uno di dedica ed uno
di conclusione (127-132); « Quando
la vogla segnoreza tanto » (142);
i sonetti della settimana con uno
d' introduzione (159-162) e finalmente « Cusì faceste voi o guerra
o pace » e « Guelfi per fare scudo
de le reni » (171, 172).

Vicino al codice Barberino va posto il Magliabechiano VII, 1066

----

(1) *Documenti d' Amore di Ms.* **Francesco Barberino,** Roma. Mascardi, 1640;
V. *Tavola* alla v. **Sonetto.**

(1). È cartaceo, in 4°, del secolo XIV; consta di carte numerate 89, ed è mutilato in principio perchè la numerazione incomincia con la carta 4, che è la prima, e finisce con la 92, che è l'ultima: sono affatto in bianco le carte 47-73. Comprende un « chantare di Pirramo e di Tisbe » una « leggenda di S. Stagio » e varie rime del Sacchetti, di Piero Fei, di P. Malegonnelle, del Petrarca, di A. Pucci, e a f. 36-39 i sonetti di Folgore su i mesi senza però quello di conclusione. Precede ad essi una scritta che dice: « Questi sono i dodici sonetti della brighata che chiamo la brighata ispendereccia da Siena ».

Viene per terzo il codice Chigiano segnato col numero ant. 580, moderno L, IV, 131. È cartaceo,

---

(1) Ne debbo l'indicazione al ch.mo prof. D'Ancona, e la collazione al s.r d.r Nicola Arnone.

alto m. 0,22, largo m. 0,15, di scrittura dei secoli XVI e XVII, e consta di pagine numerate 973, delle quali molte sono bianche. Precede un indice moderno dei poeti e dei capoversi; una prima parte, che va sino alla pag. 105, è del secolo XVI, scritta con grande accuratezza e contiene una raccolta di poesie per la maggior parte del secolo XIII. La seconda, scritta da diverse mani, va da carte 125 a 970, e contiene una serie di rime nella quale predominano quelle del sesecolo XIV; ma ve n'ha pure del XV e XVI. Le rime di Folgore vi sono contenute a p. 259-271.

Il codice Barberino (B.) noto già per varie pubblicazioni è di grande autorità, benissimo conservato, e ci offre la serie più completa delle rime di Folgore, cioè ventinove sonetti, dei quali quattordici compongono la serie dei mesi, otto quella dei giorni della settimana, e sette

sono di vario argomento. Unico per
alcune poesie e alcuni poeti, fu creduto unico anche per le rime del
nostro poeta, e certo è il solo che
abbia servito finora ad ogni edizione, poichè dopo la pubblicazione che L'Allacci trasse da quello,
niun altro se ne vede citato in
quelle posteriori, e tutti gli emen-
damenti, come si è detto, sono stati
fatti a capriccio. Il ms. Magliabechiano (M.) è pur esso antico sebbene meno di B.; ma guasto orri-
bilmente poichè nei tredici sonetti
che contiene, undici versi sono o-
messi (Son. I, 6; VII, 7; IX, 12;
X, 12, 13; XI, 14; XII, 11, 13,
14; XIII, 7, 11), tre sono mutili
(IV, 9; X, 7; XIII, 1), otto hanno
rime discordanti (III, 8; V, 10,
13; VII, 10: XI, 9; XII, 6, 9; XIII,
10) ed in uno la rima è trasposta
(VI, 6). Si vede inoltre che lo
stesso scrittore ha sovente errato
per trascuraggine o per ignoranza.

come quando ha scritto *a voi le*
per « a volo » (I, 5), *insalate* per
« salate » *razzese* per « rascese »
(II, 2, 6), *o di chi questo* per « o
chi di questo » *inpaccio* per « im-
paccia » (III, 8) e *apipiti* per « appetiti » (XII, 12); o quando ha al-
lungato qualche verso di molte sil-
labe (p. e. IV, 1, 4, 8). Il Chigiano (C.) è un codice, come si è
detto, del secolo XVII: un gran zi-
baldone ov' è un po' di tutto, e chi
se ne servisse senza riserva, vi tro-
verebbe pure l' impossibile. Vi leg-
gerebbe poesie uniche e attribuzio-
ni uniche fatte a poeti notissimi,
dei quali esiste gran copia di mss.
Senza entrare nella complicata questione della critica generale del codice, basterà di stabilirne il valore
relativo alle rime di cui si tratta.
Essendo un ms. di assai tarda compilazione, è chiaro che non può
avere altro valore di quello riflesso-
gli dalle fonti più antiche che rap-

presenta. È d'uopo determinare subito che non può esser copia nè di B. nè di M.. Ciò potrebbe essere provato con lo specchio delle varianti; ma basta alla dimostrazione il confronto fra i soli passi mancanti o mutili in alcuni dei codici, e specialmente in M.. V'è nel primo sonetto una coincidenza di lacuna fra M. e C., poichè il contesto mostra indubbiamente che la lezione di quest'ultimo è supplita a capriccio (1), e ciò potrebbe far supporre una relazione assai stretta fra questi due codici. Ma tale sospetto è distrutto completamente dal fatto che le altre lacune di M. si trovano supplite in C: non a capriccio, ma quasi sempre concordemente a B. (2).

(1) I, 6.
M. *manca*
B. bracchi levar, correr veltri abbandono
C. veltri, mastini e corni con suono
(2) IX, 12.
M. *manca*

Tuttavia qualche volta si disco-
stano anche da B. (1), e ciò pruova

B. e star nel fresco tutta meriggiana
C. e stare al fresco tutta meriggiana.

   X, 12, 13.

M. *mancano*

B. quando con altra gente rencontrando
   la vostra borsa sia acconcia a spendere.
C. quando con altra gente riscontrando
   le vostre borse sempre acconce a spendere.

   XI, 14.

M. *manca*

B. avendo meglor vita di cristiani
C. havendo miglior vita che cristiani.

   (1) VII, 7.

M. *manca*

B. firendo per giardini e praticelli
C. ferendo per giardini i ramuscelli.

   XII, 9, 11, 13, 14.

M. *mancano*

B. e 'l freddo vi sia grande e 'l foco spesso...
   levori cavrioli rosto e lesso...
   la notte 'l vento e 'l piover a cel messo
   e siate nelle letta ben forniti.
C. e l freddo vi sia grande e fuochi spessi...
   e levri e cavrioli arrosti e lessi...

che C. un ms. indipendente dagli
altri due nominati.

Quale distanza corra fra C. e il
suo prototipo non è possibile in-
dovinare, anzi sembra certo che sia
una compilazione di diverse fonti;
ma le rime di Folgore vi debbono essere tratte da un buon ms. perchè
rare volte C. fa da sè senza con-
cordare o con B. o con M., e quando si discosta da tutti e due è a
tener conto del pessimo stato di
M., e di alcune alterazioni intro-
dotte in C. senz'alcun dubbio *cur-
renti calamo* dal compilatore quando gli si presentava qualche pa-

    .

il vento grande e l piovere ha cel messi
e siate nelle letta ben forniti.

XIII. 1, 7, 11.

M. *mancano*

B. e di decembre una città en piano

C. di dicembre una città in un piano

B. morselli ciascun bea e mandochl

C. ghiotti morselli ciascun bea e manuchi.

rola oscura (1), o la lezione potesse sembrare antiquata (2). E ciò appunto non rende possibile di dare a C. un valore assoluto, e di ammetterlo sempre come punto di confronto fra gli altri due, nè di stabilire ogni volta che concorda con uno di quelli, la maggioranza di due contro uno. Se concorda con B. fissa certamente la prevalenza su di M.; ma se sta con questo, bisogna bene che la sua lezione, per essere sostituita a quella di B., apparisca indubbiamente genuina e venga convalidata dal senso e da grande opportunità. Ciò avviene talvolta, e con grande vantaggio (3).

(1) *franzese* p. rascese II, 6; *ginochion* p. gecchito, *pietri* p. pietre V, 10, 13; *giente* p. geti, *nemici* p. nidaci X, 3, 8; etc.

(2) passim.

(3) I, 10; II, 7; III. 8; V, 14; VI, 5; VII, 9; IX, 13; XI, 1, 2; XII, 1; etc.

La più grave questione a sciogliere era quella dell'ortografia e del dialetto. Quale dei codici doveva prendersi a base? Escluso C. di compilazione assai tarda con evidente e sistematica riduzione di ortografia e di grammatica, rimanevano B. ed M., il primo d'origine veneta, l'altro toscano. Ma quest'ultimo, come si è detto, contiene appena tredici dei trentacinque sonetti di Folgore; bisognava dunque o usare ortografie diverse, o ridurre i sonetti che sono soltanto in B. alla ortografia di M. Nel primo caso si sarebbe avuto un ibridismo mostruoso, nel secondo un'alterazione continua e capricciosa a cui il rigore critico ripugnava. E attenendosi a B. quali fenomeni dovevano considerarsi come puramente ortografici, quali si dovevano attribuire al dialetto del trascrittore veneto, quali infine, seppure ve n'era alcuno, al dialetto nativo del poeta?

Ecco lo schema che risulta dallo spoglio del testo secondo la lezione di B. :

VOCALI TONICHE

1 *E* - **a.** da *i* in posizione : *vento* XVIII, 8;

    b. (ī) *conseglo* XXXII, 9;

    c. (i) *meseri* XIII, 13;

    d. (ē) *aparer* XXII, 1; *dreto* XXX, 13; *racomendame* XIV, 9;

    e. (e) *eo* XIV, 4; XXVIII, 7 bis; XXIX, 14; XXXIII, 1, 3; *deo* XXVIII, 8; *meo* XX, 10;

2 *O* - **a.** da *u* in posizione : *ponto* XXXI, 3;

    b. (ū) *mandochi* XIII, 7;

    c. (o) *tota* IV, 4.

3 Rarissimo il dittongo d' e, o : *Sena* VIII, 1; *pe'* XXVIII, 10;

convene XXIX, 9; *enseme* XX, 6; *pedra* XXIX, 11; *mova* II, 8; *novo, novi* V, 8; XV, 5; XVII, 1; *bono* XII, 3; *bona* VIII, 9; XI, 11; *boni* X, 9; *om'* VI, 8; *homo* XXIX, 9; *po'* XXX, 9; *çoco* XXX, 4; *çochi* XIII, 3 *för'* II, 9; VIII, 10; *loco* XXX, 2; *logo* XVIII, 3; *foco* XXI, 11; XXX, 6; XXXI, 8; e solo: *lenzuol* II, 4; *Petriuolo* XII, 1; *Cavizuoli, vuoli, figluoli* XV, 9, 11, 13; *percuotere* XXI, 3; *cuocho, zuocho* XXI, 9, 13.

4 Per effetto d'*i* atono finale sulla tonica si ha: *multi* VI, 1; *asturi* X, 2; *acunci* XII, 12; *culpi* XVII, 8; *quigli* XXX, 6; (ma *cunzo* XIV, 4; *mundo* XVII, 1; *fundo* XVII, 8; *cunza* X, 13; XXI, 10).

5 *A* - **a.** prostetico: *arazaio* II, 5;

b. iniziale: 5; *danari* III, 6; *salvagina* III, 10; *zachito* V, 10; *trabuto* XXXIII, 13.

6 *E* - **a.** da *i* di penultima: *domenega* XXII; *simel* XXX, 7; *aneme* XXXIII, 4;

b. resta nelle forme pl. di pres. cong.: *porteno* IV, 7; *troven* XX, 4; *sien* XVIII, 14.

7 *E* - protonica —

a. rimane in *meglor* XI, 14; *smesurati* XIII, 11; *segnori* XVII, 10; *besogna* XXVIII, 4; *segnoreça* XXX, 1; *devria* XXX, 8;

b. da *i*: *bregata* I, 1; *menuta* VII, 8; *fenissimi* XIII, 6; *vertuosa* XXIX, 3; *vertu* XXIX, 4; *caregarsi* XXIX, 11; *devisione* XXXI, 2;

c. s'oscura in *o: cortosie* VII, 13; *volontieri* XXII, 13.

8 *E* - finale :

a. è conservato nei plur. di 3ª lat.: *parte* I, 2; *zovene* VI, 12; VIII, 6; XVIII, 7; *zente* VII, 12; XXVIII, 5; *nidace* X, 8; *botte* XIII, 8; *grue* XX, 3; *possente* XXVIII, 8; *mogle, mare* XXXI, 10; e solo *carni* XXXII, 13; *portanti* I, 5; VI, 3; *mani* XIX, 12;

b. si dilegua in: *com* XXX, 13.

9 La tendenza ad *e* fin. si rivela pure :

a. in: *dodece* VII, 3; *facciase* II, 13; *sie* IV, 10; XXII, 4; *vie* VIII, 9; *abie* XXI, 12; *ogne* XXVIII, 6; *onne* XXIX, 1, 2, 3, 4, 7, 10, 11; (ma *onni* XX, 1; *oni* II, 3; *ogni* XIX, 1; XXII, 14);

b. nei temi sostantivi di lu-ni-*die* XVI, mercore-*die* XVIII, çove-*die* XIX, vener-*die* XX, sabbato-*die* XXI, domenega-*die* XXII (ma in verso *lunidi, martidi* etc.);

10 *I* protonica —

    a. : iniziale od interna: *pischiera* IV, 1; *amaistrato* XV, 6;

    b. da *e: districr* V, 5; XVI, 12; *pritiosi* V, 13; *firendo* VII, 7; *tribiani* VIII, 2; *liçero* XV, 12; *liçiero* XVI, 3; *gibilini* XXXI, 11; XXXIII, 2.

11 *AU* iniziale in *o: oçelasoni* XVIII, 12; XI, *oçelate* XI, 3; ma *uçel* X, 8; *uçelar* XXI, 2.

CONSONANTI

12 Si conservano le formole *CL GL PL BL FL: clini* V,

11; *clari* IX, 4; *clara* XVIII, 14; *clama* XXII, 2; *clamo* XXVIII, 1; *torcli* XII, 6; *aparecla* XXI, 13; *reclamo* XXVIII, 8; *glazi* VIII, 3; *plu* V, 13; XI, 12; XIV, 5; XV, 12, 14; XXII. 3, 6; XXXIII, 3; *plover* VI, 10; *plene* VIII, 2; *plaçese* VIII, 8; *plaçe* XI, 4; *plover* XII, 13; *plano* XIII, 1; *plen* XIV, 2; *plage* XIX, 11; *place* XXII, 3; *plaçe* XXII, 11; *planto* XXX, 3; *splace* XXXI, 5; *blanco* XXI, 12; *amblanti* V, 5; *torcli, dupler* XII, 6; *flor* I, 8; VI, 8; XXIX, 2; *florita* V, 2; *flacar* VI, 9; *flumiceli* VII, 6; *flumana* IX, 10; *florin* XI, 8; *flume* XI, 13; *florisse* XXIX, 1; *flama* XXIX, 8; *sofla* XXXI, 8; e solo: *bianca* II, 11; *più* I, 12; *piace* IV, 8.

13 *LI LE* in *i*: *gaiardo* XV, 10; *doio* XXVIII, 7.

14 *LL* si ammolisce in: *cavagli* VI, 1; *gerbegli* X, 3.

15 Esempi di digradazione di sorda interna, gutturale o dentale, in sonora: *tapedi* XIII, 3; *logo* XVIII, 3; *domenega* XXII; *nadura* XXVIII, 14; *pedra, caregarsi* XXIX, 11; *poder* XXX, 2.

16 La sorda labiale in *v: cavrioli* III, 2; XII, 11; *coverte* VI, 5; *coverta* VII, 2; XII, 3; *savorose* VII, 10; *sovrani* VIII, 7; *levori* XII, 11; *savere* XXX, 5; dileguata in: *paoni* XVIII, 2.

17 La palatina esplosiva sorda o sonora, iniziale o mediana, espressa indistintamente per *z, ç*:

a. *çascuno* V, 11; XIX, 6; *z'a* XI, 7; *çidri* VII, 9; *lançe, ranze, guanze* VI, 9, 11, 13; *faça, façanvisi* VII, 6, 13; *faça* XVIII, 14; *aranzi* VII, 9; *glazi* VIII, 3; *uçel* X, 8; *cunza*

X, 13; *oçelate* XI, 3; *guarnaçe*
XIII, 10; *Cavizuoli* XV, 9; *ço*
XVI, 14; *caza, caçando* XX,
1, 5; *vernaza* XVIII, 10; *piçuolo* XX, 13; *Uguzon* XXXIII,
7; (ma *uccelli* I, 4; *lance* I, 13;
facciase II, 13; *caccia, piaccia,
traccia, empaccia* III, 1, 4, 5,
8; *cinquanta, cento* XIX, 4), ;

b. *zardini* V, 9; VII, 7;
zachito V, 10; *zallo* XI, 8;
za V, XX, 12; *zente* V, 6; VII,
12; X, 12 *çente* XXII, 12; *çentil* V, 1, 12; *çovan* V, 14; *zovene* VI, 12; VIII, 6; *çu* VI, 11;
zugno VII, 1; *çelatina* VIII, 5;
zornatella IX, 8; *zeti* X, 3; *zentileza* XIV, 2; *çoello* XV, 1; *çoioso* XV, 2; *zorno* XVI, 2, 10;
çirlande XVII, 8; *arçento* XVIII,
9; *zostrar, çeçuno* XIX, 2, 6;
zeta XXIX, 8; *çoco* XXX, 4;
zudicase XXX, 6; *zoi* XXX, 7;

razanti III, 13; *mazo* VI, 1; *armezatori* VI, 7; *manzar* VIII, 4; *merizana* IX, 12; *saço* XV, 6; XXIX, 12; *liçero* XXV, 12; *liçiero* XVI, 3; *oçi* XX, 14; *sazo* XXIX, 9; e solo: *genaio, tregea, giorno* II, 1, 5, 9; *segugi* III, 5; *gente* IV, 11; *gilando* II, 10; *argento* XII, 4; *gioya* III, 11.

18 La dentale e la palatina continua, sorda o sonora, sono sostituite dalla fricativa dentale corrispondente:

a. *messere* II, 5; *sirocho* II, 8; *lasate* IV, 13; *basarsi* VI, 13; *arboseli* VII, 2; *pratiseli* VII, 7; *salisata* VIII, 1; *posa* XI, 9; *pese* XI, 13; *sagurati* XIII, 13; *strasinando* XVII, 11; *fassar* XIX, 11; *cosse* XXI, 6; *florisse* XXIX, 1; *fasso* XXIX, 10; *cresse* XXXI, 4; *perisse* XXXII, 5; *conosuto*

XXXIII, 9; *Altopasso* XXXIII, 10; e solamente: *scendere* XXI, 4.

b. *doasio* II, 6; *stasoni* IV, 7; *rasoni* VI, 14; *fasani* VIII, 6; XII, 10; XVIII, 2; *rason* XXIX, 14; XXX, 2, 10; *rasone* XXXI, 3; *servisi* XIV, 4; *Parisi* XIV, 5; *oçelasoni* XVIII, 12; *rasonamento* XVIII, 13; *rasonare* XXII, 6; *presio* XXX, 14; *malvasi* XXXII, 5; *presiato* XXXII, 10; (*salvagina* III, 10; *bugie* IV, 14).

19 Il segno ortografico *x* ricorre in *ambaxata* XIV, 13.

20 *ARIO* esce in *iero* ed *ero*: *pischiera* IV, 1; *cavalier* XIX, 2; XXII, 9; *corsier* XXI, 7; *verzieri, volontieri* XXII, 11, 13; *rivera, primera* IV, 4, 8; *mestero* IV, 10; *testere, bandere* VI, 4, 5; *sparveri, carneri, baloteri, asteri* X, 2, 3, 6, 7; *ta-*

voleri XIII, 3; *primero* XVII, 5; *rivera* XVIII, 10.

21 *DE* — *defese* II, 7; *deletti* X, 1; *deletta* III, 4; *depinto* XII, 5; *destruçe* XXVIII, 6.

22 *RE* — *retorno* II, 13; *rencresca, reverenza* V, 3, 11; *rencontrando* X, 12; *recogler* XX, 9; *responde* XXVIII, 2; *remanete* XXVIII, 11; *recorda* XXXI, 9; *remase* XXXII, 14; *rengratio* XXXIII, 2.

23 *IN* — *enfin* III, 4; *entorno* VII, 4; *empergolate* VII, 11; *enibriate* XI, 6; *enbriaco* XIII, 5; *emperial* XIV, 7; *emperiato* XV, 7.

24 Articoli: *ig* XVII, 14; XIX, 10; XX, 6, 7, 12; XXXI, 13; XXXII, 4; *dig* XIII, 12; XV, 13; *cog* III, 9; XIII, 4; *ma: i* IV, 13; XII, 5; XIV, 5; XXXIII, 5, 6; *gli* V, 13; XII,

12; **XXX**, 11; *li* **VIII**, 13; *degli* **III**, 7 bis; *cun gli* **XXXII**, 6; etc.

25 Pronomi: a. personali: *eo* **XIV**, 4; **XXVIII**, 7; **XXIX**, 14; **XXXIII**, 1, 3; *i'* **II**, 1; *y'* **XV**, 1; *e'* **XV**, 4; *'l* **I**, 8; *el* **XX**; 12; *ello* **XIV**, 7; *lui* **XIV**, 11; *ti* **XXXIII**, 6; *si* (se) **XXX**, 13; *li* **XIV**, 8; **XV**, 4; **XVII**, 1; **XVIII**, 11; **XXII**; 3, 4; *gli* **XV**, 7; *voy* **II**, 1; **XXVIII**, 11; *voi* **XXXI**, 3, 7; *vi* **III**, 1, 8; **IV**, 1, 8; **V**, 1, 3, 9, 10; *ve* **III**, 4; **IV**, 7, 10; *elli* **XIII**, 14; **XVII**, 7; *ni* **XXXIII**, 6; *omni* **V**, 10; **XVIII**, 1; *onni* **XX**, 1; *oni* **II**, 3; *on'* **IV**, 4, 10; **XV**, 4; *ogni* **XIX**, 1; **XXII**, 14; *onne* **XXIX**, 1, 2, 3, 4, 7, 10, 11; *ogne* **XXVIII**, 6; *chi che vuoli* **XV**, 11; *qualunche* **XXII**, 7;

b. possessivi: *meo* **XX**, 10;

mio XIV, 1; *suo* XVIII, 12; *sua* XIV, 6; *so* XIV, 10, 14; XXX, 11; *soa* VII, 5; *soi* XIV, 4; XXXI, 13.

26 Nomi: a. *comuno* XIX, 3; *moglia* VIII, 14; *verba* XXIX, 3;

b. da temi in *a* si hanno i plurali: *pietri* V, 13; *ystarni* VIII, 6; *beffi* XXXIII, 6; (ma *starne* VIII, 6; XVIII, 2; *beffe* XIII, 11; e *fructe* VII, 11);

c. conservano l'*e* i plur. di 3ª lat. (v. n. 8).

27 Verbi: a. *siem* XXVIII, 12; *sera* XX, 11; *seran* XXX, 5; *deletta* III, 4; *sie* IV, 10; XXII, 4; *porteno* IV, 7; *troven* XX, 4; *saria, devria* XXX, 5, 8; *stare'* XIV, 8; *fariano* I, 14.

b. La 3ª sing. in funzione di 3ª plur.: *vi sia molti* V, 9; *castelli che sia* VII, 4; *torcli dupler che vegna* XII, 6; *le botte*

sia XIII, 8; *confeti li è* XVIII,
11; *vegna molte bestie* XX, 8;
cucine non sia vane XXI, 14;
molle li sie XXII, 4; *quigli mon-*
stra... devria XXX, 6, 7;

c. Esce in *i* la sc̄da plur. di:
abiati X, 14; *andati* XI, 5; *le-*
vati, *lavati-ve* XI, 9, 10; *siati*
XII, 14; *andasti* XIV, 14; *areti*
XXXII, 2;

28 Avverbi: *primero, secon-*
do XVII, 5; *en presente* XXII,
8; *unde* XXX, 8; *anti* XXXIII,
8, 13;

29 Preposizioni: *cum* X, 3.
4, 12; XII, 2; XIV, 14; XVI,
6; XVIII, 14; XXII, 6; *cun* I,
3; V, 11; XIV, 3; XVI, 13,
XIX, 12.

Alcuni di questi fenomeni sono
evidentemente veneti e affatto ri-
pugnanti ad un testo della provin-

cia di Siena (V. n. **3, 11, 12, 13, 17, 18, a., 24, 26, b., 27 c.**), altri comuni al sanese ed al veneto (**1 a. b., 2 a. b., 6, 8, 9, 15, 16, 18 b.**), altri, se si eccettui qualche forma grammaticale, sono fenomeni molto oscillanti e non distintivi. È d'uopo dunque conchiudere che i sonetti non offrono esempio di puro dialetto sanese, e ciò non può sorprendere perchè il numero delle antiche poesie liriche dialettali è sommamente scarso. Tuttavia qualche traccia di dialetto v'è, e mi sembra di ravvisarla nell' *a* prostetica di *arazaio*, negli esempi, per quanto poco numerosi d'*e*, *o* da $\bar{\imath}$ $\bar{u}$, nell'ammollimento di *ll*, nelle poche digradazioni di sorda in sonora, nella tendenza ad *e* finale, e, oltre a qualche forma grammaticale, nella sostituzione della fricativa dentale alla palatina continua sonora.

Non già che la esistenza di tutti

questi fatti nel ms. possa spiegarsi
unicamente con la fonologia sanese, chè essi vi ricorrono egualmente
nei testi poeti di d'altre provincie; e
inoltre ho già detto che alcuni di
quelli sono regolarissimi anche nella
fonologia veneta, ma diversamente
almeno nella proporzione. La digradazione della sorda gutturale e
dentale è normale nel veneto, rara
nel sanese (1) e nel nostro testo;
la sostituzione della fricativa dentale alla palatina continua sonora
è bensì veneta, ma pure sanese (2),

(1) Tuttavia *Staduto, Costeduto, fadiga,
strepido, gavillazione, fatiga, allogare, pri-
vada, privadamente, logo, podere, salva-
dore, afadigarsi* etc., trovo negli *Statuti
Senesi* I. II, III, (in *Collez. di op. ined. o
rare*, Bologna, Romagnoli); e *solecido, alo-
gare, gativi, Ghostantinopoli, inperadero.
istadighi, goffani* etc. nelle *Lettere volgari
del sec. XIII* (n. *Scelta di Curiosità* etc.
Dispenza CXVI).

(2) V. **Ascoli** « Arch. Glott. ». I... e
Annot. dialett. alla « *Cronica deli Impe-*

e la parola *servisi* ricorrendo in rima, è fra quei fenomeni, i quali, come *vento; cavagli* e qualcun altro di cui si parlerà in seguito, vanno ascritti alla fonologia primitiva del testo.

Ho dunque conservato tutte le forme che potevano convenire al dialetto dell' autore, poichè se la rigorosa ricostituzione di un testo, specialmente quando il materiale critico è insufficiente, è un ideale impossibile a raggiungersi, bisogna pure cercare di avvicinarvisi per quanto si può (1).

radori » III, II, 244-284. — *razone* passim nei *Ricordi di una famiglia sanese* in *Arch. Stor. It.* App. 2, 72; *intesina, guarentisia, pertusata* etc. negli *Stat. Scn.* cit.; e *razone, rasionare, rasionato, stasione, chasione* nelle cit. *Lett. Volg.*

(1) Mi sarebbe stato assai facile di riprodurre fedelmente la lezione del codice Barberino, e solo fra le varianti quella degli altri mss.; ma ciò facendo avrei solamente anticipato la edizione di una pic-

I sonetti XXIII-XVII sono tratti, come si è detto dal codice Riccardiano 2795, formato da vari frammenti di diversa scrittura dei ss. XIII e XIV. Vi si leggono in un foglio staccato, segnato col numero mod. 67, scritto da una sola parte a due colonne di mi-

cola parte di quel ms., il quale, copiato già per intero, verrà pubblicato quanto prima dal sig. Molteni. — D'altri codici contenenti le poesie di Folgore ho potuto trovare solamente le tracce. L'Ubaldini nella Tavola ai *Documenti d'Amore* del Barberino alla v. « Affrenalla » cita due versi che non sono in alcuno dei mss. conosciuti. Tutte poi le poesie, o almeno i Sonetti dei mesi doverono trovarsi nel codice appartenuto a Gio. Battista Boccolini di cui fa parola il p. Guglielmo Artegiani nelle sue annotazioni al *Quadriregio* di F. Frezzi. (*Il Quadriregio* di **F. Frezzi**, Foligno, Campana, 1735, II p. 187-99). Egli ce lo descrive per « un codice cartaceo del sec. XIV, contenente poesie di 50 e più poeti antichi » (l. c. p. 349). Anche il Crescimbeni ne a-

nuto carattere del secolo XIV, con
le iniziali maiuscole alternativa-
mente rosse e turchine. Precede il
titolo scritto in rosso, che dice:
« questi sono XVIJ sonetti che fece
il folghore da Sangimignano ». Sono notevoli in questi le forme; *ca-*

veva fatto menzione ne' *Commentarj alla
Storia della Volgar poesia* (l. 3, c. 9, c.
138; e vol. 2, p. 2, l. 1, c. 36). I Sonetti
mancanti del proemiale vi sarebbero stati
preceduti da questo titolo in minio « Qui
si contiene li doni, che Fogol da Santo
Geminiano fece per ciascun mese de l'anno a la bricata spendereccia » e al sonetto di ciascun mese n'era contraposto
un altro in biasimo della stessa brigata
con la scritta egualmente in minio: « contrario a questo di sopra in quelle rime
fatte da Fazio de l'Uberti ». Questi e-
rano i Sonetti di Cene da la Chitarra,
e la lezione del ms. dovè essere assai
buona poichè l'istesso A. dice che essa
« migliora sommamente la stampa del-
l'Allacci », e ne riporta per prova il
primo sonetto delle due serie; ne cita anche qualche altro verso a p. 293 e 326.

valieri I, 1 (1); *cavagli, guidagli*
I, 9, 13; *mudi* II, 2; *meve* III, 8;
abbo II, 4; *sarebbo* III, 12 (2).

Il sonetto **XXX** si ritrova pure a-
nonimo nel codice Chigiano L, VIII,
305 pubblicato già per cura dei
ss. Molteni e Monaci; e traggo
da questo ms. (C.) le varianti del
testo.

Il sonetto **XXXIV**, è scritto nel
codice Riccardiano 1103, cartaceo
del sec. XV, e vi si trova ade-
spota al f. 139 v. fra altri sonetti
anonimi. Il nome del poeta che vi
ricorre, e la somiglianza delle idee
e dello stile con gli altri sonetti
d'argomento politico contenuti nel
codice Barberino bastano ad esclu-
dere ogni dubbio intorno alla au-
tenticità.

(1) L'uscita in *eri* della base **ario** è
distintiva dei dialetti senesi: *pelegrinieri,
fornieri, forestieri spezieri, carnieri* hanno
al sing. gli *Stat.* e le *Lett.*

(2) V. lo Schema ai nn. 14, 15, 25 a.
27 a. — *Abo* si ha nelle cit. *Lett. volg.*

È per contrario assai incerta la paternità del sonetto XXXV poichè se il ms. Barberino l'ha col nome di Folgore, lo danno anonimo i mss. Laurenz. S. Annunz. 122; Magliab. cl. VII, 1009 f. 118 e 1060 f. 15; Vat. 4823 f. 9; Borgian. M. VII, 23 f. 160; l'attribuiscono a Dante i mss. Ricc. 1100 f. 36, 1103 f. 125, e il Laurenz. Red. 151, f. 73; l'ascrive a Cino da Pistoia il Laurenz. Gadd. Plut. XC, 47, p. 41 e finalmente il Laur. Leop. 118 a Simone Forestani sanese. Il sonetto non ha alcuna relazione con gli altri del nostro poeta, né v'è argomento per dare a un solo codice autorità prevalente sopra molti altri, dei quali alcuni sono notevolissimi e anch'essi del secolo XIV. L'ho dunque riprodotto come una poesia attribuita,

p. 26; *sarebbo* forse per iscambio invece di *serabbo.*

III.

Gli antichi parlano di Folgore assai poco e senza alcun fondamento. Leone Allacci ne pubblicò per primo i sonetti; ma fra le notizie storiche e biografiche di varî autori che dà nella prefazione alle rime, non dice alcuna cosa né del tempo né della persona di questo poeta. Neppure il nome di Folgore è registrato nella storia del Tiraboschi, e solo il Crescimbeni che ne riporta un sonetto lo fa vivere circa la metà del secolo XIII. Egli scrive ne' suoi *Commentari:* « Nei tempi che più fecero romore i guelfi e i ghibellini, cioè intorno agli anni 1260, visse Folgore da San Gemignano rimatore rozzissimo; ma pure da onorarsi perciocchè egli, se non il primo, fu certamente tra i primi che imprendessero a far trattati in versi volgari » (1).

Giovanni Vincenzo Coppi negli annali di San Gemignano, trattando dei poeti, scrive: « Nei medesimi miei antichi testi a penna trovo altri poeti antichi di S. Gimignano, tra' quali uno è Folgore che fiorì nei tempi di Ruberto re di Napoli ». Ma poco appresso aggiunge «..... Folgore che fiorì nel 1309 col Petrarca e Boccaccio favoriti dal ditto Re Ruberto » (2). Il Crescimbeni avverte la inesattezza e si fa a rettificarla ponendo in appendice: « Nel rimanente G. V. Coppi negli uomini illustri di S. Gemignano inseriti dopo gli annali della stessa terra dice che Folgore fiorì a' tempi del re Ruber-

---

(1) **Crescimbeni,** *Comentari,* Roma, De Rossi, 1710, t. II, p. 36.

(2) **Giov. Vincenzo Coppi**, *Annali, memorie ed huomini illustri di Sangeminiano,* Firenze, Bindi, 1695, P. II, p. 200.

to; ma poi concludendo che fiorì insieme col Boccaccio e col Petrarca nel 1309 fa vedere che egli non sapeva il vero tempo di tal fiorimento perchè in quegli anni il Boccaccio e il Petrarca erano fanciulli » (1). E infatti Petrarca avrebbe avuto cinque anni; ma per Boccaccio dovevano ancora correrne cinque prima che vedesse la luce. E però in fatto di esattezza il Crescimbeni non si mostra da più dell'altro, e poteva almeno nel fare l'emendamento indicare la fonte donde egli aveva tratto la data del 1260.

Da lui la riprodussero il Valeriani (2), e il Nannucci, il quale nella sua sistematica divisione decennale, pone Folgore insieme a Lemmo Orlandi, Pucciarello, Alber-

(1) l. c., p. 433.
(2) *Poeti del primo secolo,* Firenze, 1818. vol. II, p. 168.

tuccio della Viola, Ottaviano degli Ubaldini, e Monaldo da Soffena, cioè fra quei poeti che hanno preceduto immediatamente la nascita dell'Alighieri (1). Il Monti fa risalire Folgore all'anno 1225 dicendolo « anteriore a Dante di quarant'anni » (2); ma non è dato sapere donde abbia attinto tale notizia.

Confusione molto maggiore è nata dalla relazione che si è supposta fra il Nicolò capo della Brigata senese a cui Folgore dedica la prima corona de' sonetti, ed il Nicolò

> che la costuma ricca
> del garofano prima discoperse,

nominato da Dante nel canto XXIX dell' *Inferno*. Un codice Magliabe-

---

(1) **Nannucci,** *Manuale della letteratura del primo secolo*, Firenze, Paggi, 1843, vol. II, p. 256.

(2) V. **Monti,** *Postille al comento del Biagioli sul Purgatorio di Dante*, C. XI, Firenze, Le Monnier, 1847, IV, 395.

chiano posteriore all'autore di circa un secolo prepone alle rime una scritta che dice: « questi sono i dodici sonetti della brigata che si chiamò la brigata ispendereccia da Siena » (1), e simile indicazione si trova nel citato codice Boccoliniano. Il Monti e il Nannucci sospettano che vi sia rapporto fra la Brigata di Dante e quella di Folgore; ma non osano dare la cosa come sicura. Il prof. Aquarone non ne dubita punto, e sostiene che in ambedue i luoghi si tratti di un medesimo Nicolò (2).

Al sig. Borgognoni sembra « che due Salimbeni portanti il nome di Nicolò siano stati fra i rimatori di Siena; l'uno quel Nicolò capo della

---

(1) Cod. Magl. VII, 1066. Ne debbo l'indicazione al chiar. prof. **A. D'Ancona,** la collazione al Dr **N. Arnone.**

(2) **Aquarone,** *Dante in Siena,* Siena. Gati. 1865, p. 47.

brigata godereccia, *fior della città senese,* come l' appella Folgore, e a lui forse si può ascrivere il sonetto:

Dugento scudellin di diamanti.

Questo Nicolò che è ricordato da Dante non è a confondere con Nicolò de' Salimbeni detto il Muscia o Musa di Siena, rimatore fiorito dopo il 1300, o fors' anche nella prima metà del 1400. Il Nicolò della *brigata nobile e cortese* visse, per lo meno, sul principio del secolo XIII e non può aver nulla a fare col Musa vissuto, a far poco, un buon secolo dappoi » (1). « Che se poi d' altra parte si pon mente alla qualità dello stile di Folgore, io credo che più su del secolo XIII non possa portarsi il fiorire dell'autore. Laonde volendo star dentro confini non troppo stretti, penso che l'affermare la Brigata esistita nella prima metà di questo secolo,

(1) *Propugnatore,* I, 303.

debba bastare sinchè intorno ad essa non si rinvenga un qualche documento, che, come si dice, tagli la testa al toro » (1). Ma altrove quelle date gli sembrano troppo antiche e le sposta tutte di cinquant'anni. Folgore « non può andar più su del secondo cinquantennio del secolo XIII » e la Brigata esiste « a cavallo della seconda metà » di quel secolo (2).

Anche il Carducci nella illustrazione alle antiche rime volgari ritrovate nei memoriali dell'archivio notarile di Bologna, ritorna su l'argomento a proposito del sonetto di Nicolò detto il Musa; e aggiungendo all' autorità del Cod. Vat. 3793, nel quale il Musa è nominato in un sonetto di Rustico di Filippo, che è dello scorcio del secolo XIII, quella del memoriale bolognese del

(1) Ivi, p. 306.
(2) *Studi* etc., p. 22.

1293, corregge il Crescimbeni e quelli che seguendolo avevano fatto vivere quel poeta nel secolo XIV o XV, e « restituisce al secolo decimoterzo un altro rimatore » (1). Aggiunge che « autore del sonetto non è altri che quel Nicolò di cui Folgore da S. Gemignano nel sonetto proemiale dei mesi indirizzato alla nobile brigata dice:

In questo regno Nicolò corono
Perch' egli è fior della città sanese;

altri non è che quel Nicolò

che la costuma ricca
Del garofano prima discoperse,

come Dante ci volle far sapere; Nicolò de' Salimbeni insomma uno dei capi più ameni della brigata, e uno

(1) **Carducci**, *Studi intorno ad alcune rime del secolo XIII e XIV*. Imola, Galeati, 1876, p. 43.

dei più nobili gentiluomini di Siena » (1). Comincia questo sonetto:

Dugento scudellin de diamanti
Di bella quadra lano voria che avesse.

Si domanda il Carducci « chi è questo *lano?* Non *l'ano*, come scrive
il Crescimbeni, non *l'anno*; ma *Lano*, quell'amico a cui Nicolò fa i
larghi augurî: e quell'amico perchè non dev'essere il povero Lano
che nel secondo girone del settimo
cerchio dell'Inferno, e proprio nella
selva ove quelli che gittarono il loro
avere sono puniti d'altra pena, ma
ad un luogo e ad un tempo con
quelli che gettarono la vita; quel
povero Lano a cui Giacomo d'Andrea più debole corridore tien dietro rampognandolo con l'amara ri-
membranza,

(1) Ivi, p. 46.

> ..... Lano, sì non furo accorte
> Le gambe tue alle giostre del Toppo? » (1)

E aggiunge: « che il Lano dell' Inferno fosse da Siena lo dicono i commentatori antichi tutti: che e' fosse della brigata spendereccia lo dicono l'autore delle Chiose, l'Ottimo e il Boccaccio..... Così mentre Nicolò scampò alla rovina per rimetter giudizio tanto da essere negli anni più maturi vicario in Lombardia dell' imperatore Arrigo VII, i più degli altri si condussero a chiedere per Dio e a morire negli ospitali, e più nobile morte incontrò volenteroso il nobile Lano e gloriosamente perì combattendo i nemici del suo Comune ». E conchiude: il sonetto, col quale ne' bei giorni della gioia spensierata il magnifico genio di Nicolò Salimbeni faceva a Lano que' desiderosi au-

(1) **Dante**, *Inf.*, C. XIII, 120.

gurî, che andarono a finire nella morte della Pieve al Toppo, quel sonetto dunque è, a parer mio, anche un monumento poetico della brigata godereccia, di cui a Siena non rimane altra memoria che la palazzina detta della *Consuma* a porta Camullia, e rimane memoria al mondo negli accenni di Dante » (4).

Così il Nicolò a cui Folgore dedica i suoi sonetti dopo esse-

(4) **Carducci**, op. cit., p. 47-49. Molto si potrebbe dire intorno all'autore di questo sonetto: mi basta per ora di far notare che va confrontato con l'altro che comincia:

Giugiale di quaresima a l uscita | e sucina fra l' entrar di fevrao, | e mandorle novelle di gennaio | mandar vorre io a lan ch e gioi compita. | (V. *Il Canzoniere Chigiano* L. VIII. 305, pubbl. a cura di **E. Molteni** ed **E. Monaci** n. 445). Una menzione della brigata spendereccia è pure nel *Quadriregio* l. 3. c. XIII.

re stato prima dei Salimbeni, vissuto almeno sul principio del secolo XIII, diverso dall'altro detto il Muscia fiorito nel secolo XIV o XV, dopo essere sceso alla seconda metà di quel secolo, viene in·ultimo a identificarsi con il Musa, il quale è anch'esso del secolo XIII.

Ma se il Nicolò a cui Folgore dedica i sonetti é quello stesso di Dante, Folgore doveva diventare il poeta della brigata, ed essere non altri che l'Abbagliato, il quale a quella *il suo senno proferse*. Veramente il prof. Acquarone attribuisce i due nomi a due diverse persone, e ciò perchè appunto di due persone ha bisogno per completare coi nomi ricordati di Dante e da Folgore, i dodici che dapprima doverono comporre la brigata, secondo il commento dell'Imolese (1). Ma ciò non quadra

(1) L. c., p. 49

al Borgognoni, il quale continua a dire « che l'Abbagliato può ragionevolmente credersi che non sia altri che Folgore, checchè in contrario sembri all'Aquarone, imperocchè antiche memorie senesi riportano com'esso fosse rimatore e molte cose di lui andassero intorno. Ora attendendo a questo e considerando che non si conosce nulla che vada sotto questo nome, può altri ragionevolmente suspicare che l'Abbagliato non fosse che un soprannome del Sangemignanese, al quale per verità s'attaglia a capello e l'espressione di Dante, e quanto al proposito contano i più antichi commentatori » (1).

V'è però una difficoltà: di Folgore non si hanno solo i sonetti in corona; l'Allacci ne ha cinque altri nei quali si trova menzione di fatti storici di certissima data e del secolo

(1) *Studi* etc. p. 23.

XIV inoltrato. Il Borgognoni ne
cita tre soli, dei quali uno è ancora inedito; ma essi sono varî e
si leggono tutti in questa edizione.
Il poeta vi parla della pace fatta
con Pisa da re Roberto, del sac-
cheggio dato al tesoro di Lucca da
Uguccione della Faggiuola (1314),
della rotta di Montecatini (1315),
e se Folgore poetava già per il Nicolò della brigata « il quale visse
almeno sul principio del dugento »
non poteva davvero vivere dopo
l'anno 1315. E però il Borgognoni
conchiude « che non a Folgore sib-
bene ad ignoto rimatore di tempi
più bassi debbano tribuirsi questi
tre sonetti » (1). E non basta. Il
Benvoglienti annunziò ad Apostolo
Zeno: « .... Folcacchiero Folcacchieri, che ne' nostri libri di Biccherna
è chiamato l'Abbagliato di Ranieri, e del quale parla Dante nel

(1) Ivi, p. 26.

XXIX dell' *Inferno*, si trova che fu gonfaloniere del popolo nel 1279 »; e perciò « se è vero, continua quegli, come a me pare d'avere a sufficienza dimostrato altrove, che l'Abbagliato di cui parla Dante non sia altri che Folgore da San Gemignano, ne viene di piana e legittima conseguenza che il sentimentale trovatore che diceva a Madonna d'essere in sul morire per lei, in altre occasioni e tempi, mangiando i buoni fagiani e bevendo il vino d'Auxerre, cantasse che la vita era una gran bella cosa, massime quando la si poteva passar così bene come facevano i sozi della *costuma ricca* » (1).

Povero Folgore! se fosse stato di cera non sarebbe stato tanto cedevole. Aveva dovuto rassegnarsi a prendere la figura dell'Abbagliato e passare per « saputa persona »:

(1) *Propugnatore*, X, p. 36.

ora deve rinunziare persino alla patria e diventare Folcacchiero de' Folcacchieri cavaliere senese!

Bisogna convenire che la confusione nell'argomento non è piccola: partendo da un falso supposto, e ragionando a suo modo, ciascuno ve ne ha messa la parte sua. Vediamo ora di fare un po' di luce.

E prima di tutto: si sa bene di certo chi sia il Nicolò di cui parla Dante: anzi, è proprio sicuro che egli abbia a fare con la brigata spendereccia? È duopo ricordare le parole del poeta:

Ed io dissi al poeta: Or fu giammai
   Gente sì vana come la sanese?
   Certo non la francesca sì d'assai.
Onde l'altro lebbroso che m'intese,
   Rispose al detto mio: Tranne lo Stricca,
   Che seppe far le temperate spese;
E Niccolò, che la costuma ricca
   Del garofano prima discoperse
   Nell'orto, dove tal seme s'appicca;

E tranne la brigata in che disperse
    Caccia d'Asciau la vigna e la gran fronda,
    E l' Abbagliato il suo senno proferse.

S' io non m'inganno, dalle parole di Dante non è dato conchiudere che Nicolò avesse alcuna relazione con la brigata; ed anzi si dovrebbe ritenere il contrario. Alla domanda che fa Dante a Virgilio risponde ironicamente e non interrogato Capocchio, l' *altro lebbroso*, nominando i senesi più celebri disperditori dei propri beni in vanità e gozzoviglie, e specialmente lo Stricca, Nicolò, e la brigata in cui si trassero a rovina Caccia d' Asciano e l'Abbagliato. Di questi due ultimi il poeta dice espressamente che appartennero a quella compagnia: perchè non avrebbe detto ciò degli altri due, e volle invece indicarli, uno soltanto come scialaquatore, l' altro come ghiottone?

Ma quello che non dice Dante è

detto dai commentatori. — Tutti dicono che lo Stricca fu della brigata; ma quanto a Nicolò sono essi concordi? Iacopo della Lana (1), l'Ottimo (2), il Landino (3), Vellutello (4) e Bernardo Daniello (5) narrano che fu dei Salimbene e che fece parte della brigata. Francesco da Buti (6) lo pone fra i soci di quella compagnia

(1) **Iacopo della Lana,** *Comm.* Collez. di op. ined. o rare, Bologna, 1866, p. 641.

(2) *L' ottimo Comm. della D. C.,* Pisa, Capurro, 1827, p. 506.

(3) **Cr. Landino,** *Comento sopra la C. di Dante,* Vinegia per Octaviano Scoto, 1484, al c. XXIV dell'*Inf.*

(4) *La Com. di D. Aligieri con la nova espositione di* **A. Vellutello,** Vinegia, Marcolini, 1544; *Inf.* c. XXIX.

(5) *Dante con l'esposizione di* **B. Daniello** *da Lucca, Inf.* c. XXIX, Venezia, da Fino, 1568, p. 193.

(6) **Francesco da Buti,** *Comm. sopra la D. C. di D. Alighieri,* Pisa, Nistri, 1858, I, 753.

ma non dice chi fosse, finalmente
Pietro di Dante (1), l'autore delle
Chiose (2), il postillatore Cassinese (3) e Benvenuto da Imola (4)
dicono che fu dei Bonsignori di
Siena. Anche dell'Abbagliato i commentatori non ci dicono nulla; che
anzi alcuno crede che quella parola
si riferisca a Caccia d'Asciano e
denoti come il vizio l'avesse *abbagliato*; altri crede che l'Abbagliato
proferse, cioè manifestò, il suo
poco senno in prodigamente con-
sumare come gli altri le sue so-

(1) **Petri Allegherii** *sup. Dantis ips.
gen. comoediam*, Firenze, Piatti, 1845,
p. 263.

(2) *Chiose sopra Dante*, Firenze, Piatti,
1846, p. 242.

(3) *Il cod. Cassinese della Div. Comm.*,
Monte Cassino, 1865, p. 164.

(4) **Benvenuti Imolensis**, *Com. in
Dantis Com.* in **Muratori,** *Ant. It. med.
aev.* I, 1132.

stanze; altri infine lo dice *saputa persona.*

Oggi il sig. Curzio Mazzi ha dimostrato con documenti che l'Abbagliato non è altri che un Bartolomeo o Meo fratello di Folcacchiero, figlio di Ranieri di Folcacchiero che nell' anno 1277 è registrato fra i Consiglieri per il Terzo di Camollia, e che da quel tempo sino all' anno 1300 si trova nominato ben quarantotto volte nei pubblici registri (1), non mai diversamente da quel soprannome passato poi in nome di battesimo e conservato nella sua casa fino agli ultimi suoi discendenti (2). Concedo pertan-

(1) *Folcacchiero Folcacchieri rimatore senese del secolo XIII.* Notizie e documenti raccolti da **Curzio Mazzi** — Per nozze Bianchi-Brini, Firenze, Succ. Le Monnier, 1878, pag. 21-26.

(2) *Bullettino della Società senese di Storia patria municipale.* I. 44.

5

to al chiarissimo prof. Bartoli che « la lettera dei versi di Dante non esclude che Nicolò facesse parte della brigata; e che, se tutti i commentatori dicono che lo Stricca fu della brigata, e se dobbiamo credere dunque che fosse, dovremo di necessità ammettere che potè farne parte anche Nicolò, almeno in ordine al modo di esprimersi di Dante » (1). Ma resta sempre vero che ciò non è detto da Dante in alcun modo esplicitamente, e, tutto al più, le sue parole non vi si oppongono; e che al tempo degli antichi commentatori la memoria di quei fatti non doveva appunto essere « molto viva » se mostrano di saperne così poco, e ne parlano con tanta discordanza e contradizione.

Se adunque altri ha provato preventivamente che l'Abbagliato non

(1) **Bartoli**, *Storia della Letteratura italiana*, Firenze, Sansoni, 1879; II, 253.

è la stessa persona che Folcacchiero
o che Folgore, resta solo a provare
che il Nicolò della *brigata nobile
e cortese* non ha nulla a vedere
con il Nicolò *della costuma ricca,*
foss'egli o no della brigata spendereccia di Siena. Per questo effetto
non ho che a rimandare il lettore
all'ultimo sonetto o « Conclusione »
della corona dei mesi. L'Allacci, e
dopo lui il Valeriani leggono ai primi versi:

« Sonetto mio anda o' lo divisi
   Colui ch'è pien di tutta gentilezza »

e spiegano, cioè non spiegano:
« va dove pensi che sia colui ». Si
legga invece come legge indubbiamente il codice Barberino, unico
per quel sonetto, e se non più u-
nico, sempre fondamentale, come ho
mostrato, per tutte le rime del poeta; si legga, dico,

« Sonetto mio a Nicolò di Nisi »

e l' equivoco sarà sciolto.

Ma prima di tutto bisogna rimuovere un dubbio. L'egregio prof. Bartoli si domanda: « È egli poi ben certo che il sonetto diretto secondo il codice Barberiniano a *Nicolò di Nisi,* e che nelle stampe sarebbe la conclusione della corona dei mesi, sia veramente tale e non piuttosto un sonetto che sta da sè, indirizzato ad un amico di Folgore »? Egli « non vi trova nulla che lo faccia essere una *conclusione* degli altri; nulla anzi che lo metta in relazione coi sonetti precedenti » (1).

Fermamente io credo che trovandosi, non *nelle stampe* ma in un codice, una serie non interrotta di quattordici sonetti che s'intitolano dei dodici mesi dell'anno, il primo di dedica, e l'ultimo con una scritta che dice « la conclu-

---

(1) **Bartoli**, l. c. p. 262 in n.

sione », non si abbia ragione alcuna di dubitare che quell'ultimo sonetto, anche senza leggerlo, debba essere davvero la conclusione degli altri. Ma quando leggendolo vi si trova, come nella *licenza* delle canzoni, a modo d'apostrofe, che il poeta lo indirizza a *Nicolò di Nisi*, a *colui ch'è pien di tutta gentilezza, alla sua compagna, ad Ancaiano senza di cui non è lieta brigata*, nominandovisi espressamente quasi per sottoscriversi, e si ripensi che nel primo sonetto tutta la serie è dedicata *alla brigata nobile e cortese*, a *Nicolò, fiore della città sanese*, a *Tingoccio, Mino di Tingo* e *Ancaiano*... allora poi la relazione di quell'ultimo sonetto coi precedenti mi sembra evidentissima e mi riesce difficile di comprendere come se ne sia dubitato.

Ma non potrebb'essere che questo Nicolò di Nisi, fosse sempre un Nicolò di Nigi o Dionigi dei Salim-

bene, cioè a dire il solito Nicolò
della Divina Commedia? Vediamo.

Potrei dire innanzi tutto che nei
molti alberi genealogici che si hanno della famiglia Salimbene, non è
mai nominato alcun Nicolò di Dionigi. Che il programma di vita che
svolge Folgore nei sonetti, per
quanto allegro e spensierato, non
contiene alcuna di quelle pazzie
basse e triviali che si leggono
della brigata spendereccia, che anzi
v'è spesso allusione a cortesia e a
prodezza nell' armi, come quando
invita la compagnia *nobile e cortese*

« a rompere e fiaccar bigordi e lance ».

e si compiace di chiamare il capo
di essa « il fiore della città sanese » e « colui ch'è pien di tutta
gentilezza ». Cose tutte le quali
converrebbero assai poco all' inventore dei fagiani arrosto coi ga-
rofani, dei bramangeri, e delle frit-

telle ubaldine, se non si volesse
supporre 'nel poeta un' adulazione
spinta al ridicolo.

Potrei dire ancora che tutto quello che si legge nei sonetti « dei mesi », si trova ripetuto in quelli « della settimana », i quali sono diretti a
Carlo di Miser Guerra Cavicciuoli,
nobile cavaliere e valoroso soldato; e
che perciò, invece di tirare pe'capelli la relazione di quelle rime alla
brigata di Danté, sarebbe assai più
verosimile pensare che il cervello
gaio e folleggiante di Folgore si
stillasse per fare gli augurî più
sfolgoranti a persone che egli sti-
mava davvero e amava di sincera
amicizia, ed alle quali dice, acco-
miatandosi nell'inviar loro i sonetti,

« Folgore vostro da San Geminiano
  vi manda, dice e fa quest' ambasciata:
  che voi n'andaste col suo core in mano ».

Potrei aggiungere che a Nicolò
inventore della *costuma ricca*, dis-

sipatore d'immensa fortuna, e molto più a Nicolò Salimbene, Folgore non avrebbe potuto augurare *imperial ricchezza*, quasi rimpiangendosi che non l'avesse, perchè la ricchezza dei Salimbene era poco meno che imperiale se nell' anno 1274 compravano dal Comune di Siena tutte in una volta le terre di Tentennano, Montorsaio, Castiglion Senese, Castel della Selva, e il Castellare di Montecucchèri, se al tempo di Montaperti prestavano le centinaia di migliaia di fiorini al Comune, nell'anno 1337 dividevano fra sedici capo-famiglia circa a fiorini centomila, e nell'anno seguente spendevano altri centotrentamila fiorini in acquisto di stoffe di seta e tessuti in oro « dal gran mercatante di Soria approdato in porto Ercole » (1). Ma v'è qualche cosa assai più convincente.

(1) *Arch. Stor. Ital.*, S. III, T. IV, 64; **Andrea Dei**, *Cron. Sen.* in **Muratori**, *Rer. It. Scr.* XV, 95, 101.

La lezione del codice Barberino, per quanto sicura e autorevole, doveva essere confermata da qualche argomento estrinseco, e a questo intento mi diedi a svolgere quante più carte potei d'antiche memorie senesi manoscritte e stampate, e specialmente elenchi di nomi, per ritrovare la traccia di questo « Nicolò di Nigi » venuto fuori, proprio come un fungo, non so se a rischiarare o ad offuscare le idee. Dopo lunghe ricerche rimaste infruttuose mi posi a svolgere le storie senesi di Sigismondo Titi, che si conservano in autografo nella biblioteca Chigiana (1). Ivi, al tomo III, pagina 297, trovai riportato il testo d'una pace fatta nell'anno 1337 tra le famiglie dei Salimbeni e dei Tolomei, le quali dopo molte inimicizie, arsioni e ruberie con che avevano funestato la città, *ad*

(1) Ms. Chig. G, L, 32.

desideratae pacis exordium devene-
runt (1). E subito appresso un altro testo, nel quale si legge: « Anno
eodem et die in domo domini Nicolai
— Omnes isti compromissioni con-
senserunt..... BINDINUS NIGII.....
NICOLAUS Franciscus et Stephanus
filii BINDINI NIGII..... Omnes isti
de domo Tolomaeorum » (2).

Ecco dunque un primo passo. Ma
questi era un « Nicolaus Bindini
Nigii » e non il « Nicolaus Nigii »
che io aveva bisogno di ritrovare;
e sebbene la designazione della paternità più antica ricorra spessis-
simo invece di quella immediata,

(1) V. **Andrea Dei**, *Cronaca senese*,
an. 1337, in *Rer. Ital. Scr.* XV, 96.

(2) Nella stessa *Cronaca*, an. 1346, si
legge: « E nel detto tempo e del mese di
Luglio si cominciò a fare il muro nuovo
del Comune a piei il Prato fuori della
porta a castello a Montone el quale va
per la vigna di *Bindino di Nigi* verso la
porta a Santo Vieno ».

quasi preludendo al cognome, tuttavia non v' era argomento di sicurezza completa. Ma quando ritrovai un « Nicolaus Bandini » di Siena intervenuto nell' anno 1309 come commissario alla conclusione della pace fra le città di Volterra e San Gemignano, e poscia potestà e capitano del Comune e del popolo di San Gemignano, nell' anno 1325 (1), allora mi apparve certa la identità di quelle designazioni nella persona di « Nicolaus Bandini Nigii » firmato nella pace dell' anno 1337, e ben conosciuto da Folgore per avere avuto così alte missioni ed uffici nella patria di lui.

Degli altri nomi ricordati nei sonetti era affatto impossibile di riscontrare alcuna menzione, poichè di niuno è indicata la pater-

---

(1) **Pecori,** *Storia della terra di San Gemignano*, Firenze, Tip. Galileiana, 1823, p. 745, 753.

nità. Ma quell' unico del quale è
espressa con precisione la paternità ed il casato, cioè « Carlo di
Messer Guerra de' Cavicciuoli », si
trova più volte ricordato nelle storie e nei documenti. Anch' egli fu
uomo assai benemerito del comune
di San Gemignano poichè si segnalò come condottiero nella celebre
guerra contro a quei di Volterra.
Narra il Lupi che fra gli altri capitani

Cavicciuliades equitabat in agmine Carlus (1).

Fu questa guerra atrocissima ;
scoppio d' un odio covato a lun-

(1) **Lupi,** *Annales Geminianenses* lib.
VII. Mattia Lupi nacque in San Gemignano l' anno 1380, fu piovano d' Aiolo
presso Prato e canonico nella sua patria, morì l' anno 1468. Scrisse in esametri latini, in dieci libri, gli Annali di
S. Gemignano, dei quali dà copiosi e-
stratti il **Bandini** nel *Supplemento* III,
503-518.

go, e inacerbito da liti continue di confini. I Volterrani ricorsero per aiuto a Siena, a Lucca, a Firenze, armarono duemila uomini del loro contado, comprarono cavalli, assoldarono le masnade di Nello e Dino de' Pannocchieschi, elessero a capitano supremo Gherardo della Gherardesca, fermarono il proposito *di abbattere la terra di San Gemignano*. Quei di San Gemignano si apparecchiarono con pari ardore alla guerra *contro i perfidi e nemici Volterrani*. Elessero per sei mesi dodici uffiziali *della guerra*, contrassero un prestito di ventimila fiorini d'oro, stipendiarono capitani e conestabili con le loro masnade, giurando di combattere sino all'ultimo *in onore dello stato e a distruzione e morte finale di tutti i Volterrani*. Aveva durato tre mesi questa guerra per ambo i Comuni rovinosissima, quando le repubbliche di Siena, Lucca e Firenze s' interposero per la pace. Fu accettata la loro mediazione; ma più d' un tentativo fallì, e finalmente ci vollero le minaccie perchè i commissarî di quelle tre città potessero pronunziare un lodo solenne che stabiliva pace e concordia fra i due Comuni. Questo lodo fu dei 14 aprile 1309, quello a cui intervenne come commissario di Siena Nicolò di Bandino. Ricordi ora il lettore che *Carlo di Miser Guerra Cuvicciuoli* è precisamente quel *donzello saggio, cortese, bene ammaestrato...., valente, ardito e gagliardo* a cui Folgore dedica i sonetti della settimana, e dubiti, se gli è possibile, che il rapporto che è nelle due dediche non sia pure fra le due persone che ne sono l'oggetto, e che i punti di contatto non siano la guerra del 1308, e la pace del 1309.

Ma è d'uopo rispondere ad una grave difficoltà, che muove qui l'esimio prof. Bartoli. Egli cita a questo proposito « una testimonianza di grande valore e che non può essere messa da parte. Benvenuto da Imola annotando il passo già citato del canto XXIX dell' Inferno, parla della *Societas vanissima*, la quale *vulgo appellata est Spenduritia*. E dice, a proposito di essa, che *factae sunt duae Cantiones placibiles de eis, quarum altera continet delicias eorum; altera vero calamitates et miserias quas habituri erant* ». Egli osserva che « questa attestazione precisa, assoluta di due *Cantiones* fatte per gli scioperati della Società spendereccia trova il suo chiaro riscontro nella corona dei sonetti di Folgore, e (quello che più importa) nell' altra corona dei sonetti di Cene della Chitarra, i quali cantano appunto le *calamitates* e le *miserias* della vita in opposizione alle *delicias* e alle *delectationes* cantate

da Folgore. Le parole di Benvenuto hanno la loro riprova nei
componimenti dei due poeti; e questi componimenti, alla loro volta,
è dimostrato da quelle stesse parole che si riferiscono alla lieta
brigata senese (1) ».

Eppure chi prenda ad esaminare
le parole di questo commentatore
si persuaderà facilmente che le sue
informazioni intorno alla brigata
senese non doverono essere né più
recenti né più sicure di quelle degli altri che ne hanno fatto menzione (2). Ce ne fa fede egli stesso

---

(1) l. c., p. 257.

(2) « In civitate Senarum facta est per
tempora moderna quaedam Societas vanissima quae voluit appellari Nobilis et
Curialis et vulgo appellata est spendaritia.
Fuerunt enim *ut audivi* 12 iuvenes omnes ditissimi, qui convenerunt concor-
diter inter se de faciendo rem, de qua omnium linguæ loquerentur cum risu, ad
quorum notitiam pervenirent. Posuerunt

avvertendo « che quello che narra
lo sa unicamente per averlo inteso

ergo singuli decem et octo millia florenorum unde in summa posuerunt ducenta
sexdecim millia florenorum in cumulum.
Et statuerunt quod quicumque expenderet
aliquid parte statim tamquam indignis-
simus expelleretur de tam liberali soda-
litio. Conduxerunt ergo datis legibus inter
se pulcherrimum palatium, in quo qui-
libet habebat cameram commodissimam
cum ordinatissimis arnesiis et supellecti-
libus; ubi conveniebant omnes simul bis
in mense epulantes splendide et sumtuose.
Et ut tangam breviter generales obser-
vantias, ad omne convivium apponebantur
tria mensalia. Primum quorum collige-
batur per domicellos, discumbentibus con-
vivis nobilibus, et cum omnibus ioca-
libus, vasis, cultellis aureis et argenteis,
proiiciebantur per fenestram. Secundum
mensale, in quo comedebant epulas, ser-
vabatur; similiter et tertium quo terge-
bant manus. Faciebant autem cibaria varia insolita et incognita humanis usibus;
quomodo et qualiter nescio; quamvis au-

6

dire, e che molto ignorava sebbene molto avesse udito racconta-

*dierim narrari multa de eis, quae vel fi-
cta sunt, vel aliorum dicta fuerunt.* Ex-
plorabant autem diligenter, quando ve-
niebat aliquis magnus dominus vel vir
magnae nobilitatis. Et euntes illi in oc-
cursum deducebant illum cum magna ce-
lebritate ad eorum palatium cum magna
pompa et honorabant eum donantes mune-
ra magna et cara. Et heic suum potissime
posuerunt finem insanissimae vanitati, quae
duravit solum per decem menses. Nam cito
devenerunt ad inopiam et facti sunt fabula vulgi, paritura semper risum ad memoriam audientium. Unde factae sunt duae
cantiones placibiles de eis; quarum altera
continet delicias eorum et delectationes eorum; altera vero calamitates et miserias,
quas habituri erant. Nam de rei veritate
aliqui eorum iverunt ad hospitale. Ideo au-
ctor voluit dimittere memoriam aliis in e-
xemplum ut considerato fine quem habue-
runt, sibi caveant. Sponte hoc tetigi breviter de vanitate quorumdam Senensium
in particulari. Sed de vanitate eorum in
communi dicetur Cant. XIII *Purg.* ». **Benv.
Imol.** *Comm.* in **Muratori** *A. I.* I, 1131.

re, perchè molte cose si dicevano
di quella brigata, le quali o erano
false o si riferivano ad altri ».

Ed il suo racconto non sa davvero
di storia: riproduce evidentemente
una leggenda la quale attribuisce
alla brigata senese quelle solite par-
ticolarità con le quali la fantasia
popolare ha sempre rappresentato
il fasto smodato della vita, lo sper-
pero del denaro. Un sontuoso palazzo, tre tavole splendidamente
imbandite, vivande insolite e sco-
nosciute, vasellami d' oro e d' argento che dopo aver servito si get-
tavano dalla fenestra, ricchissimi
doni ad ogni convitato, gran moltitudine di servi, magnifici cavalli
ferrati d' argento (1).... insomma
quanto è necessario per diventare *la
favola del popolo*, e per dargli tema
a canzoni. E le canzoni non doverono mancare, e forse furono nu-

(1) **C. Landino**, Inf. XXIX.

merose, nel bel tempo della brigata e dopo il suo deplorevole fine;
doverono ridere alla improvvida
follia e schernire la conseguente
miseria; ma sono di tal numero
le serie di sonetti di Folgore e di
Cene dalla Chitarra?

I primi non paiono certamente
fatti per ischerzo, né hanno, come
dissi, alcuna nota che si addica ad
una compagnia *vanissima* la quale
« sebbene pretendesse chiamarsi *nobilis et curialis*, fu volgarmente
chiamata *spendereccia*, e tutti i suoi
membri, facendo cose delle quali
avrebbe parlato con riso ognuno
che ne avesse avuto notizia.., presto si ridussero alla misera e di-
vennero la favola del volgo *paritura semper risum ad memoriam
audientium* ». Quelli poi di Cene
dalla Chitarra sarebbero assoluta-
mente privi di senso se si volessero
considerare come un' allusione a
reali miserie a venire: essi non so-

no altro che una *risposta per con- trari*, o, se si vuole, una parodia. Così solamente si spiegano molti luoghi nei quali l'antitesi ha condotto il poeta fuori del possibile, e gli ha suggerito idee che altrimenti non sarebbero occorse ad alcuno. Quando mai è detto in quei sonetti, in qualsiasi maniera; « badate, fate senno, finirete male »? quando le miserie di cui vi si parla possono essere vere, e conseguenza di una prodigalità precedente? forse che chi non può più cacciare al falcone o coi cani commodamente, a cavallo, perchè ha finito i denari, dovrà ridursi a cacciare gli orsi per la montagna, nell'inverno più crudo, con le scarpe rotte, con una gonnella tanto corta che non lo difenda dal freddo? È verosimile che uno il quale non possa più fare per diletto una breve cavalcata prenda a far trenta miglia su di un cavallo

magro, senza la sella? che invece
di mitigare i calori d'estate con
l'ombra di un'amenissima villa, cerchi riparo presso una sorgente d'a-
cqua sulfurea o vada a sfidare l'aria
malsana d'una palude? Chi è in povero stato rinunzia alla caccia, alle
cavalcate, alla campagna, a tutti i
divertimenti, e, o lavora per guada-
gnarsi il pane, o chiede limosina, o
muore in un ospedale, come appunto la leggenda narra dei socî della
brigata senese. E se alcun che di
questo ricorresse nei sonetti di Cene,
non sarebbe difficile di spiegare il
resto per effetto d'opposizione o
di parodia, ma invece non ve n'è
parola, e sola v'apparisce l'antitesi. Mi sembra dunque di poter
conchiudere che le due canzoni ci-
tate dall'Imolese non possano essere i sonetti di Folgore, e di Cene
dalla Chitarra; che pertanto il commentatore alluda ad altre poesie,
e quei sonetti ad altra brigata.

Siffatte brigate furono assai nu-
merose, né solo gli scapestrati v'ap-
partenevano: erano invece conside-
rate come una manifestazione della prosperità del Comune e della
splendidezza dei ricchi e dei nobili.
« Negli anni di Cristo 1283 — scrive Giovanni Villani — del mese di
Giugno per la festa di S. Giovanni
essendo la città di Firenze in buono e pacifico stato, et in grande
tranquillo e utile per li' mercatanti
et artefici et massimamente per li
Guelfi che signoreggiavano la terra, si fece nella contrada di S. Fe-
licita oltr'Arno, onde furono a capo i Rossi con loro vicinanza, una
nobile et ricca compagnia vestiti
tutti di robe bianche con uno Signore detto dello Amore. Per la
qual brigata non s'intendea se non
in giuochi et in sollazzi et balli
di donne et di cavalieri, popolani,
et altra gente assai honorevole, andando per la Città con trombe et

molti stormenti, stando in gioia et
allegrezza a gran conviti di cene
et desinari. La quale corte durò
presso a tre mesi et fu la più nobile et nominata che mai si facesse
in Firenze et in Toscana. Alla quale corte vennero di diverse parti
et paesi molti e gentili huomini di
corte et giuocolari, et tutti furono
ricevuti et proveduti honorevolmen-
te. Et nota che ne' detti tempi la
città di Firenze co' suoi cittadini
fu nel più bello stato che mai fosse, et durò infino li anni di Cristo
1289 allora che si cominciò la divisione tra il popolo et grandi, et
appresso tra Bianchi et Neri. Et
havea nei detti tempi in Firenze
da CCC Cavalieri di corredo, et
molte brigate di Cavalieri et di
donzelli, che sera et mattina ric-
camente metteano tavola con molti
huomini di corte, donando per le
Pasque molte robe vaie: onde di
Lombardia et di tutta Italia vi trae-

vano buffoni et bigerai et huomini
di corte a Firenze, et tutti erano
veduti allegramente, et non passava per Firenze nullo forestiere
uomo di rinomio et da ricevere
honore, che a gara non fosse invi-
tato et ritenuto dalle dette brigate, et accompagnato a piede et a
cavallo per la città et per lo contado come si conviene » (1).

Vero è che in appresso le cose
cambiarono, entrarono in città le
parti e i disordini, diminuirono i
guadagni, le imposte crebbero; ma
le pubbliche gravezze non ridussero
il fasto e la grandezza della vita
« e ciascheduno peccava in disordinate spese, onde erano tenuti
matti » (2). Le brigate spende-
recce non si disciolsero, anzi chi
meno aveva cercava di coprire la
miseria ostentando ricchezza, e An-

(1) **G. Villani,** *Cron.* VII, 88.
(2) L. c., XI, 93.

tonio Pucci non sa frenare lo scher-
no quando ci descrive questi vani
e spensierati i quali

> si ragunano insieme
> e chiamano un Signor di tutti quanti.....
> ned allor paion con le borse sceme.....
> E poi il dì di calen di gennaio
> vanno in camicia con allegra fronte
> curando poco scirocco o rovaio.....
> E dove avean gli tordi e la pernice
> la vitella e i capponi lessi e arrosto
> hanno per cambio il porro e la radice.
> E quel ch' era Signor si vede sposto
> e lasciato il reame e la bacchetta,
> e 'l suo vestire è poi d'un piccol costo (1).

Niuno potrebbe dire che la brigata di Folgore fosse proprio di
questa fatta; ma i sonetti, senza
pure indurre a questa conchiusio-
ne restano assai bene spiegati dal
raffronto con il capitolo del Pucci,
e insieme a questo ci dipingono

---

(1) **A. Pucci**, *Le proprietà di Mercato
Vecchio.*

mirabilmente la vita e i costumi del tempo (1).

(1) V. allusione ad altre brigate nel Magl. VII, 1066, f. 11:

« Iddio vi dia buona vita e non sia vuota ».

f. 16:

« Tanto v allegri Iddio gientile brighata ».

Ad altra brigata simile allude il **Sacchetti** nel sonetto in risposta a Ciscranna dei Piccolomini il quale comincia:

« Non so Ciscranna se sian zaffi o zaffe »

ed egli stesso dovè essere socio di qualcun' altra poichè v' ha una lettera a lui intestata: *Dilecto nobis Francisco Sacchetti potestati terrae Bibienae. Nos Vita Dux catervae jocunditatis et gaudii terrae Puppii;* ed una sua risposta: *Inclito et excelso Domino Vitae Duci catervae jocunditatis et gaudii terrae Puppii maiori suo et dno reverendo.* V. **Aquarone,** *Dante in Siena,* Siena, Gati, 1865; p. 50. Anche una ballata di Franco diretta ad una *compagnia di cacciapensieri* riporta il **Carducci,** *Cantilene e ballate* etc. Pisa, Nistri, 1871; p. 211.

Un' altra indicazione preziosa per la storia di questi sonetti ci offre una sentenza dell'Imperatore Arrigo VII, data in Poggibonsi l'anno 1313 contro a'ribelli di Toscana. Si legge in fine:«Nomina vero illorum qui de praedictis pubblice inculpantur, et contra quos processum est et reperti sunt culpabiles de praedictis sunt infrascripti. In primis de civitate Florentiae. De sextu Ultrarni... De sextu Burgi... De sextu portae S. Petri... « Cantinus et *Carolus quondam Guerrae de Cavicciulis* de Florentia » (1). Se dunque i sonetti di Folgore sono posteriori all' anno 1309, vi si parla di « Guerra Cavicciuoli » come di persona vivente, e questi era morto

(1) **Lami**, *Hist. Sicul. Laur. Bonincontrii* in *Del. Erud.* Firenze, Viviani, 1740, VIII, 229. — *Sanct. Eccl. Flor. Monumenta,* Firenze, Tip. d. Annunziata, 1758, I, 127.

nell' anno 1313, la data di quelli
è fissata entro queste due date, e
con ciò sparisce ogni anacronismo
ed il bisogno di negare a Folgore
la paternità di alcuno dei sonetti
che i codici hanno con il suo nome.

Ma se è dato finalmente di a-
vere qualche notizia esatta intorno
alle rime, mi duole di darne assai
scarse intorno al poeta. Non ho
trovato di lui alcuna menzione, e
solo una volta m' è occorso di leggere il nome di « Folgore » in un
documento senese (1); tuttavia ciò
pruova che il nome era in uso a
quei tempi. Anche il Pecori, dili-
gentissimo raccoglitore delle memorie del comune di San Gemignano, aveva dovuto scrivere: « Nulla
ci è noto di sua famiglia, nulla
della sua vita letteraria e cittadi-

(1) « Da Prisciano per lo mulino di
Folgore ». *Ricordi di una famiglia Sanese* nell' *Arch. Stor. It.* App. 2,72.

na. In un registro statistico (Fumante del 1332 di lett. E n. 10 Arch. di Cancell.) trovansi descritti gli eredi di messer Folgore; lo che mentre nel titolo di messere ce lo rivela di nobile condizione, ci fornisce altresì una prova ond' assegnare circa a quel tempo l'epoca della sua morte » (1).

Ma debbo alla squisita cortesia del ch.mo prof. Adolfo Bartoli la communicazione di due documenti nei quali il nostro poeta è nominato a cagione di servigi militari prestati al comune di San Gemignano.

Dal *libro dei Consigli, Stanziamenti e Riforme pei mesi di Settembre Ott. Nov. e Dec.* del 1305:

« Die xxviij sept. —

Item xxiiij sol: Folgori olim Mi-

(1) **Pecori,** *Storia di San Gemignano.* Firenze, Tip. Galileiana, p. 484.

chaelis pro suo salario sex dierum
quibus pro Comuni stando in e-
xercitu facto Pistorii mandato Nelli
Piveri capitanei peditum Comunis
ibidem existentium venit et stetit,
veniendo, stando, et redeundo ad
dictum exercitum ad sanctum Ge-
minianum in servicium dicti Comunis, videlicet ad rationem soli-
dorum iiij pro die quolibet, de quibus non erat ei satisfactum ».

E nel *libro degli Stanziamenti*
del 1306:

« Sono pagati 6 soldi a Folgore
per suo salario di due giorni che
stette con altri alla custodia del
palazzo del Comune di S. Gemignano col Vicario del potestà nel
mese di luglio ».

Se dunque la fonte leggendaria
a cui ha attinto il commentatore
Imolese fa supporre da una parte
che il tempo della brigata Dante-
sca dovesse essere antico, dall' al-

tra la testimonianza che ci fanno
questi due documenti dell'età di
Folgore, atto ancora ai servigi militari negli anni 1305 e 1306, rendono anche più difficile l'idendità
delle due brigate. Questa identità
può invece essere sorta assai facilmente nella tradizione popolare, come ne fanno fede i titoli che
accompagnano la serie dei sonetti nel codice Magliabechiano e in
quello appartenuto a monsig. Boccolini.

A questi risultati mi ha condotto una lunga e paziente inda-
gine storica; forse non sono ade-
guati al tempo e, dirò pure, alla fatica che mi costarono, e se ad
alcuno sarà dato di fare più minute ricerche, specialmente negli
archivi locali, e di trovare qualche
documento che sciolga con sicurezza la questione in qualunque
senso, sarò lieto di avergliene dato
occasione.

IV.

Folgore da San Gemignano non è al certo un poeta che si confonda fra la turba di quegli antichi rimatori, che ci annoiano con le solite canzoni d'amore intonate sopra un liuto scordato e sonato a strimpello, o che c'infastidiscono con astruserie incomprensibili, le quali il più delle volte non hanno di scienza altro che la pretensione. Egli, più che insegnare a vivere, mostra come si viva, ci fa abbandonare la corte e la scuola, e ci mena per le vie di Siena e di Firenze, tra donzelle e tra fiori, a far conoscenza col popolo, che dimentica in mezzo alle feste le gravi cure cittadine, e spesso si lascia cogliere nelle cantine dai rintocchi della campana che lo chiamano alle armi in difesa della minacciata libertà della pa-

7

tria. Certo non è il solo fra gli antichi lirici a cantare la vita nelle sue reali manifestazioni; ma tanta vivacità di pensiero, tanta scioltezza di frase e di verso non sono comuni alle rime di quel tempo, e in poche si trova la verità del contenuto unita a tanto grande semplicità della forma.

Il Monti fa dire a Folgore che « quantunque poeta come Dio volle, gli torna a gran gloria che nel fango de' suoi versi il padre Alighieri siasi degnato di razzolare qualche granello d' oro », e pone in nota un verso di Folgore e uno di Dante, il raffronto dei quali non ha alcuna importanza, ed è, per giunta, assai problematico (1).

(1) Vincenzo Monti, *I poeti dei primi secoli della lingua italiana*, Firenze, Le Monnier, 1847, V, p. 311:

F. « Chi sommette rason a volontade. »
D. « Che la ragion sommettono al talento. »

Ma v'è ben altro lì dentro! v'è tutta una rivelazione di vita, di sentimenti, di aspirazioni.

L'importanza di questi sonetti, sfuggita agli altri storici, fu bene rilevata dall'illustre prof. Adolfo Bartoli, il quale per primo ci ha dato una storia veramente critica dei due primi secoli della nostra letteratura (1). Egli ponendo Folgore fra i poeti del secolo XIII ne fa addirittura il rappresentante della scuola poetica popolare toscana, la quale, contrariamente alla *maniera* convenzionale, fredda e pedantesca dell'altra, s'agita, si commove, e rappresenta la vita nelle sue varie passioni.

E fino dal primo tempo della lingua volgare s'ebbero poeti i quali più che all'ideale cavalleresco del medio evo s'ispirarono ai fatti, ai

____

(1) **Bartoli,** *I due primi secoli della letteratura italiana*, p. 159.

caldi affetti dell'animo, al sentimento della natura. Questi non sospirano platonicamente avanti a una forma aerea e vaporosa di donna elevata a idolo o a simbolo, non riguardano il mondo esteriore assorti in mistica contemplazione, non considerano la vita come un sogno funesto o beato; ma ridono della mitologia e della metafisica, sentono profondamente l'amore e l'odio, la gioia e il dolore, il giubilo e la tristezza, e ad ogni moto del cuore fanno rispondere una nota del loro canto. A rappresentare i primi può designarsi Dante da Maiano; dei poeti del vero è principe l'Alighieri. Quegli canta solo quando n'è richiesto, e per dimostrare che riesce a fare un sonetto (1);

(1) Convemmi dimostrar lo meo savere
      e far parvenza s'eo saccio cantare:
      poi lo dimanda lo gentil parlare
      della gioiosa che m'ave in tenere.

questi soltanto allora che l'affetto
gli trabocca dal cuore (1).

Dante da Maiano si contenta
d'un solo sguardo della sua donna (2), e Franceschino degli Al-
bizzi lascia pur di guardarla per
compiacere alla gente (3); ma Folgore vuole che si stia in compagnia di lei, e se non basta una,
che ve ne siano molte:

> qual più li piace damigella o dama
> abiane molte che li sien d'attorno,

e vuol vedere

> pulzellette giovane e garzoni
> baciarsi nella bocca e nelle guance.

(1)   Io mi son un che quando
    amore spira, noto; ed a quel modo
    che detta dentro vo' significando.

(2) Più m' aggradisce di voi, avvenente,
    solo uno sguardo avere,
    che d'altra donna prender dilettanza.

(3) Rifreno il mio talento di mirare
    la dolce donna mia .
    perchè la gente mi ne ripigliava.

Federico dall' Ambra si compiace
della rappresentazione figurata d' A-
more, e crede che s' egli fosse vi-
sibile si mostrerebbe davvero in
forma d' un fanciullo nudo, alato,
con una benda agli occhi, e armato
di dardi (1); ma Andrea Orcagna
si leva su motteggiando, e rimprovera Omero, Ovidio e Virgilio
d' averlo descritto in quella maniera che è contraria al vero e
alla logica, e osserva con impeto
di *verismo* che se quegli è cieco
non può tendere insidie, se è i-
gnudo non può andare attorno,
se è fanciullo non può trarre l'ar-

(1) Se Amor da cui procede ben e male
  fusse visibil cosa per natura
  sarebbe senza fallo a punto tale
  com' el si mostra nella dipintura.

  garzone col turcasso alla cintura
  saettando cieco, nudo e ricco d' ale;
  dall' ale sembra angelica figura,
  ma a chi l'assaggia egli è guerrier mortale.

co (1). Guido Guinicelli canta anch' egli d' amore , ma da filosofo ,

(1) Molti poeti han già descritto Amore
   fanciul nudo, coll'arco feretrato,
   con una pezza bianca di bucato
   avvolta agli occhi, e l'ali ha di colore;

   così Omero e così Naso maggiore
   e Virgilio e li altri han ciò mostrato:
   ma come tutti quanti abbino errato
   mostrar lo intende l' Orgagna pittore.

Sed egli è cieco, come fa gl' inganni?
   sed egli è nudo, chi lo manda a spasso?
   se porta l' arco, tiralo un fanciullo?

   s' egli è sì tener, dove son tanti anni?
   e s' egli ha l' ale, come va sì basso?
   così le lor ragioni tutte annullo.

   L' amore è un trastullo:
non è composto di legno né d' osso;
e a molte gente fa rompere il dosso.
V. anche **Lapo Gianni** Canz. *Delle cinque proprietadi d' Amore* in *Canz. Chig.*
L. VIII, 305 ed. da **E. Molteni** ed **E.
Monaci** n. 74.

e per esser sublime verseggia la
metafisica. Bonaggiunta Urbiciani
da Lucca si congratula con lui
in un sonetto, ma gli dice aperto
che non l' intende, ed anzi che
non si trova chi possa intender-
lo (1). Domenico Cavalca medita
su la vita umana e non vede in
quella altro che lotta della ragione col senso, e si rattrista perchè lo spirito non arriva a sottomettere il corpo completamente (2):
Dino Frescobaldi, come tutti gli
altri innamorati sdiliquiti, slom-

(1) E voi passate ogn' uom di sottiglianza,
    che non si trova già chi ben vi spogna,
    cotanto è scura vostra parlatura;
    ed è tenuta a gran dissimiglianza,
    tutto che il senno vegna da Bologna,
    traier canzon per forza di scrittura.
(2) Quantunque l'uom combatta in questa vita
    mai non si vince ben perfettamente,
    e questa guerra non è mai finita
    né mai star possiam sicuramente.

bati, strutti dalla passione, male-
dice la vita cento volte il giorno e

la morte aspettando
vede la fine dei martiri sui;

ma Benuccio de' Salimbene si duole
d'aver vissuto molto perchè gli pare di non aver goduto abbastanza
e vorrebbe rinascere per godere di
più e meglio (1).
E Folgore da San Gemignano,
perchè niuno abbia a dolersi o a
rammaricarsi in tal guisa, consi-
glia di profittare d'ogni mese dell'anno, d'ogni giorno della settimana
per godersela e darsi bel tempo,
affinchè alla vecchiezza sia di con-

(1) E temo ch'io non compia mia giornata
    senza potermi ponere a sedere;
    e terza è ora, e nona è già sonata:

    poi viene il vespro, e vorrei volere
    da capo fare una bella levata;
    questo volere non ha più potere.

forto la memoria dei piaceri goduti
nella gioventù. Abbiate, egli dice,
innanzi tutto compagnia allegra e
denaro:

> compagnia che ve deletta e piaccia
> e le borse fornite di denaro.

Sia pure che frate Stoppa dei
Bostichi abbia pensato:

> l'uom nasce al mondo ignudo,
> dunque è d'avanzo ciò che poi acquista;

che ben gli risponde Pieraccio Te-
daldi:

> Il mondo vile è oggi a tal condotto,
> che senno non ci vale o gentilezza
> se non v'è misticata la ricchezza,
> la qual condisce e insala ogni buon cotto.
> . . . .
> Però rechisi ognun la mente al petto,
> e in tal modo cerchi provvedere
> ch'egli abbi de'denar, quest'è l'effetto.

E Cecco Angiolieri va pure più innanzi dicendo che:

in questo mondo chi non ha moneta
per forza è necessario che si ficchi
un spiedo per lo corpo, o che s'impicchi.

Ma avendo denari bisogna spen-
derli e non tenerli cari *come fi-*
gliuoli; bisogna ricordarsi che se

avarizia le gente ha prese all'amo,

smorza ogni allegria,

e ogne grazia destrugge e confonde.

Lungi dunque da tutti gli avari:

avari non vogliate usar con elli,
e tutti abbiate l'avarizia en bando.

E non basta spendere; che è pure
necessario di spender bene e di
scegliere i luoghi e i divertimenti
più belli. D'inverno il divertimento

è in casa, presso al fuoco, coperti
di pellicce, mescendo buon vino; e

uscir di for alcuna volta il giorno
gittando della neve bella e bianca
a le donzelle che staran d'attorno.

In primavera sorride

la gentil campagna
tutta fiorita di bell'erba fresca,

ambianti palafren, destrier di Spagnia
con gente costumata alla francesca
cantar, danzare alla provenzalesca
con istromenti novi d'Alemagna (1).

(1) Cfr. *La Tavola Rotonda* in *Collez.
di op. ined. o rare.* Bologna, Romagnoli,
1864; I, 35: « E mangiando eglino in tale
maniera queste vivande così salate e bevendo di molti possenti e buoni vini senza
nulla acqua incominciaro a bere alla te-
desca, et frenguigliare alla grechesca et
cantare alla francesca et ballare alla mo-
resca et fare baldosa in più modi; et
prima che le tavole fussero levate tutti
s'addormentarono all'inghilesca ».

Quanta frescura d'estate, e quanta soavissima quiete

in una valle d'alpe montanina

irrigata da un placido fiume, le cui sponde offrano asilo nell'ore più infocate dal sole:

e per la valle corre una fiumana
che vada notte e dì traente e rasa,
e star nel fresco tutta meriggiana!

D'autunno la caccia e il vino; è una stagione che vi dice: andate in campagna,

traetevi bon tempo e uccellate
come vi piace a piè et a cavallo;

la sera per la sala andate a ballo
bevetevi del mosto e v'enibriate,
che non v'a miglior vita en veritate
e questo è ver come 'l fiorino è giallo.

Non temete per la salute del corpo:

lo rosto e 'l vino è bona medicina;

e neanche per quella dell' anima,
perchè tale divertimento è lecito e
onesto. Sarà sempre *mens sana in
corpore sano*, velo giuro per i
vangeli !

u le guangnele ! starete più sani
che pesce in lago, fiume o in marina
avendo miglior vita di cristiani.

I piaceri della vita non sono soltanto nella brutale soddisfazione
delle passioni; altro è dire che per
esser l' uomo di carne e d'ossa non
può godere se non godono i sensi,
altro che lo spirito non vi sia per
nulla, e non abbia anch' egli i suoi
desiderî ideali a raggiungere. La
virtù non è nemica alla gioia e alla
contentezza; e la ragione è un freno necessario a moderare le passioni, le quali se giungono a prender
dominio dell' uomo, lo rendono misero ed infelice.

Quando la voglia segnoreggia tanto
 che la rason non ha poder in loco
 spesse volte ride l'omo di planto
 e de grave dolenza monstra gioco;

 .   .   .   .

 ma ben se pò coralmente dolere
 chi sommette rason a volontade
 e segue senza freno suo volere!

Il vero e il buono non potevano scompagnarsi dal bello nell'animo d'un poeta toscano del secolo XIV: non poteva mancargli il sentimento della natura, l'istinto artistico. Ogni sonetto è un quadro compiuto; v'è il fondo, il rilievo, il movimento, l'effetto del tutto non fa trascurare le parti anche più minute, il senso del piacere non assorbe l'ideale dell'arte. E questo ideale ispirò pure a Lapo Gianni quei versi ne'quali egli trasfonde un desiderio intenso di felicità e d'allegrezza, il sospiro ardente verso un'infinita dolcezza che appaghi il corpo col diletto de' sensi, e lo spi-

forte, serena e severa, che spira
fede e amore di patria, diletto e
operosità, che folleggia negli spassi
nelle danze nei canti, gode degli
agî e della ricchezza e freme allo
strepito delle armi.

VII.

Cene dalla Chitarra d'Arezzo è
poeta conosciuto soltanto per i sonetti contrarî a quelli di Folgore (1). Il suo vero nome sembra che
fosse Benciviene o Bencivene (2) ed

---

(1) Il **Nannucci** nell' *Analisi critica dei
verbi italiani* p. 560 cita un verso di Cene
che non è dei sonetti conosciuti; ma non
indica la fonte da cui l'ha tratto.

(2) *Cene* può essere diminutivo di *Bencivene*, come *Cenne* di *Bencivenne*, *Cenni*
di *Bencivenni*, nomi che ricorrono spesso
in antichi testi. V. **Flechia.** *Di alcuni
criteri per l'originazione dei cognomi italiani* Estr. dagli *Atti della R. A. dei Lincei*

ebbe aggiunto l'appellativo dalla chitarra, istrumento suo favorito, come Francesco dagli organi, e Albertuccio dalla viola. Le rime di lui hanno ben piccolo valore, e forse debbono la loro conservazione, più che al merito, all'attinenza che hanno con quelle dirette alla brigata di Siena. Non v'è pregio d'invenzione nè di forma: la parodia, più che l'antitesi, è grossolana, goffa e talvolta anche priva di senso. Tuttavia per la ragione medesima che spinse lo scrivente del secolo XIV ad aggiungerle ai sonetti di Folgore, furono aggiunte a questi anche nella presente edizione.

Può dirsi che fonte unica ne sia il codice Barberino: il testo del

— *Memorie della classe di scienze mor. stor. e fil.* S. 3. V. II; ed anche: *Le accorciature dei nomi propri italiani raccolte da* **P. Fanfani** Estr. dalla *Riv. di Fil. ed Istr. class.* Anno VII, n. I.

10

ms. Chigiano ha tutta l'apparenza di un rifacimento assai posteriore in cui le molte lacune della fonte immediata scritta o della memoria furono empite dal compilatore in gran fretta e alla peggio. V'è abbondanza di rime ripetute, discordanti o trasposte, di parole non comprese e supplite male, di versi nuovi interpolati agli antichi, qualche sonetto v'è rifatto da cima a fondo. Tuttavia ci dà il primo sonetto di dedica, il quale manca nel codice Barberino, e che, non so come in mezzo a tanti altri di dubbia antenticità, non presenta alcuna nota d'apocrifo.

Esposi già le ragioni che mi vietano di credere che i sonetti di Cene siano diretti alla brigata senese per ammonirla dell'avvenire con la pittura del misero stato a cui sarebbe venuta, e dissi che in quelli non mi riusciva di veder altro che una « risposta per contrari » a quelli di Folgore, una vera e propria parodia. Cene ha già un intendimento satirico (1), ma scorrazza pel campo della poesia a quel modo che avrebbe corso una gualdana (2); fa violenza all'ispirazione e, se occorra, anche alla rima e al verso; ma, a dritto o a torto, vuol'entrare anch'egli nel numero dei poeti.

GIULIO NAVONE

---

(1) **Bartoli** *Storia delle lett. ital.* II p. 266.

(2) **Carducci** *Studi letterari*, Livorno, Vigo, 1871; p. 154.

FOLGORE DA SAN GEMIGNANO

SONETTI DE' MESI

I.

A la brigata nobile e cortese
   en tutte quelle parte dove sono
   con allegrezza stando sempre dono
   cani, uccelli e danari per spese,

   ronzin portanti, quagle a volo prese,
   bracchi levar, correr veltri a-bbandono;
   in questo regno Nicolò incorono
   perch' egli è 'l fior della città sanese.

Tingoccio e Min di Tingo et Anchaiano
   Bartolo e Mugavero e Fainotto,
   che paiono figloli del re Priano;

   prodi cortesi più che Lancilotto,
   se bisognasse, con le lance in mano
   fariano torneamenti a Camellotto.

1 B. bregata nobille et M. brighata, chortese 2 B. tute quele M. in, parti la ove C. in, parti 3 B. alegreza M. chon, istando, sempre in dono C. sempre star vi dono 4 M. chani e, per ispese C. danar per le spese 5 B. ronzini M. ronzini, e quaglie a voi le prese C. e quaglie 6 B. brachi, corer M. *(manca)* C. veltri mastini e corni con suono 7 B. corono M. di, regnio, niccholo inchorono C. di, Niccolò 8 B. perchè l o flor de la cita M. pero ch e l fiore 9 B. et min di tongno M. tinghoccio e mino di tingho e anche a iano C. Mindilingo 10 B. mugaro

M. Ffainotto   11 B. che paion M. tutti pariano
figliuoli der re   C. pariano figliuoli dello   12 B. lancillotto   M. e cchortesi, Lancialotto   C. Lancelotto
13 M. bisogniasse, cholla lancia   C. la lancia   14 B.
camelotto   M. fariano torniamento a Cchamellotto   C.
farebbon torniamento.

NOTE

ronzin portanti ecc. prov. *ronci*, a. fr. *roncin* da
runcinus « piccolo cavallo di servigio »; talora anche « cavallo vile e spregevole » ed in
questo senso si oppone a « destriero ». *Alex.*
549, 30 :

> Fols est ki d' esprivier
> cuide faire faucon
> ne de ronci destrier.

e Fr. IACOP. TOD. 2, 32, 58

> A prova di destriero
> non correrà ronzino.

V. DIEZ *E. W.* a *rozza*.

a-bbandono prov. *à bandon*, a. fr. *à bandun* vale
« a talento, senza riserva », Vedi RAYNOUARD
Lex. Rom. s. v. *bandon* e DIEZ *E. W.* I, 51.

Priano « Priamo » con accento, per sineresi, passato
su l' *a. a. fr. Prianz, Priant, Prian, Priain,*
nel *Roman de Troies* pass., in GOTTFRIED v.
MONMOUTH *Der Müncherer Brut* (ediz. Hofmann
und Volmöller) Halle Niemeyer, 1877, v. 94,
109, 401 etc. — *iano* da *iamo* non è irregolare
in toscano, normale nel fiorentino.

Camellotto *Camlet* città d'Inghilterra nella Contea di
Somersetshire, famosa come sede del re Artù,
e per le giostre che vi facevano i cavalieri della
Tavola Rotonda. FAZIO DEGLI UBERTI. *Ditt.* IV, 23 :

> Vidi guasto e disfatto Camelotto.

II.

DE GENNAIO

I' doto voi nel mese de gennaio
  corte con fochi di salette accese,
  camere, letta ed ogni bello arnese,
  lenzuol de seta e copertoi di vaio,

  tregèa, confetti e mescere arazaio
  vestiti di doasio e di rascese,
  e 'n questo modo star a le defese
  mova scirocco, garbino e rovaio.

Uscir di for' alcuna volta il giorno
  gittando della neve bella e bianca
  a le donzelle che staran dattorno,

  e quando fosse la compagna stanca
  a questa corte facciase ritorno
  e si riposi la brigata franca.

B. Zonaio M. Giennaio 1 Cfr. CENE S. I. B. voy,
genaio MC. I vi dono del mese di 2 B. cun, e di
salette accese, M. chorte chon fuochi e insalate accieso
C. con fuoco di salate. 3 B. d oni M. chamera e lletta
C. buono 4 B. de setta et copertori M. lenzuola,
e cchopertoi C. lenzuo' 5 B. tregea, messere arazaio M. tregiea chonfetta e mesciere arrezaio C.
confetta, mescere a rezzaio 6 B. racese M. doagio,
razzese C. doagio, francese 7 B. mondo M. istare

MC. difese   8 B. sirocho   M. muoia isciroccho gher-
bino e rrovaio   C. muoia scilocco zerbino   9 M. u-
scire, alchuna, al giorno   C. e uscir fuori   10 B.
gitando, bela et   M. e bbiancha   11 B. donzele, sta-
rano da torno   M. che mi sono d intorno   C. che sa-
ran d intorno   12 B. fose   M. la chompagnia fosse
stancha   C. la compagnia fosse stanca   13 B. retorno
M. chorte, faccia suo   C. in quella, faccian lor   14 M.
qui si riposa, brighata francha   C. ivi si posi.

salette dimin. di « sala, sorta d'erba della quale,
    secca che sia, s'intessono le seggiole e si fanno
    le veste a' fiaschi ». V. *Crusca*

tregèa sp. e pr. *dragea*, fr. *dragée* vale « dolce com-
    posto di zuccaro ». Dal greco τραγήματα.
    v. Diez *E. W.* I, 424.

arazzaio « vino piccante » detto anche *razzente* o
    razzese.

doasio (doagio) stoffa di Douay (lat. *Duacum*) città
    delle Fiandre celebre pe' suoi tessuti di co-
    tone e di seta. *Morg.* 22, 146:

    Di porpora coperto e riccamente
    di drappi d' oro ornati di doagio.

rascese tessuto di Rascia, onde « rascia » specie
    di panno di lana. V. Diez *E. W.* a *raso*.

rovaio borea, tramontana. *Alleg.* 150:

    Si leverà un freddissimo rovaio.

III.

DE FEBRAIO

De febraio vi dono bella caccia
    di cervi, cavrioli e di cinghiari,
    corte gonnelle con grossi calzari
    e compagnia che ve deletta e piaccia;

    can da guinzagli e segugi da traccia
    e le borse fornite di danari,
    ad onta degli scarsi e degli avari,
    o chi di questo vi da briga e 'mpaccia.

E la sera tornar co' vostri fanti
    carcati de la molta salvagina
    avendo gioia, allegreza e canti;

    far trar del vino e fumar la cucina,
    e fin al primo sonno star raggianti,
    e po' posar enfin a la matina.

1. B. bella la M. Di, si vi dono la chaccia C. Di, vi dono la caccia   2 M. di cierbi di chavriuoli e de cingniari C. di cierbi di caprioli e di cinghari 3 B. gonelle e M. chorte ghonnelle, chalzari   4 B. et M. e cchonpagnia MC. vi diletti   5 B. de guinzagli M. chani da guinzaglia, seghugi C. seghugi   6 M. le borse ben   7 B. et MC. a onta M. scharsi   8 B. che di questo M. o di chi, si da brigha o npaccio C. si da   9 B. cog M. la sera

tornare voi cho vostri   10 M. charichi, selvagina
C. carichi di molta   11 B. gioya alegreça M. e
stare in allegreza en gioia e n chanti   C. habbiendo,
d'allegrezza   12 M. trarre del vino fummare la
chucina   C. e trarre vino   13 B. sono, razanti
M. a primo, stare razzanti   C. infino   14 M. e ppoi
dormire infino   C. e poi posarsi in fino

cinghiari forma antica di *cinghiale* che conserva la
r dell'originario *singularis (aper)* citato dal
Gloss. Sangall. Cfr. prov. *senglar*, fr. *sanglier*,
e Diez *Gramm.* I, 38.

guinzagli « striscia stretta per lo più di sovattolo
la quale s'infila nel collare del cane per uso
d'andare a caccia ». V. *Cr.*

segugi « specie di bracco, detto così dal seguitare
che fa lungamente la traccia delle fiere ». V. *Cr.*

IV.

DI MARZO

Di marzo sí vi do una pischiera
 d'anguille, trote, lamprede e salmoni,
 di dentali, delfini e storioni,
 d'ogni altro pesce in tutta la rivera;

 con pescatori e navicelle a schiera
 e barche saettíe e galeoni,
 le qual ve porteno tutte stasoni
 a qual porto vi piace a la primera;

Che sia fornito de molti palazi,
 d'ogni altra cosa che ve sie mestiero,
 e gente v'abia de tutti sollazi.

 chiesia non v'abia mai né monastero;
 lassate predicar i preti pazi,
 c'hanno troppe bugie e poco vero.

B. Março M. Marzo 1 B. Di março M. si
vi dono la gientile C. dono 2 M. di trote aguille
lanprede e sermoni C. trote lamprede anguille e
salmoni 3 B. Dentali M. denticini alfini C. den-
tici, dalfini 4 B. d on, in tota M. ed ogni altro
buono pescie ch e pella riviera C. riviera 5 M.
chon peschatori a nnaviciella 6 M. ghalioni 7 M.
in qua e lla vi, a tutte stagioni C. i qua' vi, a tutte
stagioni 8 M. a quel porto dove plù vi piacesse
alla nprimera C. alla primiera 9 B. palaçi M. v

abb i di MC. palazzi   10 B. d on M. e ben fornito
di cio che fa C. e d altre cose   11 B. solaçi M.
e giente, di molti C. e sievi pieno 12 E. no v abia
MC. chiesa M. monistero   C. habbia, munistero
13 B. paçi M. lasciato predicharo C. lasciate, a
preti   14 B. trope M. que ch anno assai, poco
C. che hanno assai.

saettíe « specie di nave velocissima al corso ». TASS.
    Ger. lib. I, 68:
        Sopra una lieve saettía tragitto
        vo' che tu faccia nella greca terra.
galeoni « sorta di nave grandissima, o nave da carico».
    SERD. *Stor.* 16, 6-27 « S' imbarcò in Cochin
        sopra un galeone carico di molte ricchezze ».
        Su la dubbia origine della parola *galèa* v. DIEZ
        E. W. I, 196.
stasoni (stagioni) usato spesso in senso generale di
    « tempo, volta ». PIER. D. VIGNE:
        Ca' lo troppo tacere
        noce manta stagione.
    Nov. ant. 19, 15; *Introd. virt.* 13; *Vita S.
    M. Madd.* 122. *Tutta stagione* vale « sempre ».
    Fr. GUITT.
        Ischifar vizi e aver tutta stagione.
    ». FOIQ. DE MARSEILLE:
        Senher Savaric larc e gran
        vos troba hom tota sazos.
a la primera diciamo oggi: *alla prima.*

V.

D'APRILE

D'april vi dono la gentil campagna
    tutta fiorita di bell'erba fresca,
    fontane d'aqua che non vi rincresca,
    donne e donzelle per vostra compagna;

    ambianti palafren, distrier di Spagnia
    e gente costumata a la francesca,
    cantar, danzar a la provenzalesca
    con istormenti novi della Magna.

E dintorno vi sian molti giardini,
    e giachita vi sia ogni persona,
    ciascun con reverenza adori e 'nchini

    a quel gentil c'ho dato la corona
    de pietre preziose le più fini,
    c'ha 'l presto Gianni o 'l re di Babilona.

1 B. D'aprile vi do la çentil M. D aprile vi donu la gientile chanpagnia   2 B. tuta florita, bel erba M. frescha C. a bella herbetta   3 B. no vi recresca M. fontana, rincrescha C rincresca   4 B. donzele, compangna M. chonpagnia   5 B. amblanti palafreni M. abbianti, destrieri   6 B. zente M. e ggiente chostumata alla franciescha C. franzesca   7 M. danzare chantare, provenzalescha   8 B. con instrumenti novi d alemagna M. chon   9 B. da torno

vi sia, zardini   M. dintorno v abbi di C. e dentro
vi sien   10 B. zachito, onini   M. e lle persone vi sieno agiechite   C. ginochion vi sia   11 B. zascun cun,
clini   M. cho riverenza lo dori e nchini   C. con, e
nchini   12 B. çentil e ho   M. e quel gientile chu
e data   C. cui dato e tal   13 B. de pietri pritiosi
gli plu   M. de priete, e lle piu fina   14 B. preste
çovan re di Babilonia   M. ch a l presto Giovanni o
rre di Banbilonia.

compagna per « compagnia ». Frequentissimo negli
   antichi in verso ed in prosa.

ambianti da *ambulare* - pr. *amblar*, fr. *ambler*,
   usato sino dal Sec. IX per indicare il passo
   corto e veloce dei cavalli e dei muli. Si trova
   aggiunto specialmente a « palafreno ». *Stor.
   Aiolf.* « E poi montò sur un palafreno ambiante ». *Real. Franc.* 35 « Montò in su uno
   palafreno ambiante ».

giachita pr. *gequir*, sp. *jaquir*, a. fr. *gehir* dall' a.
   a. ted. *jehan*, m. a. ted. *jehen* significa « lasciare, stancarsi » e per estensione « rimet-
   tersi, abbassarsi, umiliarsi. « V. DIEZ *E. W.*
   I, 205.

Presto Gianni supposto re d' Oriente di straordi-
   naria ricchezza e potenza. Intorno a questa
   leggenda v. GRÄSSE in *Lehrbuch Literargesch.
   der. berüm. Völker d. alt. Welt*, Leipzig, Ar-
   noldische Büchh., 1840; II B., 2 Abth., 767.
   - OPPERT *Der Presbyter Iohannes in Sage
   und Geschichte*, Berlin, Springer, 1870.

VI.

di Maggio

Di maggio sí vi do molti cavagli
   e tutti quanti siano affrenatori,
   portanti tutti, dritti corritori,
   pettorali e testiere con sonagli,

   bandiere e coverte a molti intagli
   e zendadi di tutti li colori,
   le targhe a modo degli armeggiatori,
   viole, rose e fior c'ogni uom'abbagli;

E rompere e fiaccar bigordi e lance,
   e piover da finestre e da balconi
   en giu ghirlande e in su melerance;

   e pulzellette giovene e garzoni
   baciarsi ne la bocca e ne le guance,
   d'amor e di goder vi si rasoni.

B. mazo   1 B. Di mazo, multi M. si vi dono i be C. vi dono molti   2 B tuti, afrenatori M. afrettori   3 B. tuti, driti M. ben portanti e diritti chorritori C. ronzin portanti e corsier   4 B. petorali, testere de sonagli M. chon, e ttestiere   5 B. bandere a molti tagli M. choverte C. con coverto a nuovi   6 B. di çendadi e di tuti colori M. e cchon zendadi di moulti cholori C. e di zendado di nuovi   7 B. targe, de armezatori M. le targie C. e targhe a modo   8 B.

flor c on om M. vivole e rose e ffiori ch ogni voi v
abagli C. huom, v'abbagli 9 B. Rompere e flacar,
lançe M. o rronpere o fiacchare bigordi e llancie
C. bicordi 10 B. plover M. e ppiovere da ffinestre,
balchoni C. finestre 11 B. en çu girlande, mele-
ranze M. grillande 12 B. punçelete zovene M. e
giovani e gharzoni C. pulcellette 13 B. basarsi,
boca, guanze M. baciandosi per la bocca e per le
guancie C. bocha 14 M. e pur d'amore. MC ragioni.

affrenatori cioè: facili ad affrenare. V. Cr.

bigordi *bigordo* o *bagordo* « asta, arme offensiva
    con la quale si bigorda o bagorda »; prov.
    beort, bordei. G. RUDEL:

        Las pimpas sian als pastors
        et als enfans bordeitz.

    È ancor viva in francese la voce *béhourdis*, v.
    LITTRÉ *Dict. Etim* s. v.

DI GIUGNO

Di giugno dovi una montagnetta
  coverta di bellissimi arboscelli,
  con trenta ville e dodici castelli,
  che siano entorno ad una cittadetta,

    ch'abbia nel mezzo una sua fontanetta
  e faccia mille rami e fiumicelli,
  firendo per giardini e praticelli
  e rifrescando la minuta erbetta.

Aranci, cedri, dattili e lumie
  e tutte l'altre frutte savorose
  empergolate siano per le vie;

    e le gente vi sian tutte amorose,
  e faccianvisi tante cortesie,
  ch'a tutto 'l mondo siano graziose.

B. di Zugno M. Giugno   1 B. zugno dovi, monta-
gneta M. Di giugnio si vi do, montagnietta   2 B.
belisimi arboseli M. tutta florita di begli albusciegli
C. albucelli 3 B. vile, dodeco M. chon, chastelli
4 B. sia citadeta M. ssiano intorno a C. sieno intorno, a   5 B. abia, mezo, soa fontaneta M. e in
quel mezzo abbi una fontanetta C. ch habbi nel mezzo una fontanetta   6 B. faça mile, flumiceli M.
facci, e ffiumicielli C. rami e mille   7 B. zardini

e pratiseli M. *manca* C. ferendo pe, ramuscelli
8 B. menuta erbeta M. e rrifreschando C. rinfre-
scando, herbetta 9 B. aranzi e çidri datili e limonie
M. e ssi vi dono datteri ciederri e llumie C. dattili
cedri e lumie 10 B. tute, frucle M. ed ogni altro
buono frutto savoroso C. con tutte 11 M. e per-
gholati, sopra le C. impergolate sien tutte le vie
12 B. zente, tute M. e lle gienti, tanto 13 B. façanvisi, cortosie M. e ffaccianvisi, chortesie C. faccen-
dovisi 14 B. tuto, gratiose M. ch a dio e al
C. che sieno a tutto l mondo.

firendo cioè: « tagliando, partendo » Molz. *Ninf.*
Tib. st. 73:

Quand' ei, fra l'onde d'or ferendo il vento,
ondeggia ed erra su le fresche brine.

lumia o lomia, ms. Aldobr. *P. N.* 54: « Mangi pernici e cavretti in aceto ovvero con sugo di
cetrangoli o di lumie ». Buon. *Fier.* 2, 3, 12:

Oh belle manzane
d' aranci, di cedrati e di lumie.

La voce *limonia* che è nel cod. B. risponde-
rebbe forse al lat. « malus limonia ».

VIII

DI LUGLO

Di luglo en Siena in su la saliciata
    con le piene enghestare de tribiani,
    ne le cantine li ghiacci vaiani,
    e man' e sera mangiar in brigata

    di quella gelatina ismisurata,
    istarne roste, giovene fagiani,
    lessi capponi, capretti sovrani,
    e, cui piacesse, la manza e l'aglata.

E vie trarre bon tempo e bona vita,
    e non andar de for per questo caldo,
    vestir zendadi di bella partita;

    e quando godi star pur fermo e saldo,
    e sempre aver la tavola fornita,
    e non voler la moglie per gastaldo.

1 B. Sena, su la salisata M. in sulle salicciate
2 B. com plene, tribiani M. cholle, guastade C.
con le, inguistate di trebbiani 3 B. catino, glazi
M. nelle chantine que C. delle cantine que' 4 B.
manzar M. mattina e ssera, brighate C. sera e mattina
5 B. quela çelatina M. di quelle gielatine smisurate
6 B. ystarni, zovene M. arrosto e giovani fagiani
C. lessi capponi e giovani fagiani 7 B. lesi caponi,
capreti M. chapponi e cchavretti C. starne arrosto e

2

8 B. plaçese M. a cchui, coll agliata   C. cui piacesse, con l'agliata   9 B. Et vie trare, et, M. trac-
tevi buono tempo e bbuona C. e quivi trar buon   10 M.
e non uscite fuori, chaldo C. uscir di fuor   11 B.
bela M. vestiti di zendado C. con bella   12 M. gho-
di ista piu, e ssaldo   13 M. sempre cholla C. haver
14 B. no, la mogla M. non volere, chastaldo C. castaldo.

saliciata « seliciato » pavimento o strada coperta o
    lastricata di selici. VIV. *Disc. Arn.* 17. BUON.
    Fier. 9. 1. 7:
        Per le medesme pioggie
        rotte le strade e i seliciati sconci.
enghestare prov. *engrestara*, RAYNOUARD, *Choix*, II,
    303; ital. anche *inguistada* o *guastada* « vaso
    di vetro, corpacciuto con piede e col collo stret-
    to »; secondo Tobler da *agrestara* vaso da con-
    servare l'agresta. v. TOBLER in *Romania*, II,
    240. Ha riscontro col ted. *engster* che FRITSCH
    paragona con *eng*; ma che ADELUNG e GRIMM
    traggono dall'italiano *anguistara*. MUSSAFIA e
    SCHMELLER derivano *anguistara* da « angustus »
    v. MUSS. in *Rom.* II, 477. Ma se, secondo
    questo, non può ammettersi *gre = gui* è an-
    che inammissibile *gu = ghe* come si avrebbe
    in « enghestara »; e tutt' al più dovrebbe sup-
    porsi introdotto l' *u* per dare alla *g* suono gut-
    turale analogamente a *guilfagno* per « grifagno »
    e si dovrebbe ritenere come effetto di una falsa
    etimologia delle forme *ang — ang — eng* la
    derivazione sostenuta da FRITSCH. Ma nel Vo-
    cabolario latino-bergamasco edito dal Cod. 534
    della R. Università di Padova, nel *Propugn.*

(Anno III, p. 80-88) si trova spiegato il lat. « clistero » per *ingrester* e questa sembra l'etimologia più probabile della parola, facendo supporre la forma *clistarium* o *inclistaria*, o più facilmente un passaggio per analogia nella serie da base *arius*.

manza femm. di « manzo ». *Cant. carn.* 2,545 « Non qualche manza tolta all'arato »

aglata « sapore infuso dall'aglio ». Bocc. *Nov.* 72 « Non vi basta mangiar le pastinache fritte, che voi le mettete ancor nell'agliata cotta? ». Burch. I, 131 « Poi la mangiaro insieme con l'agliata ».

partita « divisa, assisa ». G. V. 8, 13, 2 « tutti giovani vestiti col Re d'una partita di scarlatto verdebruno ».

IX

D' AGOSTO

D'agosto sì vi do trenta castella
    in una valle d'alpe montanina,
    che non vi possa vento de marina
    per istar sani e chiari come stella:

    e palafreni de montare 'n sella.
    e cavalcar la sera e la matina,
    e l'una terra a l'altra sia vicina,
    ch'un miglo sia la vostra giornatella,

Tornando tutta via verso casa;
    e per la valle corra una fiumana,
    che vada notte e dì traente e rasa:

    e star nel fresco tutta meriggiana:
    la vostra borsa sempre a bocca pasa
    per la miglor vivanda di Toscana.

M. Aghosto   1 M. aghosto, chastella C. vi dono
2 B. vale M. una avalle   3 B. posa M. ne marina
C. da mattina   4. B. ystar, clari M. per istare
freschi, chome C. per star   5 M. be palafreni da
C. con palafreni da   6 M. e cchavalchare, e lla
C. cavalcare, mattina   7 B. tora M. e una C. sì
vicina   8 B. zornatella N. u miglio   9 B. tuta
M. in verso chasa C. e tuttavia tornaudo   10 B.
vale, fiumana M. e pella valle chorra   11 B. note   ~

M. e rrasa   C. che vadi a tutto di rasente e rasa
12 B. merizana   M. *manca*   C. al fresco   13 B.
altra pasa   M. le vostre borse sempre a boccha   C. a
boccha   14 M. chelle migliori vivande di Toschana
C. le miglior vivande.

pasa part. forte di « pandere » come *spaso* da « span-
dere ». È voce tuttora vivente nei dialetti
campani.

X.

DI SETTEMBRE

Di settembre vi do deletti tanti:
   falconi, astori, smerletti e sparvieri,
   lunghe, gherbegli, geti con carnieri,
   bracchetti con sonagli, pasto e guanti;

   bolze, balestre dritte e ben portanti,
   archi, strali, ballotte e ballottieri,
   sianvi mudati guilfanghi, e astieri
   nidace, e de tutt'altri uccel volanti,

Che fosser boni d'assediare e prendere; ·
   e l'un a l'altro tutta via donando,
   e possasi rubare e non contendere,

   quando con altra gente rencontrando
   la vostra borsa sia acconcia a spendere,
   e tutti abbiate l'avarizia en bando.

B. Setembre M. settembre 1 B. setembre M. settembre sì vi do C. vi dono 2 B. asturi smerleti e sparveri M. falchoni astori 3 B. lunge gerbegli, zeti cum carneri M. gherbiglie, gieti chon charnieri C. gionte co' 4 B. brageto cum M. bracchetti chon, pasti C. sonagli con brachetti 5 B. drite M. buone, diritte C. archi balestra dritti 6 B. balote e baloteri C. strali pallottole 7 B. guilfangi e asteri M. mudati ghirf. C. grifagni 8 B. tute altri uçel M. ed ogni altra ragione d'uc-

ciel C. nemici sien d'ogn' altri   9 B. asidar M.
che sieno, e da prendere C. e sien buoni, e da prendere   10 B. tuttavia M. e Il uno all altro   11 B.
e no M. chontendere C. possavisi giucare   12 B.
cum, zento M. *manca* C con, riscontrando   13 B.
cunza M. *manca* C. le vostre borse sempre acconce
14 B. tuti abiati l'avarizia M. in C. e 'n totto
habbiate, in bando.

astori uccelli di rapina, i quali gli antichi scrittori
di Falconeria distinguevano accuratamente in
falconi, astori, smerli, sparvieri ecc. secondo
la loro grandezza e il modo con cui si slan-
ciavano su la preda uccidendola con gli artigli o
col rostro. V. SFORZINO *I tre libri degli uccelli
da rapina* Vicenza, 1622; e MORTARA, *Scritture
antiche toscane di Falconeria* Prato, 1851.

lunghe la *lunga* è quella strisciuola di cuoio con la
quale gli strozzieri tengono gli uccelli legati.
M. POLO, *Mil.* « E ciascheduno hae lunga, cap-
pella e stormento da chiamare gli uccelli ».

gherbegli la Crusca ha *gherbellire* « ghermire ».
Pataff. I: Vuomi tu gherbellir? non cespicare.
Da paragonarsi, forse, col francese *gerbie*
« sorte de lance courte, démipique ». In Lit.
remiss. a. 1398 ex Reg. 153 c. 187: « Icellui
Cayphas vint contre le suppliant à tout une lance
ou *gerbie*, et le cuida férir par la poitrine ».

geti « correggiuolo di cuoio che si adatta per legame
a piè degli uccelli di rapina a' quali si attacca
la lunga ». FR. IAC. TOD. I, 16, 7:

Porto geti di sparviere
sonagliando nel mio gire.

bolze la Crusca ha « *bolzone* »: sorta di freccia con capocchia in cambio di punta che si tira con balestra grossa chiamata balestra a bolzoni. GUITT. lett. 31. « Aprendo l'arco vi adatta il bolzone ».

mudati cioè usciti dalla muda.

guilfanghi (grifagni) con traslocazione e scambio della liquida; prov. *guirfanh* o *guilfanh*. BRUN. LAT. *Tes.* 144 « Grifaing est un oiseau que l'ont prent à l'entrée d'yver et à les ziaus rouges come fuec ». Onde DANTE *Inf.* IV, 123:

Cesare armato con occhi grifagni.

astieri lo stesso che « astori ».

nidace o « nidiace » prov. *nizaic* o *niaic,* vale: preso dal nido. DAUDE DE PRADAS nel poema degli *Auzels cazadors:*

Niaicx es sel c'om a noirit
des c'om lo pres del ni petit.

BRUN. LAT. *Tes.* 5, 11: « Tutti gli uccelli feditori sono di tre maniere, cioè ramace, grifagno e nidiace ». La *Crusca* aggiunge: « qui la stampa legge *nidace* ». CRES. *Cr.* 10, 3, 1. « La bontà degli sparvieri si conosce; imperocchè quello che è tratto del nidio è migliore, e quasi mai dal signor non fugge; e questo si chiama nidiace ».

XI

DE OTTOBRE

D'ottobre nel conta' c'ha bono stallo
   pregovi, figloli, che voi n'andate,
   traetevi bon tempo e uccellate
   come vi piace a pié et a cavallo;

   la sera per la sala andate a ballo,
   e bevete del mosto e v'enibriate,
   che non ci ha miglor vita en veritate,
   e questo è ver come 'l florino è giallo.

E poscia vi levate la matina,
   e lavatevi 'l viso con le mani;
   lo rosto e 'l vino è bona medicina,

   a le guangnele! starete più sani
   che pesce in lago o 'n fiume o, in marina,
   avendo meglor vita di cristiani.

B. Otobre   1 B. De otobre M. nel chontado a bello C. nel chontado ha buono   2 M. priegovi figliuoli che vuoi v' C. e prieghovi figliuoli che voi v' 3 B. oçelate M. tempo e ucciellate C. e datevi 4 B. plaçe, et M. chome, a ppiede o a cchavallo C, a piede ed   5 B. andati M. nella C. casa 6 B. et enibriate M. ennebriate C. inebriate   7 B. non z a M. migliore C. in   8 B. vero com el florin zallo M. vero chomo   9 B. posa vi levati M. e poscia la mattina vi levate   10 B. lavative M.

lavatevi, e lle mani C. lavatevi il   11 M. l arrosto,
buona C. buona   12 B. plu M. guagniele 13 B.
pese, flume M. pescie in lagho o n fiume C. o 'n
fiume di   14 M. *manca* C. havenddo, che cristiani.

a le guagnele esclamazione che vale « per li vangeli! », frequentissima negli antichi.

XII

DI NOVEMBRE

E di novembre a Petriuolo al bagno
 con trenta muli carchi de moneta,
 la ruga sia tutta coverta a seta,
 coppe d'argento, bottacci di stagno,

 e dar a tutti i stazonier guadagno;
 torchi, doppier che vegnan di Chiareta,
 confetti con cedrata de Gaeta,
 e bea ciascun e conforti 'l compagno.

E 'l freddo vi sia grande e 'l foco spesso;
 fasani, starne, colombi, mortiti,
 levori, cavrioli rosto e lesso,

 e sempre aver acconci gl' appetiti;
 la notte 'l vento e 'l piover a cel messo,
 e siate ne le letta ben forniti.

M. novenbre 1 B. petriuolo el M. a ppetriuolo
al bagnio 2 M. chon, charichi di C. di 3 B.
tuta M. le rughe sian tutte coperte a sseta C.
tutte le rughe sien coperte 4 B. cope, botazi M.
choppi d argiento e bbottaccini di stagnio 5 M.
a tutti stazonieri guadagnio C. per dare a ogni staz-
zonier 6 B. torcli dupler M. e doppieri che ven-
ghano di chiarentana C. venghin da 7 B. confeti
cum cedrata de Gaetta M. chonfetti e cedriato da

C. citriata   8 B. çascun   M. ciaschuno bea e cchon-
forrti l chompagnio   9 B. fredo sia   M. e ssenpre
stare con faccia lieta   C. el freddo vi, e fuochi spessi
10 M. la sera istarne arrosto e lonbi e mortiti   C.
starni arrosto fagiani e mortiti   11 M. *manca*   C.
e levri e cavrioli arrosti e lessi   12 B. acunçi, apetiti
M. e ssempre abbiato achonci gli apipiti   C. havere
13 B. note, plover   M. *manca*   C. il vento grande
e 'l piovere ha col messi   14 B. siati   M. *manca*
C. nelle.

Petriuolo « *Cinque miglia più verso il mare Tir-
reno è il bagno di Petriuolo, acqua più sulfurea e che è comunemente tenuta di più
valore e di maggiore nella ralle del fiume
Farma copioso di trote, guardato da ogni
parte da rupi e da monti altissimi, ma sas-
sosi e verdeggianti* ». Tommasi *Hist. di Siena*.
Venezia, Pulciani, 1625; I, 35.

ruga prov. e sp. *rua*, fr. *rue* per traslato dal lat
ruga vale « strada ». Sig. *Viag. al mon. Sin.*
« Le rughe sono tutte o la maggior parte coperte di tetti ». Bocc. *Nov.* 15, 26.

mortiti specie di manicaretti.

a col messo cioè: pioggia dirotta e continua.

XIII

DI DECEMBRE

E di decembre una città en piano,
  sale terrene, grandissimi fochi,
  tappedi tesi, tavolieri e giochi,
  torticci accesi, e star co' dati en mano;

  e l'oste enbriaco e catellano,
  e porci morti e fenissimi cochi,
  ghiotti morselli, ciascun bea e mandochi,
  le botte sian maggior che san Galgano.

E siate ben vestiti e foderati
  di guarnacche, tabarri e di mantelli,
  e di cappucci fini e smisurati;

  e beffe far dei tristi cattivelli.
  de' miseri dolenti sciagurati;
  avari, non voglate usar con elli.

M. diciembre   **1** B. cita en plano   M. Di diciembre vi do *il resto manca*   C. Di decembre, in un piano   **2** B. terene   M. sale terre.., fuochi   **3** B. tavoleri e çochi   M. tappeti, a ggiuochi   C. tappeti stesi   **4** B. tortici açesi, cog   M. doppieri acciesi e stare cho   C. e lumi accesi   **5** M. e ll osto innebriato chatelano   C. inebriato al   **6** M. i porci, e ffinissimi chuochi   C. e morti i porci, chuochi   **7** B. morselli çascun   M. *manca*   C. bei e manuchi

8 B. sia maçor M. le botti vi sieno maggiori ch
a san ghalghano C. botti vi sien 9 M. e vuoi siate
vestiti e ffoderati C. e siate ben forniti 10 B.
guarnaçe tabari e mantelli M. di guarnacche di
mantelli e ddi tabarri C. di tabarri guarnacche
e di 11 B. capuci M. manca C. fini smisurati
12 B. dig tristi cattivelli M. e bbeffe fare, chatti-
velli C degli altri 13 B. e meseri cativi sagurati M. isciaghurati 14 B. no M. e non vogliate usare chon.

catellano « ghiotto, mangione » lat. catellanus.
GUIBERTUS lib. I de Pigneribus Sanctorum
cap. 2. §. 5: .... scurras, helluones et ca-
tellanos liguriendo superent, corvos ac pi-
cas importuna garrulitate precedant. V. DU
CANGE s. v.

morselli diminutivo di « morso »; per traslato « cosa
piacente e appetibile ».

San Galgano chiesa posta nel monte Staffoli: abba-
dia ricchissima poichè il comune voleva acqui-
starne i beni nei primi anni del secolo XV per
80,000 florini. V. GIOV. VINCENZO COPPI Annali di S. Gimignano. Firenze , Bindi, 332.

XIV

LA CONCLUSIONE

Sonetto mio a Nicholò di Nisi,
　　colui. ch'è pien de tutta gentileza,
　　di' da mia parte con molta allegreza
　　ch'eo sono acconcio a tutt'i suoi servisi;

　　e più m'è caro che non val Parisi
　　d'aver sua amistade e conteza,
　　e s'ello avesse emperial riccheza
　　stare' li meglo che Francesco en Sisi.

Racomendame a lui tutta fiata,
　　et a la sua compagna, et a Ancaiano,
　　ché senza lui non è lieta brigata.

　　Folgore vostro da san Geminiano
　　vi manda, dice e fa questa ambasciata:
　　che voi n'andaste con suo core en mano.

1 B. Sonoto　　2 plen de tuta zentileza　　3 con,
alegreza　　4 che eo so cunzo a tut i soi　　5 plu,
no val　　7 so ello, eperial richeza　　8 san Francesco　　9 racomendame tuta　　10 so compagna et
a chaiano　　12 çeminiano　　13 diçe, ambaxata
14 n andasti cum so

SONETTI DE LA SEMANA

XV

I' o pensato di far un gioiello
    che sia allegro gioioso et ornato,
    e sí 'l vorrei donar en parte e lato
    che ogni uom dica: e'gli sta ben; è bello!

    e or di novo ò trovato un donzello
    saggio, cortese, bene ammaestrato.
    che gli starebbe meglo l' emperiato
    che non istà la gemma nell'anello:

Carlo di messer Guerra Cavicciuoli,
    quel ch' è valente, ardito e gagliardo
    e servente, comandi chi che vuoli;

    leggero più che lonza o liopardo.
    e mai non fece dei denar figluoli.
    ma spende più che 'l marchese lombardo.

1 Y', çoello   2 alegro, çoioso   3 vorei   4 ch
on om, e li sta   5 doncello   6 saço, amaistrato
7 megl..   8 gema nel   9 miser Guerra Cavizuoli
10 gaiardo   12 liçero plu che lonça   13 no feçe
dig   14 plu.

imperiato « impero ». G. V. 2, 13 « Il quale Carlo benavventurosamente tenne e governò lo 'mperiato di Ponente ». *Stor. Pist.* 205 « Messer Carlo accettò lo 'mperiato ».

e servente ec. cioè : servizievole, chiunque sia che comandi.

marchese lombardo sembra alludere al Marchese D' Este di Ferrara.

XVI

LUNIDIE

Quando la luna e la stella diana
  e la notte si parte, e 'l giorno appare,
  vento leggero per polire l'a're,
  e far la gente star allegra e sana;

  il lunidì per capo di semana
  con istormenti matinata fare
  et amorose donzelle cantare,
  e 'l sol ferire per la meridiana.

Levati su, donzello, e non dormire,
  chè l'amoroso giorno ti conforta,
  e vuol che vadi tua donna a servire:

  palafreni e distrier sian a la porta,
  donzelli e servitor con bel vestire;
  e poi fa ciò ch'amor comanda e porta.

2 la note, e l zorno apare   3 liçiero   4 fa, çente, alegra   6 cum instrumenti   7 donçelle   9
donçel e no   10 zorno   11 tua dona a servire
12 palafren   13 donzeli, cun   14 po, ço.

a're ed anche « a'ra » ed « a'ro » sincope di
   aere. GUID. GUIN.:
         che se eo voglio ver dire
         credo dipinger l'a're.
matinata contrario « di serenata » BARB. *Doc* 8
         E quando il giorno ò longo
         mattinata v'impongo.

XVII

MARTIDÍ

El martidí gli do un novo mondo.
  udir sonar trombette e tamburelli,
  armar pedon, cavalieri e donzelli,
  e campane a martello dicer don do;

  e lui primero e gli altri secondo
  armati di loriche e di cappelli,
  veder nemici e percoter ad elli,
  dando gran colpi e mettendoli a fondo.

Destrier veder andare a vote selle,
  tirando per lo campo lor segnori
  e strascinando figati e budelli;

  e sonar a raccolta i trombatori,
  . e sufuli e flauti e ciramelle,
  e tornar a le schiere i feritori.

---

1 li, mundo   2 sonare trumbeti   3 cavalier
e donçelli   4 diçer   5 li altri   6 capelli   8
grandi culpi, metendoli   9 andar a voite   11 strasinando   12 racolta trombatori   14 sciere ig.

ciramelle sp. *caramillo,* pr. *caramel,* a fr. *chale-*
mel (chalemau-chalumeau) da *calamus* « stru-
mento da fiato ». DONATO PROV. nel *Gloss.*
« Caramela fistula cantat ». *Vita di Col. di*
Rienzo. « Ora ne vengon buffoni senza fine:
chi sona tromme, chi cornamuse, chi ciara-
melle. » Per il solito scambio di liquide si
ebbe *cenamella.* DANTE, *Inf.* XII, 10 :

> Né già con sì diversa cenamella
>   cavalier vidi mover.

XVIII

MERCOREDIE

Ogni mercoredì corredo grande
  di lepri, starne, fasani e pavoni,
  e cotte manze et arrosti capponi
  e quante son delicate vivande;

  donne e donzelle star per tutte bande
  figle di re, di conti e di baroni,
  e donzelletti giovene e garzoni
  servir portando amorose ghirlande;

Coppe, nappi, bacin d'oro e d'argento,
  vin greco, di rivera e di vernaccia,
  frutta, confetti quanti gli è 'n talento;

  e presentarvi uccellasoni e caccia,
  e quanti son a suo rasonamento
  sien allegri e con la chiara faccia.

---

1 omni, coredo   2 paoni   3 mançe, arosti
caponi   5 donzele, tute   7 zovene . 8 çirlande
9 cope napi, arçento   10 vernaza   11 fruta confeti, li e   12 oçelasoni e caza   14 alegri, con la
clara faça.

corredo da *corredium* « quidquid ad alimentum, ad cibum, ad mensam datur ». V. DU CANGE s. v. BRUN. LAT. *Tesoret*.

E se tu fai convito
o corredo bandito.

G. V. 10, 50, 3; *Nor ant.* 79, 1. E dal convito pubblico che si faceva nel pigliarsi il grado di cavalleria si disse « Cavalier di corredo ». G. V. 9, 103, 2; *Nor. ant.* 79, 1. Per l'etimologia v. DIEZ *R. W.* a *redo*.

Et ogni giovidì torniamento
  e giostrar cavalieri ad uno ad uno,
  la battagla sia en logo comuno
  a cinquanta e cinquanta, e cento e cento;

  arme, destrier e tutto guarnimento
  sien d'un paraggio adobbati ciascuno,
  da terza a vespro passato 'l digiuno
  allora si conosca chi à vento.

E poi tornar a casa a le lor vaghe,
  ove seran i fin letti soprani,
  e medici fasciar percosse e piaghe;

  e le donne aitar con le lor mani
  e di vederle sì ciascun s'appaghe,
  che la matina sien guariti e sani.

paraggio vale « paragone, agguagliamento »; onde *d' un paraggio* vale: « del pari ». *R. ant.* DANT. MAIAN. 76; BRUN. LAT. *Tesoret.* 13, 105. *Cavaliere di paraggio* vale: « cavaliere che in nobiltà e valore non la cede ad alcuno » G. V. 12, 66, 19. *Nov. ant.* 80, 2.

XX

VENERDIE

Et ogni venerdì gran caccia e forte,
  veltri, bracchetti, mastini e stivori,
  e bosco basso migla di staiori
  là ove si troven molte bestie accorte,

  che possano veder cacciando scorte,
  e rampognar ensieme i cacciatori,
  cornando a caccia presa i cornatori,
  et allor vegnan molte bestie morte.

E po' recogler i cani e la gente,
  e dicere: amor meo, manda a cotale;
  a le guangele, serà bel presente!

  ei par ch'i nostri cani avesser ale;
  te', te', belluccia, picciuolo e serpente,
  chè oggi è 'l dì della caccia reale.

1 ogni, grand caza   2 di veltri, braceti mastin
3 stayori   4 acorte   5 caçando   6 enseme ig ca-
zatori   7 caza, ig   8 et alor vegna   9 ig cani
e la cente   12 el par ch ig   13 beluza piçuolo
14 oçi, caza.

stivori forse da *stivus* (stivòrum) che Du-Cange traduce « semita, trames ». Varrebbe « cane da traccia ».

staiori « terreno atto a seminarvi uno staio di grano (*staio* = *sestaio* v. Diez, *E. W.* I, 381) ». Non è un plurale comé *corpora, focora* ec. v. Borgh. *Vesc. Fior.* 551. « Staiale » hanno gli *Stat. Sen.* II, 361; e « istaiole » le *Lett. Sen.* p. 76.

cornando vale « sonando il corno ». Liv. M. *Dec.* 2, 64. Bocc. *Tes.* 5, 77:

E nel boschetto entraro altri cornando,
cacciando a loro voglia, ed uccellando.

belluccia ec. nomi dei cani.

XXI
Sabbatodie

El sabbato diletto et allegreza
    en uccellar e volar di falconi
    e percuotere grue et alghironi
    e scendere e salire a grande alteza;

    e a l'oche ferir per tal forteza
    che perdan l'ale, le coscie e i gropponi;
    corsieri e palafren mettere a sproni,
    et iscridar per gloria e per baldeza.

E po' tornar a casa e dir al cuoco:
    to' queste cose e acconcia per dimane,
    e pela, tagla, assetta e metti a foco;

    et abie fino vino e bianco pane,
    ch' ei s' apparecchia di far festa e giuoco;
    fa che le tue cucine non sian vane.

---

1 sabato dilecto, alegreza   2 uçelar   3 algironi
4 salire grande   5 forteça   6 cosse e croponi
7 corsier, metre   9 cuocho   10 cunza   11 asetta
12 blanco   13 ch el s aparecla, zuocho   14
cuçine, sia

alghironi lo stesso che « aironi », prov. *aigron*, a. fr.
    hairon dall' a. a. ted. *heigir*, *heigro*, V. Diez
    E. W. ad *aghirone*.

XXII

DOMENICADIE

A la domane, all'apparir del giorno
venente, che domenica si chiama,
qual più gli piace damigella o dama
abiane molte che gli sien dattorno;

en un palazzo depinto e adorno
rasonare con quella che più ama,
qualunche cosa che desia e brama
vegna en presente senza far distorno.

Danzar donzelli, armeggiar cavalieri,
cercar Fierenze per ogni contrada,
per piaze, per giardini e per verzieri:

e gente molta per ciascuna strada,
e tutti quanti il veggian volontieri,
et ogni dì de ben en meglo vada.

Domenega   1 aparer del zorno   2 clama   3 plu
li place damiçela   4 li sia da torno   5 cum quela
che plu   9 donçeli armezar   10 çercar, omni
11 plaçe per zardini   12 e çente, çascuna   13 tuti, el vezan.

cercare « andare attorno veggendo ». Bocc. Nov.
99, 4. « Avendo cerche molte provincie cri-
stiane ». Ar. Fur. 11, 2: « Cercò le selve, i
campi, il monte, il piano ». Legg. B. Umil. 19.
« Io ho oggi cercata la cittade ».

XXIII

Ora si fa un donzello cavalieri
   e vuolsi far novellamente degno;
   E' pon sue terre e sue castella a pegno
   per ben fornirsi di ciò k' è mistieri:

   Annona, pane e vin da a' forestieri,
   manze, pernici e cappon per ingegno,
   Donzelli e servidori a dritto segno,
   chamere elette, cerotti e doppieri.

E pensa molti affrenati cavagli,
   armeggiatori e bella compagnia,
   aste, bandiere, coverte e sonagli;

   Et istormenti con gran baronia,
   e giucholar per la terra guidagli,
   donne e donzelle per ciascuna via.

XXIV

Eccho prodezza che tosto lo spoglia
    e dice: amicho e' convien che tu mudi,
    Per ciò ch' i' vo' veder li uomini nudi,
    e vo' che sappi non abbo altra voglia:

E lascia ogni costume che far soglia
    e nuovamente t' affatichi e sudi;
    Se questo fai tu sarai de' miei drudi,
    pur che ben far non t'increscha né doglia.

E quando vede le membra schoperte
    immantenente si le reca in braccio
    dicendo: queste charni m'ai offerte;

I' te ricevo e questo don ti faccio,
    acciò ke le tue opere sien certe;
    chè ogni tuo ben far giammai non taccio.

1 prodeçça   2 et,   3 huomini   4 et   6 et,
et   9 Et,   12 et   14 giamai.

XXV

Humilità dolcemente il riceve
  e dice: punto non vo' che tti gravi,
  che pur chonven ch'io ti rimondi e lavi,
  e farotti più bianco che la neve.

  Entendi quel ched io ti dico breve,
  k' i' vo' portar de lo tuo cor le chiavi,
  Et a mio modo chonverrà che navi,
  et io ti guiderò sì come meve.

Mad una chosa far tosto ti spaccia,
  che tu sai che soperbia m'è nimicha,
  che più con teco dimoro non faccia.

  I' ti sarebbo così fatta amicha,
  che converrà ch'a tutta gente piaccia;
  e cosi fa chi di me si notricha.

4 et   6 k i, chiavj navj   11 et

XXVI

Discrezïone incontanente venne
  e sì l'asciuga d'un bel drappo e netto.
  E tostamente sì 'l mette 'n sul letto
  di lin, di seta, chovertore e penne.

  Or ti ripensa; enfin al dì vi 'l tenne
  chon canti, con sonare e con diletto,
  Accompagnollo per farlo perfetto
  di novi cavalier che ben s'avvenne.

Poi disse: lieva suso immantenente,
  che ti convien rinascere nel mondo,
  e l'ordine che prendi tieni a mente.

  Egli à tanti pensier che non à fondo
  del gran legame dov'entrar si sente
  e non può dir: a questo mi naschondo.

1 Discretiono   2 et, et   6 et   8 s avenne
12 a tanti, non a fondo   14 et.

XXVII

Giugne allegrezza con letizia e festa
  tucta fiorita che pare un rosaio,
  Di lin, di seta, di drappo e di vaio
  allor li porta bellissima vesta.

  Vetta, cappuccio con ghirlanda 'n testa,
  e sí addorno l'à ke pare un maio,
  Con tanta gente che trema 'l solaio;
  allor si face l'opra manifesta.

E ritto l'à in calze et in pianelle
  borsa, cintura inorata d'argento,
  ke stanno sotto la leggiadra pelle;

  Cantar sonando ciascuno stormento,
  mostrando lui a donne et a donzelle,
  e quanti sono a questo assembramento.

1 allegreçça et   3 et   6 et   13 donçelle.

XXVIII

Cortesia cortesia cortesia chiamo
   e da nessuna parte mi responde
   e chi la dee mostrar sì la nasconde
   e perciò a cui besogna vive gramo.

   avaricia le gente ha prese all'amo
   et ogne grazia destrugge e confonde
   però se eo me doglo eo so ben onde,
   de voi possente a deo me ne reclamo.

Che la mia madre cortesia avete
   messa sì sotto 'l piè che non si leva,
   l'aver ci sta, voi non ci remanete.

   tutti siem nati di Adam e di Eva;
   potendo non donate e non spendete,
   mal' a nadura chi tai figli alleva!

1 clamo   3 nesuna   4 perço   5 çente, a
prese al   6 gratia destruçe et   7 s' eo me doio
10 soto l pe   11 çi, voy non çi   14 tay, aleva.

a cui etc. v. analoga costruzione in **Ascoli**, *Saggi
ladini*, I, 464. in A. G.

XXIX

Amico caro non fiorisce ogne erba
   né ogne fior che par frutto non porta,
   e non è virtuosa ogne verba
   né ha virtù ogne pedra ch'è orta.

   tal cosa val matura e tal'acerba
   e tal se par doler che se conforta,
   ogne ciera che par non è superba.
   cosa è che getta fiamma e che par morta.

Però non se conven ad homo saggio
   voler adesso far d'ogn' erba fasso,
   né d'ogne pedra caricarsi 'l dosso;

   né voler trar d'ogni parola saggio,
   né con tutta la gente andar a passo;
   senza rason a dir eo non son mosso.

1 no florisse onne   2 onno flor, fruto no   3 vertuosa onne a   4 vertu onne preda   7 onne   8 zeta flama   9 no se, sazo   10 adeso, do onne   11 do onne, caregarsi   12 onni, saço   13 tuta çente   14 eu non so.

XXX

Quando la vogla segnoreggia tanto,
  che la rason non a poder in loco,
  spesse volte ride l'omo di pianto
  e de grave dolenza monstra gioco;

  e ben saria de bon savere affranto
  chi fredda neve giudicasse foco,
  simil son quelli che gioi'monstra e canto
  de quell' onde doler devria un poco.

Ma ben se po' coralmente dolere
  chi sommette rason a volontade
  e segue senza freno suo volere.

  che non è già sì ricca podestade
  com se medesmo a dritto mantenere,
  seguire presio, fugger vanitade.

1 B. Segnoreça C. fulha sengnoreggia 2 C. che
l saver, nellocho 3 B. spese, pianto C. fiate, l'uom
4 B. çoco C. e di greve dolglienza 5 B. franco
6 B. freda, zudicase 7 B. simel son quigli chi zoi
8 B. quel unde C. 5-8 chosi fan que che mostran gioco
e canto | la nd e doler dovrien talor non pocho | e
ben saria di buon savere affranto | chi fredda neve
giudicasse focho. 9 C. E ben dovria cotalmente
10 B. sotomete, a la voluntade 11 B. so volere

C. o stringe sança, il su   12 B. za, richa C. mai,
riccha   13 B. si medesmo a´dreto C. como n se
medesimo ragion   14 B. fuçer C. e seguir pregio
e fuggir.

XXXI

Così faceste voi o guerra o pace,
  guelfi, come siete en devisione:
  ch'en voi non regna ponto de rasone
  lo mal pur cresce, e'l ben s'ammorta e tace.

  e l'uno contra l'altro isguarda e spiace
  suo essere e stato e condizione,
  fra voi regna il Pugliese e 'l Ganellone
  e ciascun soffia nel foco penace.

Non vi recorda di Montecatini.
  come le mogle e le madre dolenti
  fan vedovaggio per gli ghibellini?

  e babbi, frati, figloli e parenti,
  e chi amasse bene i suoi vicini
  combatterebbe ancora a stretti denti.

1 cusí, paçe   3 no regna   4 cresse, s'amorta e
taçe   5 isquarda e splaçe   6 e a condiçione
7 il pugese e 'l gamelone   8 e çascun sofia, penaçe
9 Se non vi recorda   10 e le mane   11 vedova-
zo, gibilini   13 amase, ig soi   14 combaterebe.

fra voi regna etc.

XXXII

Guelfi per fare scudo de le reni
   avete fatti i conigli leoni,
   e per ferir sí forte di speroni
tenendo volti verso casa i freni;

   e tal perisce en malvasi terreni
   che vincerebbe a dar con gli spontoni;
   fatto avete le pupule falconi,
sí par che 'l vento ve ne porti e meni.

Però vi dò conseglio che facciate
   da quelle del presiato re Roberto,
   e rendetevi en colpa e perdonate.

   con Pisa à fatto pace, questo è certo;
   non cura de le carni mal fatate,
   che son remase a' lupi in quel deserto.

2 aveti fati i connigli   4 ig freni   5 perisse
6 vincerebe, cun   7 fato   9 che façate   10 quele
12 cum, fato pace   14 sono remase.

pupule lo stesso che « bubbola ». Ovid Simin. 2.
    57. « L'uccello ha nome puppola ».
fatate « destinate ».

XXXIII

Eo non ti lodo, Dio, e non ti adoro,
  e non ti prego e non ti rengrazio,
  e non ti servo, ch'eo ne son più sazio
  che l'aneme di star en purgatoro;

  perché tu hai messi i guelfi a tal martoro
  ch'i ghibellini ne fan beffe e strazio,
  e se Uguccion ti comandasse il dazio
  tu 'l pagaresti senza peremptoro.

Er'anti certo sí ben conosciuto,
  tolto t'ha 'n san Martin et Altopasso,
  e san Michel, e 'l tesor c'hai perduto;

  e hai quel popol marzo cosí grasso,
  che per soperbia cher'anti 'l tributo,
  e tu hai fatto 'l cor che par d'un sasso.

2 regratio   3 ch'eo ne so plu satio   5 ai mes
matoro   6 ni fanno beffi e stratio   7 Uguzon, datio
9 conosuto   12 ai, cusi   13 soperba cherer, trabuto   14 ai fato.

marzo cfr. marzocco « uomo vile e sciocco ».

XXXIV

SONETTO IN DISPREGIO DE' PISANI

Più lichisati siete ch'ermellini
   chonti pisan, cavalieri e donzelli,
   e per istudio de' vostri chapelli
   chredete vantagiare i fiorentini.

e franchi fate stare i ghibellini
   in ogni parte o cittadi o chastelli,
   vegiendovi sí osi e sí isnelli
   che sotto l'arme parete paladini.

Valenti sempre chome lepre in chaccia,
   a rischontrare in mare i gienovesi,
   e cho' lucchesi non avete faccia.

e chome i chan de l'ossa son chortesi,
   se Folghore abia chosa che gli piaccia
   siate voi chontro a tutti li foresi.

1 ermelini   2 chonti pisani chavalieri e donzeli
3 chapeli   6 citadi, chasteli   7 isneli   9 valentri
10 rischontraro i mare   11 avette   12 i chani
de l'osa   14 chontro a tuti l.

XXXV.

Flor de vertú si è zentil corazo,
  E fructo de vertú si è honore,
  E vaso de vertú si è valore,
  E nome de vertú è homo sazo.

  E spleco de vertú non vede oltrazo,
  E viso de vertú claro colore,
  Et amor de vertú bon servitore,
  E dono de vertú dolce lignazo.

E l' eco de vertú è cognosenza,
  E sezo de vertú amor reale,
  E poder de vertú é soferenza.

  E opera de vertú essere liale,
  E brazo de vertu bela acoglenza,
  Tuta vertú è rendere ben per male.

CENE DE LA CHITARRA

D' AREZZO

I

Alla brigata avara senza arnesi
  in tutte quelle parti dove sono,
  davanti a' dadi e tavolier li pono
  perchè al sole stien tutti distesi;

  e in camicia stiano tutti i mesi
  per poter più leggier ire al perdono,
  entro la malta e 'l fango gli imprigiono
  e sien domati con diversi pesi.

E Paglierino sia lor capitano,
  e habbia parte di tutto lo scotto
  con Benci e Lippo savio da Chianzano.

  Senso da Panical ch' ha leggier trotto,
  chi lo vedesse schermir giuso al piano
  ciascun direbbe: e' pare un anitrotto.

II

Io vi doto del mese de gennaio
  corti con fumo al modo montanese,
  letta quali à nel mare il genovese,
  aqua e vento che non cali maio;

  povertà en fanciulle, a colmo staio
  da ber aceto forte galavrese,
  e star come ribaldo en arnese
  con panni rotti senza alcun denaio.

Ancor vi do così fatto soggiorno
  con una vegia nera vizza e rancha
  ciascuno gittando la neve atorno;

  appresso voi seder in una bancha
  e resmirando quel suo viso adorno;
  così reposi la brigata mancha.

B. 1 dotto, zenaio   2 cum, mondo   3 qual al nel, zenovese   4 calli   5 poverta fançula   8 cum 9 cussì fatto sozorno   10 cum, viçça et   11 chascuno citando, atorno   12 apresso   13 quelo so viso.

C. 1 I 'vi dono, gennaio   2 casa con fumo a modo   3 qual'habbia in mar lo genovese   4 tempo stando con neve di rovaio   5 cipolle forti e mescer trementaio   6 o vero   7 come rubaldi star sempre in   8 co'panni   9 e uscir fuori alcuna volta il giorno   10 gittando del bracaccio ognun per cianca 11 e vecchie rance che vi sien d'intorno   12 e quando la brigata fossi stanca   13 a quella corte faccia lor ritorno   14 cosi affumando la brigata franca.

III

DI FEBRAIO

Di febraio vi metto in valle ghiaccia
   con orsi grandi, vegli, montanari,
   e voi cacciando con rotti calzari,
   la nieve metta sempre e mai disfaccia;

   e quel che piace a l'uno a l'altro spiaccia,
   con fanti ben retrosi e bachalari,
   tornando poi la sera ad osti chari,
· lor mogle tesser tele et ordir accia.

En questo vo' che siate senza manti,
   con vin di pome ch'el stomago affina,
   in tali alberghi gran sospiri e pianti,

   tremoti, venti e nosia con ruina;
   ma sian sì forte che ciascun si stanchi
   da prima sera enfino la matina.

B. 1 glaçça   2 cum   3 cazando cum   4 e
disfazza   5 place, splaza   6 cum   8 azza   10 cum,
afina   11 in tal, planti   12 cum   13 zascun.

C. 1 in aple ghiaccia   2 con orsi vecchi grandi   3 e
gir cacciando   4 la neue metta e sempre si disfaccia
6 ritrosi   7 arrivando, a hosti   8 lor donne tessin
panno e ordin' accia   9 e questo, sanza   10 di
mele ehe stomaco   11 e insieme v' azzuffiate tutti
quanti   12 tremuoti sienvi con grande ruina   13 e
sian sì grandi che ciascuno smanti   14 insino alla.

IV

DI MARZO

Di marzo vi riposo en tal manera
en pugla piana tra molti lagoni,
en esse gran mignatte e ranagloni,
poi da mangiar abiate sorbe e pera.

oleo di noce veglo mane e sera
per far calde gli arance e gran cidroni.
barchette assai con remi e con timoni,
ma non possiate uscir de tal rivera;

Case de pagla con diversi raggi,
da bere vin gergon che sia ben nero,
letta di schianze e di gionchi piumacci;

tra voi signori sia un priete fero
che da nessun peccato vi dislacci,
per ciascun loco v'abia un monistero.

B. 2 plana   3 grand mignate   4 manzar, et
5 noçe   6 et   7 barchete assai cum, et cum
8 usir   9 paia cum, razi   10 zergon   11 di çon-
gli plumaçi 12 tra vuy signor   13 dislazi   14 zascun luoco, uno munistero.

C.   Di marzo vi riposo in tal manera
        in puglia piana fra molti laghoni
        migniatte v'habbia assai e ischorzoni,
        habbiate da mangiar sol sorbe e pera.

e pescator vi sieno in tal maniera
che piglin serpi, botte e iscorpioni,
con barche isgangherate e ma'limoni
siate forniti e non d'altra maniera.

Campane foracchiate fitte in guazzi,
  forniti di biscotti marinieri,
  e gente v'abbi smemorati o pazzi;

  chiese vi sieno assai e monisteri,
  e sia signor di voi un di que' pazzi
  che vi metta in fatica e in pensieri.

V

DI APRILE

Di aprile vi do vita senza lagna,
  tavani a schiera con aseni a tresca,
  raiando forte perchè non v'incresca
  quanti ne sono in Perosa o Bevagna;

  con birri romaneschi di campagna
  e ciaschadun di pugna sì vi mesca,
  e quando questo fatto non riesca
  restori i marri de pian de Romagna.

Per danzatori vi do vegli armini,
  una compagna la qual peggio sona
  stormento sia a voi e non refini;

  e quel ch'en millantar sì largo dona
  en ira vegna de li suoi vicini
  perchè di cotal gente si rasona.

B. 2 sciera cum   3 no v   5 cum   6 zasca-
dun   7 azo che no   8 ig marri de pian   10 peço
11 a vuy e no   13 di li soi   14 çente.

C. D'april vi dono briga con travaglia,
     tafani in schiera con asini in trescha,
     ragghiando forte sì che vi rincrescha,
     con pota in cambio de' suon della Magna;

e birri romaneschi e di campagna
che ciaschedun di gran pugna vi mesca,
e quando questo fatto vi rincresca
urlin sì forte che ciascun son pianga;

Predicatori vi sieno vecchi armini,
una tabella chioccia sempre suoni
e sie stormento a voi che mai non fini;

e que' ch'a millantar sì largo doni
venga ne l'hora degli suo' vicini
perchè di tal brighata si ragioni.

VI

DI MAGGIO

Il maggio voglo che facciate en Cagli
con una gente di lavoratori,
con muli e gran distrier zoppecatori,
per pettorali forte reste di agli;

intorno questo siano gran bagli
di villan scapiglati e cridatori,
dei qual resolvan sì fatti sudori
che turben l'aire sì che mai non cagli.

Poi altri vilan facendo mance
di cepolle porrate e di marroni
usando in questo gran cavazze e ciance;

en giù letame et in alto forconi,
massari e vegle baciarsi le guance,
di pecore e di porci si rasoni.

B. Mazo   1 mazo, faciati   2 cum, zente   3 cum,
mulli, zopeccatori   5 in gran bagli   6 et cridatori   7 dig qual, fati   9 facendovi mançe   10 et,
maroni   11 cavaçe et zançe   12 en zu   13 ma-
sari, basarsi le guançe   14 et, vi si.

    C. Di maggio vi dono di molti cavalli
        che tutti quanti sien zoppicatori,
        habbian pelato la testa e gropponi;
        por pettorale habbiate reste d'agli.

e 'ntorno a questo sien gran ridde e balli
di villan scapigliati gridatori,
che di loro escan sì fatti sudori
che 'l senso appuzzi e gli occhi vostri abbagli.

Altri villan vo' che vi faccin mance
di cipolle di porri e di navoni
e 'n questo usate gran gavazze e ciance;

in giù letame e in alto forchoni,
vecchie e massai baciarsi per le guance.
di pecore e di porci si ragioni.

VII

DI GIUGNO

Di giugno siate in tale campagnetta
  che ve sien corbi et arghironcelli,
  le chiane intorno senza caravelli,
  entro nel mezo v'abia una isoletta;

  di la qual esca sì forte venetta,
  che mille parte faccia e ramicelli
  d'aqua di solfo cotta in gorgoncelli,
  sì ch' ella adaqui ben tal contradetta;

Sorbi e pruni acerbi siano lie,
  nespole crude e cornie savorose,
  le rughe sian fangose e strette vie;

  le genti ve sian nere e gavinose,
  e faccianvesi tante villanie
  che a dio e al mondo siano noglose.

B. 7ugno   1 zugno siati in tal   2 argironcelli
4 entro l mezo, ysoletto   5 façça   7 di solfore
9 Sorbi et   11 ruge, strete   12 çenti   13 fa-
çianvesi, vilanie   14 et al mondo.

C. Di giugno vi dono una montagnetta
    abitata da tiri e dragoncelli
    non v'habbia villa presi né castelli,
    per puzzo della fiera sopradetta;

nel mezo nasca una fontanetta
che faccia molti rami e fiumicelli,
e bolla sempre tutta a gborghoncelli
si che tutto 'l paese a puzzo metta;

Nespol sorbe peruggin nascan lie,
bozze pungenti e cornie savorose,
di pruni e sterpi sian piene le vie;

appresso dico le predette cose,
e vi sien fatte tante villanie
ch' a nulla gente di noi sieno ascose.

VIII

DI LUGLO

Di luglo vo' che sia cotal brigata
    en Arestano con vin di pantani,
    con aque salse et aceti soprani,
    carne di porco grassa appeverata;

    e poi di retro a questo una insalata
    di salvie e ramerin per star più sani,
    carne de volpe guascotta a due mani,
    e, a cui piacesse, drieto cavolata;

Con panni grossi lunghi d' eremita,
    e sia sì forte e terribil el caldo
    com' à il sol leone a la fenita;

    et un brutto converso per castaldo,
    avaro che si appaghi de tal vita;
    la mogle a ciascadun sia in manovaldo.

B. 2 cum   3 cum   4 apeverata   6 di salvie
ramerin, plu   8 et a cui placesse   9 cum, lungi
10 et teribel caldo   11 cum ail   13 apagi   14 ça-
scadun siayn.

C. Vo' che di luglio la detta brigata
    stea in val di Chiana con vin di pantano,
    acqua salata et aceto soprano,
    carne di porco grassa a peverata;

e dopo questo haggiate una insalata
di malba di stoppione e sirmontano,
carne di lupo mal cotta haggiate in mano,
e pan di fave e paniccia fumata.

E con rimbrotti sempre vi sia data,
stando poi a mieter per quel caldo
con panni grossi e lunghi da romita;

con un brutto converso per castaldo,
e uno che si pianga della vita;
ciascun habbia la moglie per quel caldo.

IX

DI AGOSTO

Di agosto vi reposo en aire bella
  en Sinegallia che me par ben fina,
  il giorno sì vi do per medicina
  che chavalchate trenta migliatella,

e tutti en trottier magri senza sella
  sempre lunga un'aqua de sentina,
  da l'altra parte si facci tonnina
  poi ritornando a pozzo di macella;

E se ben cotal pozzo non vi annasa,
  mettovi en Chiusi la città sovrana
  sì stanchi tutti da non diffare l'asa;

la borsa di ciascuno stretta e vana,
  e stare come lupi a bocha pasa
  tornando en Siena un die la semana.

B. Augosto 1 Di augosto 2 Sinegalia 3 zorno
4 chavalchati 5 tuti en trocier 7 façci tonina
8 poso 9 Et, poso, anasa 10 metovi enclusi la
città 12 cascuno.

C. D'agosto vi riposo in parte bella
    a Talamon per lungo la marina,
    colà dove s'insala la tonnina
    come somier portatevi la sella;

e facendo minugie di budella
di tonni lungo un acqua di tonnina,
come porci la sera e la mattina
siate a dormir in paglia di scanella;

E 'n questo mese non tornando a casa,
facendo penitenza e vita strana
senza mercè haver di tale spesa;

e sempre stando fuori alla caldana,
senza danar sempre stare in contesa,
o mai accordo tra voi non si grana.

X

DI SETTEMBRE

Di settembre vi do gioielli alquanti:
agore, fusa, cumino et aslieri,
nottole, chieppe con nibbi lamieri,
archi da lana bistorti e pesanti,

asiuoli, barbagianni, alocchi tanti
quanti ne son de quí a Monpeslieri,
guanti di lana, borse da braghieri,
stando così a vostra donna davanti;

E sempre questo comparare e vendere,
con tali mercadanti il più usando
e di settembre tal diletto prendere;

e per Siena entro gir alto cridando:
moia chi cortesia vuole defendere,
che i Salimbeni antichi li dier bando.

B. Setembre   1 Di setembre, çoelli   3 notolle,
cum nibli   4 pensati   5 barbazani alochi   7 bra-
gieri   8 cusí   9 et vendere   10 cum tal, il
plu   11 setembre   12 çir   13 vuol   14 chig.

E.   Di settembre vi do gioielli tanti,
d' agora, di fusa o d' asolieri,
guanti di panno, borselli o brachieri,
archi da battitori ben pesanti;

barbagianni, assiuoli, allocchi tanti
quanti ne ha di quà da Mompolieri,
nibbi, gheppi, nottoli manieri
sempre alle vostre donne stien davanti;

E queste cose comperar e vendere
con tal mercatanzia sempre usando,
e di settembre tal diletto prendere;

per Siena gìr alta voce gridando:
cortesia muoia, e chi la vuol difendere,
e come pazzi di testa sparlando.

XI

DI OTTOBRE

Di ottobre vi conseglo senza fallo
    che nella Faltarona dimorate,
    e de le frutta che vi son mangiate;
    a rigle grande non vi canta gallo.

    chiare l'aque vi son come cristallo,
    or bevete figliuoli e restorate;
    uccellar bono è a' varchi en veritate,
    che farete nel collo nervo e callo;

In quell'aire che è sottile e fina
    ben stanno en Pisa più chiari i pisani,
    e 'l genovese lungo la marina;

    prender el mio consiglo non siate vani;
    arrosto vi darò mesto con strina,
    che 'l sentiranno i piedi con le mani.

B. Di Octubre   1 Di octovre   2 che ne Faltarona   3 fructa che vi so manzare   5 clare vi son l aque   7 uçclar ve bono   8 che fareti   9 In quel, sotile   10 plu clari ig   11 el çenoveso 13 arosto, cum   14 ig pedi cum.

C.   D ottobre vo' che siate senza fallo
    in Faltarona e ivi dimoriate,
    dela frutta di lì voi assaggiate
    castagne o ghiande, e non vi canti gallo;

l' acque vi sian più chiare che 'l cristallo,
beveteno figluoli e ristorate;
delle zenzale vi sia in quantitate,
lassù farete con l'inverno il callo.

A terza vi leviate la mattina,
non vi laviate nè viso nè mani,
l' aglio uccide i bachi e 'l corpo affina;

se fate questo sarete più sani
che pesce in acqua chiara di marina;
seguite gli appetiti come cani.

XII

DI NOVEMBRE

Di novembre vi metto en un gran stagno
    in qual parte più pò fredda pianeta,
    con quella povertà che non si aqueta
    di moneta acquistar, che fa gran danno;

    ogni buona vivanda ve sia in banno,
    per lume faceline de verdeta,
    castagne con mele aspre di Gaeta,
    stando tutti ensieme en briga e lagno;

Fuoco non vi sia mai ma fango e gesso,
    se non alquanti luochi di rimiti
    che sia di venti migla lo più presso;

    de vin di carne del tutto sforniti,
    schernendo voi qual è più laido biesso
    vegendovi star tutti sí sguarniti.

B. 2 plu po freda planeta   3 cum   5 omni   6 da
verdeta   7 cum   8 ensiene   9 et zesso   10 e
se non   11 lo plu   12 e di carne, tuto   13 cer-
nendo, plu   14 vecendovi.

C. Di novembre vi metto in uno stagno
    che sia sotto la più fredda pianeta,
    con quella povertà che mai non queta,
    e nove e acqua piova sempre e gragno;

con molti baratton di pian di bagno
che la note vi forniscan di gran peta,
pan di saggina cotto a paglia trita,
havendo in odio ciascun il compagno;

La neve i' metta forte e ghiacci spessi,
case vi sieno a modo di romiti,
come pero ruggini siate messi;

di pane e vin voi siate mal forniti,
e iscornandovi i più tristi bessi,
o di novembre siate sì forniti.

XIII

DI DECEMBRE

Di decembre vi pongo en un pantano
    con fango, ghiaccio et ancor panni pochi,
    per vostro cibo fermo fave e mochi,
    per oste abiate un troio maremmano;

    un cuocho brutto secho tristo e vano
    ve dia colli guascotti e quigli pochi,
    e qual tra voi à lumi dadi o rochi
    tenuto sia come tra savii un vano;

Panni rotti vi do e debrilati,
    appresso questo ogni omo en capegli,
    botti de vin da montanar fallati;

    e chi ve mira sì se meravigli
    vedendovi sì brutti e rabbuffati,
    tornando in Siena cusì bei fancegli.

B. 2 cum, glaçça   4 maremano   5 bruto   6 che
ve dia   7 tra voy   8 savij   10 on omo   11 botazi, falati   13 bruti e rabufati.

C.   Di dicembre vi metto in un gran piano
    con fanghi grandi e siate senza foco,
    per cibo fermo fave secche e mocho,
    vostro hoste sia un tristo maremmano;

per vostro cuocho dovvi un tristo e vano
cho dio colli guascotti e que' sien pocho,
e sien fra voi lucerne e lume a vocho,
tenuti siate como fra savi il vano;

E dopo questo ciascuno in capegli
con panni rotti e tutti divorati
e chi ode di voi si meravigli;

da ogni gente siate svergognati,
tornando a Siena così bei fanciegli
veggendovi sì tristi schormigliati.

INDICE

DELLE VOCI SPIEGATE NELLE NOTE

ERRORI			CORREZIONI
Pag. XXII	lin.	1 C. un	C. è un
XL		4 testi poeti	testi di poeti
LXXXVI		4-5 a-cqua	ac-qua
XCVI		4-5 ren-dono	ren-de
CIV		14 sdiliquiti	sdilinquiti
CXVII		8 cho a Dio e al mondo	ch' a tutto 'l mondo
54		20 fra voi ro- gna etc,	fra voi regna etc. cfr. DANTE *Inf.* XXVIII, 16: A Ceperan, là dove fu bugiardo Ciascun Pugliese.
55		10 da quelle	de quelle
64		18 aple	alpe
»		22 che	che

In corso di stampa

MEMORIE ISTORICHE

DELLE

MAIOLICHE DI FAENZA

PEL

DOTT. CAV. CARLO MALAGOLA

CON DOCUMENTI INEDITI

Un vol. in 8.º di più di 400 pagine.

IN CORSO DI STAMPA

Tassoni, Rime Inedite.

Il Sacco di Prato.

Il Contrasto del Carnevale con la Quaresima.

Due Rappresentazioni del Sec. XVI.

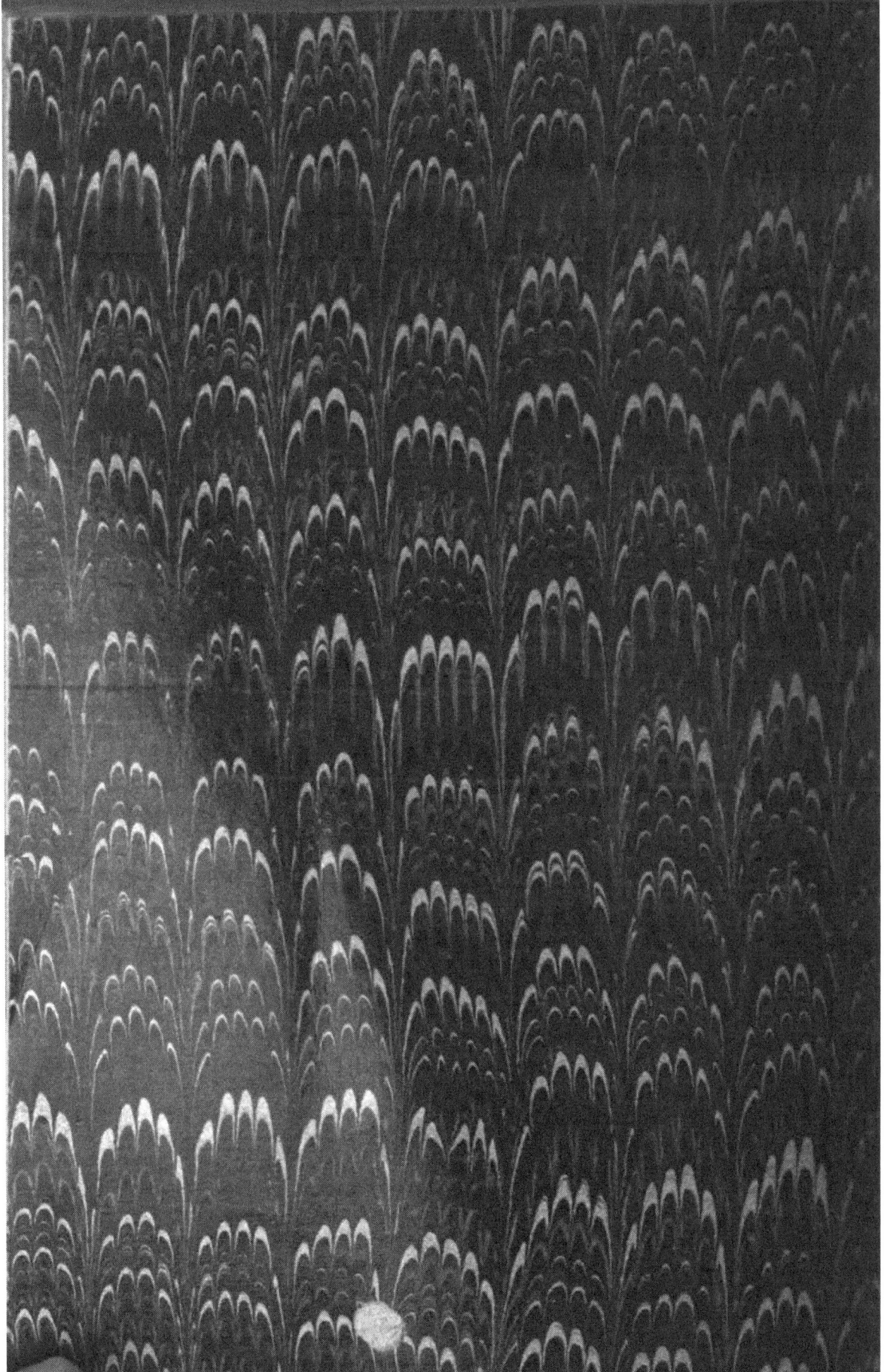

Lightning Source UK Ltd.
Milton Keynes UK
UKHW032149090223
416755UK00009B/689